UTB 2991

Eine Arbeitsgemeinschaft der Verlage

Beltz Verlag Weinheim · Basel
Böhlau Verlag Köln · Weimar · Wien
Verlag Barbara Budrich Opladen · Farmington Hills
facultas.wuv Wien
Wilhelm Fink München
A. Francke Verlag Tübingen und Basel
Haupt Verlag Bern · Stuttgart · Wien
Julius Klinkhardt Verlagsbuchhandlung Bad Heilbrunn
Lucius & Lucius Verlagsgesellschaft Stuttgart
Mohr Siebeck Tübingen
C. F. Müller Verlag Heidelberg
Orell Füssli Verlag Zürich
Verlag Recht und Wirtschaft Frankfurt am Main
Ernst Reinhardt Verlag München · Basel
Ferdinand Schöningh Paderborn · München · Wien · Zürich
Eugen Ulmer Verlag Stuttgart
UVK Verlagsgesellschaft Konstanz
Vandenhoeck & Ruprecht Göttingen
vdf Hochschulverlag AG an der ETH Zürich

Christian Maaß

E-Business Management

Gestaltung von Geschäftsmodellen in der vernetzten Wirtschaft

mit 119 Abbildungen

Lucius & Lucius · Stuttgart

Anschrift des Autors:

Dr. Christian Maaß
Brummelweg 143
33415 Verl
christian@ebusiness-management.info

Bibliografische Information der Deutschen Bibliothek

Die Deutsche Bibliothek verzeichnet diese Publikation in der Deutschen National-
bibliografie; detaillierte bibliografische Daten sind im Internet über http://dnb.ddb.de
abrufbar

ISBN 978-3-8282-0418-8 (Lucius & Lucius)

© Lucius & Lucius Verlagsgesellschaft mbH Stuttgart 2008
   Gerokstr. 51, D-70184 Stuttgart
   www.luciusverlag.com

Druck und Einband: Druckhaus Thomas Müntzer, Bad Langensalza

Printed in Germany

UTB-Bestellnummer: 978-3-8252-2991-7

Vorwort

Die elektronische Geschäftstätigkeit gewinnt für Unternehmen in allen Wirtschaftszweigen immer mehr an Bedeutung, um im weltweiten Wettbewerb bestehen zu können. Aufgrund der Kombination technischer und betriebswirtschaftlicher Themen, bereitet die Auseinandersetzung mit dem E-Business Management mitunter jedoch erhebliche Probleme (vgl. auch BMWi 2006). Genau an dieser Stelle setzt das vorliegende Buch an. Es soll dazu beitragen,

- dem Leser die aus betriebswirtschaftlicher Sicht relevanten technischen Grundlagen zu vermitteln, um

- Geschäftsmodelle im E-Business beurteilen, gestalten und modifizieren zu können sowie

- die dazu benötigten Steuerungs-/Analysewerkzeuge kennen zu lernen.

Zu diesem Zweck wird ein praxisnaher Bezugsrahmen entwickelt, der die verschiedenen Aufgaben des E-Business Management systematisiert und den Aufbau des Buches determiniert. Er besteht aus vier interdependenten Komponenten, mit denen jeweils eine Leitfrage korrespondiert (vgl. Abb. 1).

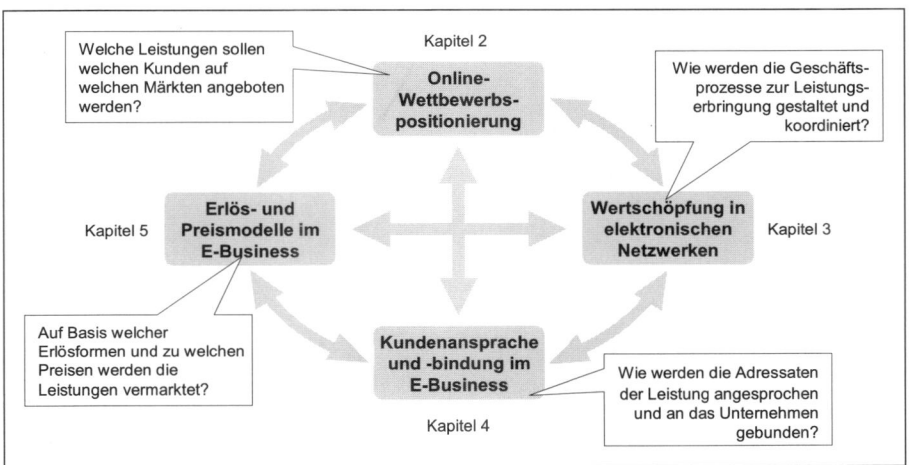

Abb. 1: Leitfragen des E-Business Managements und Aufbau des Buches

Nach einer Einführung in die betriebswirtschaftlichen und technischen Grundlagen des E-Business (Kap 1.), werden die in Abb. 1 skizzierten Leitfragen in kompakter Form diskutiert (Kap. 2–5). Dominant wird dabei auf das Thema B2C eingegangen, allerdings finden sich auch viele Hilfestellungen für den B2B-Bereich. Die Auseinandersetzung mit den Leitfragen als solches erfolgt aus einer betriebswirtschaftlichen Perspektive. Mit dieser Akzentuierung werden gleichzeitig verschiedene Themen ausgeklammert. Beispielsweise wird nicht der Anspruch erhoben, die vielfältigen juristischen Themen im E-Business oder die Methoden der Softwareentwicklung aufzuarbeiten.

Das Buch ist vor diesem Hintergrund als Einführung in das Thema E-Business Management konzipiert und richtet sich einerseits an Studenten und Lehrende aus den Bereichen Betriebswirtschaft, Informatik sowie dem Ingenieurwesen an Universitäten und Fachhochschulen. Anderseits sind aber auch Leser aus der Unternehmenspraxis als Zielgruppe anzusehen, die eine kompakte Einführung oder ein Nachschlagewerk zum Thema E-Business Management suchen.

Für Verbesserungsvorschläge oder Anregungen für zukünftige Auflagen bin ich allen Lesern dankbar. Sie erreichen mich auf elektronischem Wege unter

christian@ebusiness-management.info

sowie über die gute alte Post:

Dr. Christian Maaß

Brummelweg 143

33415 Verl

Christian Maaß   Verl, 1. Januar 2008

Inhaltsübersicht

Inhaltsverzeichnis

Abbildungsverzeichnis

Abkürzungsverzeichnis

A2A	Administration-to-Administration
A2B	Administration-to-Business
A2C	Administration-to-Consumer
Abb.	Abbildung
ACL	Access Control Lists
AGB	Allgemeine Geschäftsbedingungen
AGOF	Arbeitsgemeinschaft Online Forschung
AJAX	Asynchronous JavaScript and XML
AOL	America Online
ARD	Arbeitsgemeinschaft der öffentlich-rechtlichen Rundfunkanstalten der Bundesrepublik Deutschland
ARIS	Architektur integrierter Informationssysteme
ASCII	American Standard Code for Information Interchange
ASP	Active Server Pages
ASP	Application Service Providing
B2B	Business-to-Business
B2C	Business-to-Consumer
BLZ	Bankleitzahl
BMWi	Bundesministerium für Wirtschaft und Technologie
BPEL4WS	Business Process Execution Language for Webservices
BPO	Business Process Outsourcing
BSI	Bundesamt für Sicherheit in der Informationstechnik
BVDW	Bundesverband Digitale Wirtschaft
BWL	Betriebswirtschaftslehre
C2C	Consumer-to-Consumer
CD	Compact Disc
CGI	Common Gateway Interface
CLV	Customer Lifetime Value
CRM	Customer Relationship Management

DFC	Discounted Cash Flow
DIN	Deutsches Institut für Normung
DIWAX	Digitale Wirtschaft Aktienindex
DVD	Digital Versatile Disc
EAN	European Article Number
E-Business	Electronic Business
ebXML	Electronic Business using XML
EC	Electronic Cash
EDI	Electronic Data Interchange
EDIFACT	Electronic Data Interchange for Administration, Commerce and Transport
EDV	Elektronische Datenverarbeitung
EIAA	European Interactive Advertising Association
EKM	Marktwert des Eigenkapitals
EPK	Ereignisgesteuerte Prozesskette
ERP	Enterprise Resource Planning
et al.	et alii
etc.	et cetera
EU	Europäische Union
EVA	Economic Value Added
FAZ	früheste Anfangszeitpunkt
FAZ	Frankfurter Allgemeine Zeitung
FCF	Free Cash Flow
FEZ	früheste Endzeitpunkt
FP	freier Puffer
FTP	File Transfer Protocol
GP	Gesamtpuffer
GPS	Global Positioning System
HGB	Handelsgesetzbuch
HTML	Hypertext Markup Language
HTTP	Hypertext Transfer Protocol
HTTP	Hypertext Transfer Protocol

IAS	International Accounting Standard
IBM	International Business Machines Corporation
IKT	Informations- und Kommunikationstechnologien
IP	Internet Protocol
ISO	International Organization for Standardization
ISP	Internet-Service-Provider
IT	Informationstechnik (engl. Information technology)
JMS	Java Message Service
LDAP	Lightweight Directory Access Protocol
M-Business	Mobile Busines
MSN	Microsoft Network
NBC	National Broadcasting Company
NOPAT	Net Operating Profit after Taxes
o. S.	ohne Seiten
o. V.	ohne Verfasser
OLAP	Online Analytical Processing
OVM	Online-Vermarkter-Kreis
PC	Personal Computer
PDA	Personal Digital Assistant
PHP	Hypertext Preprocessor
PIN	Persönliche Identifikationsnummer
RDF	Resource Description Framework
ROCE	Return on Capital Employed
ROI	Return on Investment
RSS	Really Simple Syndication
SaaS	Software as a Service
SAZ	späteste Anfangszeitpunkt
SCM	Supply Chain Management
SEZ	späteste Endzeitpunkt
SLA	Service Level Agreements
SMTP	Simple Mail Transfer Protocol
SOAP	Simple Object Access Protocol

S-O-R	Stimulus-Organismus-Response-Model
SSL	Secure Sockets Layer
TAN	Transaktionsnummer
TCP	Transmission Control Protocol
TCP/IP	Transmission Control Protocol/Internet Protocol
U-Business	Ubiquitäres Business
UCG	User Generated Content
UDDI	Universal Description, Discovery and Integration
UMG	Gesetz gegen den unlauteren Wettbewerb
UML	Unified Modeling Language
UNSPSC	United Nations Standard Product and Service Code
UNSPSC	United Nations Standard Products and Services Code
UPC	Universal Product Code
URL	Uniform Resource Locator
US-GAAP	United States Generally Accepted Accounting Principles
USP	Unique Selling Proposition
WACC	Weighted Average Cost of Capital
WSCI	Web Service Choreography Interface
WSDL	Web Service Description Language
XML	Extensible Markup Language
z. B.	zum Beispiel
ZDF	Zweites Deutsches Fernsehen

1 Einführung in das E-Business Management

Lernziele

Die elektronische Geschäftstätigkeit gewinnt für Unternehmen in allen Wirtschaftszweigen immer mehr an Bedeutung, um im weltweiten Wettbewerb bestehen zu können (vgl. BMWi 2006). Aufgrund der Kombination technischer und betriebswirtschaftlicher Themen bereitet die Auseinandersetzung mit dem E-Business Management mitunter jedoch erhebliche Probleme. In diesem Kapitel sollen Sie daher die wichtigsten betriebswirtschaftlichen und technischen Grundlagen des E-Business Managements erarbeiten. Im Einzelnen geht es dabei um die folgenden Fragestellungen:

- Was versteht man unter dem Begriff E-Business und welche Besonderheiten weist der Wettbewerb in diesem technisch geprägten Umfeld auf?

- Womit beschäftigt sich das strategische Management und welcher Zusammenhang besteht zwischen Strategien und Geschäftsmodellen?

- Aus welchen Komponenten setzen sich Geschäftsmodelle zusammen und welche Geschäftsmodelltypen existieren im E-Business?

- Welche Rolle spielt die Technik bei der Gestaltung von Geschäftsmodellen im E-Business?

- In welche Richtung entwickelt sich das Internet? Welche Bedeutung hat z. B. das so genannte Web 2.0 für Unternehmen?

Nach der Durcharbeit dieses Kapitels sollen Sie in der Lage sein, diese Fragen zu beantworten.

1.1 Grundlagen des E-Business

1.1.1 Begriffspräzisierung

Der Begriff E-Business ist in den letzten Jahren zunehmend zu einem Modewort degeneriert und findet in den unterschiedlichsten Kontexten Verwendung.

Insofern erstaunt es kaum, dass sich eine allgemein akzeptierte Definition dieses Begriffs noch nicht durchsetzen konnte (vgl. Abel 2004, S. 21). Den in der Literatur vorzufindenden Definitionsversuchen ist jedoch gemein, dass sie die Bedeutung öffentlicher und privater Netzwerke für die Gestaltung von Geschäftsprozessen und die Abwicklung von Transaktionen betonen (vgl. auch Wirtz 2001, S. 32; Corsten/Gössinger 2002, S. 205). Eng gefasste Definitionsversuche stellen dabei die Transaktionsbeziehung in den Vordergrund und charakterisieren E-Business als einen markt- und handelsbezogenen Begriff, bei dem der Kauf und Verkauf von physischen und/oder digitalen Gütern mit Hilfe moderner Informations- und Kommunikationstechnologien (IKT) im Vordergrund steht. In diesem Zusammenhang ist in der Regel vom elektronischen Handel bzw. **E-Commerce** die Rede (vgl. z. B. Merz 2002, S. 20). Weit gefasste Definitionsversuche betonen dagegen die über die Abwicklung von Transaktionen hinausgehenden unternehmerischen Gestaltungsmöglichkeiten, die mit der zunehmenden Digitalisierung und Vernetzung einhergehen. „Electronic Business is aimed at enhancing the competitiveness of an organization by deploying innovative information and communication technology throughout an organization and beyond, through links to partners and customers. It does not simply involve using technology to automate existing processes, but should also involve using technology to help change these processes (Chaffey 2007, S. 8).

Folgt man – wie auch im weiteren Verlauf dieses Buches – so einem weiten Begriffsverständnis, spielen die IKT während des gesamten Wertschöpfungs- und Vermarktungsprozesses eine zentrale Rolle. Dabei geht es jedoch nicht ausschließlich darum, den Automatisierungsgrad zu erhöhen, um davon evtl. in Form von Zeit- oder Kosteneinsparungen zu profitieren. Im E-Business werden die IKT vielmehr als „Enabler" angesehen, der neue Geschäftsmodelle und Ansätze zur Lösung betriebswirtschaftlicher Probleme ermöglicht (vgl. Tech-Consult 2007). Es ist wichtig, auf diesen Sachverhalt explizit hinzuweisen, da die IKT in der Vergangenheit lediglich zur Unterstützung und Optimierung des Tagesgeschäfts eingesetzt wurden, während sie im E-Business als zentraler Geschäftsbestandteil anzusehen sind (vgl. Abb. 2). Besonders deutlich wird dieser Sachverhalt, wenn man einen Blick auf das Geschäftsmodell von Unternehmen wie eBay wirft, bei dem faktisch jeder Anwender zum Online-Auktionator wird (vgl. www.ebay.de). In der physischen Welt wären solche Auktionen nicht ohne weiteres zu vergleichbaren Kosten realisierbar, zumal dann alle an einer Auktion interessierten Personen zeitgleich am selben Ort zusammentreffen müssten.

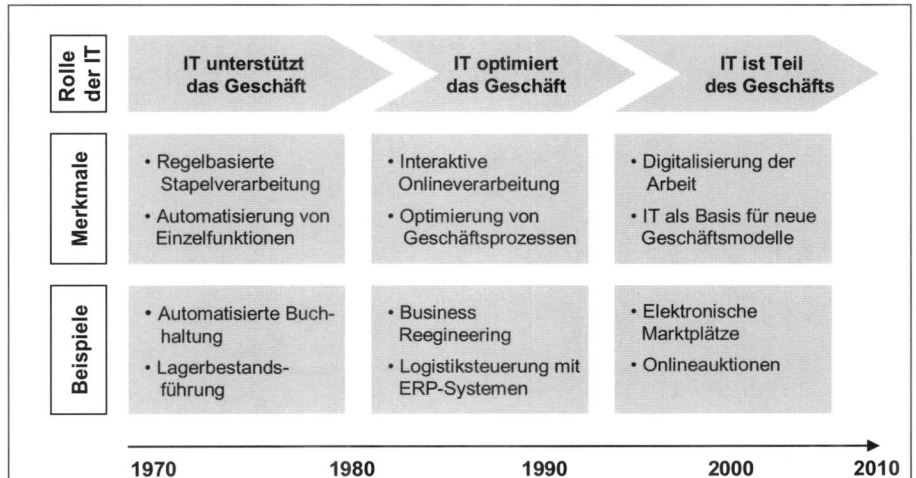

Abb. 2: **Neues Rollenverständnis der IT (vgl. Gadatsch/Mayer 2006)**

1.1.2 Ausprägungsformen des E-Business

Setzt man sich mit den verschiedenen Ausprägungsformen des E-Business auseinander, stößt man unweigerlich auf eine Vielzahl von Abkürzungen und Akronymen, wie z. B. B2C, B2B, C2C, A2B, A2C oder A2A. Diese Abkürzungen entstammen dem englischen Sprachraum und sollen die Beziehungen zwischen den Personen und Institutionen beschreiben, die an den verschiedenen E-Business-Szenarien partizipieren. Bei den Akteuren lässt sich zwischen Privatpersonen (Consumer), Unternehmen (Business) und Einrichtungen der öffentlichen Hand (Administration) differenzieren. Damit existieren drei verschiedene Akteure, die Geschäfte miteinander abwickeln können, woraus die folgenden sechs E-Business-Szenarien resultieren (vgl. auch Abb. 3):

- Business-to-Business

- Business-to-Consumer

- Consumer-to-Consumer

- Administration-to-Business

- Administration-to-Consumer

- Administration-to-Administration

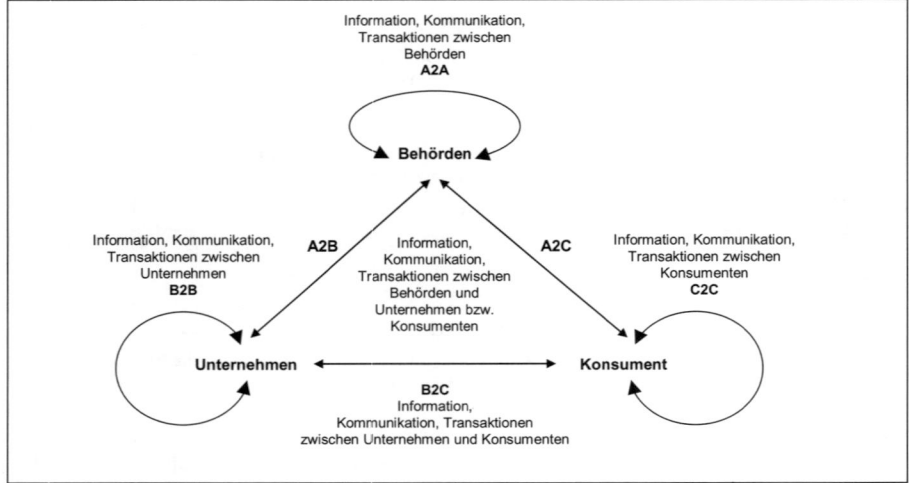

Abb. 3: Ausprägungsformen des E-Business

Im Zuge der Auseinandersetzung mit den verschiedenen E-Business-Szenarien steht der B2B-Bereich (**Business-to-Business**) häufig im Vordergrund. Das große Interesse am Thema B2B hat dabei unterschiedliche Gründe. Einerseits entfielen über die letzten Jahre hinweg etwa 90 Prozent des gesamten Umsatzes im elektronischen Handel auf diesen Bereich; alleine im Jahr 2005 waren das 321 Milliarden Euro (vgl. Bitkom 2006, S. 14). Andererseits stellt man gerade im Unternehmenskontext hohe Erwartungen an die IKT, um Zeit- und Kostenvorteile zu realisieren. Um diese Ziele zu erreichen, spielen in diesem E-Business-Szenario vor allem Themen wie die Prozessgestaltung/-optimierung und die damit zusammenhängende informationstechnische Unterstützung der Wertschöpfungsaktivitäten eine zentrale Rolle (vgl. hierzu auch 3.3).

Der Begriff **Business-to-Consumer** umschreibt Interaktions-/Leistungsaustauschprozesse zwischen Unternehmen und privaten Haushalten. Gemessen am Transaktionsvolumen ist die wirtschaftliche Bedeutung dieses E-Business-Szenarios jedoch gering, insbesondere im Vergleich zum B2B-Bereich. Mit der zunehmenden Verfügbarkeit von Breitbandanschlüssen und einer rasant voranschreitenden Internetpenetration gewinnt er aber stetig an Bedeutung. So kommt eine aktuelle Forsa-Studie zu dem Ergebnis, dass bereits jeder zweite deutsche Internetnutzer auch Einkäufe im Internet tätigt (vgl. hierzu Internet-World 2006). Nicht zuletzt aus diesen Gründen forcieren immer mehr Unternehmen ihre Internetaktivitäten, um diesen Vertriebskanal intensiver als in der Vergangenheit zu nutzen und neue Einnahmequellen zu erschließen.

Das E-Business-Szenario **Consumer-to-Consumer** (C2C) ist dadurch gekennzeichnet, dass nicht Unternehmen, sondern die Anwender untereinander Leistungen austauschen und im zunehmenden Maße auch kommerzielle Transaktionen tätigen; teilweise ist in diesem Zusammenhang auch von Social Commerce die Rede. Die Beschäftigung mit diesem E-Business-Szenario ist insbesondere im Zuge der Auseinandersetzung mit dem Web 2.0 und den in diesem Kontext diskutierten Techniken in das Interesse der Öffentlichkeit gerückt. Sie bieten unter anderem zahlreiche Ansatzpunkte, um dem Anwender die Gestaltung und Vermarktung ausgewählter Leistungen – ohne technische Kenntnisse – zu ermöglichen (vgl. auch 1.3.2). Eines der bekanntesten Beispiele hierfür stellt das Unternehmen Spreadshirt dar (www.spreadshirt.de). Auf der gleichnamigen Webseite können die Anwender individuelle T-Shirts und andere Kleidungsstücke gestalten und über eigene Onlineshops vermarkten. Die Rolle von Spreadshirt beschränkt sich lediglich darauf, die zur Realisierung dieses Szenarios erforderliche Infrastruktur bereitzustellen.

Schließlich spielen auch Leistungsaustauschbeziehungen zwischen Unternehmen, privaten Haushalten und öffentlichen Institutionen eine immer wichtigere Rolle (**A2B** und **A2C**). Das kommt z. B. durch die Bestrebungen der öffentlichen Hand zum Ausdruck, zahlreiche Prozesse zwischen diesen Beteiligten zu digitalisieren und zu automatisieren. Exemplarisch hierfür sei auf die elektronische Steuererklärung und die Gesundheitskarte hingewiesen. Im weiteren Verlauf dieses Buches werden die E-Business-Szenarien A2B, A2C und A2A jedoch nur am Rande behandelt (vgl. hierzu BSI 2006), nicht zuletzt aufgrund der unterschiedlichen Ziele von Unternehmen und öffentlichen Einrichtungen. Während Erstgenannte dem erwerbswirtschaftlichen Prinzip folgen, streben Letztere lediglich eine Kostendeckung an. Daraus resultieren zwangsläufig Unterschiede im Hinblick auf die Gestaltung des Geschäftsmodells, insbesondere wenn es um Themen wie die Preispolitik und Vermarktung geht.

1.1.3   Besonderheiten des Wettbewerbs im E-Business

1.1.3.1   Konvergenz und Digitalisierung

Der Wettbewerb im E-Business weist einige Besonderheiten auf, die es im Folgenden aufzuarbeiten gilt, um für die Gestaltung von Geschäftsmodellen in diesem technisch geprägten Umfeld zu sensibilisieren. Von weit reichender Bedeutung ist dabei das Phänomen der Konvergenz. Dieser Begriff umschreibt im Allgemeinen einen Prozess der Annäherung bzw. Verschmelzung. Solche

Annäherungs-/Verschmelzungsprozesse lassen sich im E-Business in vier Bereichen beobachten (vgl. ähnlich Bitkom 2006):

- **Konvergenz der Netze**: Durch die Digitalisierung bislang analoger Medien und Inhalte kommt es zu einer Loslösung von inhaltsspezifischen und in der Regel historisch begründeten Übermittlungsformen. So spielt es bei digitalen Gütern keine Rolle, ob deren Übertragung über das Internet, Telefonnetz oder Satellitennetz erfolgt. Das wohl bekannteste Beispiel für diese Konvergenzform stellt die Verschmelzung von IT- und Telefonnetzen dar.

- **Konvergenz der Inhalte**: Weiterhin gehen mit der Digitalisierung neue Möglichkeiten bei der Darstellung und Aufarbeitung bislang analoger Inhalte einher. So ist es bei digitalen Gütern relativ einfach möglich, statische und dynamische Medien miteinander zu verknüpfen. In der Vergangenheit war das aufgrund verschiedenster formatspezifischer Einschränkungen im analogen Bereich nicht möglich. Im Internetbereich lassen sich solche Verknüpfungen hingegen ohne größere Probleme realisieren, z. B. in Form von Mash-ups (vgl. hierzu auch 1.3.2.2).

- **Konvergenz der Endgeräte**: Im Zusammenhang der Verschmelzung von Endgeräten ist in der Wirtschaftspresse teilweise auch vom „digitalen Schweizer Messer" die Rede (vgl. o. V. 2006). Damit wird auf den Umstand abgestellt, dass moderne Endgeräte immer häufiger Funktionen anbieten, die weit über ihren ursprünglichen Nutzungszweck hinausgehen. Ein zugängliches Beispiel hierfür stellen Mobiltelefone dar, die unter anderem auch als Fotoapparat, MP3-Player oder zum Abspielen von Videos verwendet werden.

- **Konvergenz der Dienste**: Werden bislang getrennt voneinander angebotene Dienste gemeinsam über elektronische Netzwerke übermittelt, spricht man von einer Konvergenz der Dienste. In der Wirtschaftspresse fällt in diesem Zusammenhang häufig auch das Stichwort Tripple Play. Dieses Schlagwort bezieht sich auf das gebündelte Angebot der drei Dienste Fernsehen, Telefon und Internet oder allgemeiner formuliert auf die gemeinsame Distribution von Daten-, Sprach- und Videoinhalten.

In den vorangegangenen Ausführungen deutete sich bereits an, dass von den skizzierten Konvergenzformen vor allem Unternehmen der Medien- und IT-Branche betroffen sind. Dieser Umstand ist darauf zurückzuführen, dass der Konvergenzprozess bei den hier gehandelten digitalen Gütern deutlich schneller als bei physischen voranschreitet. Deshalb besteht in diesen Branchen ein unmittelbarer Handlungsbedarf, um auf die Veränderungen im Wettbewerbs-feld zu reagieren (vgl. auch Stieglitz 2004, S. 25–32). Das bedeutet allerdings nicht, dass in anderen Wirtschaftsbereichen keine Konvergenzprozesse existieren. So konkurrieren z. B. Tankstellen aufgrund ihres umfangreichen Produkt-sortiments immer mehr mit Lebensmittelhändlern. Weiterhin lassen sich auch in der Energiewirtschaft Annäherungsprozesse zwischen bis dahin unabhängig voneinander agierenden Akteuren beobachten (vgl. Abb. 4). Im Vergleich zur Medien-/IT-Branche schreitet der Konvergenzprozess in diesen Bereichen allerdings deutlich langsamer voran.

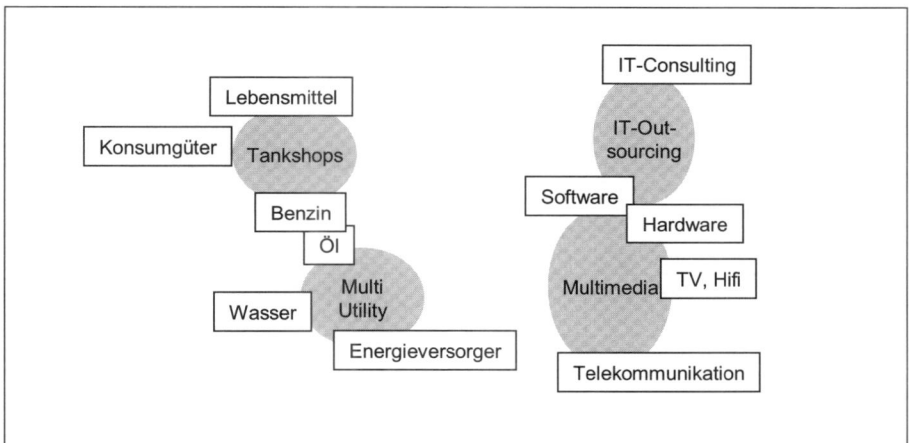

Abb. 4: Konvergenz in verschiedenen Wirtschaftszweigen (vgl. Heuskel 1999)

1.1.3.2   Kompatibilität, Standards und Standardisierung

In den vorangegangenen Abschnitten wurde bereits mehrfach auf die Bedeu-tung der IKT sowie die damit verbundene Vernetzung von Softwaresystemen hingewiesen. Dabei wurde jedoch noch nicht darauf eingegangen, auf welchem Wege diese Systeme miteinander kommunizieren und damit zur Realisierung der verschiedenen E-Business-Szenarien beitragen. An dieser Stelle setzt die Diskussion um Standards an. In einer allgemeinen Begriffsumschreibung spezi-fizieren sie Schnittstellen, damit Anwendungs- und Informationssysteme mit-einander kommunizieren können. Auf abstrakter Ebene kann man dabei zwi-schen fachlichen und technischen Standards differenzieren (vgl. Abb. 5). Erst-genannte hängen mit dem Austausch kaufmännisch relevanter Informationen zusammen, um z. B. Produktinformationen maschinell verarbeiten zu können. Technische Standards bringt man demgegenüber mit infrastrukturnahen Themen in Verbindung, die sich z. B. auf die Sicherheit oder Nachrichtenübertragung beziehen. Um für die Auseinandersetzung mit solchen Standards zu sensibilisieren, gilt es in diesem Abschnitt zunächst die Begriffe Kompatibilität, Standardisierung und Standards auf abstrakter Ebene zu erörtern.

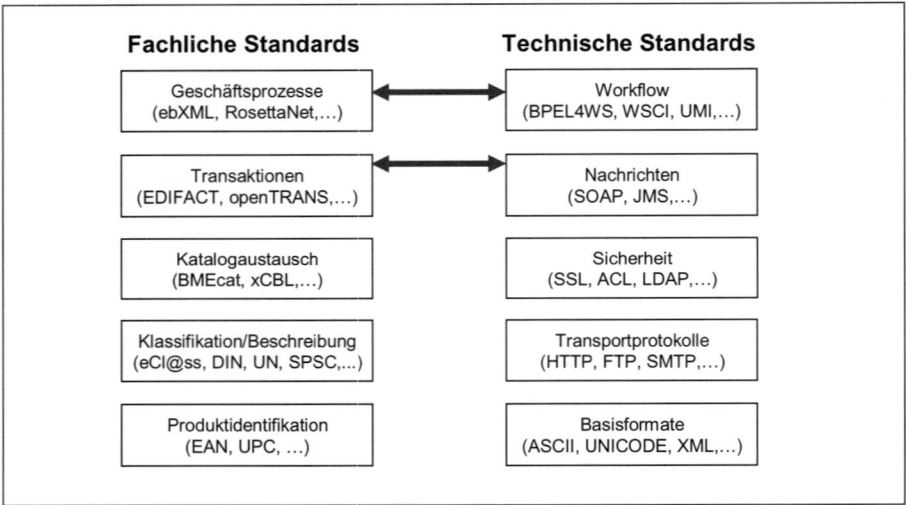

Abb. 5: E-Business-Standards im Überblick (vgl. Quantz/Wichmann 2003)

Grundsätzlich lässt sich sagen, dass zwei Güter als kompatibel gelten, wenn sie in bestimmter Weise zusammenarbeiten können (vgl. Shy 2001, S. 15; Martiensen 2004, S. 3). In Abhängigkeit der Beziehung dieser Komponenten untereinander lässt sich zwischen **komplementärer und substitutiver Kompatibilität** differenzieren. Komplementäre Kompatibilität beschreibt die Fähigkeit der Zusammenarbeit ungleichartiger Komponenten. Eine solche Beziehung besteht z. B. zwischen dem Betriebssystem (Z) und darauf aufbauender Anwendungssoftware (X), wenn beide Komponenten die Spezifikation der Schnittstelle (a) einhalten (vgl. Abb. 6). Wenn gleichzeitig die Anwendung (Y) die Spezifikation der Schnittstelle (a) erfüllt, spielt es aus technischer Sicht keine Rolle, ob Software X oder Y verwendet wird, die Komponenten sind dann in der Horizontale substitutiv kompatibel.

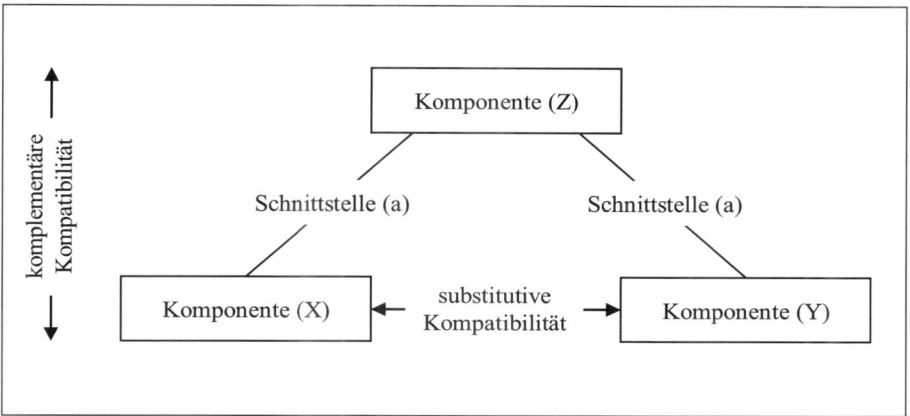

Abb. 6: Kompatible und substitutive Kompatibilität (vgl. auch Pfeiffer 1989, S. 23)

Wendet man sich der Frage zu, wie Kompatibilität zwischen den verschiedenen Komponenten eines EDV-Systems hergestellt wird, nähert man sich dem Begriff der **Standardisierung**. Hierunter versteht man eine Vereinheitlichung nach bestimmten Regeln oder Mustern (vgl. Knorr 1993, S. 23). Standards kennzeichnen dementsprechend Technologien, die durch bestimmte Spezifikationen charakterisiert werden (vgl. David/Greenstein 1990, S. 4; Erhardt 2001, S. 9). Bezogen auf die Informationstechnik ist der Zweck der Standardisierung darin zu sehen, Kompatibilität zwischen den verschiedenen Komponenten eines Informationsverarbeitungssystems herzustellen (vgl. auch Graumann 1993b, S. 1336; Schmidt/Werle 1994, S. 429). In Abhängigkeit davon, ob die Standardsetzung durch den Gesetzgeber oder auf dem Markt erfolgt, lassen sich zwei Arten von Standards unterscheiden:

- De-jure-Standards und

- De-facto-Standards.

Bei der Standardsetzung durch den Gesetzgeber ist im Allgemeinen von **De-jure-Standards** die Rede. Sie sind rechtlich verbindlich und allen Wirtschaftssubjekten frei zugänglich. Generell ist die Standardsetzung durch den Staat von Bedeutung, wenn auf dem Markt nur geringe Anreize zur Standardisierung bestehen, aus wohlfahrtstheoretischer Sicht die Standardsetzung jedoch wünschenswert wäre. In der Informationstechnik spielt der Staat als Standardsetzer allerdings nur eine untergeordnete Rolle. Vielmehr besteht ein hoher privatwirtschaftlicher Anreiz zur Etablierung eines Standards, um auf dessen Grundlage eine vorteilhafte Wettbewerbsposition aufzubauen.

De-facto-Standards kennzeichnen Technologien, die sich infolge ihrer Akzeptanz auf der Nachfrageseite im Wettbewerb etablieren konnten (vgl. Katz/Shapiro 1994, S. 105) – eine rechtliche Verbindlichkeit ist somit nicht gegeben. Im Gegensatz zur Standardisierung durch den Gesetzgeber wird der Zugang zum Standard ferner durch Unternehmen kontrolliert und mitunter eingeschränkt. In Abhängigkeit der Zugangsregelung differenziert man dabei zwischen proprietären und offenen Standards (vgl. z. B. Maaß/Scherm 2004, S. 1406).

- *Proprietäre Standards* kennzeichnen herstellerspezifische Technologien, bei denen die Implementierung an die Zahlung von Lizenzgebühren gekoppelt ist. Die Standardspezifikationen werden dabei nach Maßgabe des Unternehmens entwickelt, woraus eine Form von Exklusivität resultiert: Programme von anderen Herstellern, die vergleichbare Funktionen ausführen, können Daten der proprietären Technologie nicht verwenden.

- Von *offenen Standards* ist die Rede, wenn sie – analog der Standardisierung durch den Gesetzgeber – für jeden frei zugänglich sind. Für die Nutzung offener Standards fallen somit keine Lizenzgebühren an. Solche Standards werden oftmals im Rahmen von Standardisierungskomitees oder Kooperationen beschlossen und sie stoßen auf Anwenderseite in der Regel auf große Zustimmung: Im Gegensatz zu einem proprietären Standard besteht nicht die Befürchtung, dass ein einzelner Hersteller seinen mitunter monopolistischen Preissetzungsspielraum ausschöpft.

1.1.3.3   Zur Bedeutung von Netzeffekten

Mit der Präzisierung des Kompatibilitätsbegriffs im vorangegangenen Abschnitt ist es möglich, die Bedeutung von Netzeffekten im E-Business herauszuarbeiten. Anstelle von Netzeffekten ist oftmals auch von nachfrageseitigen Skalenerträgen die Rede, bei denen eine linear steigende Nachfrage zu einer überproportionalen Nutzensteigerung führt (vgl. Katz/Shapiro 1986, S. 824; Wiese 1990, S. 1). Diese Nutzensteigerung resultiert aus der Zusammenführung kompatibler Komponenten, die bei gemeinsamer Nutzung einen höheren Nutzen als bei isolierter Anwendung stiften. Abhängig davon, ob gleichartige oder komplementäre Komponenten zusammengeführt werden, lässt sich zwischen

- direkten Netzeffekten und

- indirekten Netzeffekten differenzieren.

Direkte Netzeffekte entstehen aus der Zusammenführung gleichartiger und kompatibler Komponenten. Exemplarisch hierfür sei an dieser Stelle das „klassische" Beispiel des Telefonnetzes genannt. Sofern es noch nicht existiert, wird kein Konsument dazu bereit sein, ein Telefon zu erwerben und Anschlussgebühren zu entrichten. Sein Nutzen wäre gleich null, da er mit niemandem kommunizieren könnte. Kommt es nun – aus welchen Gründen auch immer – zu einem Anstieg der Teilnehmerzahl, steigt gleichzeitig der Anreiz für potenzielle neue Teilnehmer, sich dem Netzwerk anzuschließen: Mit der zunehmenden Teilnehmerzahl steigt gleichzeitig die Wahrscheinlichkeit, mit bestimmten Personen in Kontakt treten zu können. Besteht das Telefonnetz z. B. lediglich aus den Teilnehmern A und B, existieren nur zwei Kommunikationswege – von A nach B und umgekehrt. Schließt sich nun C dem Netzwerk an, erhält jeder der bereits partizipierenden Teilnehmer einen weiteren Kommunikationsweg; insgesamt bestehen dann sechs Verbindungsmöglichkeiten. Ein weiterer Teilnehmer D würde die Anzahl der Kommunikationswege auf zwölf erhöhen usw. Der Wert eines Netzwerks – der in diesem Beispiel durch die Anzahl der Kommunikationswege zum Ausdruck kommt – wächst somit exponentiell mit jedem weiteren Teilnehmer (vgl. Abb. 7).

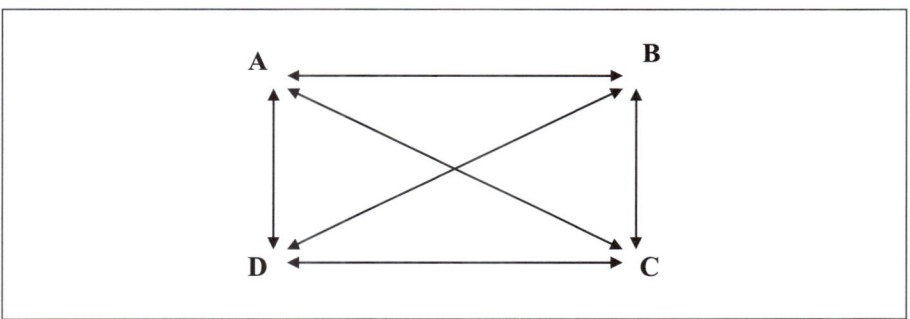

Abb. 7: Netzeffekte im Telefonnetz (vgl. Maaß/Scherm 2005b

Indirekte Netzeffekte liegen bei komplementären – also ungleichartigen – Komponenten vor. Eine solche Verbindung besteht z. B. zwischen Betriebssystem und Anwendungssoftware (vgl. Achi et al. 1995, S. 8). So stellen Softwareunternehmen aufgrund des hohen Verbreitungsgrades des Microsoft-Betriebssystems bevorzugt darauf basierende Applikationen her, um ein möglichst großes Kundensegment anzusprechen. Für die Käufer ist wiederum die Zahl der verfügbaren Komplementärprodukte ein ausschlaggebendes Kaufkriterium für Windows, weshalb sich die Anwenderzahl erneut erhöht und weitere Softwareunternehmen Windows-basierte Anwendungen herstellen. Insofern führt die starke Verbreitung eines Basisproduktes zu einem reichhaltigen Angebot an Komplementärprodukten.

Es ist wichtig, so umfassend auf die Bedeutung von Netzeffekten hinzuweisen, da sich der **Wettbewerb auf Netzeffektmärkten** deutlich von dem auf traditionellen unterscheidet. Diese Unterschiede hängen mit drei interdependenten Problemfeldern zusammen:

- Existenz eines Startproblems

- Konzentration der Marktmacht

- Innovationsproblematik auf Netzeffektmärkten

Netzeffektmärkte sind dadurch charakterisiert, dass sie ein **Startproblem** aufweisen (vgl. Wiese 1991, S. 43; Klodt 2003, S. 111). Es resultiert aus dem Umstand, dass die mit Netzeffekten verbundenen Vorteile erst ab einer bestimmten Teilnehmerzahl zum Tragen kommen. Erst wenn diese „kritische Masse" überschritten wird, ist die Attraktivität hoch, das betreffende Produkt zu nutzen (vgl. Weiber 1992, S. 19). In der Startphase eines Produktes ist die Teilnehmerzahl aber oft nicht ausreichend, um dieses Volumen zu generieren. Mit diesem Problem sind vor allem die zahlreichen Internet-Communitys konfrontiert, deren Erfolg maßgeblich von der Anzahl der Teilnehmer abhängt.

Ist die kritische Masse jedoch überschritten, kommt es mitunter zu einer **Konzentration der Marktmacht** auf ein einzelnes Unternehmen, wie z. B. im Fall von Microsoft. So stellt die Systemsoftware des Unternehmens den (De-facto-) Standard im Bereich der Client-Betriebssysteme dar und das Unternehmen verfügt über einen monopolistischen Preissetzungsspielraum, der zumindest vorübergehend eine überdurchschnittliche Rendite erwarten lässt (vgl. auch Hess 2000, S. 97).

Existiert ein (De-facto-)Standard auf dem Markt, resultiert daraus ein **Innovationsproblem**, da neue Produkte im Vergleich zum etablierten nur einen geringen Netznutzen aufweisen (vgl. Farrell/Saloner 1985). Aus diesem Grund fällt es schwer, neue Technologien – selbst wenn diese der etablierten qualitativ überlegen sind – auf dem Markt einzuführen.

1.1.3.4   Marktdynamik

Im E-Business lässt sich eine hohe Marktdynamik beobachten, die anhand verschiedener Indikatoren abgelesen werden kann:

*   Entwicklungszyklen und Produkthalbwertzeiten

*   Homogenisierungstendenzen aufgrund der Standardisierung

*   Veränderungsgeschwindigkeit der Inhalte

Die **Entwicklungszyklen und Produkthalbwertzeiten** sind im E-Business äußerst kurz. Empirische Studien weisen darauf hin, dass die durchschnittliche Entwicklungsdauer von Softwareprodukten in Deutschland lediglich sechs Monate beträgt (vgl. hierzu Friedewald et al. 2002, S. 156). Diese kurzen Entwicklungszyklen korrespondieren mit dem Nachfrageverhalten der Kunden, die ihre vorhandenen Softwarelösungen in der Regel bereits nach ein bis zwei Jahren durch verbesserte Versionen oder vollständig neue Produkte ersetzen (vgl. Blind et al. 2003, S. 54).

Auf technischer Ebene wird diese Innovationsdynamik durch die fortschreitenden Standardisierungstendenzen forciert, aufgrund deren immer weniger Differenzierungsmöglichkeiten bestehen, da alle Anbieter mehr oder weniger auf die gleichen Standards setzen (müssen) (vgl. Horster 1996, S. 33). Um sich diesen **Homogenisierungstendenzen** zu entziehen, versuchen die Unternehmen in immer kürzeren Zeitabständen neue oder mit zusätzlichen Funktionen ausgestattete Produkte auf den Markt zu bringen. Es ist allerdings wichtig, darauf hinzuweisen, dass dieser „Funktionsfetischismus stellenweise auch massiv kritisiert wird (vgl. Norman 1988; Landauer 1995; Cooper 1999). So vertritt man die Meinung, dass es sich bei den meisten „Features" lediglich um Verlegenheitslösungen handelt, da die Produzenten nicht wissen, wie sie ihre Produkte verbessern können. Um davon abzulenken, bauen sie neue Funktionen ein, die teilweise sogar die Bedienbarkeit der Anwendung erschweren.

Schließlich unterliegen auch die über elektronische Netzwerke angebotenen **Inhalte** einem stetigen Wandel (vgl. hierzu Lewandowski 2006). Beispielsweise entstehen jede Woche weltweit etwa 320 Millionen neue Webseiten und alleine in einem Jahr kommt es bei 50 Prozent aller Webseiten zu inhaltlichen Änderungen. Noch deutlicher wird die Dynamik in diesem Umfeld, wenn man die Änderungen der Linkstrukturen im Internet betrachtet: Etwa 80 Prozent aller Links werden innerhalb eines Jahres verändert oder neu festgelegt (vgl. Ntoulas et al. 2004).

Die hohe Marktdynamik wirkt sich auf unterschiedliche Art auf den Wettbewerb im E-Business aus. Aufgrund der kurzen Produktlebenszyklen laufen Unternehmen bei einem großen Investitionsvolumen Gefahr, dass sich ihre Investitionen nicht amortisieren. Zu ähnlichen Problemen kommt es, wenn die Zeitspanne von der Produktidee bis zur Markteinführung zu lang ist. In solch einer Situation muss damit gerechnet werden, dass sich die Kundenbedürfnisse geändert oder Konkurrenten das betreffende Marktsegment bereits besetzt haben. Um diesen Problemen vorzubeugen, gehen deshalb immer mehr Unternehmen Kooperationen ein, um schneller als im Alleingang neue Produkte auf dem Markt einführen zu können (vgl. hierzu ausführlicher 2.2.2.3).

1.1.4   Ökonomische Bedeutung des E-Business

Elektronische Netzwerke haben in der Gesellschaft – im privaten Umfeld ebenso wie im öffentlichen und Unternehmenssektor – eine zentrale Bedeutung erlangt und stellen das Rückgrat der deutschen Wirtschaft dar (vgl. Sackmann/Strüker 2005; BMWi 2006). Versucht man allerdings die gesamtwirtschaftliche Bedeutung der elektronischen Geschäftstätigkeit herauszuarbeiten, stößt jedes Forschungsvorhaben auf ein grundlegendes Problem: In den öffentlichen Statistiken wird der Bereich E-Business nicht als eigene Branche definiert. Insofern existieren keine offiziellen Zahlen bezüglich der makroökonomischen Bedeutung der elektronischen Geschäftstätigkeit. Auch der Rückgriff auf Daten von Marktforschungsunternehmen oder Branchenverbänden erscheint problembehaftet, da diese Institutionen oftmals auf unterschiedliche Erhebungsmethoden zurückgreifen und ihren Untersuchungen unterschiedliche Annahmen zugrunde liegen. Insofern ist die Vergleichbarkeit solcher Studien nicht ohne weiteres möglich. Wirft man einen Blick auf diese Studien, kommt man aber dennoch zu der Schlussfolgerung, dass die Auseinandersetzung mit dem Thema E-Business immer wichtiger wird:

• Die Geschäftsprozesse in Unternehmen werden bereits heute – unabhängig von einem bestimmten Wirtschaftszweig – zum Großteil durch E-Business-Anwendungen unterstützt (vgl. TechConsult 2007). Vor allem die Koordination der internen Geschäftsprozesse auf Basis von ERP-Systemen und der Einsatz von Softwarelösungen in den Bereichen Business Intelligence und E-Procurement haben sich schon in weiten Teilen der Wirtschaft durchgesetzt.

- Die Kurse, Umsätze und Mitarbeiterzahlen von DIWAX-Unternehmen (Digitale Wirtschaft Aktienindex) wachsen schneller als bei Unternehmen der restlichen Wirtschaft (vgl. BVDW 2006). Das überdurchschnittliche Wachstum wird auf die zunehmende Nachfrage nach E-Business-Lösungen – ungeachtet des Zusammenbruchs der New Economy – zurückgeführt, die von diesen Unternehmen angeboten werden.

- Schließlich steigen auch die Umsatzzahlen im E-Commerce rasant und ein Ende dieser Entwicklung ist nicht absehbar. Beispielsweise wurde im Jahr 2006 mit gewerblichen Kunden in Deutschland ein Umsatz von etwa 392 Milliarden Euro erwirtschaftet. Im Jahr 2010 rechnet man bereits mit einem Umsatz von 636 Milliarden Euro (vgl. InternetWorld 2007).

Um für die gesamtwirtschaftliche Bedeutung des E-Business zu sensibilisieren, werden im Folgenden jedoch keine weiteren Zahlenbeispiele angeführt, zumal deren Aussagekraft ohnehin nur von kurzer Dauer ist. Vielmehr geht es darum, auf abstrakter Ebene die gesamtwirtschaftliche und zukünftige Bedeutung des E-Business aufzuzeigen. Zu diesem Zweck wird auf die so genannten Kondratjew-Zyklen abgestellt.

Der **Kondratjew-Zyklus** beschreibt den Sachverhalt, dass kurze konjunkturelle Phasen von langfristigen Konjunkturwellen überlagert sind. Diese Wellen ziehen sich über einen Zeitraum von etwa 40 bis 60 Jahren und bestehen aus einer Aufschwung- und Abschwungphase. Auslöser solcher Wellen sind nach Schumpeter grundlegende technische Innovationen, die neue Formen der Problemlösung ermöglichen (vgl. 1961). Exemplarisch sei hier auf die Erfindung der Dampfmaschine hingewiesen, die den Ausgangspunkt der industriellen Revolution und damit des ersten Kondratjew-Zyklus darstellt (1780–1849). Der zweite Zyklus begann mit der Erfindung der Eisenbahn und Dampfschifffahrt sowie der zunehmenden Bedeutung der Stahlindustrie in den Jahren von 1849 bis 1890. Der dritte und vierte Zyklus stehen wiederum für den Aufschwung in der Elektro- und Automobilindustrie (vgl. Abb. 8).

Gegenwärtig befinden wir uns im fünften Kondratjew-Zyklus, der auf die vielbeschworene Informationsgesellschaft und die damit verbundenen Fortschritte im Bereich der IKT abstellt. Elektronische Netzwerke fungieren dabei als technische Infrastruktur, um die verschiedenen E-Business-Szenarien realisieren zu können. Unterstellt man nun einen durchschnittlichen Lebenszyklus von 40 Jahren, wird die Bedeutung des E-Business auch in den nächsten Dekaden zunehmen. Insofern handelt es sich beim Thema E-Business keineswegs um eine

Modeerscheinung. Vielmehr wird das Thema E-Business in den nächsten Jahren für Unternehmen in allen Wirtschaftszweigen immer wichtiger, um im globalen Wettbewerb zu bestehen. Abb. 8 zeigt die hier skizzierten Kondratjew-Zyklen im Überblick.

Zeitraum des Zyklus	Erfindungen bzw. dominante Techniken
1780–1849	Phase der Frühmechanisierung (Erfindung der Dampfmaschine)
1849–1890	Erfindung von Eisenbahnen und Dampfschiffen; Bedeutung der Stahlindustrie
1890–1940	Elektrotechnik und chemische Industrie
1940–1990	Automatisierung und Entwicklung integrierter Schaltkreise, Transistoren sowie Fortschritte im Automobilbereich
seit 1990	Informations- und Kommunikationstechnologien; E-Business wird immer mehr zum entscheidenden Wettbewerbsfaktor
ab 2030	Nano- und Biotechnik? Erneuerbare Energien?

Abb. 8: Überblick der bisherigen Kondratjew-Zyklen

Von grundlegendem Interesse ist nun sicherlich die Frage, welche Techniken den nächsten Kondratjew-Zyklus auslösen. Aussichtsreich erscheint neben der Nano- und Biotechnik vor allem der Bereich der erneuerbaren Energien, zumal die meisten westlichen Industrieländer nur über begrenzte Gas- und Erdölvorkommen verfügen. Um der Gefahr eines Abhängigkeitsverhältnisses von anderen Ländern vorzubeugen und die Energieversorgung zu gewährleisten, muss zwangsläufig eine intensivere Beschäftigung mit diesem Thema erfolgen.

1.2   Strategien und Geschäftsmodelle

1.2.1   Aufgaben des strategischen Managements

Im Rahmen dieses Buches steht die Auseinandersetzung mit Geschäftsmodellen im Vordergrund, in denen man in der aktuellen betriebswirtschaftlichen Literatur eine Fortentwicklung des traditionellen Strategiekonzepts sieht (vgl. z. B. zu Knyphausen-Aufseß/Meinhardt 2002, S. 64; Wirtz 2005, S. 65). Um für die Beschäftigung mit Geschäftsmodellen zu sensibilisieren, gilt es deshalb zunächst auf die Aufgaben des strategischen Managements und die Bedeutung von Strategien im Allgemeinen einzugehen. Das ist nicht zuletzt deshalb von

Bedeutung, weil der Strategiebegriff in Forschung und Praxis inflationär und in den unterschiedlichsten Kontexten verwendet wird (vgl. Corsten 1998, S. 3; Staehle 1999, S. 601). Deshalb bleibt oftmals unklar, welche Aufgaben überhaupt in den Zuständigkeitsbereich des strategischen Managements fallen und worin die Essenz von Strategien zu sehen ist.

Kurz gefasst beschäftigt sich das strategische Management damit, die zukünftige Entwicklung von Unternehmen zu gestalten (vgl. Müller-Stewens/Lechner 2005). Die in diesem Zusammenhang anfallenden Aufgaben hängen mit einer Vielzahl von Einzelentscheidungen zusammen, um die langfristigen Ziele des Unternehmens zu erreichen. Die Gesamtheit dieser Einzelentscheidungen bezeichnet man als **Strategie** (vgl. Welge/Al-Laham 2005). Sie stellt insofern eine Verhaltensrichtlinie dar und gibt Auskunft darüber, wie die Unternehmensziele in Abhängigkeit von Umwelt und Unternehmensressourcen realisiert werden sollen. Die Formulierung von Strategien spielt im strategischen Management daher eine zentrale Rolle. Darin ist allerdings nicht dessen einzige Aufgabe zu sehen. Vielmehr lassen sich drei Aufgabenkomplexe identifizieren, die in ihrer Gesamtheit den Prozess des strategischen Managements verkörpern. Dieser Prozess ist an den Unternehmenszielen ausgerichtet und reicht von der strategischen Analyse der Ausgangssituation – sie umfasst die Umwelt- und Unternehmensanalyse – über die Strategieformulierung/-bewertung bis hin zur Strategieimplementierung und der damit verbundenen Kontrolle des Zielerreichungsgrades (vgl. Abb. 9).

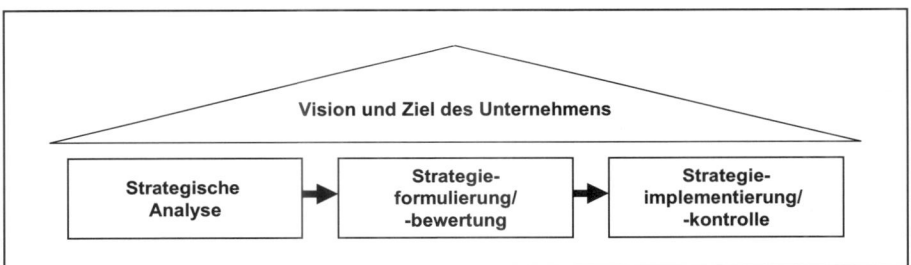

Abb. 9: Prozess des strategischen Managements

Um das Wesen des „strategischen Managements" zu durchdringen, gilt es weiterhin darauf einzugehen, wie es sich vom operativen Geschäft des Unternehmens abgrenzt, wo es um die Umsetzung der auf Unternehmensebene getroffenen und als „strategisch" deklarierten Entscheidungen geht. Dies führt unmittelbar zu der Frage, unter welchen Umständen eine Aufgabe überhaupt als strategisch anzusehen ist. Folgt man dem weiter oben skizzierten Strategieverständnis, lässt sich diese Frage jedoch eindeutig beantworten. So gelten lediglich solche Tätigkeiten als strategisch, die einen signifikanten Einfluss auf die Erreichung der Unternehmensziele haben. Es ist wichtig, auf diesen Umstand hinzuweisen, zumal die strategische Bedeutung einer Aufgabe bzw. Entscheidung oftmals an eindimensionalen Merkmalen wie dem Zeitbezug festgemacht wird (vgl. Wöhe 2005, S. 100–101). Demnach wäre der Planungshorizont des operativen Managements z. B. auf ein Jahr beschränkt, der des strategischen würde sich hingegen auf fünf bis zehn Jahre belaufen. Vergegenwärtigt man sich jedoch die kurzen Produktlebenszyklen im E-Business (vgl. 1.1.3.4), greift eine solche Begriffsabgrenzung zu kurz. Damit deutet sich bereits an dieser Stelle an, dass die im „traditionellen" strategischen Management unterstellten Annahmen nicht zwingend im E-Business Management gelten. Daher gilt es im weiteren Verlauf zu klären, inwieweit „traditionelle" Strategiekonzepte in einem technologisch geprägten Umfeld verwendet werden können oder ob es hier gegebenenfalls gesonderter bzw. ergänzender Strategiekonzepte bedarf.

1.2.2   Systematisierung von Strategien

1.2.2.1   Traditionelle Strategiekonzepte

In der Literatur wurden zahlreiche Systematisierungsvorschläge unterbreitet, nach welchen Kriterien man Strategien untergliedern kann. Miles/Snow stellen z. B. auf das Marktverhalten von Unternehmen ab und unterscheiden zwischen Angriffs- und Verteidigungsstrategien (vgl. 1978). Andere Autoren akzentuieren hingegen die Mittelverwendung und differenzieren zwischen Wachstums-, Stabilisierungs- und Schrumpfungsstrategien (vgl. Aurich/Schröder 1977, S. 238). In der aktuellen betriebswirtschaftlichen Diskussion hat sich jedoch eine Systematisierung anhand des organisatorischen Geltungsbereichs durchgesetzt, wonach man zwischen Unternehmensstrategien und Geschäftsbereichsstrategien differenziert (vgl. z. B. Steinmann/Schreyögg 2005).

Unternehmensstrategien legen die generelle Stoßrichtung des Unternehmens fest und beschäftigen sich im Kern mit der Frage, welche Produkte auf welchen Märkten angeboten und inwieweit dabei Synergieeffekte zwischen den verschiedenen Geschäftsfeldern realisiert werden können. Bei den Strategien als solchen kann man in Anlehnung an Ansoff zwischen vier generischen Strategietypen differenzieren, die sich im Hinblick auf die angebotenen Produkte (neue Produkte vs. vorhandene Produkte) und bearbeiteten Märkte (neue Märkte vs. bearbeitete Märkte) unterscheiden (vgl. Abb. 10):

Abb. 10: Produkt-Markt-Kombinationen nach Ansoff (vgl. 1965)

- *Marktdurchdringung*: Bei dieser Strategie soll auf den bisherigen Märkten der Marktanteil ausgebaut werden, z. B. in Form einer Preis- oder Kostensenkung.

- *Marktentwicklung*: Hier will man vorhandene Produkte auf neuen Märkten einführen, z. B. in Form einer White-Labeling-Lösung.

- *Produktentwicklung*: Diese Strategie soll das Wachstum auf den bisherigen Märkten forcieren. Zu diesem Zweck kommen z. B. Sortimentserweiterungen in Betracht.

- *Diversifikation*: Bei dieser Strategie will man mit neuen Produkten auf neuen Märkten das Wachstum ankurbeln, indem z. B. die Kernkompetenzen des eigenen Unternehmens auf andere Bereiche übertragen werden.

Den hier geschilderten Strategietypen ist gemein, dass sie auf die Ausdehnung des Leistungsprogramms und damit auf das Unternehmenswachstum abzielen. Es ist jedoch wichtig, darauf hinzuweisen, dass es bei der Unternehmensstrategie nicht ausschließlich um die Ausdehnung des Leistungsprogramms geht. Ebenso wichtig sind auch dahingehende Entscheidungen, ob ein Rückzug aus einem Geschäftsfeld erfolgt oder ob die aufgebaute Wettbewerbsposition lediglich gehalten werden soll (vgl. hierzu bereits Harrigan 1980).

Die **Geschäftsbereichs- bzw. Wettbewerbsstrategie** soll klären, wie Unternehmen den Wettbewerb in den durch die Unternehmensstrategie vorgegebenen Produkt-Markt-Kombinationen bestreiten (vgl. Kreikebaum 1997, S. 72).

Damit soll sie einen Beitrag leisten, um eine vorteilhafte und im Konkurrenzvergleich überlegene Wettbewerbsposition aufzubauen. Als Wettbewerbsstrategie kommen in Anlehnung an Porter drei generische Strategien in Betracht, die das Verhalten in Produkt-Markt-Bereichen beschreiben (vgl. 1999):

- Kostenführerschaft

- Differenzierung

- Konzentration auf Schwerpunkte

Die **Strategie der Kostenführerschaft** zielt darauf ab, die durchschnittlichen Kosten der Leistungserstellung bei möglichst gleich bleibender Produktqualität zu senken. Dieses Ziel soll durch die Analyse und Optimierung der wichtigsten Kostentreiber erreicht werden. In traditionellen Wirtschaftszweigen hat man vor diesem Hintergrund häufig die Produktionsmenge ausgedehnt, um die Fixkosten der Produktion auf möglichst viele Produkte zu verteilen und damit die durchschnittlichen Stückkosten zu senken. Solche Maßnahmen greifen bei digitalen Produkten allerdings nicht, da deren Vervielfältigungskosten ohnehin marginal sind. Bei solchen Produkten geht es vielmehr um die Reduktion der Herstellungskosten der ersten Kopie oder um eine Senkung der Transaktionskosten im Zuge der Leistungserstellung. In der Softwareentwicklung versucht man vor diesem Hintergrund z. B. die Entwicklungskosten der ersten Kopie durch die Verwendung objektorientierter Softwarewerkzeuge und wieder verwendbarer Softwarekomponenten zu reduzieren. Die daraus resultierenden Kostenvorteile sind aufgrund des rasanten technologischen Fortschritts im E-Business häufig jedoch nur von kurzer Dauer. Insofern verschafft die Strategie der Kostenführerschaft in einem technologischen Umfeld nur temporäre Wettbewerbsvorteile. Sie sollte daher nur dann in Erwägung gezogen werden, wenn die Kunden ausschließlich den Preis und keine anderen Merkmale – wie z. B. die Produktqualität – als kaufrelevantes Kriterium erachten (vgl. auch Welge/Al-Laham 2005).

Bei der **Differenzierungsstrategie** geht es darum, durch eine besondere Produktgestaltung eine Sonderstellung am Markt zu erobern. Eine solche Position kann auf den funktionalen oder nicht-funktionalen Produkteigenschaften gründen. So kann ein Unternehmen z. B. versuchen, sich aufgrund technischer Features von seinen Wettbewerbern abzugrenzen. Exemplarisch hierfür sei das Unternehmen Google genannt, das aufgrund eines neuen Suchalgorithmus die Qualität seiner Suchergebnisse drastisch steigern und sich so erfolgreich von konkurrierenden Suchmaschinen differenzieren konnte. Neben den funktionalen Eigenschaften bestehen aber auch im Bereich der nicht-funktionalen Eigenschaften zahlreiche Ansatzpunkte zur Produktdifferenzierung, wie z. B. auf Basis der Unternehmensreputation, Bedienbarkeit, Ästhetik oder des Markennamens (vgl. Barney 2002, S. 264–276). Diese Form der Differenzierung hat zum Vorteil, dass das Unternehmen weniger anfällig für Technologiesprünge ist.

Bei der **Strategie der Nischenbildung** konzentriert sich das Unternehmen auf ein bestimmtes Marktsegment. Dem liegt die Annahme zugrunde, dass die Kundenbedürfnisse durch eine konzentrierte Marktbearbeitung wesentlich besser befriedigt werden können, als das bei einem breit aufgestellten Geschäftsbereich möglich wäre. In der Nische kann das Unternehmen dann eine Kostenführerschaft oder einen Differenzierungsvorteil anstreben. Voraussetzung für diese Form der Marktbearbeitung ist es, dass der Gesamtmarkt in verschiedene Segmente eingeteilt und bearbeitet werden kann.

1.2.2.2   Zum Verhältnis von Wettbewerbs- und Standardisierungsstrategien

Aus den vorangegangenen Ausführungen ging hervor, dass traditionelle Unternehmens- und Wettbewerbstrategien grundsätzlich zwar erste Anhaltspunkte liefern, wie Unternehmen den Wettbewerb im E-Business bestreiten können. Allerdings muss an dieser Stelle auch konstatiert werden, dass sie den Besonderheiten des Wettbewerbs in diesem technischen und dynamischen Umfeld nur bedingt Rechnung tragen. So hat sich z. B. herausgestellt, dass die Strategie der Kostenführerschaft im E-Business nur bedingt dazu beiträgt, einen nachhaltigen Wettbewerbsvorteil zu erzielen (vgl. 1.2.2.1). Nicht zuletzt aus diesem Grund weist man in der betriebswirtschaftlichen Literatur darauf hin, dass ein **Bedarf an speziellen Wettbewerbsstrategien** besteht, die den Besonderheiten des Wettbewerbs in diesem Umfeld Rechnung tragen (vgl. auch Bettis/Hill 1995, S. 10). „In this new context, we need to go beyond the theoretical lenses and paradigms we have been trained in, to explore the implications of the changes at a more fundamental level" (Løwendahl/Revang 1998, S. 755). Die hohe Bedeutung gesonderter Wettbewerbsstrategien hat dabei einen einfachen Grund: So geht es bei der Einführung neuer Produkte auf Netzeffektmärkten zunächst weniger um Kosten- oder Differenzierungsvorteile als um die Überwindung des Startproblems (vgl. 1.1.3.3) und die Etablierung eines Standards (vgl. auch Picot/Scheuble 2000, S. 250). „[U]nless the standard is accepted the other strategies for the product are invalid" (Grindley 1995, S. 20). An dieser Stelle setzt die Diskussion um **Standardisierungsstrategien** an, bei denen es sich um spezielle Wettbewerbsstrategien auf Netzeffektmärkten handelt, die auf die Etablierung von Standards und die Überwindung der Start- und Innovationsproblematik auf Netzeffektmärkten gerichtet sind. Standardisierungsstrategien und traditionelle Wettbewerbsstrategien sind jedoch nicht isoliert voneinander zu betrachten. Vielmehr differenziert man in diesem Zusammenhang zwischen zwei Wettbewerbsebenen (vgl. Borowicz 2001, S. 18):

- Auf Netzeffektmärkten dienen auf der ersten Ebene nicht Produkte, sondern Standards als Referenzpunkte. Unternehmen, die gemeinsam mit Partnern bestimmte Technologien anbieten, konkurrieren dabei mit inkompatiblen Technologien anderer Wettbewerber. Dieser Wettbewerb wird als **Inter-Standard-Wettbewerb** bezeichnet und auf Grundlage von Standardisierungsstrategien bestritten.

- Erst wenn sich ein Standard auf dem Markt etabliert hat, kommen die traditionellen Wettbewerbsstrategien wieder zum Tragen: Nun konkurrieren die Unternehmen, die zuvor noch gemeinsam den Standard etabliert haben. Diese Wettbewerbssituation bezeichnet man **als Intra-Standard-Wettbewerb**.

Es ist jedoch wichtig, darauf hinzuweisen, dass Standardisierungsstrategien nicht pauschal den traditionellen Wettbewerbsstrategien vorzuziehen sind, nur weil in bestimmten Bereichen Netzeffekte auftreten. Sie sollten lediglich dann in Erwägung gezogen werden, wenn auch ein hohes Standardisierungspotenzial der jeweiligen Technologie besteht. Zur **Einschätzung des Standardisierungspotenzials** schlägt Borowicz drei Kriterien vor (vgl. 2001, S. 66–70):

- **Struktur der Netzeffekte**: Bei der Analyse von Netzeffekten wird im Allgemeinen davon ausgegangen, dass der Netznutzen unmittelbar von der installierten Basis abhängt (vgl. 1.1.3.3). Bei der Verwendung eines Instant Messenger würde dies implizieren, dass alle Anwender eine identische Interaktionshäufigkeit aufweisen. Anders formuliert würde ein Anwender in Deutschland davon profitieren, wenn in England ein zusätzlicher Anwender den jeweiligen Messenger verwendet. In der Praxis hängt die Entscheidung für einen bestimmten Messenger jedoch weniger von der global installierten Basis als vom lokalen Umfeld des Anwenders ab. Innerhalb eines solchen lokalen Clusters ist die Interaktionsdichte wesentlich größer als zwischen Anwendern unterschiedlicher Cluster.

- **Heterogenität der Nachfragepräferenzen:** Nach diesem Kriterium hängt das Standardisierungspotenzial von der Heterogenität der Nachfrage oder anders formuliert von den unterschiedlichen Präferenzen und Erwartungen der Anwender gegenüber dem Endprodukt ab. Je unterschiedlicher die Präferenzen ausfallen, desto geringer fällt das Standardisierungspotenzial aus.

- **Anteil des Netznutzens am Gesamtnutzen:** Je höher der Netznutzen eines Produktes ausfällt, desto mehr tritt der originäre Produktnutzen in den Hintergrund. Dieser Sachverhalt lässt sich anhand eines einfachen Beispiels verdeutlichen: Automobile und Ersatzteile weisen zwar eine komplementäre Beziehung auf, aufgrund deren grundsätzlich auf die Existenz von Netzeffekten geschlossen werden kann. Allerdings überwiegt der originäre Produktnutzen des Autos gegenüber dem Netznutzen um ein Vielfaches. Anders sieht das hingegen bei DVD-Playern aus, deren Wert maßgeblich vom Angebot der verfügbaren DVDs abhängt und deren Standardisierungspotenzial damit sehr groß ist (vgl. Abb. 11).

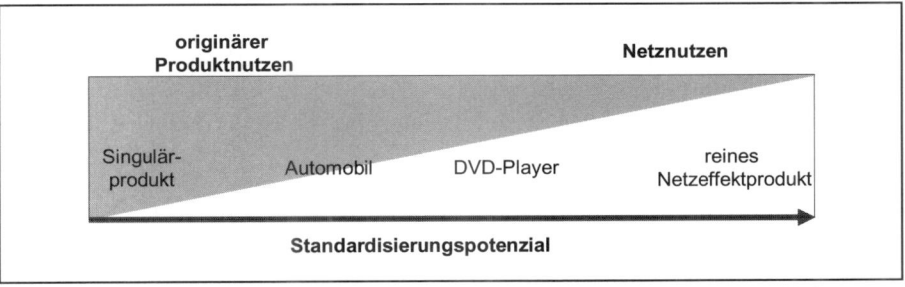

Abb. 11: Standardisierungspotenzial von Produkten (vgl. Borowicz/Scherm 2001)

1.2.2.3 Typologien von Standardisierungsstrategien im E-Business

In der Volkswirtschaftslehre diskutiert man bereits seit geraumer Zeit die Implikationen von Standardisierungsstrategien (vgl. z. B. Rohlfs 1974; Katz/Shapiro 1985). Die damit einhergehenden wettbewerbsstrategischen Fragen fanden aber vergleichsweise spät Einzug in die betriebswirtschaftliche Diskussion. Erst Anfang der 90er Jahre legte Gabel eine Strategietypologie vor, bei der explizit die strategischen Optionen auf Netzeffektmärkten thematisiert werden (vgl. 1993, S. 11–20). Ähnliche Strategietypologien wurden in den vergangenen Jahren von

Grindley (vgl. 1995), Shapiro/Varian (vgl. 1999) und Borowicz/Scherm (vgl. 2001) entwickelt. Letztere wird im Folgenden ausführlicher angesprochen, da sie die strategischen Optionen auf Netzeffektmärkten wesentlich umfassender herausarbeitet (vgl. auch Abb. 12), als das bei den anderen Strategietypologien der Fall ist (vgl. für einen Literaturüberblick Borowicz 2001, S. 84–97).

Die Strategietypologie von Borowicz/Scherm basiert auf zwei Schlüsselmerkmalen (vgl. 2001, S. 401).

- Das erste stellt auf die Frage ab, inwieweit der **Zugang zum Standard** durch das Unternehmen beschränkt oder ob er mehr oder weniger offen gestaltet wird. Bei einem proprietär-geschlossenen Zugang ist der Standard durch Geheimhaltung und/oder gewerbliche Schutzrechte vor der Übernahme durch Dritte geschützt. Im Gegensatz dazu steht dieser bei einem öffentlichen Zugang für jeden zur freien Verfügung. Bei dem proprietär-offenen Zugang handelt es sich schließlich um ein Zwischenglied: Der Zugang zum Standard ist zwar grundsätzlich durch gewerbliche Schutzrechte geschützt. Mit dem Lizenzerwerb können Dritte jedoch Nutzungsrechte an der betreffenden Technologie erwerben.

- Durch das zweite Schlüsselmerkmal wird hingegen die **Rolle des Unternehmens im Standardisierungswettbewerb** hinterfragt. Danach muss sich das Unternehmen entscheiden, ob es die Etablierung eines eigenen Standards forciert („aktive Rolle") oder seine Produkte lediglich an einen fremden Standard anpasst („passive Rolle").

Aus der Kombination der beiden Schlüsselmerkmale resultiert eine Strategietypologie mit sechs Strategietypen (vgl. Abb. 12):

		Zugang zum Standard		
		Proprietär-geschlossen	**Proprietär-offen**	**Öffentlich**
Rolle des Unternehmens im Standardisierungswettbewerb	**Aktiv**	Monopol-strategie	Vergabe-strategie	Sponsor-strategie
	Passiv	Umgehungs-strategie	Lizenznehmer-strategie	Trittbrettfahrer-strategie

Abb. 12: Typologie der Standardisierungsstrategien (vgl. Borowicz/Scherm 2001)

- Monopolstrategie

- Vergabestrategie

- Sponsorstrategie

- Umgehungsstrategie

- Lizenznehmerstrategie

- Trittbrettfahrerstrategie

Die **Monopolstrategie** zielt darauf ab, im Alleingang einen Standard zu etablieren. Anderen Unternehmen wird der Zugang zum Standard verwehrt, selbst eine Lizenzvergabe kommt nicht in Betracht. Damit birgt diese Strategie ein hohes Risiko. So muss das Unternehmen umfangreiche Ressourcen zur Verfügung stellen, um den Standard im Alleingang auf dem Markt zu etablieren. Ist dieses Unterfangen jedoch erfolgreich, resultiert daraus eine Monopolstellung und es kann mit einer überdurchschnittlichen Rentabilität gerechnet werden. Eine solche Vormachtstellung konnte z. B. das Unternehmen Microsoft im Bereich der Bürosoftware erobern.

Bei der **Vergabestrategie** will das Unternehmen ebenfalls die eigene Technologie als Standard etablieren. Um einen hohen Marktanteil zu gewinnen, werden dabei auch Dritten Nutzungsrechte an der betreffenden Technologie eingeräumt. Insofern weist diese Strategie – im Vergleich zur Monopolstrategie – keine extremen Risiken auf. Aufgrund der Lizenzvergabe ist allerdings mit einem intensiven Intra-Standard-Wettbewerb zu rechnen. Deshalb lassen sich bei dieser Strategie nur geringe Preise durchsetzen.

Im Rahmen der **Sponsorstrategie** wird ein öffentlicher Standard in einem Standardisierungsgremium ausgehandelt. Die Aktivitäten des Unternehmens sind vor diesem Hintergrund darauf gerichtet, die eigene Technologie in die Standardspezifikation einzubringen, um auf diesem Weg den Wettbewerb zu beeinflussen. Da zahlreiche Unternehmen an diesem Verhandlungsprozess mitwirken, ist die Wahrscheinlichkeit hoch, dass sich die betreffende Technologie auf dem Markt etabliert. Im Vergleich zur Monopol- und Vergabestrategie bedarf es zudem eines weitaus geringeren Ressourceneinsatzes. In Anbetracht des offenen Zugangs sind die Gewinnaussichten bei dieser Strategie allerdings nur gering, da der Intra-Standard-Wettbewerb in diesem Fall besonders intensiv ausfällt.

Bei der **Umgehungsstrategie** wird nicht der Versuch unternommen, einen eigenen Standard zu etablieren. Vielmehr soll hier ein proprietär-geschlossener Standard eines anderen Unternehmens adoptiert werden. Zu diesem Zweck wird eine rückwärtige Analyse der betreffenden Technologie vorgeschlagen. Einem solchen „reverse engineering" sind durch den Gesetzgeber jedoch oftmals enge Grenzen gesetzt. Alternativ können bei dieser Strategie auch bestehende Patente des Konkurrenten angefochten werden, um den Zugang zum Standard zu erzwingen. Die Erfolgsaussichten lassen sich dabei jedoch nur im Einzelfall beurteilen.

Von einer **Lizenznehmerstrategie** ist die Rede, wenn ein Unternehmen Lizenzen an geschützten Technologien erwirbt. Die Erfolgsaussichten dieser Strategie hängen dabei von mehreren interdependenten Aspekten ab, wie etwa dem Zeitpunkt der Lizenznahme oder der Lizenzkompensation. So befindet sich der Lizenznehmer zu einem frühen Lizenzierungszeitpunkt oftmals in einer starken Verhandlungsposition, da die betreffende Technologie häufig noch nicht am Markt etabliert ist, womit der Hersteller auf die Unterstützung anderer Unternehmen angewiesen ist. Dies führt dann in der Regel zu günstigeren Lizenzgebühren als zu einem späten Lizenzierungszeitpunkt. Befindet sich die Technologie noch in einem jungen Marktstadium, kann der Lizenznehmer ferner den Versuch unternehmen, diese weiterzuentwickeln und einen eigenen Standard zu setzen. Hingegen ist zu einem späten Lizenzierungszeitpunkt die Wahrscheinlichkeit höher, dass sich die betreffende Technologie bereits auf dem Markt durchgesetzt hat. Allerdings sind zu diesem Zeitpunkt in der Regel schon zahlreiche Konkurrenten auf dem Markt etabliert. Mitunter kann dann nur noch eine Marktnische besetzt werden und die Verhandlungsmacht des Lizenznehmers ist gering.

Die **Trittbrettfahrerstrategie** bezieht sich wie die Sponsorstrategie auf Gremienstandards. Allerdings ist das Unternehmen dabei nicht in den Aushandlungsprozess des Standards involviert. Dieser wird nach seiner Verabschiedung lediglich übernommen, um die im Zusammenhang mit der langwierigen Aushandlung des Standards anfallenden Kosten zu umgehen. Dabei gilt es jedoch zu beachten, dass das Unternehmen in diesem Fall auch keinen Einfluss auf den Ausgang des Standardisierungsprozesses nehmen oder vom Lizenzgeschäft – z. B. in Form von Lizenzpools – profitieren kann. Analog der Sponsorstrategie ist ferner mit einem intensiven Intra-Standard-Wettbewerb zu rechnen.

1.2.2.4   Exkurs: Zur Emergenz von Strategien

Im bisherigen Verlauf dieses Buches wurde implizit unterstellt, dass Strategien stets das Resultat eines analytischen Denkprozesses sind. Ein solches Verständnis entspricht im Wesentlichen dem Grundgedanken der synoptischen Planungslogik (vgl. Schreyögg 1984, S. 133-135). Ihr liegt die Vorstellung zugrunde, dass sich sämtliche Aktivitäten im Unternehmen sowie seiner Umwelt ganzheitlich erfassen und steuern lassen, womit eine aktive Zukunftsgestaltung unterstellt wird. Dieser Ansatz ist jedoch umstritten, wobei sich die Kritikpunkte im Wesentlichen auf die Nichtberücksichtigung des menschlichen Verhaltens beziehen, das in mehreren Punkten von einer rationalen und zielgerichteten Planung abweicht (vgl. auch March/Simon 1958):

- So entscheiden Individuen aufgrund ihrer beschränkten Informationsverarbeitungskapazität nur begrenzt rational.

- In der Regel entwickeln Menschen auch nur ein vereinfachtes Abbild der Realität, das lediglich einen Teilausschnitt des Ganzen widerspiegelt.

- Weiterhin hat sich gezeigt, dass die Entscheidungsprozesse von Menschen darauf gerichtet sind, Unsicherheit zu vermeiden und Lösungen im Bereich des Bekannten anzustreben. Die Entwicklung von Strategien und Geschäftsmodellen wäre demnach als eine Art inkrementaler Prozess und weniger als eine zielgerichtete Planung zu verstehen; Lindbloms spricht in diesem Zusammenhang auch von einer „Wissenschaft des Durchwurstelns" (vgl. 1959).

Den Einfluss des menschlichen Verhaltens auf den Prozess der Strategiebildung hat man vor diesem Hintergrund aus verschiedensten Perspektiven untersucht (vgl. für einen Überblick Staehle 1999; Müller-Stewens/Lechner 2005). Exemplarisch hierfür wird im weiteren Verlauf das **Phänomen emergenter Strategien** näher beleuchtet, das teilweise auch als Grass-Roots-Modell der Strategieentwicklung bezeichnet wird (vgl. Macharzina/Wolf 2005, S. 618). Dabei handelt es sich um ein empirisch-exploratives Modell, das im Umfeld der Forschergruppe um den bekannten amerikanischen Managementforscher Mintzberg entstanden ist (vgl. Mintzberg/Waters 1985; Mintzberg 1987). Kernaussage des Modells ist es, dass die in der Praxis realisierten Strategien häufig nicht mit den geplanten übereinstimmen. Vielmehr existieren neben den auf analytischer Ebene entworfenen Strategien noch andere:

- Die so genannten **Deliberate Strategies** bezeichnen beabsichtigte und realisierte Strategien. Sie stehen in Einklang mit dem bereits im Vorfeld diskutierten analytischen Strategiebildungsprozess.

- **Unrealized Strategies** stellen beabsichtigte Strategien dar, die im Laufe der Zeit nicht weiter verfolgt werden. Häufig haben sie sich als nicht durchführbar erwiesen, womit sie jedoch nicht zwingend in Widerspruch zum analytischen Strategieverständnis stehen.

- Anders verhält es sich jedoch bei den **emergenten Strategien**. Sie setzen sich aus verschiedenen Handlungsmustern zusammen, die das Unternehmen im Laufe der Zeit erlernt und erst nach deren Wahrnehmung als Strategie erkannt hat. Emergente Strategien sind insofern nicht geplant und treten ohne erkennbare Absicht auf. Erst durch die Interaktion der verschiedenen Teilnehmer im Unternehmen kommen sie zum Vorschein.

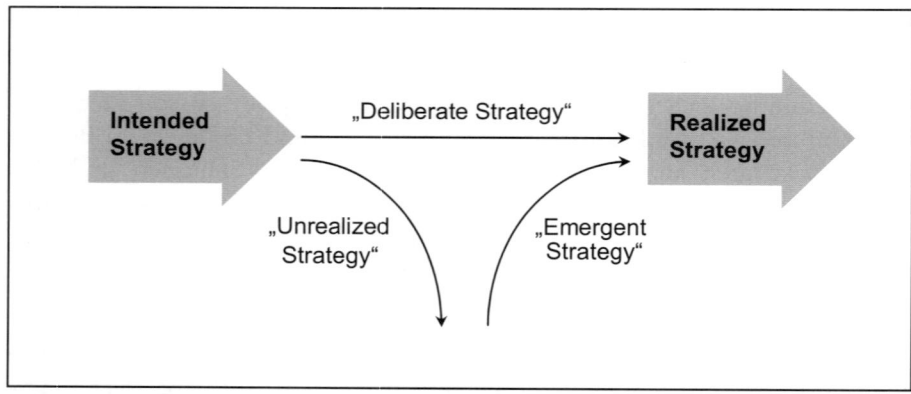

Abb. 13: Emergente Strategien (vgl. Mintzberg 1978, S. 945)

Grundsätzlich ist davon auszugehen, dass in der Praxis sowohl intendierte als auch emergente Strategien von Bedeutung sind. Im weiteren Verlauf dieses Buches werden jedoch die intendierten aus einem einfachen Grund in den Vordergrund gerückt. So bleibt bei emergenten Strategien unklar, inwieweit sie die Unternehmensziele berücksichtigen oder einen Wettbewerbsbezug aufweisen (vgl. Welge/Al-Laham 2005). Anders formuliert sind sie für eine proaktive und zukunftsgerichtete Wettbewerbsgestaltung unbrauchbar (vgl. auch Schreyögg 1999, S. 399).

1.2.3   Geschäftsmodelle im E-Business

1.2.3.1   Zusammenhang von Strategien und Geschäftsmodellen

Geschäftsmodelle werden in der Literatur als eine Fortentwicklung des traditionellen Strategiekonzepts angesehen (vgl. z. B. zu Knyphausen-Aufseß/Meinhardt 2002, S. 64; Wirtz 2005, S. 65), womit sie eine zentrale Rolle bei der Erreichung der Unternehmensziele spielen. Zentral für das Verständnis von Geschäftsmodellen sind dabei die Begriffe Modell und Geschäft als solche:

- Der **Modellbegriff** stellt in einer allgemeinen Begriffsumschreibung auf eine vereinfachte Konstruktion der Wirklichkeit ab (vgl. Bretzke 1980, S. 33–36). Modelle dienen insofern dazu, die Realität zu Analysezwecken auf wenige überschaubare Parameter zu reduzieren, um so einzelne Ursache-Wirkungs-Zusammenhänge in besonders einfacher und übersichtlicher Form darzustellen (vgl. Fehl/Oberender 1999, S. 14).

- Unter dem Begriff **Geschäft** lässt sich jede Art von gewinnorientierter und unternehmerischer Tätigkeit subsumieren, bei der es zu einer Übertragung von Verfügungsrechten an Gütern oder Dienstleistungen kommt.

Verknüpft man diese beiden Begriffe, handelt es sich bei einem **Geschäftsmodell** folglich um eine vereinfachte Abbildung und Verknüpfung der Elemente im Unternehmen, die von herausragender Bedeutung für die Gewinnerzielung sind (vgl. Abb. 14). Durch die modellhafte Darstellung erfolgt gleichzeitig eine Konkretisierung der verfolgten Strategie, indem die erwarteten Ursache-Wirkungs-Zusammenhänge explizit aufgeschlüsselt werden. So geht aus einem Geschäftsmodell z. B. hervor, aufgrund welcher Annahmen (Größe des Marktsegments, Anzahl der Konkurrenten etc.) mit welchem Gewinn zu rechnen ist (vgl. hierzu auch Timmers 1999, S. 31). Aufgrund dieser Ausführungen lässt sich sagen, dass zwischen Strategien und Geschäftsmodellen ein Ziel-Mittel-Zusammenhang besteht. Pointiert bringen das Krüger/Bach zum Ausdruck: „Das gewählte Geschäftsmodell dient der Umsetzung der angestrebten Strategie" (Krüger/Bach 2001, S. 34). Damit nehmen Geschäftsmodelle eine zentrale Rolle bei der Erreichung der Unternehmensziele ein, indem sie eine Brücke zwischen der Strategie und den operativen Aufgaben im Tagesgeschäft schlagen.

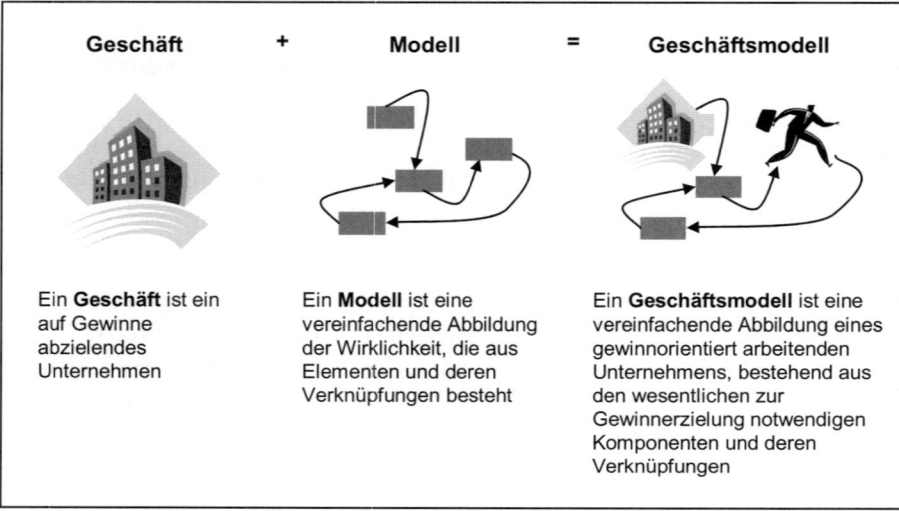

| Geschäft | + | Modell | = | Geschäftsmodell |

Ein **Geschäft** ist ein auf Gewinne abzielendes Unternehmen

Ein **Modell** ist eine vereinfachende Abbildung der Wirklichkeit, die aus Elementen und deren Verknüpfungen besteht

Ein **Geschäftsmodell** ist eine vereinfachende Abbildung eines gewinnorientiert arbeitenden Unternehmens, bestehend aus den wesentlichen zur Gewinnerzielung notwendigen Komponenten und deren Verknüpfungen

Abb. 14: Begriff des Geschäftsmodells (in Anlehnung an Hoppe/Kollmer 2001)

1.2.3.2   Elemente von Geschäftsmodellen

Ungeachtet ihrer herausragenden Bedeutung besteht bis heute Uneinigkeit darüber, welche Elemente ein Geschäftsmodell umfassen soll. Vielmehr lassen sich zahlreiche und mehr oder weniger voneinander abweichende Geschäftsmodellansätze identifizieren (vgl. z. B. Timmers 1999; Amit/Zott 2001; Stähler 2001; Wirtz 2001; Gemünden/Schultz 2003; Pecha 2004). Im Allgemeinen kann man sagen, dass ein Geschäftsmodell alle Aspekte der Geschäftstätigkeit umfassen sollte, die einen signifikanten Einfluss auf die Erreichung der Unternehmensziele haben (vgl. Panten 2005, S. 26). Gemäß dem erwerbswirtschaftlichen Prinzip wird im weiteren Verlauf davon ausgegangen, dass die Ziele der Unternehmenstätigkeit in der Generierung nachhaltiger Gewinne zu sehen sind. Um dieses Ziel zu erreichen, müssen verschiedene Grundsatzfragen geklärt werden, die mit den folgenden vier Punkten zusammenhängen:

- **Online-Wettbewerbspositionierung**:   Mit   der   Online-Wettbewerbspositionierung legt das Unternehmen fest, welchen Kunden es welche Leistungen auf welchen Märkten über elektronische Netzwerke anbietet. Um eine solche Entscheidung treffen zu können, bedarf es einer umfassenden Analyse des Unternehmens und seiner Umwelt. Bei der extern gerichteten Umweltanalyse geht es dabei um die Einschätzung des Marktpotenzials, die

Identifizierung der Kundenbedürfnisse sowie eine Untersuchung des Wettbewerbsumfeldes. Die intern gerichtete Unternehmensanalyse soll hingegen die Stärken und Schwächen des Unternehmens aufdecken, um Hinweise darüber zu erhalten, inwieweit es Marktchancen und -risiken erfolgreich nutzen bzw. bewältigen kann (vgl. hierzu Kapitel 2).

- **Wertschöpfung in elektronischen Netzwerken:** Auf Basis der Positionierungsentscheidung gilt es zu klären., wie sich die Geschäftsprozesse gestalten und koordinieren lassen, um die jeweiligen Leistungen zu erbringen. In diesem Zusammenhang stellt sich weiterhin die Frage, welche Teilleistungen das Unternehmen selbst erbringt, seinen Geschäftspartnern überlässt oder über den Markt bezieht. Erst wenn so eine Grundsatzentscheidung getroffen wurde, ist es möglich, die zukünftigen Geschäftsprozesse zu modellieren und informationstechnisch zu unterstützen (vgl. hierzu Kapitel 3).

- **Kundenansprache und -bindung:** Aufgrund des großen Informationsangebots im Internet stellt sich die Frage, wie Unternehmen möglichst viele potenzielle Kunden auf ihre Homepage kanalisieren können. Dazu stehen dem Unternehmen verschiedene Marketinginstrumente zur Verfügung, wie z. B. das Database-, Suchmaschinen- oder E-Mail-Marketing. Alleine der Einsatz dieser Instrumente reicht jedoch nicht aus, um langfristige Gewinne zu erwirtschaften. Aufgrund der hohen Kundengewinnungskosten – die teilweise das Sechsfache der Betreuungskosten eines Bestandskunden betragen – gilt es weiterhin Maßnahmen zu ergreifen, um die akquirierten Kunden möglichst langfristig an das Unternehmen zu binden, damit sich die Kundengewinnungskosten amortisieren (vgl. hierzu Kapitel 4).

- **Erlös- und Preismodelle:** Im E-Business haben sich über die letzten Jahre hinweg zahlreiche Erlösmodelle herausgebildet. Sie beschreiben, auf welchem Wege Unternehmen Einnahmen erzielen. Handelt es sich z. B. um ein transaktionsabhängiges Erlösmodell, bei dem die Einnahmen – analog dem traditionellen Handel – von der Anzahl der Transaktionen abhängen? Oder generiert das Unternehmen auf indirektem Wege Erlöse, indem es seine Leistungen zu einem Preis von null anbietet und durch Werbung finanziert? Mit der Spezifizierung des Erlösmodells werden solche Grundsatzentscheidungen getroffen. Das Preismodell konkretisiert dann das Erlösmodell im Hinblick auf preispolitische Fragestellungen, z. B. im Hinblick auf die Preishöhe und den Preisverlauf (vgl. hierzu Kapitel 5).

In ihrer Gesamtheit führen diese Punkte und die damit korrespondierenden Grundsatzfragen zum so genannten **Geschäftsmodellrahmen** (vgl. Abb. 15). Er systematisiert in generischer Form die Elemente von Geschäftsmodellen sowie die Aufgaben des E-Business Managements, die zur Gewinnerzielung von herausragender Bedeutung sind.

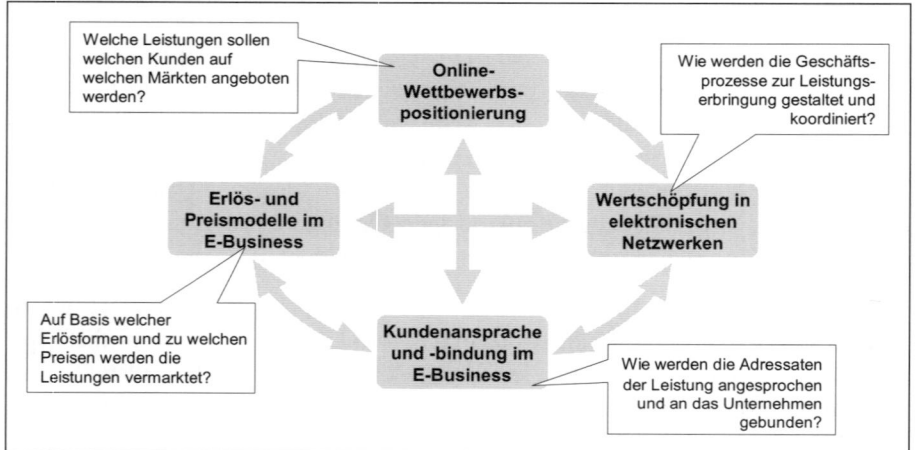

Abb. 15: Aufbau und zentrale Fragestellungen von Geschäftsmodellen

1.2.3.3   Typisierung von Geschäftsmodellen im E-Business

Der in Abb. 15 skizzierte Geschäftsmodellrahmen bietet einen generischen Ansatz, um Strategien zu konkretisieren. Grundsätzlich sind dabei verschiedenste Geschäftsmodelle denkbar. Sie lassen sich jedoch zu vier generischen Typen zusammenfassen, die in dieser Form sowohl im B2C- als auch im B2B-Umfeld auftreten können (vgl. auch Wirtz 2001):

- Geschäftsmodell Content

- Geschäftsmodell Commerce

- Geschäftsmodell Context

- Geschäftsmodell Connection

Beim **Geschäftsmodell Content** geht es um die Bereitstellung von Inhalten auf einer Plattform, wobei als Kunden sowohl Endkunden als auch Unternehmen in Betracht kommen. Die angebotenen Inhalte können dabei ein weites

Themenspektrum abdecken, angefangen bei branchenspezifischen Wirtschaftsnachrichten (z. B. www.wiwo.de) über Entertainment-Angebote (z. B. www.youtube.com) bis hin zu Inhalten im Bildungsbereich (z. B. www.wissen.de). Die Zusammenstellung der Inhalte erfolgte in der Vergangenheit in der Regel durch die Plattformbetreiber. In jüngerer Zeit stellen jedoch immer häufiger auch Anwender Inhalte auf Plattformen wie YouTube oder Flickr bereit (vgl. hierzu ausführlicher 1.3.2.2) – in diesem Zusammenhang ist in der Regel von User Generated Content die Rede. In so einer Situation tragen die Anwender zur Wertschöpfung bei, indem sie mit ihren Inhalten für andere Anwender einen Mehrwert erzeugen. Im Hinblick auf die Kundenansprache spielt bei diesem Geschäftsmodell vor allem das Suchmaschinen-Marketing – und in diesem Zusammenhang vor allem die suchmaschinengerechte Aufarbeitung der Webseiten – eine zentrale Rolle, da die Crawler der Suchmaschinenbetreiber auf den Seiten der Content-Anbieter zahlreiche Informationen sammeln und in ihren Index aufnehmen können. Damit steigt die Wahrscheinlichkeit, dass im Zuge einer Suchanfrage neue Kunden auf das betreffende Angebot kanalisiert werden. Das Erlösmodell solcher Angebote kann entweder auf Nutzungsgebühren, Werbung oder auf einer Kombination dieser Erlösformen basieren. Exemplarisch hierfür sei das Online-Angebot des Spiegels genannt, bei dem der Anwender für den Zugriff auf Archivmaterial einen bestimmten Betrag entrichten muss. Gleichzeitig erzielt das Unternehmen aber auch Werbeeinahmen.

Das **Geschäftsmodell Commerce** zielt auf die Anbahnung, Aushandlung und Abwicklung von Transaktionen über elektronische Netzwerke ab. In Abhängigkeit der gehandelten Güter kann man dieses Geschäftsmodell im B2C-Bereich (z. B. Amazon), B2B-Bereich (z. B. ARIBA) und C2C-Bereich (z. B. Etsy) antreffen. Werden dabei physische Produkte über das Internet vermarktet, erfordert das in der Regel ein umfangreiches Partnernetzwerk, um die Produkte an die Kunden auszuliefern. Daraus resultieren hohe Anforderungen im Hinblick auf die informationstechnische Umsetzung der Geschäftsprozesse, um z. B. den Bestell- und Auslieferungsprozess zu möglichst geringen Kosten abwickeln zu können. Im Zuge der Kundenansprache/-bindung geht es bei diesem Geschäftsmodell vor allem darum, die Seitenbesucher nicht nur in Käufer, sondern in Wiederholungskäufer umzuwandeln. Aufgrund der teilweise hohen Kundengewinnungskosten ist darin eine Voraussetzung zu sehen, um langfristig Gewinne zu erwirtschaften. Um dieses Ziel zu erreichen, bestehen verschiedene Ansatzpunkte, wie z. B. die Personalisierung der Webseiten oder die gezielte Kundenbetreuung nach dem eigentlichen Kaufabschluss. Einnahmen werden bei diesem Geschäftsmodell vordergründig aus dem Verkauf der eigentlichen Leistung erzielt.

Das **Geschäftsmodell Context** ist auf die Zusammenstellung und systematische Aufarbeitung von Informationen gerichtet, um den Anwender bei der Informationssuche und Navigation durch das weltweite Datennetz zu unterstützen. So ein Geschäftsmodell trifft man vor allem bei Portalbetreibern (z. B. Yahoo, Lycos, AOL) oder Suchmaschinen (z. B. Google, MSN) an. Der für den Kunden geschaffene Mehrwert dieser Unternehmen ist darin zu sehen, dass sie zur Auffindbarkeit von Informationen im Internet beitragen. Für Unternehmen mit einem solchen Geschäftsmodell ist es somit erfolgskritisch, einen möglichst umfassenden und aktuellen Datenbestand aufzubauen, auf den sie im Zuge einer Suchanfrage zurückgreifen können. Von der Qualität der angebotenen Informationen bzw. Suchergebnisse hängt es dann ab, inwieweit die Anwender auch bei zukünftigen Suchanfragen auf das jeweilige Angebot zurückgreifen. Um die Kundenbindung zu forcieren, spielt bei diesem Geschäftsmodell vor allem die Personalisierung des Informationsangebots eine wichtige Rolle. Portalbetreiber wie Yahoo oder T-Online ermöglichen ihren Kunden z. B. die individuelle Gestaltung ihrer Startseite (vgl. http//my.yahoo.de und http://mein.t-online.de), auf der dann nur noch ausgewählte Inhalte angezeigt werden. Einnahmen werden bei diesem Geschäftsmodell vordergründig durch den Verkauf von Werbeplätzen erzielt; dies gilt insbesondere für Suchmaschinenbetreiber. Sie können – auf Basis eines Abgleichs der eingegebenen Suchanfrage mit den vorhandenen Werbeanzeigen – kontextspezifische Werbung ausliefern, die weitaus höhere Preise und Klickraten als unspezifische Werbeeinblendungen erzielt.

Beim **Geschäftsmodell Connection** geht es darum, dem Anwender die Interaktion in elektronischen Netzwerken zu ermöglichen. Das umfasst einerseits das traditionelle Internetzugangsgeschäft, wie es z. B. 1&1, AOL oder Freenet verfolgen. Gegen eine entsprechende Nutzungsgebühr (die z. B. pauschal oder zeitabhängig berechnet werden kann) erhält der Anwender hier Zugang zum Internet. Andererseits lassen sich auch virtuelle Communitys diesem Geschäftsmodelltyp zuordnen, in denen ebenfalls eine Interaktion zwischen den Anwendern stattfindet. Gerade in jüngerer Zeit erregen solche Communitys – nicht zuletzt aufgrund des großen Interesses am so genannten Web 2.0 – ein großes Interesse in der Öffentlichkeit. Die Monetarisierung der jeweiligen Angebote erfolgt teilweise auf Basis von Nutzungsgebühren; exemplarisch hierfür sei das Berufsnetzwerk Xing genannt. Die meisten Betreiber von Communitys setzen allerdings auf werbefinanzierte Erlösmodelle (vgl. zu den damit verbundenen Problemen auch 1.2.3.4). Dies gilt insbesondere bei freizeitorientierten Communitys, da hier die Zahlungsbereitschaft der Anwender tendenziell gering ausfällt. In der Vermarktungsphase spielt vor allem die Mund-zu-Mund-Propaganda eine wichtige Rolle, um möglichst viele Nutzer auf das eigene Angebot zu kanalisieren. Dem liegt die Annahme zugrunde, dass die Anwender in ihrem Bekanntenkreis von dem betreffenden Angebot berichten und dadurch dessen Bekanntheitsgrad steigern.

1.2.3.4   Fallstudie: Analyse des Geschäftsmodells von YouTube

Im Jahr 2005 wurde die Videosharing-Plattform YouTube gegründet, die innerhalb eines Jahres zu den meistbesuchten Webseiten im Web avancierte. Auf der Seite von YouTube können Anwender selbst erstellte Videos veröffentlichen und die Videos anderer zugreifen; die Plattform ist somit im C2C-Bereich positioniert. Die Rolle von YouTube beschränkt sich darauf, die dafür benötigten Kapazitäten (Hardware, Bandbreite etc.) zur Verfügung zu stellen und damit den Betrieb der Plattform zu ermöglichen. Aufgrund des großen Erfolgs der Plattform – täglich werden auf dieser Seite etwa 100 Millionen Videos angesehen – sind Kosten für den Betrieb der Plattform jedoch rasant angewachsen und das Unternehmen konnte bislang noch keine nennenswerten Einnahmen erzielen, um diese Kosten zu decken.

Die Idee einer Videoplattform war zum Zeitpunkt der Gründung von YouTube keineswegs neu. Im Vergleich zu den Konkurrenten gelang es dem Unternehmen jedoch wesentlich schneller, die kritische Masse an erforderlichen Videos zu überschreiten, um für einen großen Personenkreis attraktiv zu sein. Bekannt wurde YouTube vor allem durch Mundpropaganda („Hast Du dieses Video schon bei YouTube gesehen?"). Kritische Stimmen sehen den Erfolg dieser Plattform allerdings weniger in den selbst erstellten Videos von Amateuren als in dem großen Angebot von illegalen Inhalten wie Musikvideos oder Mitschnitten aus Fernsehsendungen begründet.

Wenngleich YouTube mit einem Marktanteil von knapp 50 Prozent als Marktführer im Bereich der Videoplattformen agiert und spätestens seit der Übernahme durch Google weltweit bekannt geworden ist, wird das Geschäftsmodell des Unternehmens dennoch in Frage gestellt (vgl. auch Abb. 16). Das liegt vor allem daran, dass YouTube von Anfang an Probleme hatte, sein Angebot auf Basis von Werbeeinnahmen zu finanzieren. Grundsätzlich war bzw. ist YouTube aufgrund seiner großen Reichweite zwar für den Werbemarkt attraktiv. Die Werbetreibenden wollen in der Regel jedoch keine Werbung zwischen illegalen oder sexuell anstößigen Inhalten platzieren (vgl. Parker 2006). Gerade aber in dem großen Angebot an illegalen und in der Regel auch qualitativ hochwertigen Inhalten ist einer der Gründe für den Erfolg dieser Plattform zu sehen. Erschwerend kommt hinzu, dass Medienunternehmen wie Fox, Viacom, CBS und NBC Universal angekündigt haben, eine eigene Videoplattform zu etablieren, um selbst von dem immer größer werdenden Videogeschäft im Internet und den damit verbundenen Werbemöglichkeiten zu profitieren (vgl. Netzzeitung 2006). Sollte es ferner zu einer Klagewelle kommen, ist zu befürchten, dass die Plattform alleine mit Amateurvideos deutlich an Besucherzahlen und damit auch an Attraktivität für den Werbemarkt verliert. Es bleibt abzuwarten, inwieweit es dem Unternehmen gelingt, diese Problemfelder zu bewältigen

Positionierung	- B2C-Segment; Video-Sharing, Community - Zielgruppe: Internetaffine Jugendliche (14–28 Jahre) - täglich 100 Millionen Videoabrufe - Marktführer (50 % Marktanteil)
Wertschöpfung	- User Generated Content (bis zu 65.000 Videos pro Tag) - YouTube stellt die technische Infrastruktur zur Verfügung (hohe - Kosten für Storage und Bandbreite) - Einbindung kommerzieller Inhalte gestartet
Vermarktung	- Mundpropaganda - häufige Berichterstattung in den Medien (kostenlose Werbung) - Aufbau einer virtuellen Community zur Kundenbindung (Nutzer - profile, Messaging, Foren)
Ertragsmechanik	- Die Werbetreibenden halten sich bei der Werbung auf der Platt- - form aufgrund der fragwürdigen Inhalte zurück - Paid Content: In Planung

Abb. 16: **Das Geschäftsmodell von YouTube im Überblick**

1.3 Informationstechnische Grundlagen des E-Business Managements

1.3.1 Aufbau und Funktionsweise des Internets

1.3.1.1 Grundlagen der Kommunikation im Internet

Es wurde bereits darauf hingewiesen, dass die IKT im E-Business als Enabler anzusehen sind, aufgrund deren Basis sich zum Teil völlig neue Geschäftsmodelle realisieren lassen (vgl. 1.1.1). Die dafür erforderliche technische Infrastruktur stellen elektronische Netzwerke bereit, die den Datenaustausch zwischen verschiedenen und räumlich verteilten Systemen ermöglichen. Beim Internet handelt es sich um das bekannteste und für das E-Business bedeutendste Netzwerk, weshalb es im weiteren Verlauf im Vordergrund steht. Dabei wird jedoch nicht der Anspruch erhoben, alle aktuellen Entwicklungstendenzen und Trends in diesem Umfeld zu skizzieren. Alleine aufgrund des rasanten technologischen Fortschritts wäre das kaum möglich. Vielmehr geht es im Folgenden darum, die grundlegende Funktionsweise des Internets zu erörtern. Im Kern geht es dabei um die folgenden drei Konzepte, die zur Herausbildung des Internets in seiner heutigen Form geführt haben (vgl. Laudon/Traver 2007):

- Packet Switching

- TCP/IP

- Client-Server-Kommunikation

Beim **Packet Switching** (Paketvermittlung) handelt es sich um ein spezielles Verfahren der Datenübertragung in elektronischen Netzwerken. Hierbei werden die Daten nicht komplett, sondern in Form einzelner Pakete über verschiedene Computer zum Empfänger verschickt. Die Vorzüge einer solchen Datenübertragung werden besonders im Vergleich zu traditionellen Übertragungswegen wie dem Telefonnetz deutlich. Bei Letztgenannten wird für die Gesprächsdauer exklusiv eine Leitung reserviert, wodurch die Leitungsressourcen jedoch nicht optimal ausgelastet werden: Sie sind während des gesamten Gesprächs belegt, unabhängig davon, ob die Gesprächspartner miteinander sprechen oder nicht. Beim Packet Switching werden die Übertragungskapazitäten dagegen wesentlich effizienter ausgenutzt, da man die Pakete mit anderen Datenpaketen gemeinsam über verschiedene Computer zum Empfänger überträgt. Nicht zuletzt aus diesem Grund will die Deutsche Telekom ihre gesamte Infrastruktur bis zum Jahr 2012 auf eine paketorientierte Vermittlung umstellen. Bei einem Telefongespräch wird dann die menschliche Sprache in ein Audioformat umgewandelt, in einzelne Pakete zerlegt und mit anderen Datenpaketen gemeinsam über das Internet versandt.

Die paketorientierte Übermittlung setzt die Einhaltung eines allgemein akzeptierten Kommunikationsprotokolls voraus, damit die einzelnen Datenpakete vom Sender zum richtigen Empfänger gelangen und in der richtigen Reihenfolge zusammengesetzt werden. Bei diesen Protokollen handelt es sich in der Regel um offene Standards, die verschiedene nationale und internationale Institutionen definieren, wie das DIN (Deutsches Institut für Normung) oder die ISO (International Organization for Standardization). Von besonderer Bedeutung dabei ist die **TCP/IP-Protokollfamilie**, auf der die Funktionsweise des Internets in seiner heutigen Ausprägungsform basiert. Das Protokoll TCP (Transmission Control Protocol) ist für die Aufteilung und Nummerierung der Datenpakete zuständig, um sie beim Empfänger in der exakten Reihenfolge wieder zusammensetzen zu können. Die eigentliche Wegwahl durch das weltweite Datennetz übernimmt das Internet Protocol (IP). Es ermittelt für jedes empfangene Paket in Abhängigkeit der Netzauslastung sein nächstes Zwischenziel (Router), bis das Paket am eigentlichen Bestimmungspunkt eintrifft. Die Router-Adressierung erfolgt über die IP-Adresse, die funktional einer Telefonnummer entspricht. Konkret handelt es sich dabei um eine 32- oder 128-stellige Binärzahl; beispielsweise wird durch die IP-Adresse 132.176.114.020 der Webserver der FernUniversität in Hagen angesprochen. Auf der Empfängerseite stellt TCP schließlich die Zusammenführung der Datenpakete in der richtigen Reihenfolge sicher.

Durch das **Client-Server-Modell** werden verschiedene Rollen spezifiziert, wie Rechner in elektronischen Netzwerken miteinander interagieren und verschiedene Dienstleistungen innerhalb des Netzwerkes aufgeteilt werden können (vgl. Hansen/Neumann 2005, S. 769–826). Bei den an das Netzwerk angeschlossenen Rechnern differenziert man dabei zwischen Servern und Clients. Erstgenannte kennzeichnen Computer, die bestimmte Aufgaben in elektronischen Netzwerken wahrnehmen und anderen Rechnern ihre Dienste anbieten. Die an das Netzwerk angeschlossenen Endanwendersysteme, die so genannten Clients, nehmen diese Dienste in Anspruch. Ein zugängliches Beispiel für das Zusammenspiel zwischen Server und Client stellt der Aufruf einer Webseite dar. Mit der Eingabe der Domain http://www.fernuni-hagen.de in den Webbrowser wird die Webseite der FernUniversität von einem Client angefordert. Nachdem eine Verbindung mit dem Server der FernUniversität aufgebaut wurde, muss dieser überprüfen, ob er die Anfrage beantworten kann und der anfordernde Rechner entsprechende Zugriffsrechte besitzt. Im Fall einer positiven Prüfung erfolgt die Übermittlung der angeforderten Webseite an den Client.

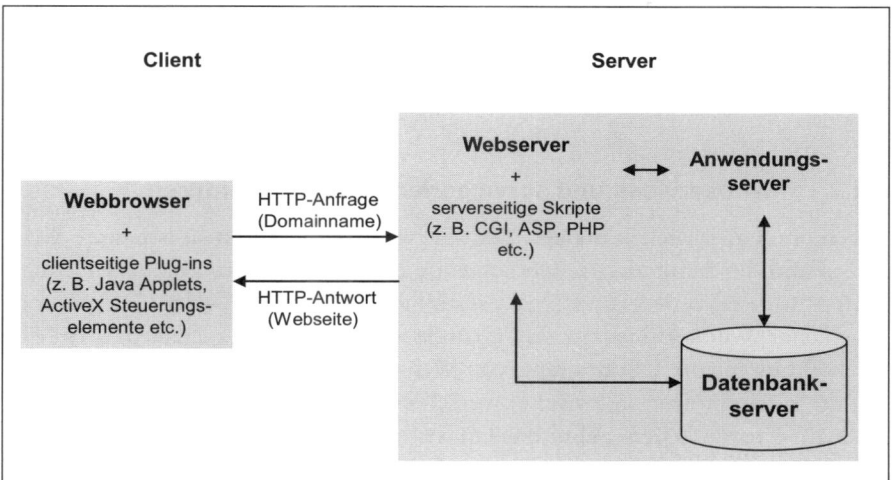

Abb. 17: Generische Architektur webbasierter Systeme

Abb. 17 lässt sich weiterhin entnehmen, dass in den oben geschilderten Webseitenaufruf mehrere Server involviert sind. In so einem Fall spricht man von einer mehrschichtigen Architektur, d. h., die Webseite bzw. der entsprechende Dienst wird in einzelne Komponenten zerlegt und über mehrere Server verteilt; eine solche Aufteilung hat unter anderem den Vorteil, dass sich die einzelnen Schichten unabhängig von den anderen entwickeln und warten lassen. Solche mehrschichtigen Architekturen existieren grundsätzlich in verschiedenen Ausprägungsformen (vgl. Hansen/Neumann 2005b; Herden et al. 2006). In der Praxis trifft man vor allem jedoch dreischichtige Architekturen an, die wie folgt aufgebaut sind:

- Die **Präsentationsschicht** ist für die Darstellung der Inhalte bzw. Dienste verantwortlich und fungiert als Benutzerschnittstelle. Die Darstellung der eigentlichen Inhalte verantwortet ein Webserver, der sie über das HTTP-Protokoll an den Webbrowser eines bestimmten Anwenders übermittelt.

- Die **Logikschicht** beinhaltet die eigentliche Programmfunktionalität (z. B. die Suchfunktion in einem Onlineshop), die von einem Anwendungsserver ausgeführt wird. Dieser stellt gleichzeitig sicher, dass die Webanwendung mit den unternehmensinternen Systemen kommuniziert und z. B. Bestelldaten an die unternehmensinterne Kundendatenbank weitergibt.

- Die **Datenschicht** dient der Datenspeicherung und -verwaltung. Die dazu eingesetzten Datenbankserver stellen im Zuge einer Anfrage die entsprechenden Datensätze zur Verfügung, deren Weiterverarbeitung durch den Anwendungsserver erfolgt.

1.3.1.2   Webservices und serviceorientierte Architekturen

Seit geraumer Zeit rücken neben Client-Server-Architekturen so genannte Webservices und die damit zusammenhängende Metapher serviceorientierter Architekturen in den Vordergrund (vgl. Frestl/Sinz 2006, S. 416–418). Die Grundidee solcher **Webservices** ist im Grunde sehr einfach. Anstatt das HTTP-Protokoll nur für die Übertragung von Webseiten zu verwenden, soll es gleichzeitig die Kommunikation zwischen verschiedenen Anwendungen unterstützen. Die dazu erforderlichen Schnittstellen stellen Webservices bereit. Sie bieten damit die Anwendungsfunktionalität bestimmter Komponenten über standardisierte Schnittstellen auf Basis offener Internetprotokolle an.

Eine **serviceorientierte Architektur** soll vor diesem Hintergrund beschreiben, wie Webservices über elektronische Netzwerke miteinander kommunizieren, wobei man zwischen drei grundlegenden **Rollen** differenziert (vgl. Beimborn/Weitzel 2003, S. 1362). Den Ausgangspunkt bildet der Nachfragende, der einen bestimmten Dienst in Anspruch nehmen möchte. Er schickt seine Anfrage an einen Server, um Informationen darüber zu erhalten, welcher Serviceprovider den gewünschten Service anbietet. Dieser Informationsserver – er wird auch als Repository bezeichnet – stellt auf diese Anfrage hin die benötigten Informationen bereit. Dies setzt natürlich voraus, dass der betreffende Webservice zuvor vom Serviceprovider in das Repository eingetragen wurde. Nur in diesem Fall ist es möglich, dass der anfragende Computer eine Verbindung mit dem Serviceprovider aufnimmt und dessen Funktionalität nutzen kann (vgl. Abb. 18), wobei zur eigentlichen Kommunikation auf die folgenden Standards gesetzt wird, die alle auf XML aufbauen (vgl. Ferstl/Sinz 2006, S. 417):

- SOAP (ursprünglich für Simple Object Access Protocol) dient als Protokoll für den Nachrichtenaustausch zwischen den involvierten Systemen.

- WSDL (Web Services Description Language) ist für die Beschreibung der angebotenen Dienste zuständig.

- UDDI (Universal Description, Discovery and Integration) kennzeichnet einen standardisierten Verzeichnisdienst für Web Services.

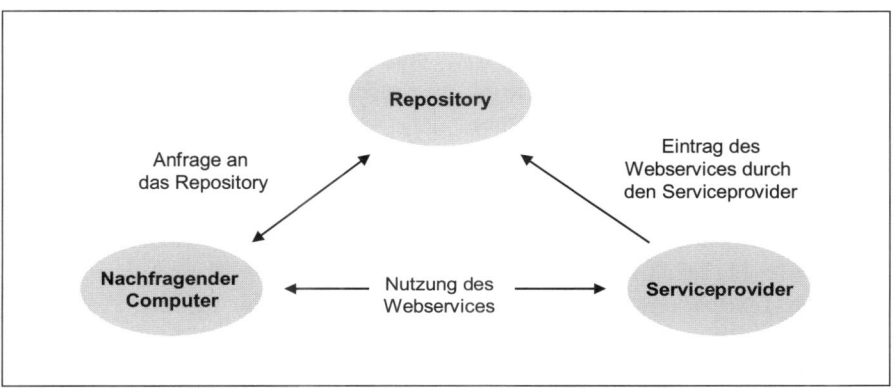

Abb. 18: Rollenmodell der SOA (vgl. auch Beimborn/Weitzel 2003, S. 1362)

Aus betriebswirtschaftlicher Sicht gehen mit so einer serviceorientierten Architektur verschiedene Vorteile einher, die sich im Wesentlichen auf die folgenden zwei Punkte beziehen (vgl. Hoffmann 2003, S. 29–30):

- **Flexible Applikationsintegration und Prozessintegrität**: In einer serviceorientierten Architektur lassen sich verschiedene Programmkomponenten auf Grundlage des Internets flexibel miteinander kombinieren. Ändern sich infolge des Produktlebenszyklus die Geschäftsprozesse, kann man im Gegensatz zu traditionellen Softwarelösungen flexibel darauf reagieren. Gleichzeitig bleibt die Prozessintegrität erhalten, da der nachfragende Computer die Kontrolle über den Geschäftsprozess behält.

- **Sicherung getätigter Investitionen**: Da Webservices auf allgemein anerkannten Internetstandards aufbauen, minimiert sich das Risiko, diese in Zukunft durch alternative Technologien – die auf einem anderen Standard basieren – ersetzen zu müssen.

Ungeachtet dieser Vorteile weisen empirische Studien jedoch darauf hin, dass sich serviceorientierte Architekturen bislang noch nicht in der Unternehmenspraxis durchsetzen konnten und nach wie vor unbekannt sind (vgl. IDS Scheer 2006, S. 16). Diesen Umstand führt man vor allem darauf zurück, dass das Schlagwort SOA zu technologisch sei und viele Mitarbeiter die Bedeutung und Reichweite der damit einhergehenden Möglichkeiten nicht verstehen (vgl. IDS Scheer 2006, S. 16).

1.3.1.3   Zur besonderen Bedeutung von XML im E-Business

In den vorangegangenen Abschnitten wurde bereits mehrfach die Auszeichnungssprache XML erwähnt, die damit offenbar von besonderer Bedeutung im E-Business ist. Daher soll in diesem Abschnitt ausführlicher auf XML eingegangen werden. Zu diesem Zweck gilt es zunächst das Wesen einer Auszeichnungssprache als solcher zu beleuchten.

Auszeichnungssprachen dienen vereinfacht ausgedrückt der Beschreibung von Daten und teilweise auch der zur Datenverarbeitung benötigten Verfahren. Besonders anschaulich lässt sich das Wesen einer Auszeichnungssprache am Beispiel von HTML herausarbeiten. Diese Auszeichnungssprache legt durch bestimmte Textmarken bzw. Tags fest, wie eine Webseite für den Anwender dargestellt werden soll; solche Marken wurden in der Vergangenheit ebenfalls in der Druckindustrie zur Orientierung für die Schriftsetzer verwendet. Durch die Tags <H1> Text </H1> wird z. B. spezifiziert, dass es sich bei dem Text zwischen den Tags um eine Überschrift handelt, die deutlich größer als der reguläre Fließtext dargestellt wird. Analog dieser Vorgehensweise kann man mit HTML die Schriftgröße/-farbe oder die Platzierung eines Bildes im Fließtext bestimmen. Im Gegensatz zur Layoutgestaltung bietet HTML zur Strukturierung der Inhalte und ihrer Weiterverarbeitung jedoch kaum Ansatzpunkte. So ist es für den Computer z. B. nicht möglich, die Inhalte einer bestimmten Tabelle gezielt auszulesen und weiterzuverarbeiten. An dieser Stelle setzt die erweiterte Auszeichnungssprache XML an, die vereinfacht formuliert die maschinelle Informationsverarbeitung und -übermittlung strukturierter Daten unterstützt.

Ähnlich wie bei HTML werden auch bei XML Tags zur Auszeichnung von Textelementen verwendet. Das Besondere bei XML ist jedoch darin zu sehen, dass dabei eine strikte Trennung von Layout und Daten erfolgt. So wäre es z. B. denkbar, dass aus dem XML-Datenbestand sowohl eine Webseite als auch eine Seite für den Buchdruck generiert wird. Anders als bei HTML sind die Daten somit nicht untrennbar mit dem Seitenlayout verbunden. Da es sich bei XML gleichzeitig um einen offenen Standard handelt, spielt es theoretisch keine Rolle mehr, mit welchem Programm die Daten erzeugt wurden bzw. weiterverarbeitet werden sollen; dies setzt natürlich die strikte Einhaltung des XML-Standards voraus. Dieser Umstand ist insbesondere im Unternehmenskontext von besonderer Bedeutung, zumal in der Vergangenheit aufgrund der Verwendung unterschiedlicher Standards selbst unternehmensintern Probleme bestanden, die zur Leistungserbringung erforderlichen Daten weiterzuverarbeiten; analoge Probleme bestanden bei der Integration zwischenbetrieblicher Informationssysteme.

Neben der Möglichkeit, nach einem bestimmten Schema Datenformate zu erzeugen, dient XML schließlich auch der Definition neuer Auszeichnungssprachen, um eine möglichst optimale Anpassung an die jeweiligen Datenstrukturen – die einem standardisierten Regelwerk folgen – zu ermöglichen. Exemplarisch hierfür sei das Ressource Description Framework (RDF) genannt, bei dem es sich um eine formale Sprache zur Bereitstellung von Metadaten im so genannten semantischen Web handelt (vgl. 1.3.2.4).

1.3.2   Vom Web 1.0 zum Web 2.0

1.3.2.1   Grundlagen des World Wide Web

Grundsätzlich sind über das Internet verschiedene Dienste verfügbar, z. B. Newsgruppen oder E-Mail-Dienste. Die eigentliche Popularität des Internets ist jedoch auf seinen bekanntesten Dienst, das World Wide Web zurückzuführen. Dessen Grundstein wurde im Jahr 1989 am schweizerischen Institut CERN gelegt. Hier arbeitete man daran, Dokumente elektronisch miteinander zu verflechten, um auf diesem Wege den Informationsaustausch zwischen den Wissenschaftlern zu forcieren. Solche Dokumente lassen sich heute über jeden herkömmlichen Webbrowser aufrufen und sind als Hypertext bekannt. Die Darstellung und Anordnung der Inhalte in derartigen Dokumenten wird durch die bereits im vorangegangenen Abschnitt vorgestellte **Hypertext Markup Language** (HTML) festgelegt.

Der eigentliche Webseitenaufruf erfolgt mit der Eingabe eines **Uniform Resource Locators** (URL). Dieser Standard legt den Namensaufbau und damit die Adressen von Webseiten fest, durch deren Eingabe in den Webbrowser auf Basis des Hypertext Transfer Protocols (HTTP) eine bestimmte Webseite angefordert wird. Der entsprechende Webserver, auf dem der Hypertext abgelegt ist, sendet daraufhin die entsprechenden HTML-Dateien an den Webbrowser zurück. Die Rolle des Anwenders in so einem Hypertextsystem beschränkte sich über lange Zeit hinweg auf den Konsum von Informationen, die in Form von Hypertexten bereitgestellt werden und mehr oder weniger miteinander verknüpft sind.

Im Zusammenhang mit dem World Wide Web ist immer häufiger auch vom so genannten **Web 2.0** die Rede. Unter diesem Begriff subsumiert man vereinfacht ausgedrückt verschiedene interaktive Techniken und Internetdienste, die der Realisierung desktopähnlicher Internetanwendungen dienen und bei denen die

Anwender eine zentrale Rolle spielen, wenn es z. B. um die Veröffentlichung von Inhalten geht. Im Gegensatz zum Web der ersten Generation wird dabei der Anspruch erhoben, nicht nur Hypertexte, sondern „Inhalte, Orte, Menschen, Meinungen, Ereignisse zu vernetzen und so einen ganz neuen Raum von Produktivität, Interaktion und Miteinander aufzuspannen" (Schroll/Neef 2006, S. 2). Aufgrund der Versionsbezeichnung 2.0 stellt sich dabei unweigerlich die Frage, inwieweit es sich beim Web 2.0 um einen technischen Quantensprung im Vergleich zum Web der ersten Generation handelt, wie das durch den Versionssprung suggeriert wird.

1.3.2.2   Charakterisierung des Web 2.0

Um für das Thema Web 2.0 zu sensibilisieren, gilt es zunächst einen Überblick zu geben, welche technischen Komponenten als charakteristisch für diese „Ära" anzusehen sind. Dabei wird jedoch nicht der Anspruch erhoben, einen vollständigen Überblick der technischen Entwicklungstendenzen zu geben. Vielmehr geht es darum, die zentralen Techniken und Anwendungen in diesem Kontext vorzustellen.

- Kennzeichnend für das Web 2.0 ist zunächst die zunehmende Verbreitung so genannter **Rich Internet Applications**. Unter diesem Begriff subsumiert man solche Anwendungen, die über das World Wide Web abgerufen werden können und von ihrer Funktionalität und Handhabung her gängigen Desktopanwendungen ähneln. So lassen sich viele Grundfunktionen im Bereich der Bürosoftware – wie z. B. die Verwendung von Tastenkürzeln oder das Verschieben von Dateien per Drag & Drop – bereits heute in vergleichbarer Art durch Internetanwendungen realisieren. Zur technischen Umsetzung solcher Anwendungen spielt vor allem AJAX eine zentrale Rolle.

- Aufgrund von **AJAX** entfällt die Notwendigkeit, mit jeder Serveranfrage eine neue Webseite zu laden, wie es bei einem herkömmlichen HTTP-Aufruf im Web 1.0 der Fall ist. Vielmehr lassen sich mit AJAX neu angeforderte Inhalte in die bestehende Anwendung nachladen (vgl. hierzu z. B. Garrett 2005). Dadurch verkürzen sich die Ladezeiten und es kommt zu keiner Unterbrechung der Interaktion zwischen Anwender und Anwendung: Damit entsteht der Eindruck einer desktopähnlichen und relativ einfach zu bedienenden Arbeitsumgebung.

- Bei **RSS** handelt es sich um ein elektronisches Nachrichtenformat. Es ermöglichst dem Anwender, ausgewählte Inhalte bzw. Nachrichten einer Webseite zu abonnieren oder in andere Internetpräsenzen zu integrieren. Neu veröffentlichte Inhalte werden mit Hilfe von RSS insofern automatisch an den Abonnenten übertragen. Die eigentlichen RSS-Nachrichten bestehen aus einer XML-Datei, die ausschließlich den Inhalt – nicht jedoch deren graphische Aufarbeitung – enthält.

- Technisch gesehen handelt es sich bei **Web-Blogs** um einfache und frei verfügbare Content-Management-Systeme. Sie ermöglichen es dem Anwender, ohne technische Kenntnisse eine Art Online-Tagebuch bzw. persönliche Webseite zu betreiben und mit anderen Anwendern in einen Dialog zu treten, z. B. in Form von Kommentaren zu Blogeinträgen.

- Der Begriff **Mash-up** bezieht sich auf die Zusammenführung und Verschmelzung bislang getrennter Inhalte aus verschiedenen Anwendungen. Die Funktionsweise solcher Mash-ups lässt sich anschaulich am Beispiel von GoogleMaps verdeutlichen. Das Kartenmaterial dieser Anwendung kann über offene Schnittstellen abgerufen und dann mit anderen Inhalten verknüpft werden. Ein Immobilienmakler könnte auf diesem Wege z. B. eine Landkarte mit Fotomaterial der zum Verkauf stehenden Objekte erzeugen, um eine völlig neue Form von Produktkatalog zu entwerfen.

- Bei einem **Wiki** handelt es sich um eine Softwarelösung, die eine kollaborative Textverarbeitung durch eine Community ermöglicht und damit – ähnlich wie ein Blog – als eine Art Content-Management-System anzusehen ist. Das bekannteste Beispiel für ein Wiki ist die Online-Enzyklopädie Wikipedia, an deren Erstellung sich etwa 285.000 registrierte Benutzer und zahlreiche anonyme Anwender beteiligt haben (vgl. Wikipedia 2007).

Neben den hier skizzierten Techniken nehmen weiterhin die **Anwender im Web 2.0** eine zentrale Rolle ein. Ihr Rollenverständnis hat sich in den letzten Jahren vom passiven Konsumenten zum aktiven Produzenten gewandelt. Eines der bekanntesten Beispiele hierfür stellt die Online-Enzyklopädie Wikipedia dar, bei der eine kollaborative Online-Textverarbeitung durch eine Community von Freiwilligen erfolgt. Auf Plattformen wie YouTube und Flickr tragen die Anwender darüber hinaus zu einer Art Informationsveredelung bei, indem sie die dort veröffentlichten Inhalte durch Tags annotieren oder anders formuliert mit Metadaten anreichern. Die Tags dienen in diesem Fall jedoch nicht der Darstellung der Inhalte, wie das im Web 1.0 der Fall ist. Vielmehr sollen sie den

Inhalt beschreiben: Ein Foto des amerikanischen Präsidenten könnte z. B. mit den Tags „Präsident", „USA", „Weißes Haus" sowie „George Bush" ausgezeichnet werden. Auf Basis dieser Metadaten wäre es dann z. B. möglich, das Foto des Präsidenten nicht nur unter seinem Dateinamen, sondern auch aufgrund seiner inhaltlichen Beschreibung aufzufinden und Zusammenhänge zwischen verwandten Themengebieten aufzudecken. Weiterhin lässt sich beobachten, dass die Anwender im Web 2.0 immer stärker in den Wertschöpfungsprozess von Unternehmen integriert werden. Beispielsweise ermöglicht das Unternehmen Spreadshirt seinen Kunden auf sehr einfache Weise die individuelle Gestaltung von Kleidungsstücken, indem sie Motive per Drag & Drop auf die jeweiligen Kleidungsstücke ziehen.

Kritiker sehen vor diesem Hintergrund aus verschiedenen Gründen jedoch keine nennenswerten Unterschiede zum Web 1.0. Für sie ist das Web 2.0 eher eine Art Marketingkonzept einzelner Konzerne (vgl. Blumauer/Pellegrini 2006, S. 19–20) oder ein reines **Modewort** (vgl. Hippner 2006, S. 6). „[The web 2.0] is not something new, but rather a fuller realization of the true potential of the web platform" (O'Reilly 2005). Begründet wird das zum einen damit, dass in einschlägigen Internetforen von jeher ein reger Informationsaustausch stattfindet. Zum anderen kritisiert man auch die Glorifizierung von AJAX und die damit einhergehenden Rich Internet Applications. So greife z. B. AJAX lediglich auf altbekannte Techniken und Standards wie JavaScript und XML zurück, die im Web 2.0 nur in Kombination und nicht getrennt voneinander verwendet werden.

Selbst wenn man die gegenwärtigen Entwicklungstendenzen nicht aus einer technischen Perspektive betrachtet und die aus den technischen Fortschritten resultierenden Partizipations- und Gestaltungsmöglichkeiten für Anwender und Unternehmen in den Vordergrund rückt, erscheint die Differenzierung zwischen Web 2.0 und Web 1.0 durchaus fragwürdig. Grundsätzlich beteiligt sich momentan zwar ein immer größer werdender Teil der Bevölkerung an der Veröffentlichung von Inhalten – auf der südkoreanischen Social-Network-Plattform Cyworld sind z. B. über 90 Prozent der Bevölkerung unter 30 Jahren registriert (vgl. Gannes 2006). Der Erfolg solcher Plattformen hängt jedoch weniger mit dem Web 2.0 als solchem zusammen. Vielmehr ist die gegenwärtige Entwicklung auf die kontinuierlich fallenden Onlinekosten, die zunehmende Verfügbarkeit von Breitbandanschlüssen sowie die bereits seit Jahren zu beobachtenden Digitalisierungstendenzen im Medienbereich zurückzuführen (vgl. auch 1.1.3). Aufgrund dieser Tendenzen können z. B. ohne größere Ladezeiten selbst längere Videos über elektronische Netzwerke konsumiert werden, die man in der Vergangenheit oftmals ausschließlich auf physischem Wege verbreitete (z. B. über Videotheken oder Kaufhäuser).

Als Zwischenfazit lässt sich festhalten, dass es sich beim Web 2.0 weniger um eine neue Version des World Wide Web handelt, wie das durch die Versionsbezeichnung 2.0 suggeriert wird. Vielmehr handelt es sich beim Web 2.0 um das Ergebnis eines kontinuierlichen Entwicklungsprozesses, der bereits vor über einer Dekade eingeleitet wurde. Allerdings stehen erst zum jetzigen Zeitpunkt auf technischer Ebene die notwendigen Mittel zur Verfügung, um der breiten Öffentlichkeit – ohne technische Kenntnisse und zu moderaten Kosten – eine Mitwirkung in der Produktgestaltung etc. zu ermöglichen. Versucht man das Web 2.0 dennoch von dem der ersten Generation abzugrenzen, lassen sich aufgrund der vorangegangenen Ausführungen jedoch drei Merkmale identifizieren, die mehr oder weniger als charakteristisch für das Web 2.0 anzusehen sind (vgl. auch Maaß/Pietsch 2007b):

- Im Web 2.0 beteiligt sich eine breite Masse von Anwendern an der Veröffentlichung und Informationsveredelung („tagging") von Inhalten.

- Der Vernetzungsgrad von Anwendern und Inhalten steigt durch die Verwendung von Tags, Mash-ups und Techniken wie RSS rasant.

- Unternehmen integrieren im zunehmenden Maße – und zu deutlich geringeren Kosten als in der Vergangenheit – Anwender in den Wertschöpfungsprozess.

1.3.2.3   Bedeutung des Web 2.0 für Unternehmen

Im weiteren Verlauf dieses Buches wird noch mehrfach auf die Bedeutung des Web 2.0 für Unternehmen eingegangen. Dennoch soll an dieser Stelle ein kurzer Überblick gegeben werden, welchen Einfluss das Web 2.0 auf Unternehmen hat. Hierzu wird exemplarisch auf die folgenden drei Unternehmensbereiche eingegangen:

- Öffentlichkeitsarbeit

- Marketing

- Integration der Anwender in den Wertschöpfungsprozess

Das Web 2.0 hat einen großen Einfluss auf den Bereich der **Öffentlichkeits-arbeit**. So sind es im Zeitalter des Web 2.0 nicht nur Journalisten oder Pressesprecher, die Informationen über neue Produkte oder Unternehmensaktivitäten verbreiten und damit die potenzielle Zielgruppe des Unternehmens ansprechen. Ebenso erreichen auch Blogger oder Betreiber von Foren diese Personen, da sie ohne größeren Aufwand Inhalte veröffentlichen (z. B. in Blogs oder Wikis) und verbreiten können (z. B. per RSS). Gleichzeitig weisen empirische Studien darauf hin, dass nutzergenerierte Inhalte einen nicht zu unterschätzenden Einfluss auf den öffentlichen Meinungsbildungsprozess haben (vgl. Schönfeld 2006). So informieren sich z. B. viele Personen im Vorfeld einer Kaufentscheidung gezielt in einschlägigen Foren über die betreffenden Produkte bzw. Dienstleistungen. Im Gegensatz dazu schenken immer weniger Konsumenten den PR-Kampagnen von Unternehmen Glauben. Unternehmen stehen somit vor der Herausforderung, in einen intensiven Dialog mit Kunden bzw. virtuellen Communitys zu treten, um das öffentliche Meinungsbild über das Unternehmen aktiv mitzugestalten. Dies setzt zwangsläufig eine neue Form der Öffentlichkeitsarbeit voraus, bei der das Unternehmen aktiver als in der Vergangenheit und über neue Kommunikationskanäle mit den Kunden kommuniziert.

Im **Marketingbereich** ist das Thema Web 2.0 vor allem aufgrund der Zugangsmöglichkeit zu Konsumentendaten und der damit einhergehenden Möglichkeiten personalisierter Werbe- und Kundenbindungsmaßnahmen interessant. In diesem Zusammenhang spielen insbesondere virtuelle Communitys eine wichtige Rolle, in denen die Anwender in der Regel aus freien Stücken Inhalte und zum Teil sogar sehr persönliche Informationen in ihren Profilen veröffentlichen. Diese Informationen lassen sich – innerhalb des gesetzlich zulässigen Rahmens – dazu instrumentalisieren, umfangreiche Kundenprofile aufzubauen, die für die Kundenansprache von hoher Bedeutung sind. Ferner ist es auch denkbar, die Marketingaktivitäten zu weiten Teilen an die Community zu übergeben. Einen solchen Vorstoß haben z. B. die Unternehmen Chevrolet und General Motors während des Superbowls 2007 gewagt, indem sie ihre Werbespots erstmals von Anwendern produzieren ließen. Das ist insofern bemerkenswert, als es sich bei den Werbepausen während des Superbowls um die wichtigsten und teuersten Werbeplätze im amerikanischen Fernsehen handelt. Aufgrund der weltweit hohen Einschaltquoten haben diese Werbespots gleichzeitig eine strategische Bedeutung, um die Aufmerksamkeit einer breiten Zielgruppe auf die eigenen Leistungen zu lenken. In diesem Zusammenhang stellt sich aus einem traditionellen Marketingverständnis heraus jedoch die Frage, inwieweit ein Unternehmen die Außenwahrnehmung und Positionierung seiner Marke maßgeblich Dritten überlassen sollte.

Schließlich ist es auf Basis der verschiedenen Techniken im Web 2.0 möglich, die Anwender wesentlich enger als in der Vergangenheit in den **Wertschöpfungsprozess** zu integrieren (vgl. auch 3.2.3). Als Beispiel hierfür wurde bereits mehrfach auf das Unternehmen Spreadshirt hingewiesen, das seinen Anwendern die individuelle Gestaltung von Kleidungsstücken ermöglicht. Neben der Produktgestaltung bestehen jedoch noch weitere Ansatzpunkte, um die Anwender in den Wertschöpfungsprozess zu integrieren, angefangen bei der Ideengenerierung über die Entwicklung bis hin zur Vermarktung (vgl. Abb. 19).

Unterschiede bei der Anwenderintegration	Beispiel
Anwender arbeiten im Prozess der Ideengenerierung und/oder der Lösung von Problemen im Vorfeld der Produktentwicklung mit. Bei Innocentive handelt es sich z. B. um eine Plattform, auf der Unternehmen ungelöste Probleme ausschreiben können, die dann weltweit von Anwendern bearbeitet werden. Ideengenerierung > Produktentwicklung > Produktgestaltung > Kaufberatung > Vertrieb	✧ INNOCENTIVE
Anwender und Unternehmen entwickeln gemeinsam ein Produkt. Teilweise werden die Anwender dabei auch durch das Unternehmen unterstützt, indem z. B. eine technische Infrastruktur zur Verfügung gestellt wird, wie das z. B. beim quelloffenen Entwicklungsframework Eclipse von IBM der Fall ist. Ideengenerierung > Produktentwicklung > Produktgestaltung > Kaufberatung > Vertrieb	eclipse
Anwender können das Design des Produktes nach ihren Vorstellungen innerhalb eines vorgegebenen Lösungsraums selbst gestalten. Bei NikeID können die Anwender z. B. das Design eines Schuhs nach ihren Vorstellungen über ein Webinterface bestimmen. Ideengenerierung > Produktentwicklung > Produktgestaltung > Kaufberatung > Vertrieb	NIKEiD.
Anwender werden in den Prozess der Produktbewertung einbezogen (z. B. durch Rezensionen). Exemplarisch hierfür sei die Plattform Ciao genannt, auf der Anwender erworbene Produkte bewerten und Produktrezensionen verfassen. Ideengenerierung > Produktentwicklung > Produktgestaltung > Kaufberatung > Vertrieb	ciao!.de Unabhängige Kaufberatung
Anwender vermarkten eigene Produkte und übernehmen auch deren Vertrieb. Die dazu notwendigen Funktionen stellt der Plattformbetreiber zur Verfügung (z. B. Auktionssysteme, Zahlungssysteme, MeShops etc.). Ideengenerierung > Produktentwicklung > Produktgestaltung > Kaufberatung > Vertrieb	ebaY

Abb. 19: Integration der Anwender in den Wertschöpfungsprozess

1.3.2.4   Web 2.0 versus semantisches Web

Oftmals werden die Begriffe Web 2.0 und semantisches Web synonym verwendet, um auf die aktuellen Entwicklungstendenzen im Internet hinzuweisen. Es ist allerdings wichtig, zwischen diesen beiden Konzepten explizit zu differenzieren, zumal sie nur bedingt Überschneidungen aufweisen und unterschiedliche Ziele verfolgen. So wird mit dem **semantischen Web** die Vision einer um semantische Informationen angereicherten Version des vorhandenen World Wide Web verfolgt. Im Kern geht es darum, die dort vorzufindenden Inhalte derart anzureichern, dass ihre Bedeutung für Menschen und Maschinen interpretierbar ist. Technisch wird das auf Grundlage so genannter **Ontologien** realisiert. Mit ihrer Entwicklung wird der Anspruch erhoben, ein gemeinsames Vokabular über einen bestimmten Ausschnitt der Realität zu bilden, um die Semantik der Inhalte formal festzuhalten und Beziehungen zwischen ihnen zu modellieren (vgl. Gruber 1995; Berners-Lee et al. 2001). Auf Grundlage solcher fest definierten Strukturen wären Suchmaschinen dann z. B. dazu in der Lage, Schlussfolgerungen über bestimmte Zusammenhänge zu ziehen. Stellt ein Anwender etwa eine Suchanfrage nach dem Begriff „Handball" und ist dieser Begriff einer Ontologie „Sport" zugeordnet, könnte der Computer den Schluss ziehen, dass es auf der betreffenden Webseite um Sportthemen geht, ohne dass diese Information in den Metadaten des Dokuments hinterlegt werden müsste. Insofern lässt sich sagen, dass mit dem semantischen Web der Brückenschlag von einem Netz aus Hypertexten und Verweisstrukturen zu einem Netz aus Inhaltsstrukturen vollzogen werden soll (vgl. auch Beier 2004; Hansen/Neumann 2005, S. 508).

Vor diesem Hintergrund zeigen sich Parallelen zwischen dem semantischen Web und dem Web 2.0. So spielt in beiden Ansätzen die Annotierung von Inhalten eine bedeutende Rolle. Im semantischen Web bilden dabei Ontologien die Grundlage, um die Metadaten in einen bestimmten Strukturzusammenhang einzuordnen und damit einen hohen Automatisierungsgrad bei der Verarbeitung von Wissen zu erzeugen. Allerdings konnte sich dieser Ansatz noch nicht auf breiter Ebene etablieren. Das liegt zum einen an den hohen Modellierungskosten, die mit der Entwicklung und Pflege von Ontologien und deren Anreicherung mit Metadaten einhergehen (vgl. Maaß 2007). Zum anderen spiegeln Ontologien lediglich die Sicht und das Vokabular des Modellierers auf einen bestimmten Objektbereich der Realität wider. Inwieweit diese Sicht von den Anwendern geteilt wird, bleibt häufig unklar. Anders sieht das bei den zahlreichen Anwendungen im Web 2.0 aus, die einen hohen Verbreitungsgrad aufweisen und bei denen eine gemeinschaftliche Verschlagwortung der Inhalte durch die Community erfolgt. Dabei werden jedoch keine hierarchischen Strukturen zugrunde gelegt, wie bestimmte Themen zusammenhängen. Vielmehr können die Anwender eigene Tags vergeben, zwischen denen dann Relationen berechnet werden, wie häufig sie in Kombination miteinander verwendet wurden. Auf Basis dieser so genannten **Folksonomies** wird dann z. B. auf ähnliche Inhalte geschlossen. Diese Vorgehensweise hat zwar den Vorteil, dass Tags die individuelle Sicht der Anwender erfassen. Allerdings führen unterschiedliche Schreibweisen und subjektive Kombinationen von Tags zu mehr oder weniger diffusen Folksonomies. Das führt dann immer wieder zu Fehlern, wenn es z. B. um die Suche nach verwandten Themen und Inhalten geht.

Um die hier skizzierten Probleme zu lösen, setzt man sich in der Informatik in jüngerer Zeit mit der Frage auseinander, inwieweit sich die beiden hier skizzierten Ansätze zusammenführen lassen, um die Vorzüge semantischer Technologien mit denen des Web 2.0 zu kombinieren (vgl. Schuster/Rappold 2006, S. 97). Dabei geht es z. B. um die automatische Extrahierung von Metadaten, um das Tagging zu vereinfachen, oder um die Integration der Community in den Prozess der Ontologieentwicklung (vgl. hierzu z. B. Wu et al. 2006). In diesem Zusammenhang ist teilweise bereits vom **Web 3.0** die Rede, das aus der Kombination des Web 2.0 mit dem semantischen Web entstehen soll (vgl. Abb. 20).

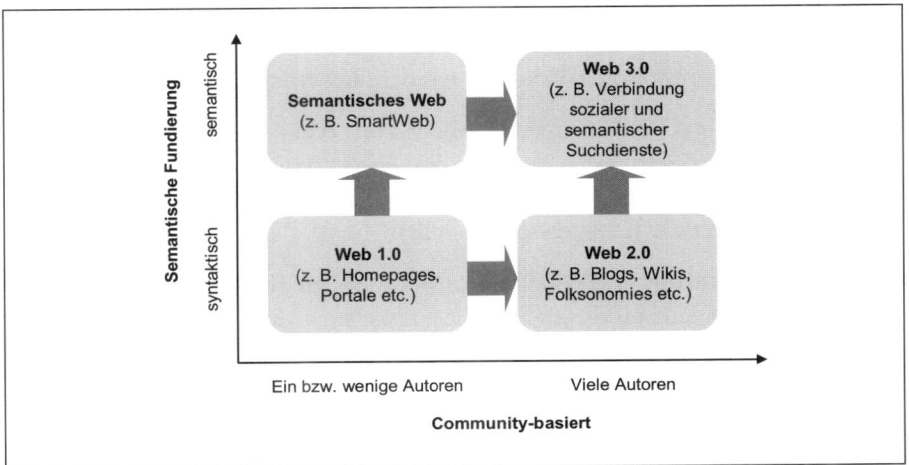

Abb. 20: Zusammenhang zwischen dem Web 2.0 und semantischem Web

1.3.3   Mobile Business und Entwicklungstendenzen

Mit dem E-Business wurde über die letzten Jahre hinweg die technologische Infrastruktur aufgebaut, um Informationen und Inhalte über elektronische Netzwerke zu übertragen. Durch die zunehmende Verfügbarkeit mobiler Endgeräte (z. B. Mobiltelefone, Smartphones, PDAs etc.) mit Internetfunktionalität lassen sich die Potenziale des E-Business noch umfassender ausschöpfen, da sie eine ortsunabhängige Abwicklung von E-Business-Aktivitäten unterstützen. Im Vergleich zu einem stationären Internetzugang resultieren daraus neue Möglichkeiten, um Geschäftsprozesse abzuwickeln oder Dienstleistungen zu offerieren. Im Einzelnen werden die Möglichkeiten des E-Business durch mobile Technologien in viererlei Hinsicht erweitert (vgl. Junglas/Watson 2003):

- **Erreichbarkeit**: Der Besitzer eines mobilen Endgerätes ist theoretisch rund um die Uhr ortsunabhängig erreichbar. Dies setzt natürlich voraus, dass das Gerät eingeschaltet und eine gewisse Netzabdeckung gewährleistet ist. Bei einem stationären Internetzugang hängt die Erreichbarkeit dagegen von der Präsenz des Anwenders ab. Nur wenn er sich physisch vor einem Computer mit Internetzugang befindet und eine Internetverbindung besteht, ist er auf elektronischem Wege erreichbar.

- **Zugänglichkeit**: Mit der Zugänglichkeit wird auf den Umstand abgestellt, dass der Anwender jederzeit und ortsunabhängig auf ein mobiles Netzwerk zugreifen und Informationen versenden bzw. abrufen kann. Analog den vorangegangenen Ausführungen ist das bei einem stationären Internetzugang nur im Fall der physischen Präsenz an einem bestimmten Ort möglich.

- **Lokalisierung**: Durch die Verwendung von Technologien wie GPS ist es möglich, die geographische Position des Anwenders exakt zu ermitteln. Bei einem stationären Internetzugang ist so eine Lokalisierung dagegen nur eingeschränkt über die IP-Adresse realisierbar.

- **Identitätsprüfung**: Schließlich ist es bei mobilen Endgeräten in der Regel ohne größeren Aufwand möglich, die Chipkarte – die der Identifikation des Anwenders dient – in anderen mobilen Endgeräten zu nutzen. Die Identität eines Anwenders wird damit mobil.

Aufgrund dieser Eigenschaften ergeben sich zahlreiche Ansatzpunkte zur Gestaltung von Geschäftsmodellen. So ist es denkbar, dem Besitzer eines Smartphones in Abhängigkeit seiner gegenwärtigen Position ortsgebundene und personalisierte Informationen zu unterbreiten. Solche Szenarien spielen

z. B. in der Tourismusbranche (mobile Reiseführer) oder im Einzelhandel (mobiler Preisvergleichdienst) eine wichtige Rolle (vgl. auch Brüggemann/Breitner 2006). Allerdings konnten sich solche komplexen Anwendungen aus verschiedenen Gründen bislang noch nicht in der Praxis etablieren. Beispielsweise sind die Eingabe- und Ausgabefähigkeiten mobiler Endgeräte aufgrund der kleinen Tasten und der geringen Bildschirmgröße stark eingeschränkt. Gleichzeitig ist es nicht ohne weiteres möglich, eine bestehende Webseite auf einem mobilen Endgerät darzustellen. Vielmehr stehen die Anbieter von Webseiten hier vor dem Problem, ihre Seiten für verschiedene Displays unterschiedlicher Hersteller anpassen zu müssen, womit hohe Kosten einhergehen.

Vor diesem Hintergrund erstaunt es kaum, dass im Bereich Mobile Business im Vergleich zum traditionellen E-Business gegenwärtig nur geringe Umsätze generiert werden. Bislang handelt man vor allem einfache digitale Produkte über mobile Endgeräte, wie z. B. Klingeltöne, einfache Spiele oder Hintergrundbilder für das Display. Auch im Bereich der mobilen Unternehmenssoftware bedarf es noch vieler Anstrengungen, um die Potenziale des M-Commerce im vollen Umfang auszuschöpfen (vgl. auch Ritz 2006). Langfristig ist jedoch damit zu rechnen, dass das M-Business immer mehr an Bedeutung gewinnt. Visionäre sprechen teilweise sogar schon vom „**Ubiquitären Business**", der nächsten Evaluationsstufe des Mobile Business (vgl. z. B. Leimeister/Krcmar 2002; Junglas/Watson 2003). Danach werden die Menschen in Zukunft nicht nur mit einem Computer oder mobilen Endgerät arbeiten, sondern vielmehr von zahlreichen Rechnern und Anwendungen in ihrem natürlichen Umfeld umgeben sein, die sie unscheinbar bei der normalen Arbeit unterstützen (vgl. Abb. 21). Diese Entwicklungstendenzen werden vor allem durch die Fortschritte im Bereich der Miniaturisierung und Mikroprozessortechnik, die kontinuierlich fallenden Kosten für den Netzzugang und netzfähige Geräte sowie die immer weiter voranschreitenden Standardisierungstendenzen forciert. So ist es bereits heute zu relativ geringen Kosten möglich, bestimmte Produkte mit Mikrochips auszustatten, die automatisch und per Funk ausgelesen und weiterverarbeitet werden. Reichert man nun nicht die Ressourcen im Web, sondern auch Alltagsgegenstände mit Metadaten an, hätten Mensch und Maschine insofern ein gemeinsames Verständnis über einen bestimmten Realitätsausschnitt ihrer mittelbaren Umgebung. Aufgrund des technischen Fortschritts ist gleichzeitig damit zu rechnen, dass die gegenwärtigen Probleme im M-Business im Bereich der Eingabe- und Ausgabegeräte obsolet werden. So lassen sich bereits heute bestimmte Anwendungen mit der menschlichen Sprache – wenngleich auch nur sehr eingeschränkt – steuern.

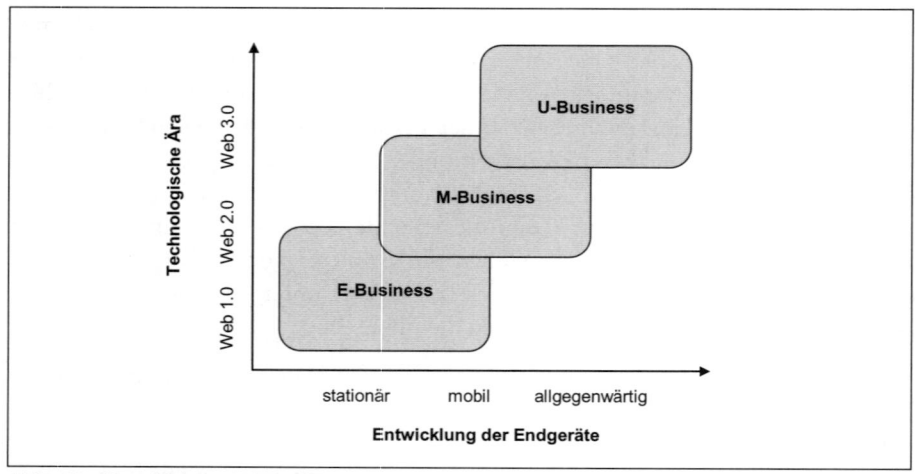

Abb. 21: Vom M- zum U-Business

1.4   Wiederholungsfragen

(1) Was versteht man unter dem Begriff E-Business und zwischen welchen Ausprägungsformen des E-Business kann man differenzieren?

(2) Welche Besonderheiten weist der Wettbewerb im E-Business auf?

(3) Welchen Einfluss haben Netzeffekte auf den Wettbewerb im E-Business? Gehen Sie in Ihrer Antwort auch auf die verschiedenen Formen von Netzeffekten ein.

(4) Womit beschäftigt sich das strategische Management?

(5) Worin unterscheiden sich traditionelle Wettbewerbsstrategien (Differenzierung, Kostenführerschaft) von Standardisierungsstrategien? Gehen Sie in Ihrer Antwort auch auf die Bedeutung des Standardisierungspotenzials ein.

(6) Erläutern Sie den Zusammenhang von Strategien und Geschäftsmodellen.

(7) Aus welchen Komponenten setzt sich ein Geschäftsmodell zusammen und zwischen welchen idealtypischen Geschäftsmodelltypen differenziert man im E-Business?

(8) Was versteht man unter dem Begriff Web 2.0? In welchen Bereichen können Unternehmen vom Einsatz der in diesem Kontext diskutierten Lösungen profitieren?

(9) Inwieweit unterscheidet sich das Web 2.0 vom semantischen Web?

(10) In welcher Hinsicht werden die Möglichkeiten des E-Business durch mobile Technologien erweitert?

2   Online-Wettbewerbspositionierung

Lernziele

Im Zuge der Entwicklung neuer Geschäftsmodelle gilt es eine Entscheidung darüber herbeizuführen, welchen Kunden welche Art von Leistungen angeboten wird. Solche Entscheidungen sind von weit reichender Bedeutung, da sie das langfristige Tätigkeitsfeld des Unternehmens festlegen. Um so eine Entscheidung treffen zu können, bedarf es einer Auseinandersetzung mit den folgenden Fragen:

- Welche Visionen und Ziele verfolgt das eigene Unternehmen?

- Wie lassen sich Marktsegmente identifizieren und bewerten?

- Welchen Einfluss hat das Wettbewerbsumfeld auf das eigene Unternehmen?

- Anhand welcher Kriterien kann man die Leistungsfähigkeit des eigenen Unternehmens beurteilen?

- Wie lässt sich eine Positionierungsentscheidung im E-Business herbeiführen?

Nach der Durcharbeit dieses Kapitels sollen Sie in der Lage sein, diese Fragen zu beantworten.

2.1   Visionen und Ziele als Ausgangspunkte unternehmerischen Handelns im E-Business

2.1.1   Bedeutung von Visionen und Zielen

Gilt es eine Entscheidung hinsichtlich der Positionierung des Unternehmens oder neuer Produkte zu treffen, bestehen oftmals noch unklare Vorstellungen darüber, wie das finale Produkt letztendlich aussehen soll. **Visionen und Leitbilder** fungieren vor diesem Hintergrund als Instrumente, die dem Unternehmen eine gewisse Orientierung geben und dessen zukünftige Entwicklung kanalisieren sollen. Die Vision wird deshalb auch als Startpunkt jeglicher unternehmerischen Tätigkeit angesehen (vgl. Esch et al. 2006, S. 159). Sie gibt jedoch keinen konkreten Hinweis im Hinblick auf die sachliche Umsetzung bestimmter Unternehmensziele. Vielmehr handelt es sich bei Visionen um allgemein gehaltene, jedoch richtungsweisende Aussagen der Unternehmenstätigkeit, durch die das Selbstverständnis des Unternehmens zum Ausdruck kommt. So verfolgt z. B. der Suchmaschinenbetreiber Google die Vision, das weltweit vorhandene Wissen zu erschließen: „Google's mission is to organize the world's information and make it universally accessible and useful" (Google 2006, o. S.). Für ein Unternehmen erfüllt so eine Vision drei wichtige Funktionen:

- **Legitimationsfunktion**: Indem durch die Vision auf abstrakter Ebene bereits eine Ausrichtung auf bestimmte Grundbedürfnisse ausgewählter Kundengruppen erfolgt, legitimiert sie die Existenz des Unternehmens gegenüber seinen Ansprucheignern, wie z. B. den Kapitalgebern, Kunden oder dem Staat.

- **Motivationsfunktion**: Bezogen auf die Mitarbeiter soll von der Vision eine motivierende Wirkung ausgehen, indem sie den Sinn der Unternehmenstätigkeit erörtert und auf diesem Wege zur Identifikation mit dem Unternehmen beiträgt. Um die Vision möglichst einfach kommunizieren und verbreiten zu können, wird sie in der Regel in Form eines Leitbildes schriftlich fixiert.

- **Koordinationsfunktion**: Visionen gewinnen vor allen in Wirtschaftszweigen mit hoher Marktdynamik an Bedeutung, da sich in diesem Umfeld die Zukunft nur schwer prognostizieren lässt (vgl. auch Bea/Haas 2005). In so einer Situation soll die Vision den Mitarbeitern eine gewisse Orientierung geben und handlungsleitend wirken.

Die Vision des Unternehmens wird durch die **Unternehmensziele** konkretisiert. Auf Unternehmensebene sind solche Ziele in der Regel noch relativ allgemein gehalten und beziehen sich z. B. auf eine Verbesserung der Ertragslage oder den Eintritt in neue Marktsegmente. Erst in den einzelnen Geschäfts- und Funktionsbereichen – also auf Hierarchieebenen unterhalb der Unternehmensleitung – werden die Ziele präzisiert. Im Zuge einer solchen Präzisierung gilt es die folgenden drei Fragen zu beantworten:

- **Was genau soll erreicht werden?** Eine allgemeine Zielformulierung wie die Erhöhung des Marktanteils verharrt auf einer allgemeinen Ebene und entzieht sich der Kontrolle, weshalb es einer Zielkonkretisierung bedarf. So eine Konkretisierung könnte sich im Fall der Erhöhung des Marktanteils z. B. darauf beziehen, 5.000 zusätzliche Anwender auf die eigene Website zu kanalisieren oder 10.000 neue Abonnenten für einen Newsletter zu gewinnen.

- **Wann bzw. in welchem Zeitraum sollen die Ziele erreicht werden?** Ohne eine zeitliche Komponente sind Ziele ebenfalls nicht überprüfbar. Beispielsweise ist ein wesentlicher Unterschied darin zu sehen, ob innerhalb eines Monats oder eines Jahres 5.000 neue Kunden akquiriert werden sollen. Ziele müssen insofern eine Aussage über den zeitlichen Horizont enthalten, innerhalb dessen sie zu realisieren sind.

- **Welches Budget steht zur Erreichung der Vermarktungsziele zur Verfügung?** Das zur Verfügung stehende Budget entscheidet maßgeblich darüber, inwieweit und in welchem Umfang z. B. Neueinstellungen vorgenommen werden müssen/können, um die Ziele zu erreichen.

Auf Basis einer solchen Zielpräzisierung werden die Sach- und Formalziele auf den Hierarchieebenen unterhalb der Unternehmensführung so lange konkretisiert, bis man die operativen Ziele in den Funktionsbereichen und operativen Einheiten festlegen kann. Von deren Erreichen hängt es im Umkehrschluss ab, inwieweit aus den verschiedenen Aktivitäten auf operativer Ebene ein Gefüge stimmiger Aktivitäten entsteht, die auf die Realisierung der Unternehmensziele gerichtet sind. Abb. 22 verdeutlicht diesen Mittel-Zweck-Zusammenhang in graphischer Form.

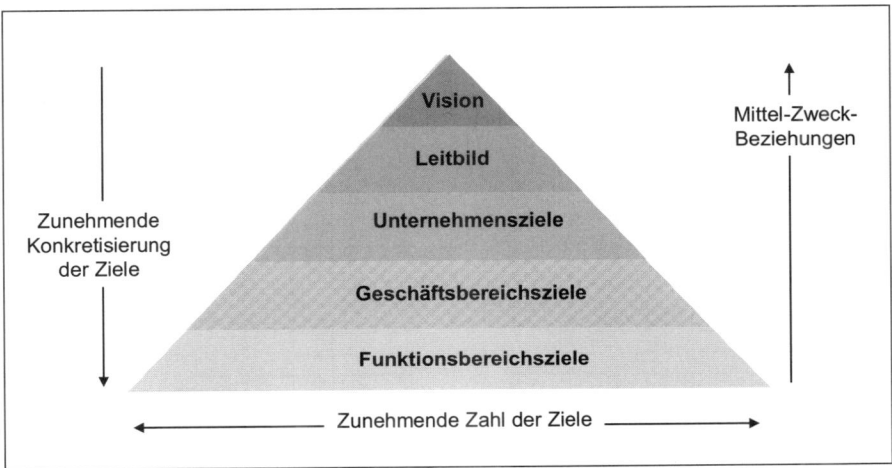

Abb. 22: Zielhierarchie (in Anlehnung an Becker 2001, S. 28)

2.1.2   Monetäre und nicht-monetäre Zielgrößen im E-Business

Aus dem vorangegangenen Abschnitt ging hervor, dass es stets einer Zielkon-kretisierung bedarf, um den in die Leistungserstellung involvierten Personen und Abteilungen entsprechende Aufgaben zuweisen und anschließend den Zielerreichungsgrad überprüfen zu können. Die Operationalisierung der damit korrespondierenden Ziele erfolgt in der Unternehmenspraxis mehrheitlich in Form von Kennzahlen. Sie spiegeln die angestrebten zukünftigen Zustände in verdichteter und quantitativer Form wider und ermöglichen damit die zuvor angesprochenen Soll-Ist-Vergleiche. In der Wirtschaftspraxis dominieren dabei finanzielle Spitzenkennziffern, wie z. B. der **Return on Investment** (ROI); er spiegelt die Verzinsung des eingesetzten Kapitals wider. Aus der isolierten Be-trachtung solcher Kennzahlen geht jedoch nicht hervor, warum sie sich positiv oder negativ entwickelt haben. Dieses Defizit hat bereits vor knapp 100 Jahren zur Herausbildung von Zielsystemen geführt, durch die man verschiedene Ein-zelkennzahlen bzw. Zielgrößen in einen sachologischen Zusammenhang stellt. Eines der bekanntesten Zielsysteme stellt das Du-Pont-Zielsystem mit seiner Spitzenkennzahl, dem ROI, dar. Er wird zu Analysezwecken in die ihm zugrunde liegenden Basiskennzahlen heruntergebrochen, um ein besseres Ver-ständnis bezüglich der Zusammenhänge im Unternehmen zu erhalten (vgl. Abb. 23).

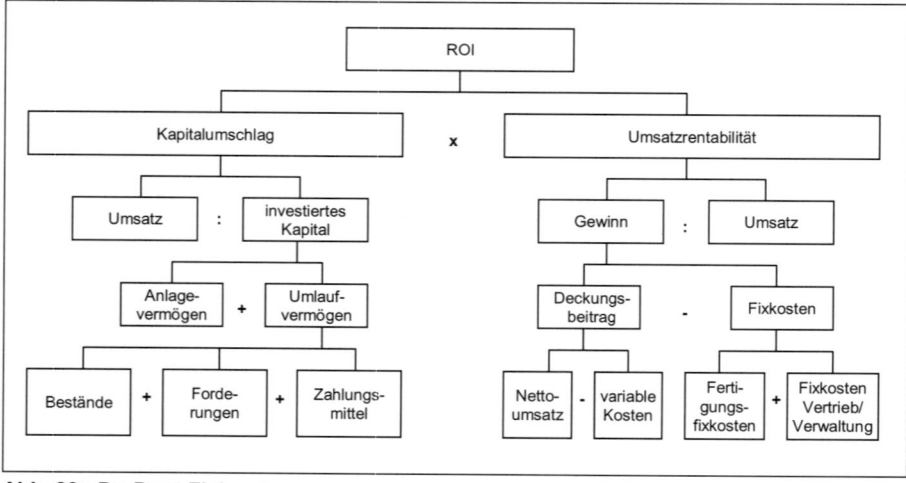

Abb. 23: Du-Pont-Zielsystem

An traditionellen Zielsystemen und Kennzahlen kritisiert man jedoch deren Beeinflussbarkeit durch buchhalterische Vorgänge. So ist es z. B. möglich, den ROI durch die Verlagerung von Fremdkapital auf Eigenkapital künstlich zu erhöhen (vgl. Welge/Al-Laham 2005, S. 133). Diesen Defiziten sollen wertorientierte Zielgrößen entgegentreten. Exemplarisch hierfür sei der **Economic Value Added** (EVA) genannt, der in der Wirtschaftspraxis besonders häufig verwendet wird und die durch das Unternehmen erzielte Wertschöpfung quantifiziert. Mathematisch stellt er die Differenz zwischen dem operativen Unternehmensergebnis nach Steuern (Net Operating Profit after Taxes – NOPAT) und den Kapitalkosten (WACC) dar (vgl. Abb. 24). Der NOPAT wird dabei – im Gegensatz zu traditionellen Steuerungsgrößen – in mehreren Schritten um finanzielle, steuerliche und bewertungstechnische Verzerrungen korrigiert, die ein falsches Bild auf die „economic reality" werfen (vgl. Stern 1994). Es ist jedoch als problematisch anzusehen, dass zu diesem Zweck bislang kein einheitliches Verfahren existiert. Vielmehr lassen sich über 160 verschiedene Möglichkeiten identifizieren, wie eine dementsprechende Anpassung erfolgen könnte (vgl. Stern 1994). Aus Gründen der Praktikabilität beschränkt man sich in der Praxis daher nur auf wenige zentrale Korrekturen (vgl. für einen Überblick z. B. Weber et al. 2004, S 57–71):

- Die Aufgabe der **Shareholder Conversions** besteht in der Identifikation eigenkapitalähnlicher Posten, die nicht in den Zahlen des Jahresabschlusses ausgewiesen sind, wie z. B. stille Reserven. Sie werden dann aktiviert und über ihre Nutzungsdauer abgeschrieben.

- Durch die **Operating Conversion** werden unter anderem die Bilanz sowie die Gewinn- und Verlustrechnung um außerordentliche Ergebnisbestandteile korrigiert.

- **Funding Conversions** sollen verdeckte Finanzierungsformen aufdecken, wie z. B. das Leasing.

- Durch die **Tax Conversions** wird die Steuerlast des Unternehmens angepasst. Dadurch will man sicherstellen, dass sich z. B. die Ertragssteuern nur auf die durch die Operating und Shareholder Conversions angepassten Ergebnisgrößen beziehen.

Erst nach solchen Anpassungen gibt der EVA Auskunft über die operative Leistungskraft des Unternehmens (vgl. Abb. 24). Genauer gesagt zeigt er auf, welcher Mehrwert durch die unternehmerische Tätigkeit geschaffen wurde; im

weiteren Verlauf dieses Buches wird auf ausgewählte Methoden der wertorientierten Unternehmensführung und die in diesem Zusammenhang diskutierten
Zielsysteme bzw. Werttreiberhierarchien noch ausführlicher eingegangen (vgl.
2.3.2.2).

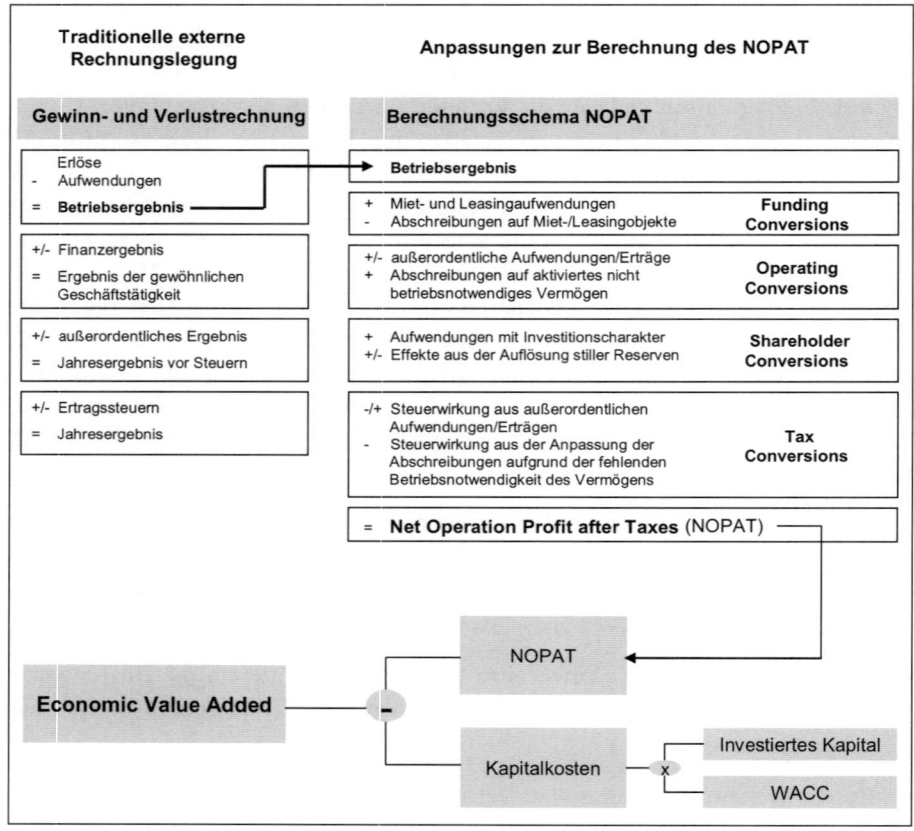

Abb. 24: Berechnung des NOPAT (in Anlehnung an Hostettler 2002)

Die bislang skizzierten Zielsysteme und Kennzahlen stellen auf monetäre Ziele
ab, die für Unternehmen in allen Wirtschaftszweigen von Bedeutung sind. Es
besteht jedoch Einigkeit darüber, dass solche Zielgrößen alleine den Besonderheiten des technischen Umfeldes im E-Business nur bedingt Rechnung tragen
(vgl. z. B. Reichmann 2001, S. 679; Hukemann 2004, S. 52). Insbesondere an
nicht-monetären Zielgrößen besteht hier ein Zusatzbedarf, um auf den Erfolg
von Online-Angeboten schließen zu können (vgl. Exner 2003, S. 24). Zu den
wichtigsten dieser Zielgrößen und Kennzahlen zählen die Unique User, User

Sessions, Page Impressions, der Reach sowie die Churn Rate (vgl. auch Skiera/Spann 2000, S. 419; Fritz 2004, S. 271–274):

- Als **Unique Visitors** bezeichnet man die Anzahl der Anwender, die eine bestimmte Webseite innerhalb eines bestimmten Zeitraums besucht haben; in der Regel bezieht sich diese Kennzahl auf die monatlichen Besucher. Diese Kennzahl ist als einer der wichtigsten Indikatoren für die Popularität von Webangeboten anzusehen.

- Die Kennziffer **User Sessions** bringt zum Ausdruck, wie oft ein Unique User innerhalb eines bestimmten Zeitraums ein Angebot nutzt. Sie gibt insofern Aufschluss darüber, inwieweit es dem Unternehmen gelingt, die Kunden an das eigene Produkt zu binden. Gleichzeitig dient sie als Orientierungsgröße für werbetreibende Unternehmen: Sie schalten ihre Werbeanzeigen bevorzugt auf Webseiten mit einer hohen monatlichen Besuchsfrequenz, um potenzielle Kunden möglichst oft ansprechen und entsprechende Werbeeffekte erzielen zu können.

- Die Gesamtzahl aller Seitenaufrufe einer Webpräsenz bezeichnet man als **Page Impressions**. Bei der Ermittlung dieser Kennziffer gilt es jedoch zu beachten, dass nicht nur von Menschen, sondern auch von Suchmaschinenrobotern Seitenaufrufe generiert werden, weshalb es zu gewissen Verzerrungen kommt. Die nicht menschlich verursachten Seitenaufrufe müssen daher bereinigt werden, um ein realistisches Bild von den tatsächlichen Seitenaufrufen zu erhalten (vgl. hierzu Hukemann 2004).

- Zur Ermittlung der **Reichweite** einer Webseite setzt man ihre Unique User ins Verhältnis zur Grundgesamtheit der aktiven Internetnutzer innerhalb des jeweiligen Berichtszeitraums.

- Bei der **Churn Rate** (Kundenabwanderungsrate) handelt es sich um eine Verhältniskennzahl, bei der die Anzahl passiver Anwender – die den Dienst innerhalb eines bestimmten Zeitraums nicht genutzt haben – durch die Anzahl der Gesamtkunden der betrachteten Periode geteilt wird. Aufgrund der hohen Kundengewinnungskosten ist in der Verminderung der Churn Rate eine zentrale Zielgröße zu sehen, um Webangebote nachhaltig aufzubauen.

Die hier genannten Zielgrößen sind grundsätzlich zwar nicht-monetärer Natur. Wie sich im weiteren Verlauf dieses Kapitels jedoch zeigen wird, beeinflussen sie im hohen Maße das Wertschöpfungspotenzial von E-Business-Unternehmen, weshalb sie als wichtige Werttreiber anzusehen sind (vgl.

2.3.2.2). Gleichzeitig dienen sie der Konkurrenzanalyse (vgl. hierzu ausführlicher 2.2.3), da sie sich ohne größere Probleme messen lassen und damit konkrete Anhaltspunkte zur Einschätzung der eigenen Marktchancen bieten.

2.1.3   Zielstrukturierung mit der Balanced Scorecard

Die Balanced Scorecard wird vielfach als das bedeutendste Steuerungsinstrument im E-Business angesehen (vgl. z. B. Böning-Spohr 2003). Insbesondere im Hinblick auf ihr Potenzial zur Zielstrukturierung im E-Business wird ihr Einsatz empfohlen (vgl. Chaffey 2007, S. 232), da sie auf ein ausgewogenes Verhältnis von monetären und nicht-monetären sowie kurz- und langfristigen Zielgrößen abstellt. Grundsätzlich entstand die Balanced Scorecard jedoch unabhängig von einer bestimmten Branchenausrichtung. Genauer gesagt ging sie zu Beginn der 90er Jahre aus einer Kooperation zwischen der Harvard Business School und der Unternehmensberatung KPMG hervor. Intention dieser Zusammenarbeit war es, ein innovatives Steuerungsinstrument zu entwickeln, das den Defiziten traditioneller Kennzahlen/Zielsysteme entgegentritt (vgl. Kaplan/Norton 1996). Diese sah man vor allem darin, dass – z. B. beim Du-Pont-Zielsystem – ausschließlich finanzielle und buchhalterische Zielgrößen betrachtet wurden. Sie spielen zwar auch bei der Balanced Scorecard eine zentrale Rolle. Allerdings werden sie um Zielgrößen/Kennzahlen aus drei anderen Bereichen ergänzt, um ein ausgewogenes und umfassendes Bild der gegenwärtigen Unternehmenssituation zu zeichnen. Damit verfolgt man das Ziel, die Vorgänge im Unternehmen aus unterschiedlichen Perspektiven zu reflektieren und damit zu einem ausgewogenen Steuerungsinstrument zu gelangen. Im Kern geht es dabei um die folgenden vier Perspektiven, mit denen jeweils eine Leitfrage korrespondiert:

- **Finanzperspektive**: Wie sehen uns unsere Gesellschafter?

- **Kundenperspektive**: Wie sehen uns unsere Kunden?

- **Prozessperspektive**: Worin sehen wir unsere Kompetenz bzw. was sind unsere wichtigsten Geschäftsprozesse?

- **Innovations- und Wachstumsperspektive**: Wie können wir unsere Wettbewerbsfähigkeit halten und verbessern?

Die Finanzperspektive dient den anderen Perspektiven als Zielgröße. Im Gegensatz zu herkömmlichen Steuerungsinstrumenten werden diese Zielgrößen jedoch mit den Zielen der anderen Perspektiven in Form von **Ursache-Wirkungs-Zusammenhängen** verknüpft (vgl. Abb. 25). Dem liegt die Annahme zugrunde, dass sich die finanziellen Unternehmensziele nur dann erreichen lassen (Finanzperspektive), wenn die Kunden mit den offerierten Leistungen zufrieden sind (Kundenperspektive). Dies wird wiederum nur dann der Fall sein, wenn das Unternehmen bei bestimmten Geschäftsprozessen über einen Wettbewerbsvorteil gegenüber seiner Konkurrenz verfügt (Prozessperspektive), der in letzter Instanz auf den Fähigkeiten seiner Mitarbeiter gründet, die ihnen zur Verfügung stehenden Ressourcen in innovative Leistungen umzuwandeln (Wachstums-/Lernperspektive).

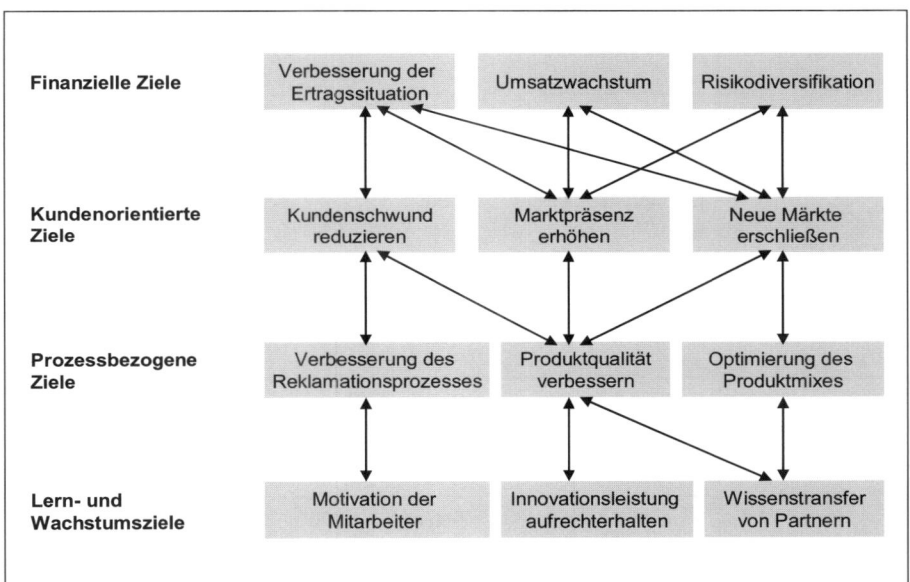

Abb. 25: Strategiebaum der Balanced Scorecard (vgl. Müller-Stewens 2005, S. 529)

Als Faustregel kann man festhalten, dass es für die Entwicklung einer Balanced Scorecard zwischen drei und sechs Zielgrößen je Perspektive bedarf, um einen aussagekräftigen und ausgeglichenen Blick auf das Unternehmen zu erhalten. Bei einer größeren Zielanzahl besteht die Gefahr, dass Unklarheit darüber besteht, welche Zielkombination letztendlich die erfolgreichste ist: „Damit kann statt strategischer Klarheit oft auch Verwirrung entstehen oder es lassen sich leicht Entschuldigungen der Art ‚Zwar ist die Kundenzufriedenheit gesunken, dafür ist aber der Gewinn gestiegen und die Durchlaufzeit gleich geblieben' konstruieren" (Rieg 2004, S. 477). Grundsätzlich sollte eine Kennzahl in die

Balanced Scorecard aufgenommen werden, wenn sie einen Kausalzusammenhang mit den finanziellen Unternehmenszielen aufweist. Wirkt sich z. B. die geringe Ausfallzeit der Software positiv auf die Kundenbindung aus und führt damit zu gesicherten Einnahmen, spielt diese Kennzahl für die Balanced Scorecard eine entscheidende Rolle. Abb. 26 zeigt eine entsprechende Konkretisierung einer Balanced Scorecard im Überblick.

	Ziel	Messgröße	Zielausprägung
Finanz-perspektive	Verbesserung des Ertrags	Return on Capital Employed	ROCE > 24 %
	Umsatzwachstum	Wachstumsrate	Wachstumsrate > 13 %
Kunden-perspektive	Kundenschwund reduzieren	Churn Rate	Churn Rate < 20 %
	Marktpräsenz erhöhen	Reach	Reach > 30 %
	Neue Märkte erschließen	Page Impressions der neuen Produkte	Min. 20 % aller Page Impressions durch neue Produkte
Prozess-perspektive	Verbesserung des Reklamations-prozesses	Durchschnittliche Antwortzeiten	Antwortzeit < 12 Stunden
	Produktqualität verbessern	Fehler pro 1.000 Zeilen Code	Fehler pro 1.000 Zeilen Code < 10
Lern- bzw. Innovations-perspektive	Innovationsleistungs-fähigkeit erhalten	Anzahl der Verbesserungsvorschläge pro Jahr	> 5 Vorschläge pro Mitarbeiter
	Hohe Mitarbeiterzufriedenheit	Index Mitarbeiterzufriedenheit	Zufriedenheitsindex > 80 %

Abb. 26: Konkretisierung einer Balanced Scorecard

Den vorangegangenen Ausführungen ist hinzuzufügen, dass vier Perspektiven der Balanced Scorecard als Schablone zu interpretieren sind und in der Praxis häufig ergänzt und modifiziert werden. Jonen et al. schlagen z. B. die Integration einer Sicherheitsperspektive vor, da einerseits immer mehr Leistungen über elektronische Netzwerke abgewickelt werden und andererseits die Computerkriminalität seit Jahren rasant zunimmt (vgl. 2004, S. 199). Folglich sollte eine Balanced Scorecard im E-Business – neben den generischen Perspektiven – auch eine IT-Perspektive enthalten, die sich z. B. auf die Systemstabilität, die Systemmanipulation sowie die Datensicherheit bezieht. Der Einbezug einer technischen Perspektive kann ferner zu einer besseren Anpassung der Technik an das jeweilige Geschäftsmodell beitragen. „Gerade IT-Organisationen bietet die Balanced Scorecard eine Erfolg versprechende Möglichkeit, sich von ihrer technologischen ‚Insel' zu lösen, die rein operative Ausrichtung aufzugeben und sich aktiv in die strategische Steuerung der Gesamtorganisation zu integrieren" (Blomer/Bernhard 2003, S. 93).

2.2 Analyse der Online-Wettbewerbsposition

2.2.1 Beurteilung des Marktpotenzials und Unique Selling Proposition

2.2.1.1 Online-Marktsegmentierung

Mit der **Marktsegmentierung** verfolgt man das Ziel, den Gesamtmarkt in eindeutig voneinander abgrenzbare, in sich homogene Marktsegmente aufzuteilen (vgl. Olbrich 2001, S. 38; Homburg/Krohmer 2005; Meffert/Bruhn 2003, S. 140). Aus Unternehmenssicht sollen dadurch Rückschlüsse gewonnen werden, inwieweit der Eintritt in das anvisierte Marktsegment aus wirtschaftlicher Sicht lukrativ erscheint. Weiterhin soll die Marktsegmentierung Auskunft darüber geben, wie sich die einzelnen Segmente bearbeiten und die dort bestehenden Kundenbedürfnisse befriedigen lassen.

Für die Aufteilung des Gesamtmarktes greift man auf so genannte **Segmentierungskriterien** zurück, anhand deren Ausprägung die Abgrenzung der Marktsegmente erfolgt. In der Vergangenheit standen dabei vor allem die folgenden drei Segmentierungsansätze im Vordergrund:

- Bei der **geographischen Segmentierung** wird der Markt in verschiedene regionale Einheiten unterteilt, wobei als Segmentierungskriterien vor allem Staaten, Bundesländer oder Städte eine wichtige Rolle spielen. Diese Form der Marktaufteilung zieht man z. B. in Erwägung, wenn sich in bestimmten Regionen eine eigenständige Kultur entwickelt hat.

- Erfolgt die Marktaufteilung anhand verschiedener Populationscharakteristika, spricht man von einer **soziodemographischen Marktsegmentierung**. Bei den Segmentierungskriterien lässt sich hier zwischen demographischen Kriterien (z. B. Alter, Geschlecht, Haushaltsgröße etc.) und sozioökonomischen Kriterien (z. B. Schulabschluss, Beruf, Einkommen etc.) differenzieren.

- **Verhaltensorientierte Segmentierungskriterien** sollen die Ergebnisse von Kaufentscheidungsprozessen erfassen. So eine Marktsegmentierung führt dann z. B. zu einer Marktaufteilung in Käufer und Nicht-Käufer. Ebenso wäre eine Aufteilung der Kunden in Abhängigkeit ihrer Mediennutzung oder Kaufkraft denkbar. Im letztgenannten Fall würde die Segmentierung dann in einer Abgrenzung von kaufstarken und -schwachen Kunden münden.

Jeder der hier skizzierten Segmentierungsansätze führt jedoch zu einer anderen Aufteilung des Marktes und damit auch zu verschiedenen Einschätzungen im Hinblick auf die Marktgröße. Die Auswahl und **Kombination der Segmentierungskriterien** ist insofern von besonderer Bedeutung für ein Unternehmen, als eine bestimmte Vorstellung seiner Umwelt erzeugt wird (vgl. Müller-Stewens/Lechner 2005). Daher ist bei der Wahl der Kriterien stets darauf zu achten, dass sie (1) in einer engen Beziehung zum Kaufverhalten stehen, (2) die Ansprache der Zielgruppe und damit den zielgerichteten Einsatz der absatzpolitischen Instrumente gewährleisten, (3) eine gewisse zeitliche Stabilität aufweisen und (4) zum Zweck der Marktforschung erfassbar sind, um eine Marktanalyse auf Basis mathematisch-statistischer Methoden zu ermöglichen (vgl. auch Meffert/Bruhn 2003; Homburg/Krohmer 2005). Nur wenn diese Anforderungen erfüllt sind, führt die Marktsegmentierung zu verlässlichen Ergebnissen.

Im **E-Business** lassen sich die hier skizzierten Segmentierungsansätze/-kriterien jedoch nur bedingt heranziehen. So spiegeln sich z. B. die räumlichen Grenzen der realen Welt nicht zwangsläufig in der a-territorialen Welt elektronischer Netzwerke wider (vgl. hierzu auch Chyi/Sylvie 2001). Exemplarisch hierfür sei auf den Verbreitungsgrad von Tageszeitungen hingewiesen, der in den meisten Fällen auf ein bestimmtes territoriales Gebiet begrenzt ist. Im Gegensatz dazu unterliegen die Online-Ausgaben der Tageszeitungen keinen derartigen Restriktionen. Vielmehr kommt es im Fall der digitalen Vermarktung zu einer dramatischen Änderung der Wettbewerbssituation, da sich die Online-Ausgaben dem weltweiten Wettbewerb stellen müssen.

Vor diesem Hintergrund wurden in den vergangenen Jahren verschiedene **Käu-fer-/Kundentypologien** entwickelt, die sich mit den Besonderheiten der Marktbearbeitung im E-Business beschäftigen (vgl. z. B. BMRB 2004; Zer-faß/Bogosyan 2007). Bei diesen Ansätzen handelt es sich mehrheitlich um so genannte Lifestyle-Konzepte, die auf einem typologischen Ansatz basieren und Auskunft darüber geben, wie verschiedene Käufertypen ihr Geld ausgeben oder bestimmte Anwendungen nutzen. In der traditionellen Marktforschung werden solche Lifestyle-Konzepte bereits seit geraumer Zeit verwendet, da sie die im Alltagsleben sichtbaren und verfestigten Verhaltensweisen, Einstellungen und Konsumgewohnheiten verschiedener Individuen und Gruppen sehr gut erfassen und voneinander abgrenzen können. Der Lebensstil als solcher wird unter anderem mit dem AIO-Ansatz (Activities, Interests, Opinions) in Form eines Fragebogens erhoben, der Aufschluss über die folgenden drei Punkte geben soll (vgl. Wells/Tigert 1971):

- **Aktivitäten**: Wie verbringt eine Person ihre Zeit während der Arbeit und in der Freizeit (z. B. Sport, Urlaub, Mitgliedschaften in Communitys oder Vereinen)?

- **Interessen**: Welche Themen – wie z. B. Beruf, Familie, Mode – interessieren eine Person in ihrer mittelbaren und unmittelbaren Umgebung?

- **Meinungen**: Welche Einstellungen hat eine Person gegenüber bestimmten Themen, sozialen und kulturellen Fragen oder zu Produkten und der Zukunft?

Ein Beispiel für die Umsetzung einer solchen Typisierung von Internetnutzern stellt die Studie „Online-Nutzertypen 2007" von SevenOne Media dar (vgl. 2007). Danach existieren gegenwärtig sieben verschiedene Online-Nutzertypen, die auf Basis einer Befragung von 1.500 Personen identifiziert und im Hinblick auf ihre Interessen und Aktivitäten zusammengefasst wurden (vgl. Abb. 22). Nach dieser Studie handelt es sich beispielsweise bei 15,7 Prozent aller Internetnutzer um so genannte „Multi-Interest-User", die vor allem eigene Inhalte im Web veröffentlichen. Im Durchschnitt ist diese Gruppe 40 Jahre alt, männlich, gut gebildet und besser verdienend. Bei der Personengruppe „Entertainment & Communication" handelt es sich hingegen überwiegend um weibliche Anwender mit einem Durchschnittsalter von 28,8 Jahren, für die das Internet einen wichtigen Stellenwert im Leben einnimmt. Sie sind etwa 155 Minuten pro Tag im Internet, wobei ihr Interesse an Kommunikation, Chats und Foren stark ausgeprägt ist. Abb. 27 zeigt die Unterschiede zwischen diesen beiden Nutzertypen in Form eines Radiogramms (vgl. hierzu ausführlicher SevenOne Media 2007). Die Auseinandersetzung mit solchen Nutzertypen spielt vor allem für Unternehmen mit werbefinanzierten Erlösmodellen eine wichtige Rolle. So fällt der Verkauf von Werbeplätzen in der Regel deutlich einfacher, wenn die Werbe-industrie einen bestimmten Nutzertyp gezielt ansprechen kann. Aufgrund der zielgruppenspezifischen Kundenansprache ist es gleichzeitig möglich, höhere Preise für die offerierten Werbeplätze zu erzielen. Nicht zuletzt aus diesem Grund muss man bereits im Zuge der Produktkonzeption festlegen, wie und an welcher Stelle die zur Identifizierung der verschiedenen Nutzertypen benötigten Informationen erhoben werden.

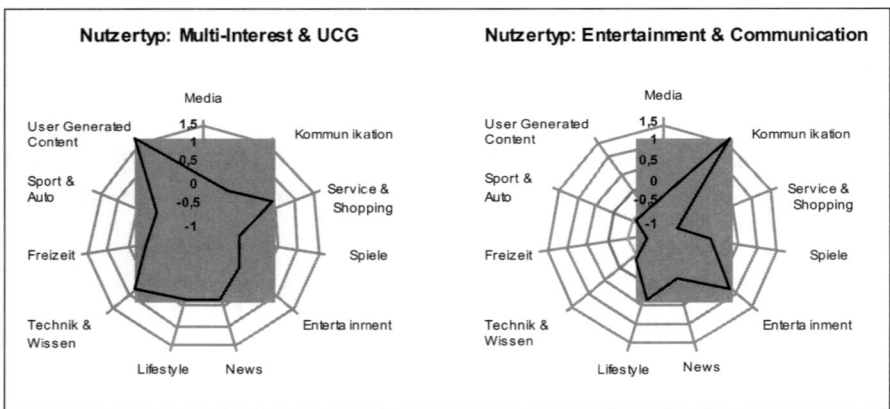

Abb. 27: Ausgewählte Online-Nutzertypen (vgl. SevenOne Media 2007)

2.2.1.2   Bewertung von Online-Marktsegmenten

Hat ein Unternehmen den Markt segmentiert, gilt es die identifizierten Markt-segmente zu bewerten. Dabei geht es vor allem um die Einschätzung der Ge-winnchancen. Sie werden anhand des Online-Marktpotenzials, des Online-Marktvolumens und des Online-Absatzvolumens beurteilt (vgl. auch Chaffey 2007, S. 218; Kollmann 2007, S. 308–309).

- Das Marktpotenzial stellt die Obergrenze für die Nachfrage dar, mit der maximal im gesamten Markt zu rechnen ist. Mathematisch wird es ermittelt, indem man die Anzahl der potenziellen Käufer des Marktsegmentes mit dem durchschnittlichen Kaufvolumen je Käufer multipliziert. Das **Online-Marktpotenzial** ist eine Teilmenge dieses Marktpotenzials. Genauer gesagt stellt es auf den Teil der Nachfrage ab, der maximal über elektronische

Netzwerke abgesetzt werden kann. Zu seiner Ermittlung gilt es ausgehend vom Marktpotenzial zu klären, wie viele Kunden (1) Zugang zum Internet haben und (2) letztendlich auch Online-Transaktionen tätigen. Dabei gilt es zu beachten, dass sowohl hinsichtlich des Internetzugangs als auch im Hinblick auf die Anzahl der Online-Transaktionen deutliche Unterschiede zwischen den Bereichen B2B und B2C bestehen (vgl. auch AGOF 2007). So fällt die Internet-Penetration im Unternehmensumfeld mit mehr als 80 Prozent deutlich höher als im B2C-Bereich aus, in dem gegenwärtig etwa 56 Prozent der Bevölkerung in Deutschland Zugang zum Internet haben (vgl. AGOF 2007). Aufgrund der stärkeren Internet-Penetration im B2B-Bereich erstaunt es daher kaum, dass in diesem Umfeld wesentlich mehr Transaktionen als im B2C-Bereich online getätigt werden (vgl. hierzu auch 1.1.2).

- Als **Online-Marktvolumen** bezeichnet man die prognostizierten bzw. realisierten Umsätze in einer bestimmten Periode, die über elektronische Netzwerke getätigt werden. Aus dem Vergleich dieser Zahl mit dem Online-Marktpotenzial lassen sich bereits erste Aussagen im Hinblick auf die zukünftige Marktentwicklung ableiten. Ist das Online-Marktpotenzial z. B. deutlich größer als das Online-Marktvolumen, ist von einem starken Marktwachstum in zukünftigen Perioden auszugehen. In so einer Situation besteht in der Regel eine geringe Wettbewerbsintensität zwischen den Wettbewerbern, da sie ihre Umsatzziele in der Regel aus dem Marktwachstum heraus realisieren können. Anders sieht das in gesättigten Märkten aus, in denen das Marktpotenzial durch das Marktvolumen ausgeschöpft wird. Hier ist mit einer hohen Wettbewerbsintensität zu rechnen.

- Der **Marktanteil** bezeichnet schließlich den Anteil des Marktvolumens, der durch das eigene Unternehmen abgedeckt wird.

Es ist allerdings als problematisch anzusehen, dass die hier geschilderten Zahlen nur in den seltensten Fällen im Zuge der Ausarbeitung neuer Geschäftsmodelle vorliegen. Das liegt unter anderem daran, dass in Abhängigkeit der verwendeten Segmentierungskriterien mitunter eine Vorstellung des Marktes kreiert wird, die in dieser Form nicht mit dem öffentlich verfügbaren Datenmaterial korrespondiert (vgl. hierzu 2.2.1.1). Oftmals kommt aus Kostengründen auch der Rückgriff auf kommerzielle Studien von Beratungsgesellschaften oder Marktforschern nicht in Betracht. In so einer Situation muss das Unternehmen eigene Berechnungen anstellen und verschiedene Annahmen treffen, um auf das Marktpotenzial, das Marktvolumen und den Marktanteil zu schließen. Diese

Annahmen können sich z. B. auf die Konkurrenzsituation oder das verfügbare Werbebudget beziehen. Mit solchen Annahmen wird zum Teil zwar ein stark vereinfachtes Bild der Realität gezeichnet. Dennoch ist es wichtig, auf die hohe Bedeutung solcher Berechnungen hinzuweisen, da sie die Grundlage für die Ermittlung des Erlöspotenzials darstellen und damit der Evaluierung des anvisierten Geschäftsmodells dienen. Damit eine solche Schätzung möglichst objektiv ausfällt und als Entscheidungsgrundlage verwendet werden kann, sind an die Berechnung des (Online-)Marktpotenzials, des (Online-)Marktvolumens und des (Online-)Marktanteils drei Voraussetzungen zu stellen:

- Erstens müssen die Berechnungen überprüfbar sein, d. h., die den Berechnungen zugrunde liegenden Annahmen sind offenzulegen.

- Zweitens sollte ein sachkundiger Dritter zu einem vergleichbaren Ergebnis kommen.

- Drittens sollten die Berechnungen im Zeitverlauf wiederholbar sein, um eventuelle Veränderungen im Zeitverlauf erfassen zu können.

Sind diese Voraussetzungen erfüllt, lässt sich anhand verschiedener Leitfragen auf das (Online-)Marktpotenzial, das (Online-)Marktvolumen und den (Online-)Marktanteil schließen (vgl. Abb. 28).

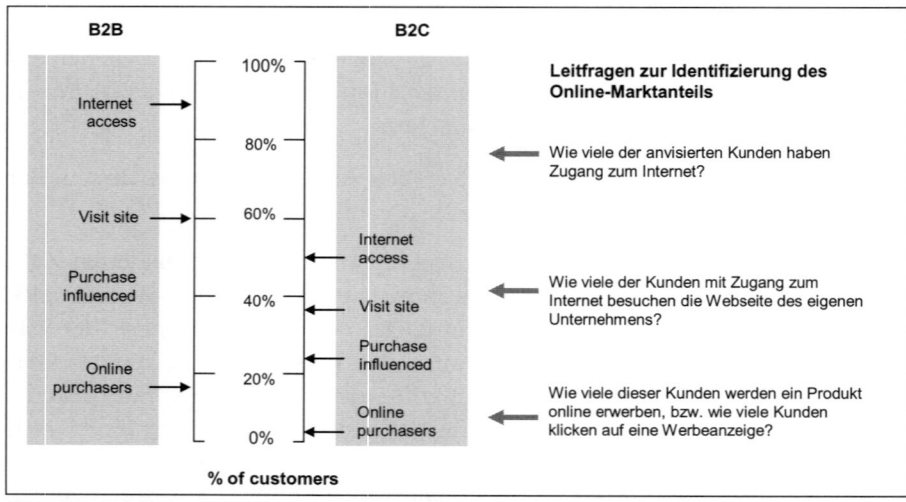

Abb. 28: Ermittlung der Nachfrage (vgl. Chaffey 2007, S. 345)

2.2.1.3   Kundenanalyse und Unique Selling Proposition

Im Zuge der Marktsegmentierung ist eine der wichtigsten Aufgaben in der Herausarbeitung der so genannten **Unique Selling Proposition** zu sehen. Sie stellt auf die Alleinstellungsmerkmale der Leistungen des Unternehmens oder anders formuliert auf den Nutzengewinn ab (vgl. Abb. 29), den Kunden und Wertschöpfungspartner aus der Verbindung mit dem Unternehmen im Wettbewerbsvergleich ziehen (vgl. auch Stähler 2001, S. 42; Hammer/Wiedler 2003, S.40). Dementsprechend führt Chaffey aus: „The success of leading e-commerce companies is often due to matching value propositions to segments successfully" (Chaffey 2007, S. 358). Um einen solchen USP im Vorfeld der eigentlichen Entwicklung herausarbeiten zu können, bedarf es einer umfassenden Analyse der Kundenbedürfnisse. Dabei geht es um die Frage, welche Ziele die Anwender verfolgen und wie die Leistungen des eigenen Unternehmens sie dabei unterstützen können. Es ist wichtig, auf die hohe Bedeutung einer solchen Analyse explizit hinzuweisen, da sie häufig vernachlässigt wird. Dies kommt unter anderem durch die hohen Misserfolgsquoten von Softwareentwicklungsprojekten zum Ausdruck. Sie liegen – in Abhängigkeit des betrachteten Marktsegments – zwischen 35 und 90 Prozent und sind auf die mangelnde Anpassung der Produkteigenschaften an die Anwenderbedürfnisse zurückzuführen (vgl. Schoormans et al. 1995; Cooper 1999).

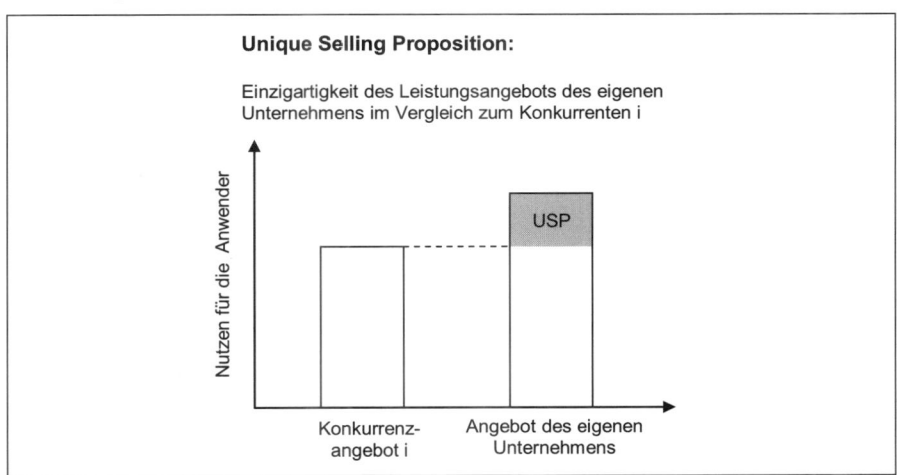

Abb. 29: Unique Selling Proposition (vgl. Backhaus/Schneider 2007, S. 28)

Zur Kundenanalyse im E-Business bestehen verschiedene Ansätze (vgl. z. B. Esch et al. 2006 für einen allgemeinen Überblick). An dieser Stelle soll exemplarisch auf das Konzept der so genannten **Personas** eingegangen werden, das vor allem in Softwareentwicklungsprojekten Verwendung findet und damit für den E-Business-Bereich von besonderer Bedeutung ist. Dieses Konzept setzt auf den Ergebnissen der Marktsegmentierung auf und soll zu einem besseren Verständnis der potenziellen Kunden beitragen. Unter dem Begriff Persona versteht man dabei eine fiktive Person bzw. Personen, die reale Anwender sowie deren Ziele und Wünsche repräsentieren. Diese Personas werden auf Basis von Tiefeninterviews mit den zukünftigen Anwendern kreiert, um einerseits deren Motive, Ziele und Arbeitsabläufe möglichst exakt herauszuarbeiten (vgl. Beck 2006, S. 16) und andererseits umfangreiche Informationen hinsichtlich des Nutzungsverhaltens der Anwender zu gewinnen. In der Regel entwickelt man dabei zwischen drei und zehn Personas, die dann in hoch aggregierter Form die Ziele und Vorstellungen der späteren Anwender repräsentieren. Diese Beschreibungen liefern gleichzeitig konkrete Anhaltspunkte zur Herausarbeitung der USP, da sie ein detailliertes Bild der Anwenderbedürfnisse zeichnen.

Die eigentliche Produktentwicklung wird vor diesem Hintergrund explizit an den Bedürfnissen und Arbeitsabläufen der Personas ausgerichtet. Dies hört sich auf den ersten Blick jedoch einfacher an, als es ist, zumal sich die Personas mitunter deutlich unterscheiden. Soll z. B. eine Kaufhaussoftware für ein Digitalfoto-Terminal entwickelt werden, an dem die Benutzer ihre Fotos übertragen und entwickeln können, muss die Software den Ansprüchen und Arbeitsabläufen von teilweise sehr heterogenen Personas Rechnung tragen. Diesen Sachverhalt verdeutlichen die folgenden drei Persona-Beschreibungen (vgl. Wikipedia 2007):

- Leni (24) ist eine interessierte und fortgeschrittene Computer-Nutzerin (Textverarbeitung und Internet), studiert BWL und fotografiert am Wochenende gerne alle ihre Freundinnen.

- Harald (65) ist Witwer und Rentner, der von seinen Enkeln eine Digitalkamera geschenkt bekommen hat. Er besitzt aber keinen Computer und kann daher auch nicht damit umgehen. Dennoch möchte er natürlich die fotografierten Bilder ausdrucken und in sein Fotoalbum kleben.

- Ayse (43) ist Türkin, die kaum Deutsch spricht und versteht. Sie möchte aber die Fotos von ihrem Sohn entwickeln, der gerade selbst keine Zeit dazu hat. Einen Computer kann sie aber nicht bedienen.

Aus diesen Persona-Beschreibungen geht hervor, dass die oben angesprochene Software für Anwender mit einem unterschiedlichen Hintergrund bedienbar sein muss, woraus unterschiedliche funktionale und nicht-funktionale Anforderungen an das zu erstellende System resultieren. Beispielsweise gilt es dem Umstand Rechnung zu tragen, dass die Anwendung verschiedene Sprachen unterstützen und gleichzeitig sehr einfach gehalten sein muss, um technisch unerfahrenen Anwendern die Bedienung zu ermöglichen. Im Hinblick auf die Softwareentwicklung und die Formulierung der USP gilt es nun abzuwägen, welche Funktionen zur Zielerreichung – in diesem Fall die Entwicklung von Fotos – von besonderer Bedeutung für die verschiedenen Personas sind.

2.2.2 Branchenstrukturanalyse im Kontext elektronischer Netzwerke

2.2.2.1 Traditionelle Ansätze zur Analyse von Branchen

Bei dem **Modell der fünf Wettbewerbskräfte** handelt es sich um eines der bekanntesten und meistgenutzten Instrumente zur Analyse der Branchenstruktur, das in seiner ursprünglichen Form auf Michael Porter zurückgeht (vgl. 1999). Analog der industrieökonomischen Forschung vertritt er – basierend auf dem Structure-Conduct-Performance-Paradigma (vgl. Bain 1968, S. 329) – die These, dass der Unternehmenserfolg von der Branchenstruktur beeinflusst wird. Die Rendite des Unternehmens hängt demnach von der Wettbewerbsintensität der Branche ab, in der es den Wettbewerb bestreitet – als Branche bezeichnet Porter eine Gruppe von Unternehmen, die ähnliche oder gleiche Leistungen erstellen (vgl. 1999). Die Höhe der Wettbewerbsintensität bestimmt sich anhand der folgenden fünf Wettbewerbskräfte und deren Zusammenspiel:

- Bedrohung durch neue Wettbewerber

- Bedrohung durch Ersatzprodukte

- Verhandlungsstärke der Lieferanten

- Verhandlungsstärke der Abnehmer

- Rivalität unter den bestehenden Wettbewerbern in der Branche

Die Empfehlung des Modells der fünf Wettbewerbskräfte läuft darauf hinaus, sich in einer Branche zu positionieren, in der diese Kräfte möglichst schwach ausgeprägt sind. Daraus resultiert eine geringe Wettbewerbsintensität und es ist mit einer hohen durchschnittlichen Rentabilität zu rechnen. Zur Bewertung der fünf Wettbewerbskräfte zieht man verschiedene Indikatoren heran, um auf die Höhe der Wettbewerbsintensität zu schließen (vgl. Abb. 30). Im weiteren Verlauf werden die wichtigsten dieser Indikatoren für das E-Business beleuchtet, um für die Anwendung dieses Instruments zu sensibilisieren.

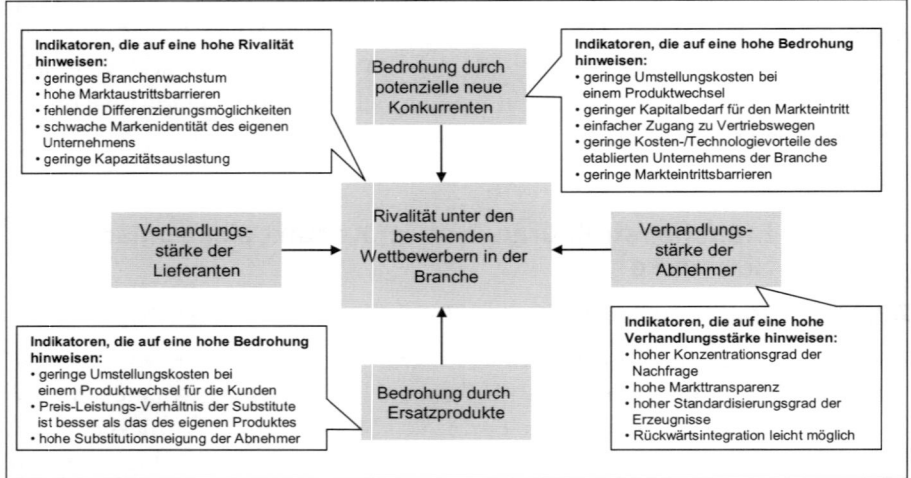

Abb. 30: Modell der fünf Wettbewerbskräfte (vgl. Porter 1999, S. 34)

Wirft man einen Blick in die Wirtschaftspresse, wird nahezu täglich von neuen Start-ups im E-Business berichtet. Nicht zuletzt aus diesen Gründen könnte man grundsätzlich von einer hohen **Bedrohung durch potenzielle neue Konkurrenten** ausgehen, die zwar noch nicht in der Branche tätig sind, jedoch einen Eintritt erwägen könnten. Zur Einschätzung dieser Gefahr analysiert man die so genannten *Markteintrittsbarrieren*. Sie sollen den Eintritt neuer Wettbewerber verhindern/behindern und Rentabilitätsunterschiede zwischen verschiedenen Branchen und Marktsegmenten erklären (vgl. Graumann 1993, S. 501; Jenner 1999, S. 61). Im E-Business ist so eine Markteintrittsbarriere z. B. in einer großen installierten Basis zu sehen, die für potenzielle Konkurrenten häufig eine nur schwer zu überwindende und teilweise auch unüberwindbare Markteintrittsbarriere darstellt. Dieser Umstand ist auf die bereits an anderer Stelle angesprochenen Netzeffekte zurückzuführen (vgl. 1.1.3.3). Sie führen dazu, dass potenzielle Kunden häufig zum etablierten Produkt tendieren, um von den Vorteilen der großen installierten Basis zu profitieren. Aus dem gleichen Grund besteht auch für die Nutzer der etablierten Technologie kein Anreiz für einen Produktwechsel, selbst wenn das neue Produkt dem etablierten technisch überlegen ist. Zu einer solchen Situation kommt es, wenn der Netznutzen größer als der originäre Produktnutzen der neuen Technologie ausfällt.

Während eine große installierte Basis den Marktzugang tendenziell erschwert, lassen sich im E-Business aber auch mehrere Einflussfaktoren identifizieren, die zu einer Abschwächung von Markteintrittsbarrieren führen. So stehen den potenziellen Betreibern von Online-Shops mit dem Internet z. B. die gleichen Vertriebskanäle wie den etablierten Unternehmen zur Verfügung. Darin ist ein zentraler Unterschied zum „traditionellen" Handel zu sehen, bei dem die wichtigsten Distributionskanäle bereits von den etablierten Wettbewerbern besetzt sind und der Markteintritt große Probleme bereitet (vgl. hierzu auch Maaß/Scherm 2005a. Exemplarisch hierfür sei auf die Vertriebswege in der Brauwirtschaft hingewiesen. Hier schließen die Brauereien in der Regel langfristige Verträge mit Gaststätten ab, denen dann nur der Ausschank bestimmter Marken gestattet ist. In dieser Situation ist es für neue Wettbewerber kaum möglich, sich im Markt zu etablieren. Neben dem Zugang zu den Vertriebskanälen werden die Markteintrittsbarrieren weiterhin durch die hohen Beträge an Venture-Kapital abgeschwächt, die man in jüngerer Zeit wieder in Internet-Unternehmen investiert – alleine im Jahr 2006 waren das knapp 1 Milliarde US-Dollar (vgl. Internet World 2007). Durch diese Kapitalzuflüsse werden die eventuell bestehenden Kostennachteile neuer Konkurrenten ausgeglichen.

Substitute begrenzen den Preissetzungsspielraum der etablierten Unternehmen, indem sie in gewisser Hinsicht eine Preisobergrenze setzen, da sie ähnliche oder identische Eigenschaften wie die Produkte der etablierten Hersteller aufweisen und im direkten Preis-Leistungs-Wettbewerb zu ihnen stehen. Die Substitutionsgefahr ist dabei umso größer, je mehr sich das Preis-Leistungs-Verhältnis zugunsten des Substituts verschiebt. Über eine solche Substitutionsgefahr diskutiert man gegenwärtig z. B. im Bereich der Printmedien, bei denen die Angebote der etablierten Verleger im zunehmenden Maße mit nutzergenerierten Angeboten konkurrieren. Abb. 31 zeigt das anhand der Entwicklung der Besucherzahlen/Seitenaufrufe der Online-Ausgabe der New York Times im Vergleich zum Community-basierten Nachrichtendienst Digg. Aus dem Kurvenverlauf geht deutlich hervor, dass Digg innerhalb weniger Monate einem etablierten Nachrichtenportal wie der New York Times erhebliche Marktanteile abnehmen konnte.

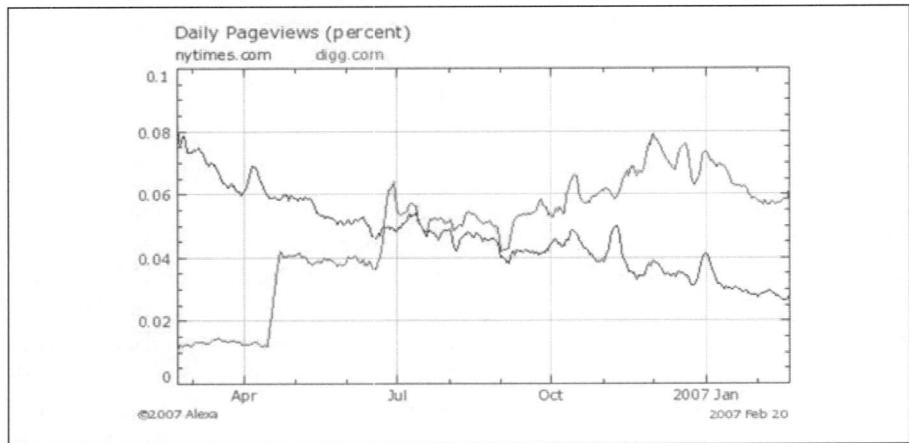

Abb. 31: Vergleich der Benutzerzahlen von traditionellen und Community-basierten Nachrichtendiensten (vgl. Alexa.com 2007)

Kunden können die Rentabilität des Unternehmens durch Forderungen nach niedrigen Preisen oder zusätzlichen Serviceleistungen beeinträchtigen. Diese Möglichkeit besteht insbesondere im E-Business, da hier zahlreiche Plattformen zur Verfügung stehen, auf denen die Anwender die Preise bestimmter Produkte vergleichen können. Gerade im B2C-Bereich erfreuen sich solche Preisvergleichsportale großer Beliebtheit (vgl. z. B. www.ciao.de oder www.dooyoo.de). Im B2B-Umfeld spielen in diesem Zusammenhang auch elektronische Marktplätze eine wichtige Rolle, die häufig branchenspezifisch ausgerichtet sind und ebenfalls zu einer Erhöhung der Preistransparenz beitragen (vgl. auch 3.4). Die Verhandlungsmacht der Nutzer solcher Plattformen hängt dabei von deren Konzentrationsgrad ab: Können die Abnehmer einen hohen Anteil der Gesamtnachfrage auf sich vereinen, können sie mitunter erheblichen Druck auf das Unternehmen ausüben.

Die **Verhandlungsmacht der Lieferanten** bemisst sich in umgekehrter Form nach den gleichen Faktoren wie die der Konsumenten. So können die Lieferanten z. B. durch Preiserhöhungen die Gewinnmargen der etablierten Unternehmen negativ beeinflussen. Diese Möglichkeit besteht vor allem, wenn die betreffenden Produkte nicht ohne weiteres von anderen Lieferanten bezogen werden können und das Unternehmen auf die Lieferungen angewiesen ist.

Schließlich beeinflusst die **Rivalität der Wettbewerber untereinander** deren Gewinnpotenzial. Sie kommt in der Regel in intensiven Preiswettbewerben oder einem aggressiven Wettbewerbsverhalten der Unternehmen zum Ausdruck. Zu so einer Wettbewerbssituation kann es kommen, wenn in dem betreffenden Branchensegment Differenzierungsmöglichkeiten fehlen und gleichzeitig hohe Austrittsbarrieren existieren. Im Fall hoher Austrittsbarrieren verbleiben Unternehmen sogar dann in der Branche, wenn sie Verluste erwirtschaften und ein Rückzug aufgrund umfangreicher Investitionen – die sich noch nicht amortisiert haben – nicht ohne weiteres in Betracht kommt. Solch eine Situation besteht gegenwärtig z. B. in der Halbleiterindustrie, in der sich Hersteller wie Intel und AMD seit geraumer Zeit Preisschlachten zum Ausbau ihrer Marktanteile liefern. Gleichzeitig sind die Unternehmen dazu gezwungen, Milliardenbeträge in die Forschung zu investieren, damit sie nicht aus dem Markt gedrängt werden. Aufgrund dieser hohen Investitionen kommt dann auch im Fall eines negativen Geschäftsergebnisses ein kurzfristiger Marktaustritt nicht in Betracht. Schließlich wird die Wettbewerbsintensität im hohen Maße durch das Marktwachstum beeinflusst. So ist bei starken Wachstumsraten z. B. nur eine geringe Rivalität der Wettbewerber untereinander zu erwarten, da sich die Wachstumsziele der Unternehmen aus dem Marktwachstum realisieren lassen, während bei einem stagnierenden Wachstum die Rivalität zunimmt: Der Marktanteil lässt sich in so einer Situation nur auf Kosten der Wettbewerber ausdehnen.

2.2.2.2   Eignung des Modells der fünf Wettbewerbskräfte im Kontext elektronischer Netzwerke

Aus den vorangegangenen Ausführungen ging hervor, dass sich auf Grundlage des Modells der fünf Wettbewerbskräfte erste Rückschlüsse ziehen lassen, um die Wettbewerbssituation im E-Business einzuschätzen. Dennoch wird vielfach auch auf dessen Limitationen hingewiesen (vgl. z. B. Besanko et al. 2003, S. 328).

* Nalebuff/Brandenburger weisen z. B. auf die Einseitigkeit des traditionellen Modells hin (vgl. 1996), bei dem lediglich ein negativer Einfluss der Wettbewerbskräfte auf die Profitabilität des Unternehmens unterstellt wird. Gerade aber im E-Business sind auch positive Interaktionen denkbar. So haben hier zum Teil sogar konkurrierende Unternehmen ein gemeinsames Interesse daran, einen neuen Standard zu etablieren, um sich vorteilhafter als im Alleingang im Wettbewerb zu positionieren. In diesem Zusammenhang spielen ferner auch Komplementärgüterhersteller eine wichtige Rolle, die für den Endkunden Produkte und Dienstleistungen bereitstellen, durch deren Existenz sich die Attraktivität des Basisproduktes erhöht.

- Weiterhin spielt der Staat im E-Business eine wichtige Rolle, die aber nicht explizit – es sei denn als Käufer – im Modell von Porter berücksichtigt wird. Gerade aber auf Netzeffektmärkten greift der Staat regulierend in den Wettbewerb ein, da es bei starken Netzeffekten mitunter zu einem Marktversagen kommt (vgl. hierzu Gröhn 1999). Exemplarisch hierfür sei z. B. auf die zahlreichen Kartellverfahren gegen das Unternehmen Microsoft sowie die umfassende Debatte über Softwarepatente auf EU-Ebene hingewiesen (vgl. hierzu auch Maaß 2006). Gleichzeitig tritt der Staat im E-Business auch massiv als Förderer auf und subventioniert zahlreiche Forschungsvorhaben in diesem Kontext, um damit der immer wichtiger werdenden Rolle des E-Business für den Wirtschaftsstandort Deutschland Rechnung zu tragen (vgl. hierzu BMWi 2006).

- Schließlich ist es wichtig, darauf hinzuweisen, dass es sich bei der traditionellen Wettbewerbsanalyse um eine statische Momentaufnahme handelt. Aufgrund der kurzen Entwicklungszyklen und der hohen Marktdynamik im E-Business kann sich der Einfluss der verschiedenen Wettbewerbskräfte mitunter jedoch rasant ändern. Aus diesem Grund spricht man sich dafür aus, dass eine solche Analyse nicht losgelöst vom Lebenszyklus der Branche erfolgen sollte (vgl. Bausch 2006, S. 207). Dem liegt die Annahme zugrunde, dass Branchen – ähnlich wie auch Produkte – einem Gesetz des Entstehens und Vergehens unterliegen und die Wettbewerbskräfte im Zeitverlauf mehr oder weniger stark die Wettbewerbsintensität beeinflussen. So ist z. B. in der Wachstumsphase die Rivalität der Wettbewerber untereinander in der Regel gering, da sie ihre Ziele aus dem Marktwachstum heraus erreichen. In späteren Phasen der Branchenentwicklung ist aufgrund der stagnierenden oder rückläufigen Nachfrage dagegen mit einer Intensivierung des Wettbewerbs zu rechnen (vgl. hierzu ausführlicher Grant 2002, S. 311).

Aufgrund der geschilderten Kritikpunkte wird das Modell der fünf Wettbewerbskräfte den Anforderungen im E-Business somit nur bedingt gerecht. Diese Probleme wurden jedoch bereits vor geraumer Zeit erkannt. Im weiteren Verlauf sollen daher ausgewählte Modelle vorgestellt werden, die als Erweiterung des traditionellen Modells von Porter anzusehen sind.

2.2.2.3   Ansätze zur Analyse vernetzter Branchen

In der Literatur wurden zahlreiche Arbeiten vorgelegt, die sich mit den Besonderheiten des Wettbewerbs in einem technologisch geprägten Umfeld auseinandersetzen und mehr oder weniger als Weiterentwicklung des traditionellen Modells der fünf Wettbewerbskräfte anzusehen sind (vgl. z. B. D'Aveni 1994; Hagel 1996; Nalebuff/Brandenburger 1996; Gomez-Casseres 1996). Von besonderer Bedeutung zur Behandlung wettbewerbsstrategischer Fragen im E-Business erscheint dabei die Diskussion von

- Business Web und

- Kooptionsmodell.

Die Auseinandersetzung mit **Business Webs** soll für die zunehmende Bedeutung der zwischenbetrieblichen Zusammenarbeit in Wirtschaftsbereichen sensibilisieren, in denen Standards und Netzeffekte das Wettbewerbsgeschehen beeinflussen. Als Business Web bezeichnet man dabei eine Gruppe von Unternehmen, die sich um eine gemeinsame Standardarchitektur gruppieren, die als Referenzpunkt für die gemeinsamen Aktivitäten fungiert. Mit der zunehmenden Größe des Business Webs wird diese Architektur durch Netzeffekte stabilisiert und immer attraktiver. Innerhalb eines solchen Netzwerks konzentrieren sich die Unternehmen in der Regel jedoch nur auf einen Teilbereich der gesamten Wertschöpfungskette, den sie besonders gut beherrschen. Dadurch wächst das gesamte Business Web wesentlich schneller, als es für ein einzelnes Unternehmen möglich wäre.

In einem solchen Netzwerk können Unternehmen zwei verschiedene Rollen einnehmen (vgl. auch Hagel/Sinner 2000). Der so genannte **Shaper** stellt die Referenzarchitektur und Infrastrukturkomponenten zur Verfügung, womit er großen Einfluss auf das gesamte Business Web hat. Allerdings kann er seinen Gewinn nur maximieren, wenn das gesamte Web wächst. Dadurch hängt er zu einem gewissen Grad von den anderen Unternehmen in seinem Netzwerk ab, den **Adaptern**. Sie nehmen eine reaktive Rolle im Business Web ein und orientieren sich an der Architektur des Shapers. Exemplarisch für ein solches Business Web sei hier das Vertriebssystem des Unternehmens Microsoft genannt, das zahlreiche Vertriebspartner bzw. Adapter für sein Betriebssystem Windows gewinnen konnte, das sich infolgedessen als (De-facto-)Standard etablierte (vgl. hierzu ausführlicher Maaß 2006, S. 104). Um dabei für die Adapter als Shaper interessant zu sein, hat Microsoft sein gesamtes Erlösmodell modifiziert, das in der gegenwärtigen Form maßgeblich auf Provision aus dem Verkauf von Softwarelizenzen basiert, die durch die Adapter vermarktet werden. Microsoft selbst vermarktet hingegen nur in Ausnahmefällen seine Softwarelösungen direkt an den Endverbraucher, um Konflikten im Distributionskanal vorzubeugen. Aus diesem Beispiel geht deutlich hervor, dass sich in technologisch getriebenen Wirtschaftszweigen der Wettbewerbsfokus immer mehr von der Unternehmensperspektive auf die Netzwerkperspektive verlagert.

Der Netzwerkgedanke steht auch im **Kooptionsmodell** im Vordergrund, das von der Struktur her dem Modell der fünf Wettbewerbskräfte ähnelt. So spielen auch hier Lieferanten, Kunden und Konkurrenten eine entscheidende Rolle. Im Gegensatz zum Modell von Porter wird hier allerdings dem Umstand Rechnung getragen, dass dabei durchaus Interdependenzen zwischen diesen Akteuren bestehen. Danach können Unternehmen miteinander konkurrieren, gleichzeitig aber auch in bestimmten Bereichen kooperieren (vgl. Nalebuff/Brandenburger 1996, S. 4). Ferner berücksichtigt das Kooptionsmodell auch die Existenz von Komplementärgutherstellern (vgl. Abb. 32), die – analog den Lieferanten im Modell von Porter – Einfluss auf die etablierten Unternehmen ausüben und damit deren Rentabilität beeinflussen können; vorausgesetzt, die komplementären Produkte beeinflussen im hohen Maße die Attraktivität des Basisproduktes.

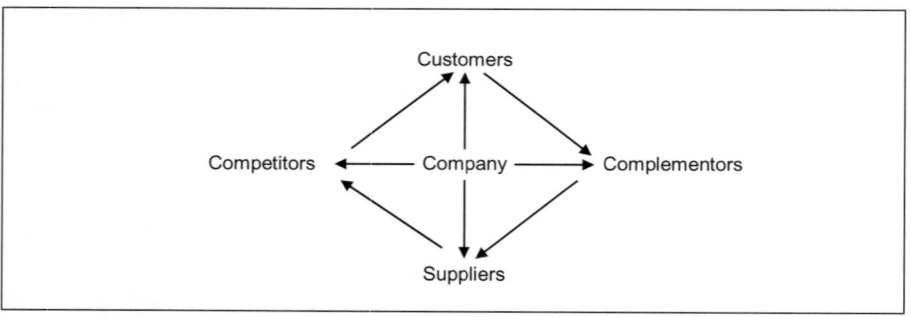

Abb. 32: Value Net (vgl. Nalebuff/Brandenburger 1996, S. 18)

Nalebuff/Brandenburger leiten aus diesem Wertnetz auf einer spieltheoretischen Grundlage normative Aussagen bezüglich der Positionierung des Unternehmens ab (vgl. 1996, S. 69-70), die in Anbetracht ihres hohen Abstraktionsniveaus jedoch umstritten sind (vgl. z. B. Macharzina/Wolf 2005, S. 318-319). Bevor ein Unternehmen sich demnach im Wettbewerb positioniert, sollte es ein Wertnetz aufstellen und das Ziel verfolgen, eine aus Unternehmenssicht vorteilhafte Zusammensetzung des Netzwerks zu erreichen. Zu diesem Zweck kann z. B. der Versuch unternommen werden, die Wertschöpfung der anderen Unternehmen zu beeinflussen oder die Grenzen des Webs neu zu definieren.

2.2.3   Konkurrentenanalyse im E-Business

Bei der Branchenstrukturanalyse wird das unmittelbare Wettbewerbsumfeld auf einem mehr oder weniger hohen Abstraktionsniveau untersucht. Um nähere Erkenntnisse über einzelne Konkurrenten zu gewinnen und die eigenen Marktchancen besser einschätzen zu können, bedarf es jedoch genauerer Kenntnisse über die wichtigsten Konkurrenten, die in Form einer Konkurrentenanalyse erhoben und ausgewertet werden. Die damit korrespondierenden Arbeitsschritte lassen sich zu drei Punkten zusammenfassen:

- Identifikation von Konkurrenten

- Geschäftsmodellanalyse des Konkurrenten

- Erstellung eines Reaktionsprofils des Konkurrenten

Zunächst stellt sich die Frage, auf welchem Wege man das Wettbewerbsumfeld systematisieren kann, um eine Grundlage für die **Identifikation von Konkurrenten** zu schaffen. An dieser Stelle setzt die Analyse *strategischer Gruppen* an (vgl. Porter 1999). Dieser Ansatz setzt auf der allgemein gehaltenen Branchenstrukturanalyse auf und soll die Strategieunterschiede der am Markt agierenden Unternehmen aufzeigen. Zu diesem Zweck fasst man die Unternehmen anhand verschiedener Dimensionen – wie z. B. dem Grad der vertikalen Integration oder der Breite der Produktpalette – in Gruppen zusammen, die ein homogenes Verhalten aufzeigen. Dabei sollten allerdings nur solche Dimensionen bzw. Merkmale berücksichtigt werden, die sich deutlich voneinander unterscheiden und als besonders relevant anzusehen sind (vgl. Müller-Stewens/Lechner 2005). Aus analytischen Gründen zieht man in der Regel lediglich zwei Dimensionen heran, aus deren Kombination eine „*strategische Landkarte*" entsteht (vgl. auch Maaß/Scherm 2005a) Anschließend werden die Unternehmen der Branche in der Landkarte platziert und zu strategischen Gruppen zusammengefasst. Abb. 33 zeigt eine entsprechende Landkarte für den Suchmaschinenmarkt; die Größe der eingezeichneten Kreise korrespondiert mit dem Anteil der Gruppe am Gesamtumsatz der Branche.

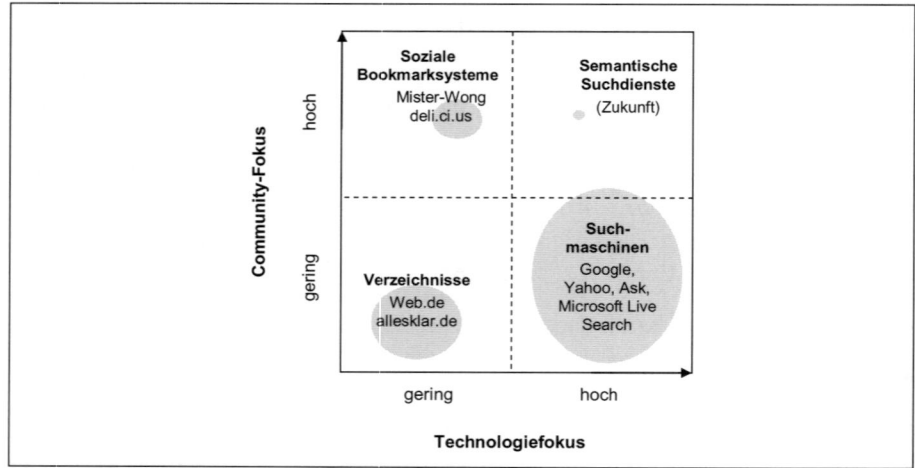

Abb. 33: Strategische Gruppen im Suchmaschinenmarkt

Der Ansatz der strategischen Gruppen trägt zu einer Systematisierung des Wettbewerbsumfeldes bei und liefert erste Informationen darüber, welche Konkurrenten am Markt agieren. Mit so einer Analyse geht jedoch immer die Gefahr einher, durch die Reduktion des Wettbewerbsumfeldes auf zwei Dimensionen wichtige Konkurrenten auszublenden. Weiterhin ist es als problematisch anzusehen, dass auch zwischen Unternehmen einer Gruppe mitunter hohe Rentabilitätsunterschiede bestehen, die aus der Analyse der strategischen Gruppen jedoch nicht hervorgehen. Es bedarf somit einer weiterführenden Analyse der innerhalb einer strategischen Gruppe agierenden Unternehmen. An dieser Stelle setzt die Geschäftsmodellanalyse an.

Bei der **Geschäftsmodellanalyse** geht es darum, die gegenwärtige Situation eines Konkurrenten anhand verschiedener Indikatoren zu untersuchen, um Rückschlüsse auf seine Stärken und Schwächen zu ziehen. Diese Indikatoren lassen sich unmittelbar aus dem Geschäftsmodellrahmen ableiten und beziehen sich auf die folgenden vier Punkte (vgl. auch 1.2.3.2):

- **Positionierung** (z. B. Art und Qualität der angebotenen Leistungen, Image, Management-Know-how, installierte Basis, Reichweite, Unique Visitor etc.)

- **Wertschöpfung** (z. B. Größe des Partnernetzwerks, technische Infrastruktur, Forschungsausgaben etc.)

- **Kundenansprache/-bindung** (Suchmaschinen-Platzierung, Page per Visit, Visits per Month, Maßnahmen zur Kundenansprache und Kundenbindung, technische Features etc.)
- **Erlös-/Preismodell** (z. B. Umsatz, ordentlicher/außerordentlicher Gewinn, Liquidität, direkte und indirekte Einnahmen, unterstützte Zahlungssysteme etc.)

Neben traditionellen Indikatoren wie dem Gewinn spielen bei der Geschäftsmodellanalyse vor allem E-Business-spezifische Indikatoren eine zentrale Rolle, um die gegenwärtige Situation des Konkurrenten zu beurteilen (vgl. hierzu ausführlicher 6.2). Exemplarisch hierfür sei auf „Unique Visitor", „Pages per Visit" und „Visits per Month" eingegangen. Aus diesen Indikatoren lassen sich unter anderem Hinweise darüber ableiten, wie erfolgreich das Unternehmen die Kunden an seine Produkte binden kann. Beispielsweise ist ein erheblicher Unterschied darin zu sehen, ob 4.000 Besucher einmal im Monat eine Webseite besuchen und im Durchschnitt zwei Seitenaufrufe tätigen oder ob 500 Besucher zweimal pro Monat jeweils acht Seiten aufrufen. In beiden Fällen ist die Zahl der aufgerufenen Webseiten mit 8.000 zwar identisch. Allerdings gelingt es dem zweiten Angebot offensichtlich deutlich besser, die Kunden zu mehr Seitenaufrufen zu stimulieren (z. B. aufgrund qualitativ hochwertiger Inhalte oder einer schlechten Erreichbarkeit der Internetpräsenz). Die hier genannten Kennziffern werden teilweise von verschiedenen Anbietern kostenlos zur Verfügung gestellt (vgl. z. B. www.alexa.com), womit eine solche Konkurrentenanalyse ohne größere Kosten durchgeführt werden kann.

Die Geschäftsmodellanalyse mündet schließlich in einem *Stärken-Schwächen-Profil*, aus dem die relativen Stärken und Schwächen des eigenen Unternehmens im Konkurrenzvergleich hervorgehen (vgl. Abb. 34). Aus so einer Gegenüberstellung lässt sich sehr einfach ableiten, in welchen Bereichen das eigene Unternehmen und in welchen der Konkurrent über Vorteile bzw. Nachteile verfügt. So geht aus Abb. 34 z. B. hervor, dass das eigene Unternehmen seine Kunden zwar erfolgreicher als sein Konkurrent binden kann. Allerdings ist es dem Unternehmen nicht gelungen, daraus einen Vorteil auf der Einnahmeseite zu erzielen.

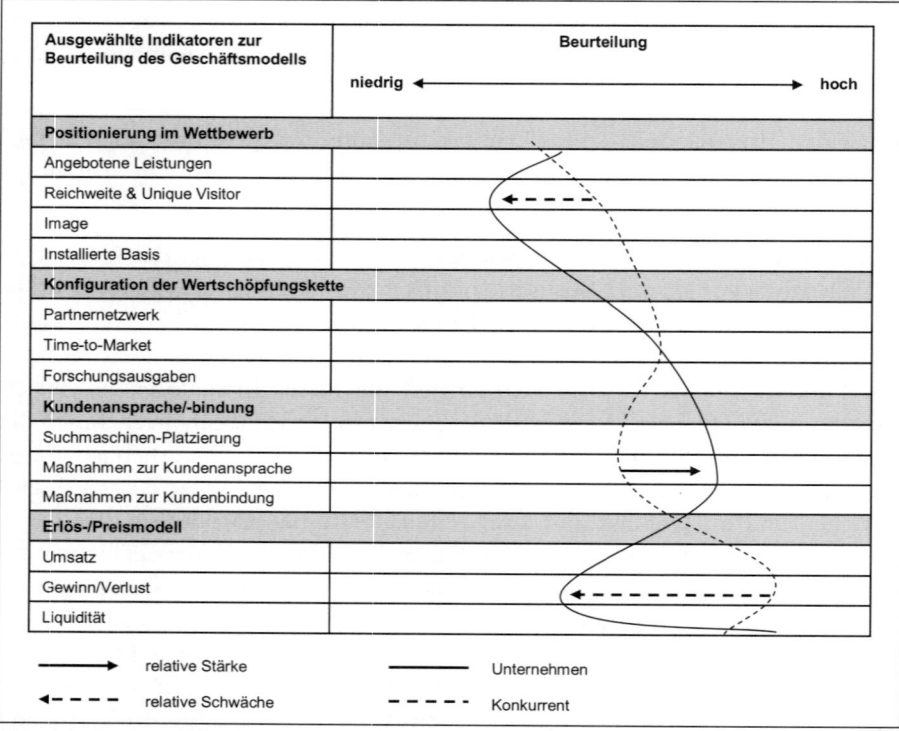

Abb. 34: Stärken-Schwächen-Analyse (vgl. auch Kollmann 2007, S. 245)

Die durch die Geschäftsmodellanalyse ermittelten Ergebnisse bilden die Grundlage, um ein **Reaktionsprofil des Konkurrenten** zu erstellen. Es soll Auskunft darüber geben, wie er z. B. in Zukunft den Wettbewerb bestreiten will und inwieweit darin eine Gefahr für das eigene Unternehmen zu sehen ist (vgl. Müller-Stewens/Lechner 2005). Ein solches Reaktionsprofil setzt sich aus drei Fragenkomplexen zusammen (vgl. auch Abb. 35):

- Erstens muss das Geschäftsmodell des Konkurrenten hinterfragt werden. Wie bestreitet er gegenwärtig den Wettbewerb und wo liegen seine Stärken und Schwächen? Diese Fragen lassen sich aufgrund der im vorangegangenen Abschnitt vorgestellten Geschäftsmodellanalyse des Konkurrenten beantworten.

- Zweitens gilt es die zukünftigen Ziele des Konkurrenten zu hinterfragen. Durch sie lassen sich Rückschlüsse ziehen, in welche Richtung er sich ausgehend von seiner gegenwärtigen Wettbewerbsposition zukünftig bewegt und inwieweit dabei mit einem Strategiewechsel zu rechnen ist. Aus Abb. 34 lässt sich z. B. ableiten, dass der Konkurrent in Zukunft mit hoher Wahrscheinlichkeit seine Vermarktungsaktivitäten intensivieren wird, um seinen relativen Nachteil aufzuholen. Aufgrund der offenbar deutlich besseren Ertragslage des Konkurrenten im Vergleich zum eigenen Unternehmen erscheint es weiterhin auch nicht unrealistisch, dass er größere Beträge zu diesem Zweck investieren kann.

- Drittens müssen die Annahmen des Konkurrenten bezüglich seiner Sichtweise auf den Wettbewerb hinterfragt werden. Sind diese aufgrund tradierter Wertvorstellungen nicht rational oder unrealistisch, ergeben sich daraus oftmals neue Handlungsspielräume für das eigene Unternehmen.

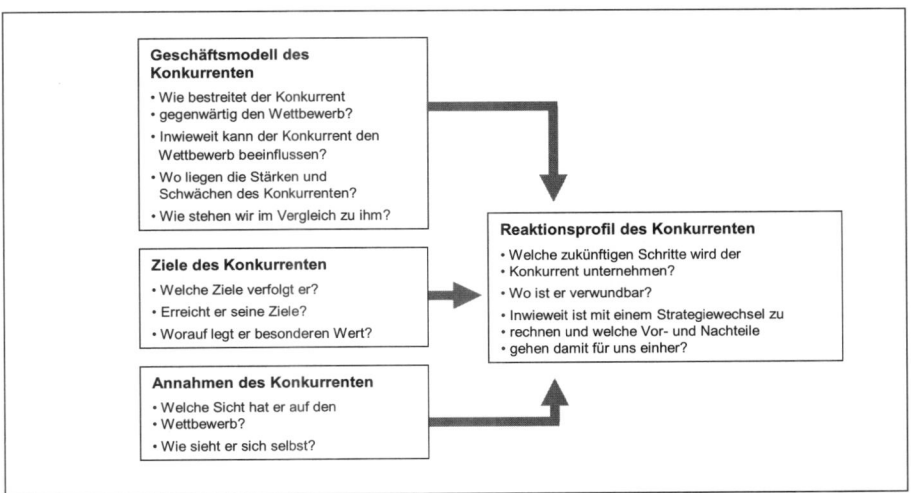

Abb. 35:   **Konkurrentenanalyse (vgl. Porter 1999, S. 80; Müller-Stewens/Lechner 2005)**

2.2.4   Prognose der Wettbewerbsentwicklung

In den vorangegangenen Abschnitten ging es um die Analyse der gegenwärtigen Wettbewerbssituation. Für eine vorausschauende Planung ist es jedoch unabdingbar, Hinweise über die zukünftige Wettbewerbsentwicklung zu erhalten. An dieser Stelle setzen **Projektionsinstrumente** an, die eine vorausschauende Betrachtung zukünftiger Entwicklungstendenzen unterstützen. Im Gegensatz zu statistischen Prognoseinstrumenten – wie z. B. der Zeitreihenanalyse – berücksichtigen sie auch qualitative Informationen. Dieser Umstand spielt vor allem im E-Business eine zentrale Rolle, zumal sich hier langfristige Trends aufgrund der rasanten technologischen Entwicklung nur schwer abschätzen und auf Basis von Vergangenheitswerten extrapolieren lassen. Hinzu kommt, dass die Veränderungen im Wettbewerbsumfeld in unregelmäßigen Abständen und häufig auch unerwartet auftreten, womit sie sich mathematischer Prognosen weitestgehend entziehen. In der Literatur werden grundsätzlich verschiedene Projektionsinstrumente diskutiert (vgl. für einen Überblick z. B. Bea/Haas 2005). Exemplarisch für so ein Instrument wird im Folgenden die Szenarioanalyse ausführlicher dargestellt.

Bei der **Szenarioanalyse** geht es um die Beschreibung der zukünftigen Entwicklung eines bestimmten Projektionsgegenstandes, wobei es sich z. B. um einzelne Produkte oder um das gesamte Unternehmen handeln kann. Für den Projektionsgegenstand werden auf Grundlage der im Zuge der Wettbewerbsanalyse aufgearbeiteten Informationen so genannte Szenarien entworfen. Sie versuchen zu prognostizieren, wie sich der Projektionsgegenstand zukünftig auf dem Markt behauptet. Gleichzeitig soll aus einer Szenarioanalyse hervorgehen, wie das Unternehmen die prognostizierte Wettbewerbsposition erreichen kann und mit welchen Störfaktoren dabei zu rechnen ist. Bei der Szenarioanalyse geht es somit um eine vorausschauende Betrachtung, um die Entscheidungsträger im Unternehmen für mögliche Veränderungen des Wettbewerbsumfeldes zu sensibilisieren.

Bei der **Szenarienentwicklung** erfolgt zunächst eine Analyse der gegenwärtigen Wettbewerbssituation des Unternehmens. Gleichzeitig werden die wichtigsten Einflussfaktoren für den Produkt- bzw. Unternehmenserfolg identifiziert. Deren zukünftige Entwicklung gilt es dann zu projizieren und in Form eines Gesamtbildes bzw. Szenarios zu verdichten. In der Regel entwirft man dabei mehrere Szenarien, deren Visualisierung in Form eines Szenariotrichters erfolgt (vgl. Abb. 36). Er wird ausgehend von der Gegenwart umso größer, je weiter man in die Zukunft blickt. Dem liegt die Annahme zugrunde, dass sich die gegenwärtige Wettbewerbssituation relativ gut erfassen lässt, während es in der Zukunft zu mehr oder weniger starken Abweichungen vom Status quo kommt.

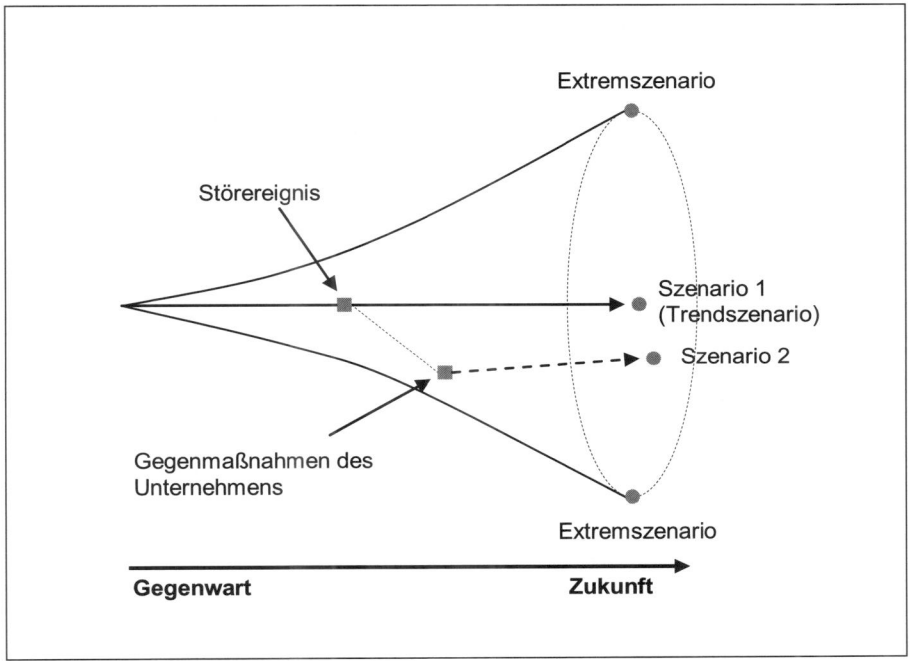

Abb. 36: Szenariotrichter (vgl. Reibnitz 1987, S. 30)

Die Kanten des Szenariotrichters stellen Extremszenarien dar, die sowohl besonders positiv als auch negativ sein können. Zu Abweichungen vom Trendszenario und einer Annäherung an diese Extremszenarien kommt es, wenn **Störfaktoren** oder Diskontinuitäten auftreten; in diesem Fall sind Überlegungen anzustellen, wie das Unternehmen auf diese Veränderungen reagieren kann, um den Entwicklungspfad des Unternehmens wieder in eine vorteilhafte Bahn zu lenken (vgl. auch Reibnitz 1987, S. 160–161). Wie viele Szenarien ein Unternehmen im Zuge einer solchen Analyse anfertigen sollte, lässt sich in der Regel jedoch nur im Einzelfall bestimmen. Pauschal kann man jedoch sagen, dass aus Kostengründen die Szenarienanzahl nicht ausufern sollte. Im Hinblick auf die Mindestanzahl spricht man sich dafür aus, mindestens drei Szenarien zu entwickeln – bei lediglich zwei Szenarien besteht die Gefahr, dass stets die Mitte als realistische Entwicklung eingeschätzt wird (vgl. Bea/Haas 2005). Abb. 37 zeigt die hier skizzierte Vorgehensweise bei der Erstellung einer Szenarioanalyse im Überblick.

Phasen	Aufgaben
Phase 1: Analyse	Strukturierung des Untersuchungsfeldes (Problemanalyse)
	Identifizierung und Strukturierung der wichtigsten Einflussfaktoren auf das Untersuchungsfeld (Umweltanalyse)
Phase 2: Projektion	Festlegung von Indikatoren zur Beschreibung des Untersuchungsfeldes
	Ermittlung von Ist-Werten und Trends für diese Indikatoren
	Bildung und Auswahl konsistenter Annahmebündel und Bündelung zu Extrem- und Trendszenarien
	Einführung und Auswirkungsanalyse von Störereignissen
Phase 3: Auswertung	Auswertung der Szenarien und Gegenüberstellung mit dem Kompetenzprofil des Unternehmens
	Entwicklung von Reaktionsstrategien
	Entwicklung von Maßnahmen zur Überwindung identifizierter Defizite bzw. zur Bewahrung identifizierter Stärken

Abb. 37: Vorgehensweise bei der Durchführung einer Szenarioanalyse

Wird die Szenarioanalyse richtig durchgeführt, kann sie aufzeigen, welche Faktoren den Wettbewerb zukünftig beeinflussen. Wichtiger ist jedoch der Umstand, dass durch die Szenarienentwicklung die relevanten Einflussgrößen im Zusammenhang analysiert werden. Damit führt dieses Instrument die Entscheidungsträger im Unternehmen bewusst von eindimensionalen Prognosen weg (vgl. Berekoven et al. 2006). Diesen Vorteilen stehen jedoch auch Probleme gegenüber. So hängt die Qualität der verschiedenen Szenarien im hohen Maße von den Personen ab, die in den verschiedenen Phasen – von der Analyse über die Projektion bis hin zur Auswertung – involviert sind. Anders formuliert sind Szenarien immer mit dem Vorwurf der Subjektivität behaftet. Ferner ist der zeitliche Aufwand bei der Erstellung solcher Analysen nicht zu unterschätzen.

2.3 Beurteilung des Wertschöpfungspotenzials von E-Business-Unternehmen

2.3.1 Überblick

Neben der Analyse der externen Unternehmensumwelt bedarf es einer Analyse des unternehmensinternen Wertschöpfungspotenzials, um eine Positionierungsentscheidung treffen zu können. So eine Analyse sollte zu einem möglichst objektiven Bild der gegenwärtigen und zukünftigen Leistungsfähigkeit des Unternehmens führen und die folgenden zwei Punkte umfassen:

- Erstens geht es bei der Unternehmensanalyse um die Beurteilung seiner gegenwärtigen Leistungsfähigkeit in monetären Werten. In der Wirtschaftspraxis orientiert man sich dabei – neben dem Zahlenmaterial des traditionellen Rechnungswesens – vor allem am Kapitalmarkt und den in diesem Kontext diskutierten Methoden der wertorientierten Unternehmensführung (2.3.2).

- Zweitens soll die Unternehmensanalyse die hinter dem finanziellen Erfolg/Misserfolg stehenden Ressourcen identifizieren und bewerten, wie z. B. die Fähigkeiten der Mitarbeiter. „Diese stehen in qualitativer Hinsicht hinter den [quantitativen] Größen und bilden den eigentlichen Kern der internen Analyse" (Hungenberg 2006). Die Ressourcenanalyse gibt Aufschluss darüber, inwieweit das Unternehmen überhaupt dazu in der Lage ist, Marktchancen zu nutzen und Gefahren abzuwehren (2.3.3).

2.3.2 Finanzielle Bewertung von Strategien und Geschäftsmodellen im E-Business

2.3.2.1 Grundlagen der wertorientierten Unternehmensführung

Die Steigerung des Unternehmenswertes ist über die letzten Jahre hinweg zum obersten Ziel der modernen Unternehmensführung avanciert (vgl. z. B. Weber et al. 2004; Müller/Hirsch 2005). Entsprechend dieser Akzentuierung sind sämtliche Aktivitäten des Unternehmens darauf auszurichten, den Marktwert des Eigenkapitals eines Unternehmens im Interesse der Eigenkapitalgeber zu steigern und überdurchschnittliche Kapitalrenditen zu erwirtschaften. „In a market-based economy that recognizes the rights of private property, the only social responsibility of business is to create shareholder value and to do so legally and with integrity" (Rappaport 1998, S. 5).

Mit der Fokussierung auf die Steigerung des Unternehmenswertes geht eine Abkehr von traditionellen Steuerungsgrößen einher, die auf dem Zahlenmaterial des Rechnungswesens basieren. An ihnen wurde bzw. wird vor allem ihr starker Vergangenheitsbezug kritisiert, da sie auf den historischen Daten des vorangegangenen Geschäftsjahres aufbauen und damit keine Rückschlüsse auf das zukünftige Wertschöpfungspotenzial erlauben (vgl. z. B. Copeland et al. 2000). Ferner hat es sich als problematisch erwiesen, dass die Rechnungslegungsvorschriften international nicht einheitlich geregelt sind, woraus teilweise erhebliche Verzerrungen bei der Unternehmensbewertung resultieren. Besonders deutlich wird das anhand des Vergleichs der deutschen und amerikanischen Rechnungslegung: So ist das Ziel der deutschen Rechnungslegung gemäß HGB im Gläubigerschutz zu sehen, wonach Aktiva nach dem Niederstwertprinzip und Passiva nach dem Höchstwertprinzip bewertet werden. Demgegenüber geht es in der amerikanischen Rechnungslegung nach IAS oder US-GAAP um die periodengerechte Erfolgsermittlung. Aus diesen Unterschieden resultieren teilweise deutliche Unterschiede bei der Bestimmung des Unternehmenswertes.

Den hier skizzierten Defiziten sollen wertorientierte Bewertungsverfahren entgegentreten. Zur Bestimmung des eigentlichen Unternehmenswertes bzw. einer Wertsteigerung kann man dabei auf verschiedene Bewertungsverfahren zurückgreifen (vgl. für einen Überblick Weber et al. 2004). Im einfachsten Fall geschieht das durch einen Vergleich der in Zukunft erwarteten Ergebnisse der unternehmerischen Tätigkeit mit einer alternativen und risikolosen Anlagemöglichkeit. Ein Mehrwert ergibt sich danach immer dann, wenn der Gegenwartswert des zukünftigen Cashflows – er entspricht der Differenz aus zahlungswirksamen Erträgen und zahlungswirksamen Aufwendungen – mindestens dem Ertrag der risikolosen Kapitalanlage entspricht. Aus diesen Ausführungen geht hervor, dass die zukünftigen Cashflows eine zentrale Rolle spielen, um auf den Unternehmenswert zu schließen. Sie lassen sich auf Basis der so genannten Werttreiber abschätzen bzw. prognostizieren.

2.3.2.2   Werttreiber im E-Business

Als Werttreiber bezeichnet man solche Einflussfaktoren, die unmittelbar den Wert eines Geschäftsfeldes beeinflussen. Auf abstrakter Ebene lassen sich in Anlehnung an Rappaport **vier zentrale Werttreiber** identifizieren, die den Cashflow bzw. die Kapitalkosten des Unternehmens beeinflussen (vgl. Rappaport 1998). Dabei handelt es sich um (1) das Umsatzwachstum, (2) die Dauer des Umsatzwachstums, (3) Investitionen in das Anlage- und Umlaufvermögen sowie (4) die Kapitalkosten (vgl. Abb. 38). Bei der Analyse dieser Werttreiber wird im Allgemeinen ein Schwerpunkt auf das Umsatzwachstum gelegt, da dadurch die Wertschätzung der Kunden für die Leistungen des Unternehmens zum Ausdruck kommt. Gleichzeitig zeigt sich an dieser Stelle der Bezug zum operativen Geschäft, da mit steigenden Umsätzen nur dann Gewinne korrespondieren, wenn die internen Ressourcen optimal auf die Erbringung eines bestimmten Kundennutzens abgestimmt sind und die Zusammenarbeit mit Lieferanten optimiert wurde (vgl. Coenenberg/Salfeld 2007). Allerdings lässt sich das Umsatzwachstum nur bedingt durch das Unternehmen beeinflussen, da es maßgeblich von externen Einflussfaktoren – z. B. der Konjunkturlage – abhängt. Anders sieht das zum Teil bei den anderen Werttreibern aus. So liegt es im Entscheidungsbereich des Unternehmens, inwieweit es eine Investition tätigt oder Fremdkapital aufnimmt, um damit den Shareholder Value zu beeinflussen.

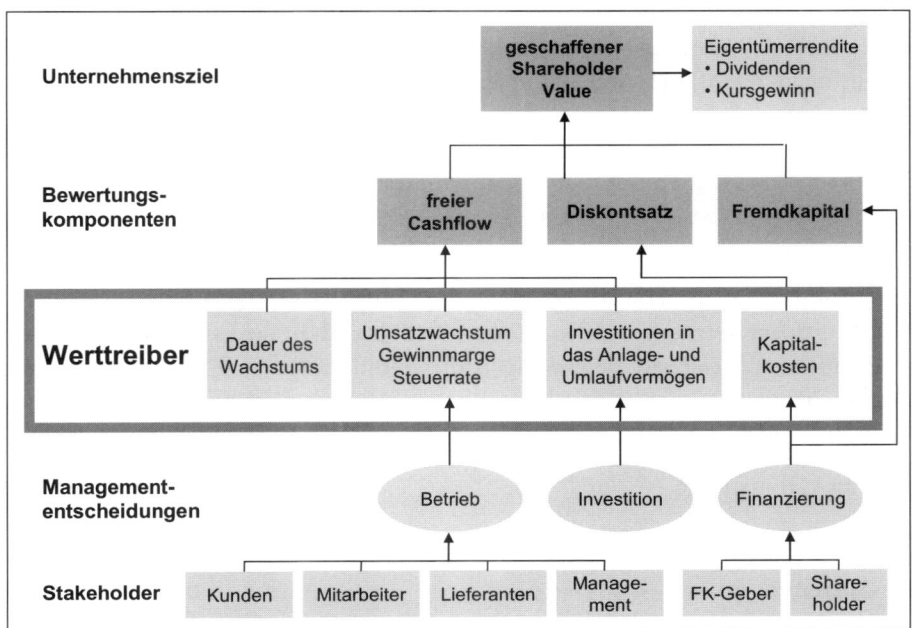

Abb. 38: Werttreiberbaum (vgl. Rappaport 1998, S. 55)

Die hier geschilderten Werttreiber verharren allerdings auf einem abstrakten Niveau und werden den Besonderheiten des E-Business nur bedingt gerecht, da sie im Hinblick auf die Bewertung von kapitalintensiven und traditionellen

Unternehmen entwickelt wurden. Hingegen wirtschaften Unternehmen im E-Business primär netzwerk- und technologieorientiert (vgl. Steiner/Schneider 2001, S. 246). „Auf dem Weg von kapitalintensiven Industrie- und Dienstleistungsaktivitäten hin zu Arbeitsinhalten der primär personal- und kundenintensiven „New Economy" wird Kapital [...] immer weniger zum entscheidenden Produktionsfaktor" (Stelter et al. 2000, S. 412; ähnlich auch Rieg 2000, S. 404). Diese Besonderheiten berücksichtigen die traditionellen Werttreiber jedoch nicht (vgl. auch Horváth 2006). So tätigen die meisten E-Business-Unternehmen nur geringe Investitionen in das Anlage- und Umlaufvermögen. Andere für das E-Business wichtige Einflussfaktoren – wie z. B. die Bedeutung einer großen installierten Basis – werden sogar vollkommen ausgeblendet. Schließlich stellt sich auch die Frage, inwieweit in einem dynamischen Wettbewerbsumfeld konstante Wachstumsraten des Umsatzes unterstellt werden können, wie das im ursprünglichen Ansatz von Rappaport der Fall ist. Gerade die Wachstumsraten unterliegen im E-Business – aufgrund der hohen Marktdynamik (vgl. 1.1.3.4) – teilweise deutlichen Schwankungen. Offenbar lassen sich die traditionellen Werttreiber im E-Business nur bedingt heranziehen, um auf die zukünftigen Cashflows und damit auf den Unternehmenswert zu schließen. Ebenso muss diagnostiziert werden, dass die Ausblendung E-Business-spezifischer Werttreiber in der Vergangenheit teilweise zu massiven Problemen geführt hat. Sie kamen unter anderem dadurch zum Ausdruck, dass der Marktwert von technologieorientierten Unternehmen mitunter drastisch vom rechnerisch ermittelten Unternehmenswert abwich.

Im weiteren Verlauf soll in Anlehnung an Wirtz (2001) und Bassen/Popovic (2004) geklärt werden, welche **Werttreiber im E-Business** von Bedeutung sind und unter welchen Bedingungen die traditionellen ihre Berechtigung haben. Dabei wird zwischen drei Marktphasen mit unterschiedlichen Wachstumsraten differenziert, um der Marktdynamik im E-Business Rechnung zu tragen:

- Innovationsphase

- Expansionsphase

- Ausreifungsphase

In der **Innovationsphase** befinden sich vor allem junge Unternehmen sowie Unternehmen mit innovativen Produkten, die zunächst nur geringe Umsätze und häufig sogar Verluste erwirtschaften. In dieser Phase geht es zunächst darum, möglichst schnell die kritische Masse zu überschreiten. Als Werttreiber stehen deshalb weniger finanzielle Werttreiber im Vordergrund. Vielmehr hängt es von der Nutzungsintensität des Angebots, der Anzahl registrierter Nutzer und der Größe des Partnernetzwerkes ab, inwieweit das Unternehmen die kritische Masse überschreitet. Jeder der hier genannten Werttreiber wird dabei anhand verschiedener Indikatoren operationalisiert (vgl. Abb. 39):

• Die *Nutzungsintensität des Angebots* wird z. B. anhand der Anzahl der Seitenaufrufe, der durchschnittlichen Verweildauer auf dem jeweiligen Angebot sowie der Seitenbesuche pro Monat beurteilt.

• Bei der *Anzahl der Anwender* spielt es eine entscheidende Rolle, wie das Verhältnis von anonymen und registrierten Anwendern ausfällt. So haben letztgenannte einen deutlich größeren Einfluss auf den Unternehmenswert, da sie über ihre Mailadresse direkt ansprechbar sind. Insbesondere für ein gezieltes Kundenbindungsmanagement ist das von hoher Bedeutung. In diesem Zusammenhang spielt auch die Kundenumwandlungsrate eine wichtige Rolle. Sie bringt zum Ausdruck, wie viele anonyme in registrierte Anwender umgewandelt werden.

• Das *Partnernetzwerk* lässt sich anhand der Partneranzahl, der Dauer einer Partnerschaft sowie des Integrationsgrades der Partnerschaft präzisieren. Insbesondere bei kleinen Unternehmen spielt der Aufbau eines Partnernetzwerks eine wichtige Rolle, um die Reichweite des eigenen Angebots auszubauen, z. B. in Form einer White-Labling-Lösung.

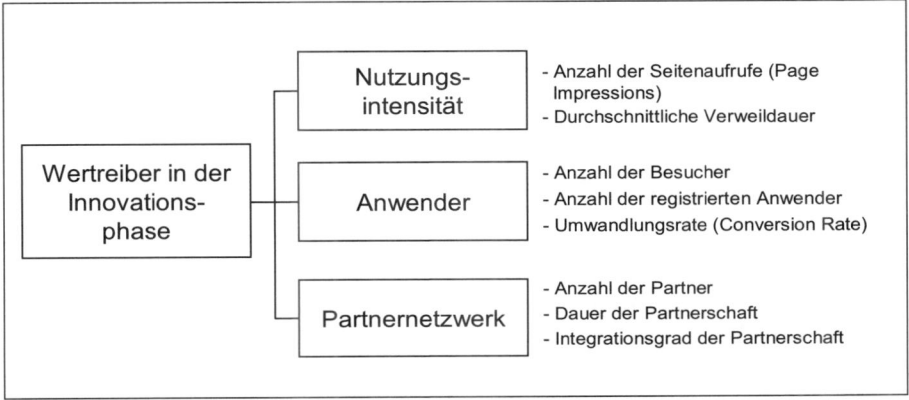

Abb. 39: Werttreiber in der Innovationsphase (vgl. Wirtz 2001, S. 534)

In der **Expansionsphase** werden bereits höhere Umsätze erzielt und die relative Wachstumsrate der Umsätze steigt rasant. Mit dem Umsatz bzw. Umsatzwachstum tritt daher ein weiterer Werttreiber neben die vorhandenen aus der Innovationsphase. Dieser neue Werttreiber wird anhand des Transaktionsvolumens bei direkten und anhand der Werbeeinnahmen bei indirekten Erlösmodellen operationalisiert. Weiterhin gilt es in dieser Phase zu berücksichtigen, dass mit der Zeit auch Anwender abwandern. Da die Kundengewinnungskosten teilweise das Sechsfache der Betreuung von Bestandskunden betragen (vgl. Kalkota/Robinson 2001), sollte die Kundenabwanderungsrate möglichst gering ausfallen, um einen negativen Einfluss auf den Unternehmenswert zu vermeiden. Abb. 40 zeigt die Werttreiber der Innovationsphase im Überblick.

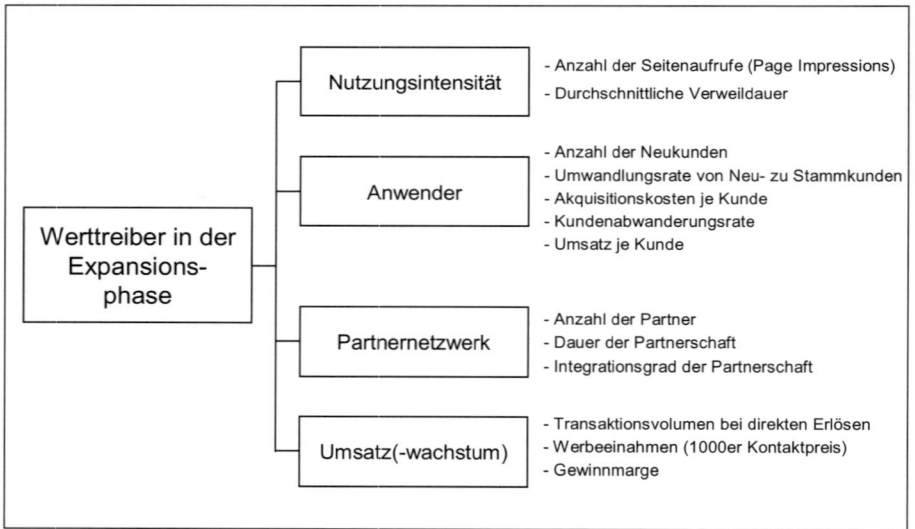

Abb. 40: Werttreiber in der Innovationsphase (vgl. Wirtz 2001, S. 535)

In der **Ausreifungsphase** befinden sich etablierte Unternehmen, die stabile Cashflows und Gewinne erwirtschaften und seit mehreren Jahren existieren. Ihre Wachstumsraten fallen aufgrund ihrer etablierten Wettbewerbsposition im Vergleich zu Start-ups vergleichsweise klein aus. Erst wenn sich die Unternehmen in dieser Phase befinden, kommen die klassischen Werttreiber – wie Umsatz und Kapitalkosten – wieder zum Tragen.

Mit der Kenntnis der zentralen Werttreiber im E-Business geht es im weiteren Verlauf darum, die eigentlichen Methoden zur Bestimmung des Unternehmenswertes kennen zu lernen.

2.3.2.3   Ausgewählte Bewertungsmethoden und deren Eignung im E-Business

Grundsätzlich existieren mehrere Methoden, um die durch die Unternehmens-tätigkeit generierte Wertsteigerung zu quantifizieren. An dieser Stelle wird je-doch nicht der Anspruch erhoben, einen umfassenden Literaturüberblick zu geben. Vielmehr geht es darum, für die Anwendung dieser Verfahren zu sensi-bilisieren, weshalb im weiteren Verlauf lediglich die in der Praxis stark verbrei-tete Discounted-Cashflow-Methode in den Vordergrund gerückt wird. Sie exis-tiert in verschiedenen Ausprägungsformen (vgl. Abb. 41), die sich jedoch – grob formuliert – lediglich bei der Berechnung der Cashflows und der Diskon-tierungsrate unterscheiden und bei einer korrekten Anwendung zu identischen Ergebnissen führen. Im weiteren Verlauf dieses Buches wird mit der WACC-Methode gearbeitet, die auch in der Praxis weit verbreitet ist.

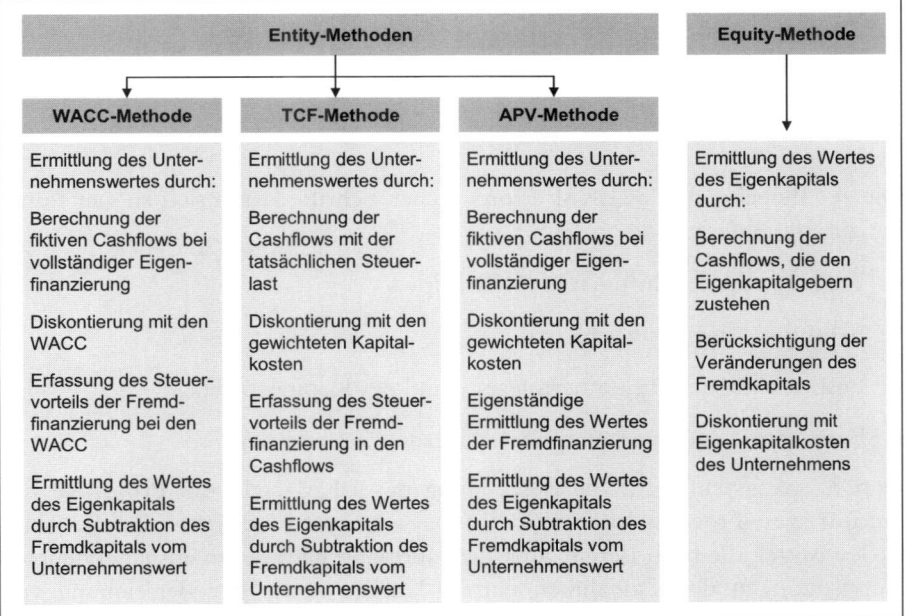

Abb. 41:   **Discounted-Cashflow-Verfahren im Überblick (vgl. Steiner/Schneider 2001)**

Vereinfacht ausgedrückt geht es bei der **Discounted-Cashflow-Methode** (DCF-Methode) darum, den Barwert einer Investition zu berechnen. Dadurch soll aufgezeigt werden, inwieweit z. B. die Anschaffung einer Maschine zu ei-nem in monetären Größen messbaren Mehrwert führt. Analog dieser Vorgehensweise wendet man dieses Verfahren seit geraumer Zeit auch zur Bewertung von Strategien und Geschäftsmodellen an. Dem liegt die Annahme zugrunde, dass Strategien ebenfalls als eine Art Investition anzusehen sind, mit denen Auszahlungen und Einnahmen korrespondieren. Auf Basis dieser Annahme ist es dann möglich, die eigentlich der Investitionsrechnung entstammenden Bewertungsverfahren auf Strategien und Geschäftsmodelle anzuwenden. Rechentechnisch werden zu diesem Zweck die zukünftigen Free-Cashflows für einen bestimmten Zeitraum prognostiziert und auf den Gegenwartswert diskontiert, um den Marktwert des Unternehmens bzw. Eigenkapitals zu ermitteln (EKM). Dieser Sachverhalt lässt sich mathematisch wie folgt darstellen:

$$EKM = \sum FCFt/(1 + WACCt) - FKM$$

mit

EKM = Marktwert des EK

FCFt = Free-Cashflow der Periode t

FKM = Marktwert des FK

WACC = Weighted Average Cost of Capital der Periode t

Die zur Berechnung des EKM erforderlichen Schritte lassen sich zu vier Punkten zusammenfassen:

- Prognose der zukünftigen Free-Cashflows

- Ermittlung des Restwertes

- Bestimmung der Diskontierungsrate und der Kapitalkosten

- Berechnung der erwarteten Wertsteigerung/-minderung

Den Ausgangspunkt für die Berechnung des EKM stellt die **Prognose der zukünftigen Free-Cashflows** (FCFt) dar – hierunter versteht man die finanziellen Mittel, die nach Bereinigung des Jahresabschlusses um ausgabenneutrale Aufwendungen und einnahmenneutrale Erträge sowie der Begleichung von Schulden vom Jahresüberschuss verbleiben. Deren Prognose erfolgt anhand der zuvor angesprochenen Werttreiber (vgl. 2.3.2.2). Bei einem Online-Shop in der Expansionsphase würde man zu diesem Zweck unter Berücksichtigung der Wachstumsrate und Kundenabwanderungsrate z. B. abschätzen, wie sich die Zahl der Unique User auf der Plattform voraussichtlich entwickelt und welche Umsätze sie generieren. Diesen Einnahmen werden dann die monatlichen Kosten gegenübergestellt, wie z. B. die Marketingausgaben, Betriebskosten (z. B. Hardware, Bandbreite) oder Abwicklungskosten (z. B. Forderungsausfälle, Versandkosten, Kundensupport). Der aus der Differenz von Einnahmen und Ausgaben resultierende Überschuss wird anschließend um ausgabenneutrale Ausgaben und Einnahmen sowie Zahlungen zur Schuldentilgung korrigiert, um den FCF der jeweiligen Periode zu ermitteln.

In Anbetracht des volatilen Wettbewerbsumfeldes im E-Business werden solche Prognosen in der Regel lediglich für einen Zeitraum von drei bis fünf Jahren erstellt. Da aber davon auszugehen ist, dass das Unternehmen auch über diesen Zeitraum hinweg in dem betreffenden Geschäftsfeld tätig ist, stellt sich die Frage, wie die in diesen Perioden anfallenden Zahlungen bei der Ermittlung des Unternehmenswertes zu berücksichtigen sind. An dieser Stelle setzt die Diskussion um den so genannten **Restwert** an, der als Ersatzgröße für alle nicht mit Sicherheit zu bestimmenden Cashflows zukünftiger Planungsperioden fungiert. Im einfachsten Fall kann man diesen Restwert als eine Art ewige Rente begreifen, d. h., alle zukünftigen Cashflows verharren auf einem konstanten Niveau, das dem der letzten Planungsperiode entspricht. Zur Berechnung des Restwertes wird dann lediglich der Cashflow der letzten Planungsperiode durch die Kapitalkosten dividiert und auf den Barwert diskontiert; indem ein entsprechender Wachstumsfaktor in die Berechnung des Restwertes integriert wird, ist es prinzipiell auch möglich, Wachstumssteigerungen/-rückgänge zu berücksichtigen. Obwohl die Berechnung des Restwertes stark vereinfacht erfolgt, muss seine Bedeutung dennoch betont werden. So ist es nicht ungewöhnlich, dass er etwa 60 bis 80 Prozent des Geschäftsfeldwertes ausmacht, während die wesentlich exakter prognostizierten Cashflows lediglich einen Anteil zwischen 20 und 40 Prozent haben (vgl. auch Hungenberg 2006).

> Restwert = FCF t / WACC – g
>
> mit
>
> FCFt+1 = Free-Cashflow nach Ende des Planungshorizonts
>
> WACC = Weighted Average Cost of Capital
>
> g = erwartete Wachstumsrate des FCF nach Ende des Planungszeitraums

Die Diskontierung der prognostizierten Cashflows und des Restwertes erfolgt bei der DSC-Methode anhand eines gewichteten **Kapitalkostensatzes**, der die Verzinsungswünsche von Fremdkapital- und Eigenkapitalgebern berücksichtigt.

Diesen Mischzinssatz bezeichnet man als Weighted Average Cost of Capital (WACC). Die Kosten des Fremdkapitals können dabei auf relativ einfachem Wege ermittelt werden, indem man z. B. die aktuellen Marktkonditionen für eine risikolose Staatsanleihe heranzieht. Die Bestimmung der Eigenkapitalkosten gestaltet sich dagegen komplizierter. Hier addiert man in Anlehnung an die von Markowitz geprägte Portfoliotheorie zwei Risikoaufschläge auf den risikolosen Zinssatz.

- Durch eine *Marktrisikoprämie* wird das allgemeine Unternehmensrisiko erfasst.

- Mit einem *unternehmensspezifischen Risikozuschlag* soll das Unternehmensrisiko abgebildet werden, dessen Berechnung aufgrund des so genannten Beta-Koeffizienten erfolgt. Er bildet die Volatilität eines Wertpapiers in Relation zum Gesamtmarkt ab. Normiert man das Risiko des gesamten Marktes auf 1, deutet ein Beta-Faktor > 1 darauf hin, dass das Wertpapier stärkeren Schwankungen als der Gesamtmarkt unterliegt und ein vergleichsweise hohes Risiko aufweist. Je größer der Beta-Faktor ausfällt, desto höher sind deshalb die Renditeforderungen der Anleger.

Die gewichteten Kapitalkosten (WACC) – als Produkt aus den Kosten des Fremd- und Eigenkapitals – lassen sich vor dem geschilderten Hintergrund formal wie folgt abbilden:

$$WACC = iEK \bullet EK/GK + kFK \bullet FK/GK$$

mit

$$iEK = iS + (\mu M - iS) \bullet \beta$$

iS = risikolose Sockelrate

$\mu M - iS$ = Preis des Marktrisikos

β = Volatilitätsparameter (Beta-Risiko)

Auf Grundlage der prognostizierten freien Cashflows, des Restwertes und der Kapitalkosten werden schließlich die **Werte verschiedener Geschäftsmodelle** ermittelt und miteinander verglichen. Entsprechend der Leitmaxime der wertorientierten Unternehmensführung ist dann das Geschäftsmodell zu realisieren, das den höchsten Wertzuwachs verspricht.

Die bis hierhin angestellten theoretischen Ausführungen sollen nun anhand eines fiktiven und stark vereinfachten Rechenbeispiels verdeutlicht werden (vgl. Abb. 42). Dabei wird von einem Online-Shop in der Expansionsphase ausgegangen, wobei der Berechnung des Unternehmenswertes die folgenden Annahmen zugrunde liegen:

- Durchschnittlicher Bestellwert: € 35

- Conversion Rate: 4 %

- Forderungsausfälle (in % von den monatlichen Einnahmen bzw. Bestellvolumen): 1 %

- Versandkosten pro Bestellung: € 4

- Fulfilment-Kosten (in % von den monatlichen Einnahmen bzw. Bestellvolumen): 15 %

- WACC: 10 %

In der Zeile „Unique User" wird die Anzahl der zukünftigen Unique User abgeschätzt, die pro Monat den Online-Shop besuchen. Wie man der Abbildung entnehmen kann, steigt die Besucherzahl in diesem Beispiel im Zeitverlauf an. Dieser Anstieg lässt sich auf die verstärkten Marketingausgaben während des Zeitraums M3–M9 zurückführen. Auf Basis der prognostizierten Unique User kann man nun anhand der Conversion Rate und des durchschnittlichen Bestellwertes die monatlichen Einnahmen berechnen, indem für jeden Monat die Unique User mit der Conversion Rate und dem durchschnittlichen Bestellwert multipliziert werden. Die monatlichen Einnahmen dienen gleichzeitig als Grundlage, um die Kosten für Forderungsausfälle und Fulfilment zu bestimmen.

Aus der Differenz von Einnahmen und Ausgaben ergibt sich für jeden Monat ein positiver oder negativer Cashflow. Im Hinblick auf die Beurteilung des Geschäftsmodells ist nun der Zeitpunkt von besonderem Interesse, wann auf Basis der unterstellten Annahmen zum ersten Mal Wert generiert wird. In dem hier skizzierten Beispiel ist das in M11 der Fall, d. h., hier nimmt der kumulierte DCF erstmals einen positiven Wert an. Auch die Bedeutung des Restwertes geht aus diesem Beispiel noch einmal deutlich hervor; er macht über 80 Prozent des Gesamtwertes aus. Insgesamt generiert das Geschäftsmodell einen Wert von 115.546 Euro; diese Summe ergibt sich aus der Addition des Gegenwartswertes der prognostizierten Cashflows (M1–M12) und des Restwertes.

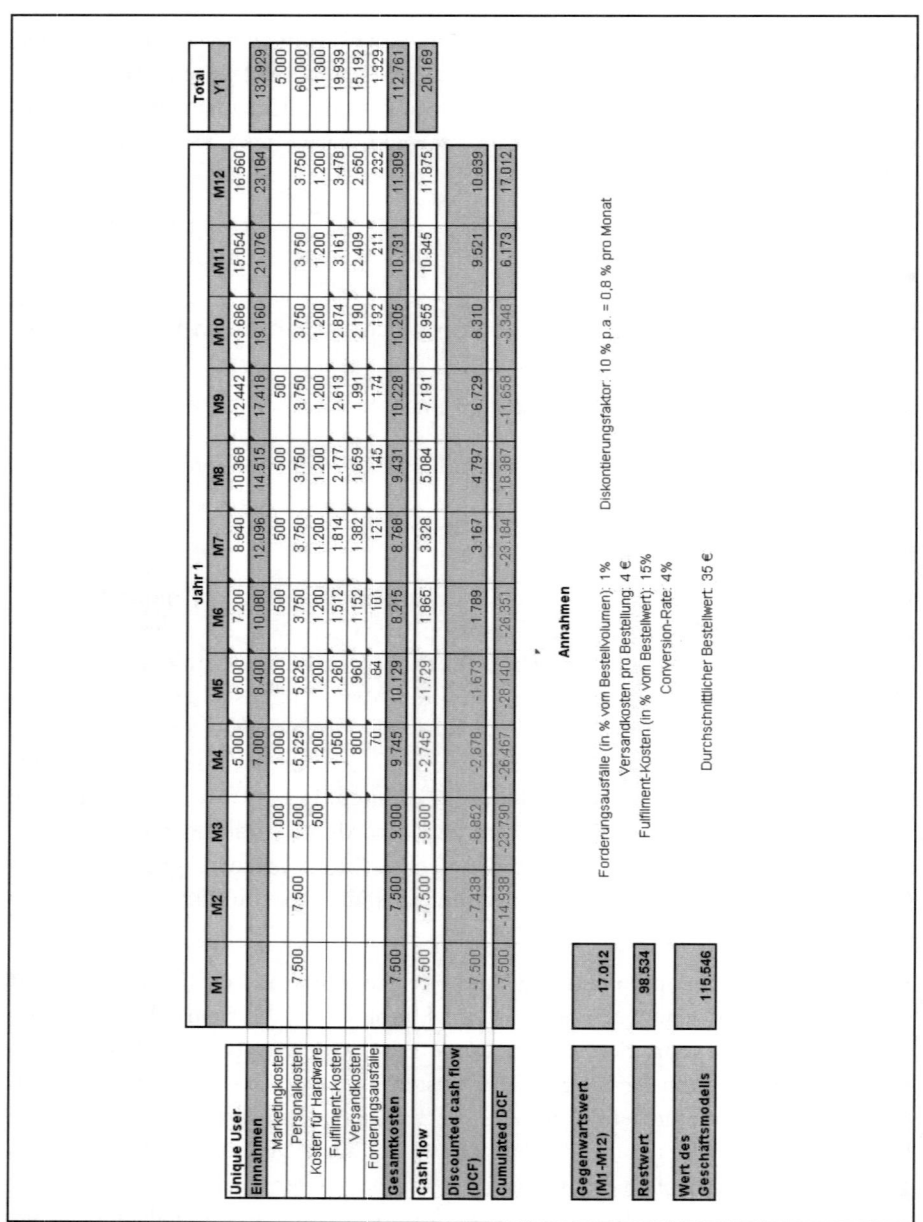

	M1	M2	M3	M4	M5	M6	M7	M8	M9	M10	M11	M12	Total Y1
Unique User				5.000	6.000	7.200	8.640	10.368	12.442	13.686	15.054	16.560	
Einnahmen				7.000	8.400	10.080	12.096	14.515	17.418	19.160	21.076	23.184	132.929
Marketingkosten			1.000	1.000	1.000	500	500	500	500				5.000
Personalkosten	7.500	7.500	7.500	5.625	5.625	3.750	3.750	3.750	3.750	3.750	3.750	3.750	60.000
Kosten für Hardware			500	1.200	1.200	1.200	1.200	1.200	1.200	1.200	1.200	1.200	11.300
Fulfilment-Kosten				1.050	1.260	1.512	1.814	2.177	2.613	2.874	3.161	3.478	19.939
Versandkosten				800	960	1.152	1.382	1.659	1.991	2.190	2.409	2.650	15.192
Forderungsausfälle				70	84	101	121	145	174	192	211	232	1.329
Gesamtkosten	7.500	7.500	9.000	9.745	10.129	8.215	8.768	9.431	10.228	10.205	10.731	11.309	112.761
Cash flow	-7.500	-7.500	-9.000	-2.745	-1.729	1.865	3.328	5.084	7.191	8.955	10.345	11.875	20.169
Discounted cash flow (DCF)	-7.500	-7.438	-8.852	-2.678	-1.673	1.789	3.167	4.797	6.729	8.310	9.521	10.639	17.012
Cumulated DCF	-7.500	-14.938	-23.790	-26.467	-28.140	-26.351	-23.184	-18.387	-11.658	-3.348	6.173	17.012	

Gegenwartswert (M1-M12)	17.012
Restwert	98.534
Wert des Geschäftsmodells	115.546

Annahmen

Forderungsausfälle (in % vom Bestellvolumen): 1 %
Versandkosten pro Bestellung: 4 €
Fulfilment-Kosten (in % vom Bestellwert): 15%
Conversion-Rate: 4%
Durchschnittlicher Bestellwert: 35 €

Diskontierungsfaktor: 10 % p.a. = 0,8 % pro Monat

Abb. 42: Bestimmung des Wertes eines Geschäftsmodells im E-Commerce

2.3.2.4   Fallstudie: Bewertung der Übernahme von StudiVZ durch Holtzbrinck Ventures

Über kaum ein Thema wurde in den vergangenen Monaten in der Wirtschafts-presse mehr diskutiert als über das so genannte Web 2.0. Unter diesem Begriff subsumiert man vereinfacht ausgedrückt neue und populäre Techniken, mit deren Hilfe sich desktopähnliche Internetanwendungen realisieren lassen und bei denen die Anwender eine zentrale Rolle spielen, wenn es zum Beispiel um die Veröffentlichung von Inhalten geht. Da die in diesem Kontext diskutierten Webseiten – wie z. B. YouTube, MySpace oder StudiVZ – zu den meistbesuch-ten und am schnellsten wachsenden zählen, erstaunt es grundsätzlich auch nicht, dass in zunehmendem Maße Venture-Kapital in Internetunternehmen im Allgemeinen und in Web 2.0-Start-ups im Speziellen fließt – alleine im Jahr 2006 war das knapp 1 Milliarde US-Dollar (vgl. Internet World 2007). Gleich-zeitig lässt sich eine erneute Übernahmewelle im Internetbereich beobachten, wobei in Deutschland vor allem die Übernahme der Studenten-Community StudiVZ durch Holtzbrinck Ventures für 85 Millionen Euro Aufsehen erregte (vgl. Stöcker 2007). Allerdings wird vielfach bezweifelt, dass sich dieses Invest-ment langfristig amortisiert (vgl. Heise 2007), zumal StudiVZ bislang keine nennenswerten Umsätze generiert. Handelt es sich bei der Übernahme von StudiVZ nun um einen genialen Schachzug von Holtzbrinck oder eine Fehlin-vestition? Im weiteren Verlauf soll diese Frage auf Basis eines Zahlenbeispiels unter strategischen und finanziellen Gesichtspunkten analysiert werden. Einlei-tend gilt es zunächst jedoch die Erfolgsgeschichte von StudiVZ genauer zu skizzieren.

Bei **StudiVZ** handelt es sich um eine Ausprägungsform der so genannten so-zialen Software. Diese Softwarelösungen richten sich auf den Aufbau von sozi-alen Netzwerken sowie die Publikation und Verteilung von Informationen in-nerhalb dieses Netzwerkes (vgl. Hippner/Wilde 2005). „Social-Software-Systeme sind […] umfassende sozio-technische Systeme, die auf Basis techni-scher und sozialer Vernetzung durch einfach zu bedienende Informationssys-teme gemeinsam in einem bestimmten Themenfeld Leistungen generieren" (Komus 2006, S. 36). Bei StudiVZ bestehen diese Leistungen vereinfacht aus-gedrückt darin, Studenten die Erstellung persönlicher Profilseiten zu ermögli-chen und Kontakt mit Kommilitonen aufzunehmen. Die Idee einer solchen Plattform war zum Zeitpunkt der Gründung von StudiVZ im Oktober 2005 jedoch nicht neu. Vielmehr sieht sich das Unternehmen – aufgrund der nicht zu übersehenden Ähnlichkeit mit dem amerikanischen Studentenverzeichnis Facebook – bis heute mit Plagiatsvorwürfen konfrontiert. Ungeachtet dieser Vorwürfe und diverser Presseskandale – die von rechtsextremistischen Vorwürfen über sexuelle Belästigung bis hin zu Problemen im Bereich der Datensicherheit reichen (vgl. z. B. Meusers 2006) – ist es StudiVZ dennoch gelungen, innerhalb von eineinhalb Jahren zum führenden sozialen Netzwerk in Deutschland aufzusteigen. Gegenwärtig sind etwa 2,8 Millionen Anwender in Deutschland, Österreich und der Schweiz auf dieser Plattform registriert. Zum Vergleich: In Deutschland waren im Wintersemester 2006/07 1,9 Millionen Studenten immatrikuliert. Der Höhepunkt der Erfolgsgeschichte von StudiVZ ist jedoch in der Übernahme dieser Plattform durch Holtzbrinck im Januar 2007 für einen Preis von etwa 85 Millionen Euro zu sehen. Dieser Preis erstaunt umso mehr, als StudiVZ bislang noch keine nennenswerten Einnahmen erzielen konnte. Dies führt unweigerlich zu der Frage, inwieweit sich dieses Investment langfristig amortisieren kann.

Aus **strategischer Sicht** hat sich Holtzbrinck Ventures mit dieser Übernahme die Marktführerschaft im Bereich der sozialen Software in Deutschland gesichert. So handelt es sich bei StudiVZ um die mit Abstand größte deutschsprachige Community. Mit monatlich etwa 2,5 Milliarden Seitenaufrufen kommt StudiVZ fast auf den neunfachen Wert der zweitgrößten Community in Deutschland, der Lokalisten (vgl. Abb. 43). Aufgrund des hohen Einflusses von Netzeffekten – je mehr Anwender auf der Plattform registriert sind, desto attraktiver ist die Plattform im Vergleich zu konkurrierenden Angeboten – ist eine drastische Verschiebung dieser Marktanteile vorerst nicht zu erwarten. Damit geraten Konkurrenten von Holtzbrinck und StudiVZ – wie z. B. andere Betreiber von Communitys wie Yahoo, Lycos oder United Internet – unter Zugzwang: Wenn sich der Werbemarkt im Bereich der sozialen Software in Zukunft positiv entwickelt – Schätzungen gehen davon aus, dass im Jahr 2010 weltweit bereits 850 Millionen US-Dollar durch Werbung auf solchen Seiten umgesetzt wird (vgl. InStat 2006) –, können sie dieses Marktsegment nicht ohne weiteres einem Konkurrenten überlassen. Bislang blieben nennenswerte Reaktionen der Wettbewerber jedoch aus. Unternehmen wie Yahoo sind vielmehr mit dem Problem konfrontiert, dass sie massiv Anwender an Konkurrenten verlieren. Sowohl United Internet als auch Lycos haben zwar begonnen, mit unddu.de und Jubii eigene Communitys aufzubauen. Bislang konnten diese aber keinen mit StudiVZ vergleichbaren Erfolg erzielen.

Problematisch erscheint allerdings der Sachverhalt, dass Werbetreibende bislang nur sehr zögerlich Werbung auf StudiVZ schalten. Grundsätzlich ist die Plattform aufgrund ihrer großen Reichweite zwar für den Werbemarkt attraktiv. Die Werbetreibenden wollen in der Regel jedoch keine Werbung zwischen illegalen oder anstößigen Inhalten platzieren, die man häufig auf solchen Seiten vermutet (ein analoges Problem hat z. B. auch die Videoplattform YouTube; vgl. Parker 2006). Dennoch erweist sich die Übernahme von StudiVZ aus strategischen Gründen als durchaus nachvollziehbar, da diese Plattform aufgrund ihrer Reichweite grundsätzlich für den Werbemarkt interessant ist. Gleichzeitig konnte Holtzbrinck durch die Übernahme verhindern, dass ein starker Konkurrent seine Position im umkämpften Markt für soziale Software durch die Übernahme von StudiVZ ausbaut.

	Community	Page Impressions
1	StudiVZ	2.489.332.634
2	Lokalisten	288.423.586
3	MyVideo	261.400.633
4	Knuddels.de	174.990.010
5	Spin.de	100.373.383
6	Gesichterparty	84.788.590
7	Antenne Bayern	82.635.232
8	Heise Online	57.974.558
9	Yahoo	53.781.892
10	Radio7	49.198.083

Abb. 43: Die größten Communitys in Deutschland (vgl. IVW Online 2007)

Unter **finanziellen Gesichtspunkten** erscheint die Übernahme von StudiVZ riskant. So steht Holtzbrinck vor der Herausforderung, die Ausgaben für den Kaufpreis in Höhe von 85 Millionen Euro zuzüglich einer angemessenen Verzinsung zu refinanzieren. Geht man davon aus, dass das eingesetzte Kapital von 85 Millionen Euro über zehn Jahre mit einer Verzinsung von zwölf Prozent angelegt werden kann, würden sich die kumulierten Zinszahlungen über diesen Zeitraum auf ca. 179 Millionen Euro summieren. Insgesamt müsste die Plattform innerhalb der nächsten zehn Jahre somit einen Gewinn von über 264 Millionen Euro erwirtschaften, damit sich das Investment vollständig amortisiert. Um das Gedankenexperiment auszuweiten: Die Investoren von StudiVZ rechnen langfristig mit einer Rendite von 25 Prozent (vgl. Bay 2006). In diesem Fall müsste sich der jährliche Umsatz von StudiVZ ab 2007 auf etwa 79 Millionen Euro belaufen. Über zehn Jahre betrachtet ergäbe das eine kumulierte Umsatzsumme von ca. 791 Millionen Euro. Grundsätzlich ist der Werbemarkt zwar groß genug, um entsprechende Einnahmen zu generieren. Wie bereits erwähnt, gehen Schätzungen für das Jahr 2010 von einem Werbeumsatz in Höhe von 850 Millionen US-Dollar im Bereich User Generated Content und Communitys aus (vgl. InStat 2006). Allerdings erscheint es aus mehreren Gründen sehr ambitioniert, dass StudiVZ dauerhaft knapp zehn Prozent dieses Werbemarktes abschöpft. Aufgrund der hohen Werbeausgaben in diesem Umfeld ist in absehbarer Zeit damit zu rechnen, dass weiterhin zahlreiche Unternehmen eigene Communitys aufbauen. Medienunternehmen wie Bertelsmann haben solche Angebote bereits angekündigt. Mit der zunehmenden Kommerzialisierung der Plattform stellt sich zudem die Frage, inwieweit dadurch der Community-Charakter verloren geht und Mitglieder zu anderen Communitys abwandern.

Als **Resümee** bleibt festzuhalten, dass Holtzbrinck seine Position im Bereich der sozialen Software in Deutschland ausgebaut und gefestigt hat. Weiterhin wurde ein großes Potenzial erschlossen, um zukünftig hohe Werbeeinahmen zu generieren. Aus finanziellen Gesichtspunkten geht mit der Übernahme zwar ein hohes Risiko einher und es müssen sehr ambitionierte Ziele erreicht werden, damit sich die Investition amortisiert. Im Gegensatz zum Dotcom-Sterben zu Beginn des neuen Jahrtausends hat sich mittlerweile jedoch ein funktionsfähiger Werbemarkt etabliert, weshalb die hochgesteckten Ziele nicht als völlig unrealistisch, aber dennoch nicht unkritisch zu bewerten sind.

Aufgaben und Fragen zur Fallstudie:

• Welche Markteintrittsbarrieren bestehen im Markt für soziale Softwarelösungen?

• Welche Werttreiber wurden in der vorliegenden Fallstudie zur Prognose der zukünftigen Cashflows verwendet und inwieweit erscheinen sie zur Bewertung der Übernahme von StudiVZ geeignet?

2.3.3   Ressourcen und Kompetenzen als Quelle von Wettbewerbsvorteilen

Bei Ressourcen handelt es sich um sämtliche Faktorposten, die zur Wertschöpfung beitragen. Im Allgemeinen differenziert man dabei zwischen Humanressourcen, immateriellen Ressourcen und finanziellen Ressourcen (vgl. z. B. Barney 1991; Conner 1991; Peteraf 1993, S. 182; Freiling 2001). Daneben gilt es im E-Business auch die Infrastrukturressourcen zu beachten, wie z. B. die Hardwareausstattung oder die benötigte Bandbreite. Im Folgenden werden die hier genannten Ressourcenarten näher charakterisiert.

- Im Hinblick auf die informationstechnische Umsetzung des geplanten Geschäftsmodells spielen die **Humanressourcen** im E-Business eine herausragende Rolle, zumal die Softwareentwicklung maßgeblich von den Kenntnissen und Fähigkeiten der Mitarbeiter abhängt. Bei der Analyse dieser Ressourcen gilt es vor allem zu klären, über welche betriebswirtschaftlichen und technischen Kenntnisse die Mitarbeiter verfügen und inwieweit dabei ein stimmiges Verhältnis zwischen berufserfahrenen Mitarbeitern und Berufseinsteigern besteht.

- Die **Infrastrukturressourcen** eines Unternehmens beziehen sich auf die vorhandene technische Infrastruktur, angefangen bei der Hardware über die verfügbare Bandbreite bis hin zu Entwicklungswerkzeugen. Von der Ausstattung mit diesen Ressourcen hängt es ab, inwieweit das Geschäftsmodell auf technischer Ebene realisiert werden kann. Plant das Unternehmen z. B. eine virtuelle Community aufzubauen, die Anwendungsszenarien mit bis zu 1.000 gleichzeitigen Anwendern unterstützen soll, gilt es in Erfahrung zu bringen, inwieweit sich ein solcher Anwendungsfall durch die vorhandenen Infrastrukturressourcen ohne Beeinträchtigung der Lade- und Zugriffszeiten realisieren lässt.

- Die **immateriellen Ressourcen** eines Unternehmens umfassen z. B. den Markennamen, die Unternehmenskultur oder das Image. Zwar lassen sich solche Ressourcen nur schwer quantifizieren, sie sind allerdings in ihrer Bedeutung nicht zu unterschätzen. So hat das Image z. B. einen nachhaltigen Einfluss darauf, inwieweit das mit dem Unternehmen assoziierte Angebot von Kunden, Partnern und Analysten als glaubhaft und überlegen im Wettbewerb wahrgenommen wird. Gleichzeitig hat das Image auch Einfluss darauf, inwieweit das Unternehmen auf dem Markt für Humanressourcen als attraktiver Arbeitgeber wahrgenommen wird.

Von der Zugriffsmöglichkeit auf die **Finanzressourcen** hängt es schließlich ab, in welchem Umfang die drei zuvor skizzierten Ressourcenarten zur Realisierung eines bestimmten Geschäftsmodells bereitgestellt werden können.

Die Analyse der Ressourcen kann grundsätzlich anhand von Checklisten erfolgen, wie sie bereits im Zuge der Konkurrentenanalyse angesprochen wurden (vgl. 2.2.3). Eine solche qualitative und quantitative Bestandsaufnahme sagt in der Regel jedoch wenig aus. Erst wenn man die vorhandenen Ressourcen in Bezug zu den Unternehmenszielen setzt, wird deutlich, welche Bedeutung sie haben. Abb. 44 zeigt eine entsprechende Beurteilung der Ressourcen, die in Abhängigkeit ihrer Leistungsausprägung und ihres Beitrags zur Erreichung der Unternehmensziele in eine Matrix mit vier Feldern platziert werden.

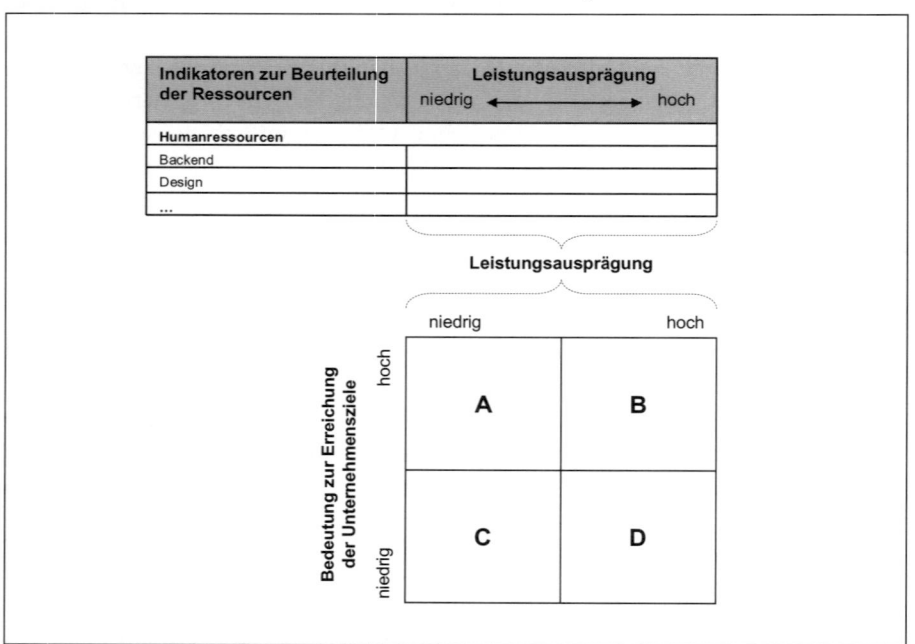

Abb. 44: Beitrag der Ressourcen zur Erreichung der Unternehmensziele

- In **Feld A** werden solche Ressourcen zusammengefasst, die für das jeweilige Geschäftsmodell zwar von hoher Bedeutung, aber im Unternehmen nur bedingt vorhanden oder schwach ausgeprägt sind. Folglich gilt es den Aufbau dieser Ressourcen zu forcieren.

- In **Feld B** sind Ressourcen platziert, die eine hohe Bedeutung für die erfolgreiche Umsetzung des anvisierten Geschäftsmodells haben und bereits stark im Unternehmen ausgeprägt sind.

- Relativ unbedeutend sind Ressourcen in **Feld C**. Sie sind nur schwach ausgeprägt und spielen – vor dem Hintergrund des betrachteten Geschäftsmodells – eine untergeordnete Rolle.

- In **Feld D** sind Ressourcen platziert, die im Unternehmen stark ausgeprägt sind, aber nicht zur Erreichung der Unternehmensziele beitragen. Sie spielen zur Erreichung der Unternehmensziele – trotz ihrer hohen Leistungsausprägung – keine entscheidende Rolle.

Inwieweit das Unternehmen auf Basis seiner Ressourcen einen Wettbewerbsvorteil realisiert, hängt aber nicht alleine von ihrem Beitrag zur Zielerreichung ab. Vielmehr spielen die Fähigkeiten bzw. Kompetenzen des Unternehmens eine entscheidende Rolle, diese Ressourcen derart miteinander zu kombinieren, dass sie in dieser Form rar sind und dem Kunden einen im Wettbewerbsvergleich höheren Nutzen stiften. Inwieweit das Unternehmen diesen Wettbewerbsvorteil langfristig halten und ausbauen kann, hängt dann maßgeblich davon ab, ob die Substitution, Imitation oder der Transfer dieser Ressourcenkombinationen durch Konkurrenten verhindert werden kann (vgl. Abb. 45).

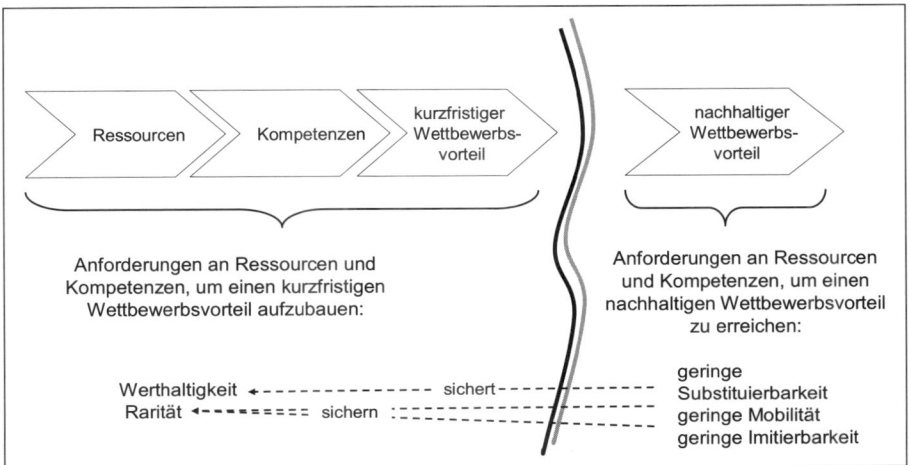

Abb. 45: Zusammenspiel von Ressourcen und Kompetenzen (vgl. Wade/Hulland 2004)

2.4   Positionierungsentscheidungen mit der Portfoliotechnik

2.4.1   Grundlagen der Portfolioanalyse

Bei der Portfolioanalyse handelt es sich um eine der bedeutendsten Techniken im strategischen Management, die in idealtypischer Weise die Ergebnisse der extern gerichteten Umwelt- und Wettbewerbsanalyse mit der intern gerichteten Unternehmensanalyse verbindet. Ursprünglich entstammt diese Technik der finanzwirtschaftlichen Portefeuille-Theorie, bei der ein Portfolio eine Zusammenstellung unterschiedlicher Wertpapiere darstellt (vgl. Markowitz 1952). Grundgedanke dieser Theorie ist es, anstelle der Investition eines Betrags in ein Wertpapier das Anlagerisiko durch die Streuung des Betrags auf mehrere Anlagemöglichkeiten zu reduzieren. Anfang der 70er Jahre wurden diese Überlegungen auf die Analyse unternehmensstrategischer Probleme übertragen, um die Positionierung des Unternehmens im Markt zu bewerten und Hinweise darüber zu erhalten, inwieweit den verschiedenen Produktbereichen Ressourcen zugewiesen werden sollen, um deren Position zu verbessern. Damit unterstützt die Portfolioanalyse die Produkt-/Marktpositionierung und Ausrichtung des Geschäftsmodells.

Den Ausgangspunkt einer solchen Analyse bildet die Identifikation und Abgrenzung der verschiedenen Produkt-/Marktkombinationen bzw. strategischen Geschäftseinheiten. Sie werden dann in einen Beurteilungszeitraum in Form einer Matrix eingetragen, die man anhand einer Umwelt- und Unternehmensdimension aufspannt (vgl. Hahn 2006, S. 217). Den daraus entstehenden Feldern werden dann Normstrategien zugewiesen, wie Unternehmen den Wettbewerb in Abhängigkeit ihrer Position bestreiten können bzw. sollen. Die Platzierung der strategischen Geschäftseinheiten in der Matrix erfolgt in Abhängigkeit ihrer Merkmalsausprägung im Hinblick auf die Umwelt- und Unternehmenssituation. Hat man alle Geschäftseinheiten des Unternehmens dementsprechend eingetragen, gelangt man zu einer Beschreibung der Ist-Situation des Unternehmens. Sie dient als Ausgangspunkt, um den Soll-Zustand bzw. das Zielportfolio zu spezifizieren (vgl. Abb. 46). Aus der Beschreibung des Geschäftsmodells sollten dann im nächsten Schritt die Ansatzpunkte zur Überwindung der Diskrepanz zwischen dem Ist- und dem Soll-Zustand aufgezeigt werden.

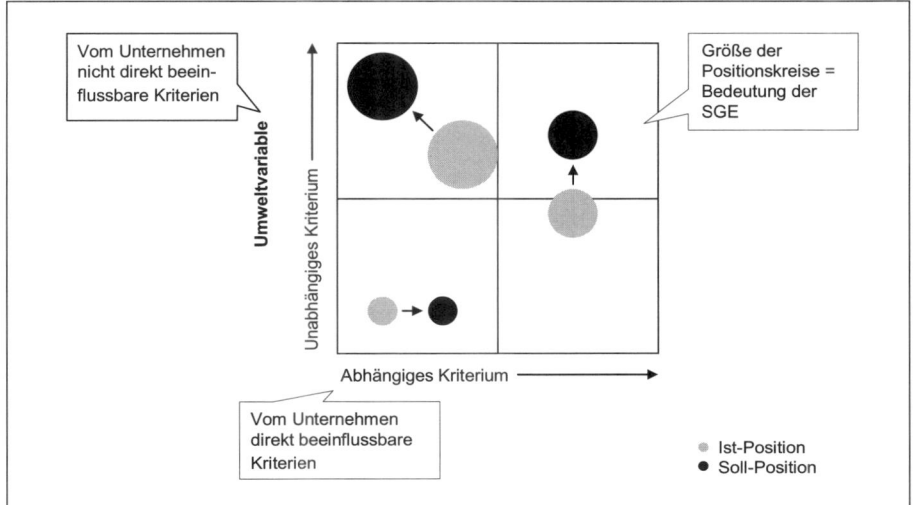

Abb. 46: Grundaufbau der Portfolioanalyse (vgl. Bullinger 1994, S. 144)

2.4.2   Ausgewählte Portfoliokonzepte

In der Literatur wurden zahlreiche Portfoliokonzepte vorgelegt, die sich mit der Produkt-/Marktpositionierung des Unternehmens beschäftigen. An dieser Stelle wird jedoch nicht der Anspruch erhoben, einen vollständigen Literaturüberblick zu geben. Vielmehr werden im weiteren Verlauf nur solche Portfoliokonzepte ausführlicher betrachtet, die einen hohen Verbreitungsgrad in der Unternehmenspraxis haben oder einen engen Bezug zum Thema E-Business aufweisen. Im Einzelnen handelt es sich dabei um das

- Marktwachstums-Marktanteils-Portfolio,

- Profitabilitäts-/Wachstumsportfolio,

- Technologieportfolio und

- Informationsintensitätsportfolio.

Bei dem **Marktwachstums-Marktanteils-Portfolio** handelt es sich um eines der bekanntesten Portfoliokonzepte, das die Boston Consulting Group bereits Ende der 60er Jahre entwickelt hat. Wie der Name dieses Konzeptes bereits andeutet, wird es anhand der Merkmale „Marktwachstum" und „Marktanteil" hergeleitet. Diese Merkmale können entweder „hoch" oder „niedrig" ausgeprägt sein. Setzt man diese Merkmale zueinander in Bezug, resultiert daraus eine Matrix mit vier Normstrategien (vgl. Abb. 47).

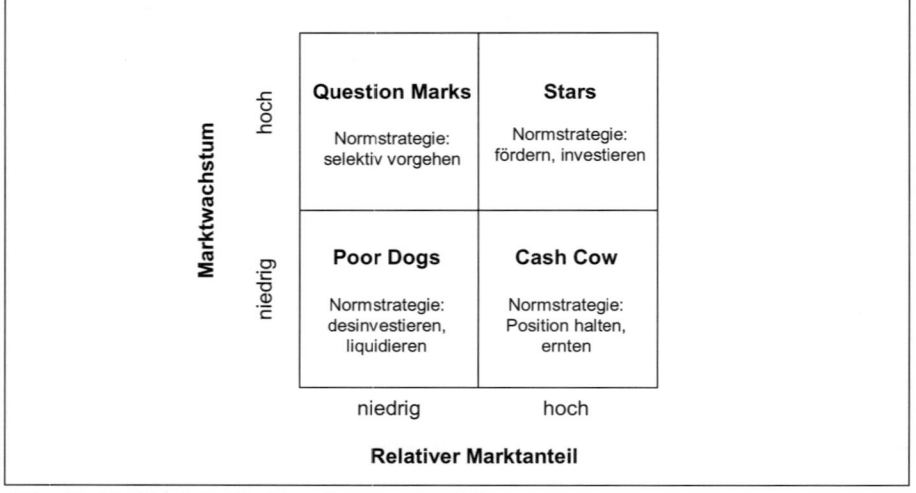

Abb. 47: Marktanteils-Marktwachstums-Portfolio

- **Starprodukte** weisen im Vergleich mit dem stärksten Konkurrenten einen relativ hohen Marktanteil sowie hohe Wachstumsraten auf. Um ihre Wettbewerbsposition abzusichern und auszubauen, werden deshalb zusätzlich Investitionen in diese Produkte empfohlen, da anzunehmen ist, dass sie in Zukunft die potenziellen Cash Cows des Unternehmens darstellen.

- Bei den **Cash Cows** handelt es sich um Produkte mit hohem Marktanteil und geringem Wachstum. Da mit solchen Produkten aufgrund ihres hohen Marktanteils in der Regel ein hoher Finanzmittelrückfluss einhergeht, sollte die gegenwärtige Position gehalten werden, um die Kaufkraft der Kunden abzuschöpfen. Weitere Investitionen zieht man aufgrund des geringen Marktwachstums nicht in Erwägung.

- Die durch die Cash Cows generierten finanziellen Mittel können zur Finanzierung junger Produkte genutzt werden, die sich noch in einer frühen Phase ihres Lebenszyklus befinden und aufgrund ihres geringen Marktanteils noch keine Gewinne abwerfen. Allerdings lässt sich die Marktentwicklung solcher Nachwuchsprodukte nur schwer einschätzen, so dass mitunter auch ein Rückzug aus dem betreffenden Segment in Betracht kommt. Aufgrund der unsicheren Entwicklungsrichtung bezeichnet man diese Produkte als **Question Marks.**

- Der Marktanteil und das Marktwachstum bei den **Poor Dogs** sind gering. Sie befinden sich in der Niedergangsphase und generieren keine Gewinne mehr. Als Normstrategie legt man hier eine Desinvestition nahe, um die frei werdenden finanziellen Mittel förderungswürdigen Produkten zuzuführen.

Bei dem **Profitabilitäts-/Wachstumsportfolio** handelt es sich um ein wertorientiertes Portfoliokonzept (vgl. hierzu auch Günther 2004), das auf dem Marktwachstums-Marktanteils-Portfolio aufbaut. So wird auch hier zwischen Starprodukten, Cash Cows etc. differenziert. Durch den Bezug zur wertorientierten Unternehmensführung lässt sich jedoch – im Gegensatz zum Marktanteils-Marktwachstums-Portfolio – ein expliziter Bezug zu den Unternehmenszielen herstellen, die nach Rappaport auf die Steigerung des Unternehmenswertes auszurichten sind (vgl. 1998). Das eigentliche Portfolio wird anhand des so genannten „Spreads" und der „Veränderung des gebundenen Kapitals" hergeleitet.

- Der **Spread** bezeichnet die Differenz zwischen der erwirtschafteten Rendite (ROCE) und den Kapitalkosten (WACC); der ROCE bringt die Verzinsung des eingesetzten und gebundenen Kapitals zum Ausdruck. Dieser Spread ist in Abb. 48 auf der Ordinate abgetragen. An der dort eingezeichneten vertikalen Trennlinie nimmt er einen Wert von 0 an, d. h., die Rendite (ROCE) entspricht genau dem Kapitalkostensatz (WACC).

- Auf der Abszisse werden die Wachstumsraten der Geschäftseinheiten, gemessen anhand der **Veränderung des gebundenen Vermögens**, abgetragen. Die horizontale Trennlinie grenzt hier wachsende von schrumpfenden Geschäftsfeldern ab.

Die Empfehlung des Profitabilitäts-/Wachstumsportfolios läuft darauf hinaus, lediglich in solche Geschäftsfelder zu investieren, deren Renditen (ROCE) die Kapitalkosten (WACC) übersteigen. Im Idealfall sollte das Unternehmen möglichst viele Geschäftsfelder im oberen rechten Quadranten haben, um den Unternehmenswert maximal zu steigern. Bei wachsenden Geschäftsfeldern mit negativem Spread gilt es dagegen zu prüfen, inwieweit und auf welchem Wege deren Rentabilität gesteigert werden kann. Ist eine solche Steigerung nicht realisierbar, sollte der Rückzug aus dem Geschäftsfeld erfolgen. Analog dieser Argumentation muss das Unternehmen bei schrumpfenden Geschäftsfeldern mit positiven Renditen klären, durch welche Maßnahmen es das Wachstum forcieren oder zumindest die Verweildauer in diesem Segment ausdehnen kann.

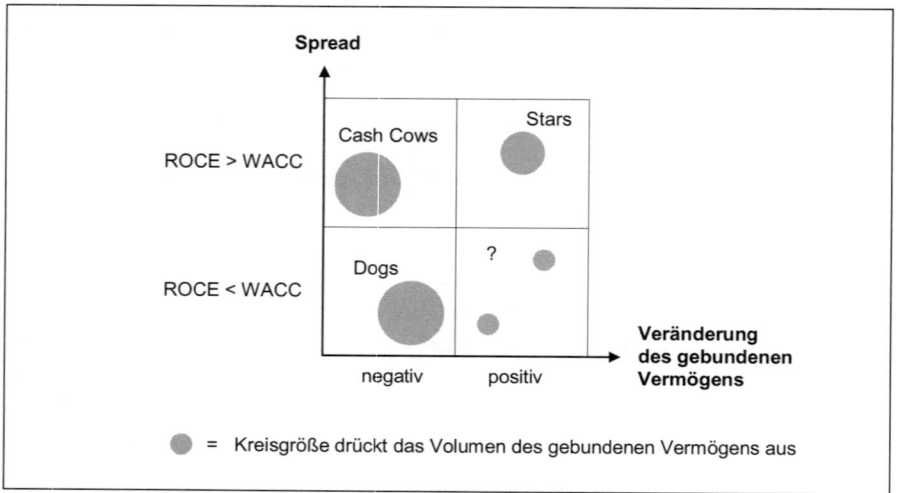

Abb. 48: Profitabilitäts-/Wachstumsportfolio (vgl. auch Hungenberg 2006)

Anders als bei den bislang vorgestellten Portfoliokonzepten stehen beim **Technologieportfolio** nicht Produkte, sondern die ihnen zugrunde liegenden Technologien im Vordergrund. Sie werden auf der Ordinate in Abhängigkeit ihrer Attraktivität für das Unternehmen abgetragen. Auf der Abszisse wird hingegen die relative Ressourcenstärke des Unternehmens – im Vergleich zum wichtigsten Konkurrenten – abgebildet. Von der Ressourcenstärke hängt es nun ab, inwieweit das Unternehmen die ihm zur Verfügung stehenden Technologien gewinnbringend auf dem Markt nutzen kann. Zur Beurteilung der Technologien und Ressourcen schlagen Pfeiffer/Dögl verschiedene Leitfragen vor, um Rückschlüsse auf deren Positionierung ziehen zu können (vgl. Abb. 49). Deren Beantwortung setzt in der Regel eine Umwelt- und Unternehmensanalyse voraus, um die in Abb. 49 skizzierten Indikatoren adäquat zu beurteilen. Auf dieser Grundlage lassen sich dann Gestaltungsempfehlungen ableiten. Sie laufen – analog den bereits vorgestellten Portfoliokonzepten – darauf hinaus, den Technologien in Abhängigkeit ihrer gegenwärtigen und anvisierten zukünftigen Positionierung mehr oder weniger finanzielle Mittel zuzuführen bzw. den Rückzug aus den betreffenden Bereichen zu veranlassen.

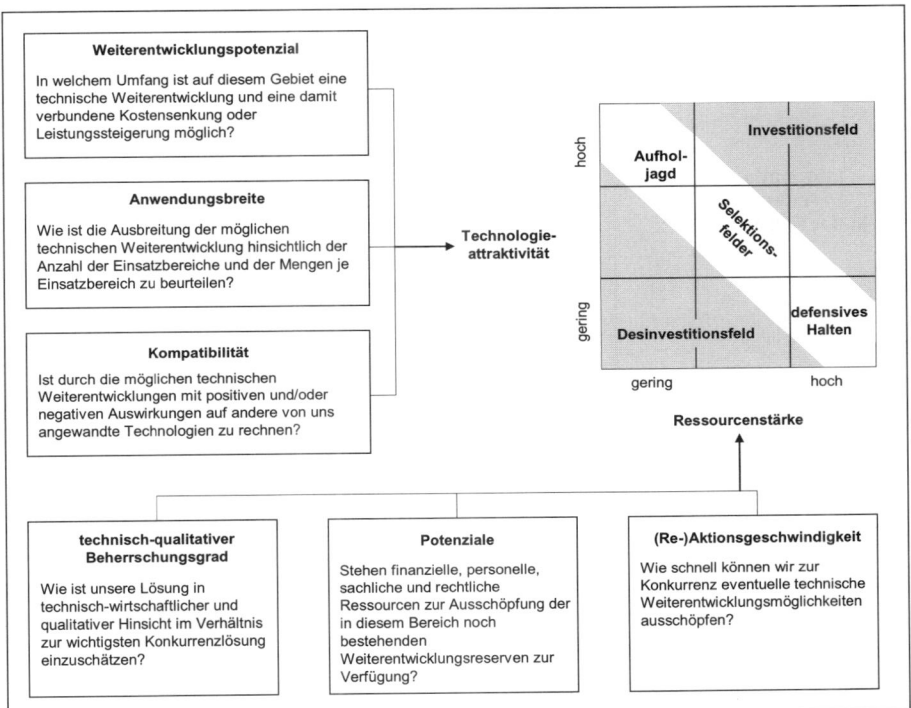

Abb. 49: Aufbau des Technologieportfolios (vgl. Pfeiffer/Dögl 1999)

Das **Informationsintensitätsportfolio** dient der Identifikation informations-intensiver Geschäftsfelder (vgl. Porter/Millar 1985). Solche Geschäftsfelder lassen sich anhand von zwei Merkmalen charakterisieren:

- Die „Informationsintensität der Leistung" bezieht sich auf die Erklärungs-bedürftigkeit der betreffenden Leistung und kommt unter anderem im Schu-lungs-/Beratungsbedarf zum Ausdruck.

- Bei der „Informationsintensität der Wertkette" geht es dagegen um die Be-deutung von Informationen während des Wertschöpfungsprozesses, also bei der eigentlichen Leistungserstellung.

Aus der Kombination dieser Merkmale resultiert wiederum eine Matrix mit vier Feldern, die sich auf die Informationsintensität des jeweiligen Geschäftsfeldes beziehen (vgl. Abb. 50).

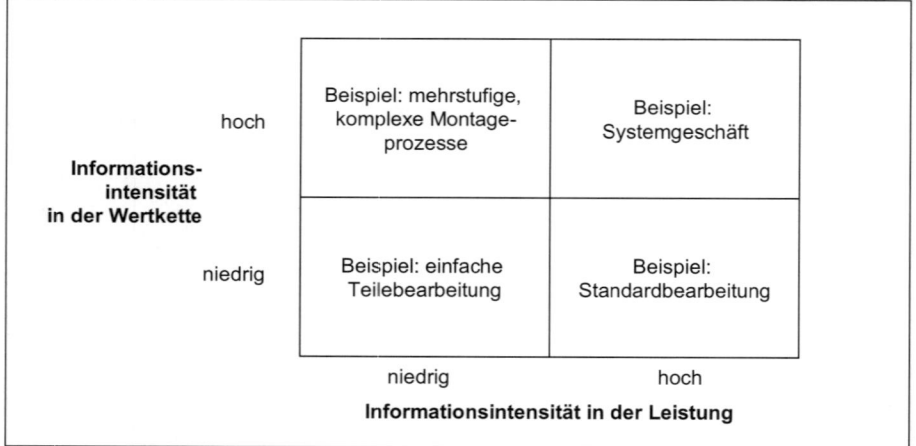

Abb. 50: Informationsintensitätsportfolio (vgl. Porter/Millar 1985; Picot et al. 2003, S. 190)

In Geschäftsfeldern mit einer hohen Informationsintensität können E-Business-Technologien tendenziell zu einer Optimierung der Geschäftsprozesse beitragen, indem sie z. B. die Informationsverarbeitung beschleunigen oder automatisieren. Alleine aufgrund dieses Portfolios ist es jedoch nicht möglich, eine Aussage darüber zu treffen, ob das Unternehmen in E-Business-Technologien investieren sollte, da das Informationsintensitätsportfolio die gegenwärtige Wettbewerbssituation und Ressourcenstärke des Unternehmens ausblendet. In Abb. 51 werden daher die informationsintensiven Geschäftsfelder in Bezug zur gegenwärtigen Wettbewerbsposition des Unternehmens gesetzt, woraus sich die folgenden vier Normstrategien ableiten lassen:

- Eine **aggressive Investitions- bzw. Entwicklungsstrategie** sollte nur dann in Erwägung gezogen werden, wenn das Unternehmen eine starke Wettbewerbsposition in einem informationsintensiven Geschäftsfeld einnimmt. In diesem Fall können leistungsstarke IT-Systeme maßgeblich die Wettbewerbsposition im Vergleich zur Konkurrenz verbessern, z. B. in Form einer Erhöhung des Automatisierungsgrades oder der Reduktion der Durchlaufzeiten zentraler Geschäftsprozesse.

- Korrespondiert eine schwache Wettbewerbsposition dagegen mit einer niedrigen Informationsintensität, liegt eine **Defensivstrategie** und damit ein Abzug der finanziellen Mittel aus dem betreffenden Geschäftsfeld nahe.

- Bei der **Momentumstrategie** wird davon ausgegangen, dass die derzeit verwendeten Technologien den gegenwärtigen Anforderungen entsprechen.

Im Kern geht es hier darum, die technologische Entwicklung zu beobachten, um potenziellen Handlungsbedarf frühzeitig zu erkennen.

- Die **moderate Entwicklungsstrategie** befindet sich zwischen der aggressiven Entwicklungsstrategie und der Momentumstrategie. Hier werden in der Regel nur ausgewählte IT-Projekte gefördert.

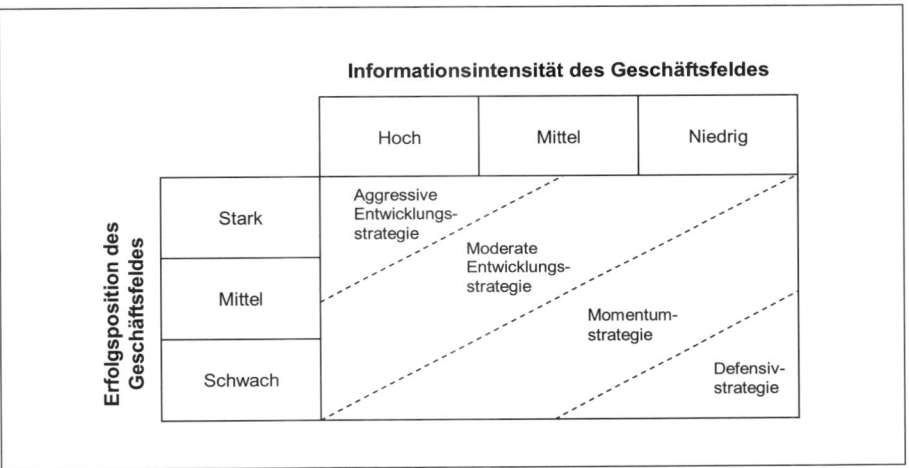

Abb. 51: Ableitung von Normstrategien bezüglich der Entwicklung und des Einsatzes von Informationstechnologien (vgl. Picot et al. 2003, S. 191)

2.4.3   Beurteilung der Portfoliotechnik zur Positionierung von E-Business Unternehmen

Aus den vorangegangenen Ausführungen ging hervor, dass sich anhand der Portfolioanalyse die Ergebnisse von Umwelt- und Unternehmensanalyse in idealtypischer Weise zusammenführen und systematisieren lassen. Damit leistet diese Technik einen wichtigen Beitrag, um eine Positionierungsentscheidung herbeizuführen. Nicht zuletzt aus diesem Grund avancierte die Portfoliotechnik zu einem Standardinstrument der strategischen Planung. Hinzu kommt, dass sich anhand dieser Technik die gegenwärtige und angestrebte Wettbewerbsposition relativ einfach visualisieren lässt. Aus demselben Grund wird die Portfoliotechnik jedoch auch massiv kritisiert, da durch die Verwendung von lediglich zwei Dimensionen eine drastische Verallgemeinerung der Wettbewerbsposition und teilweise auch eine Ausblendung wichtiger Einflussfaktoren erfolgt. Im Hinblick auf die Anwendbarkeit im E-Business müssen teilweise sogar **metho-**

dische Defizite konstatiert werden. Beispielsweise liegt dem Marktanteils-Marktwachstums-Portfolio die Annahme zugrunde, dass es sich bei den zu erbringenden Leistungen um physische Güter handelt (vgl. hierzu ausführlicher Hahn 2006). Deren Unterschiede im Vergleich zu digitalen Gütern – z. B. im Bereich der Kostenstrukturen – berücksichtigt dieses Portfoliokonzept jedoch nicht, weshalb es lediglich als eine Art Orientierungshilfe anzusehen ist. Auch das Profitabilitäts-/Wachstumsportfolio sollte die Positionierungsentscheidung von E-Business-Unternehmen lediglich flankieren (vgl. Hahn 2006, S. 226), da die Positionierungsentscheidung hier maßgeblich von der Höhe des gebundenen Kapitals abhängt. Dessen Höhe fällt bei E-Business-Unternehmen – die weniger kapital- als informationsintensiv arbeiten – im Vergleich zu traditionellen oftmals nur gering aus. Positiv am Technologieportfolio ist zu bewerten, dass die Technologien hier explizit in die Analyse einbezogen und damit implizit als „Enabler" angesehen werden. Damit trägt es der immer größer werdenden Bedeutung der Informations- und Kommunikationstechnologien Rechnung. Seine Anwendbarkeit wird jedoch insofern eingeschränkt, als mit der Konstruktion des Portfolios – wie auch bei den anderen Portfoliokonzepten – eine statische Bestandsaufnahme der gegenwärtigen Wettbewerbssituation erfolgt, auf deren Grundlage die zukünftige Position der jeweiligen Geschäftseinheit festgelegt wird. Die Positionierungsentscheidungen sind für die zukünftige Gestaltung des Geschäftsmodells damit jedoch nur dann von Bedeutung, wenn es zu keinen Diskontinuitäten im Wettbewerbsumfeld kommt. Solche Diskontinuitäten sind allerdings gerade für das E-Business als typisch anzusehen (vgl. auch 1.1.3.4).

Der **„Mehrwert" der Portfolioanalyse** für die Entwicklung von Geschäftsmodellen ist vor diesem Hintergrund weniger darin zu sehen, exakte Ergebnisse zu generieren. Vielmehr soll sie zu einer Systematisierung der Planungsaufgabe zwingen und damit Diskussionen hinsichtlich der Ausrichtung des Geschäftsmodells anregen. So sind die Entscheidungsträger dazu gezwungen, die aus ihrer Sicht zentralen Einflussfaktoren systematisch aufzuarbeiten und sich über deren Bedeutung – nicht zuletzt im Hinblick auf die finanzielle Ertragskraft der jeweiligen Geschäftseinheiten – Klarheit zu verschaffen. Aus diesem Grund wird ihre Bedeutung auch im E-Business betont (vgl. z. B. Kropf 2003).

2.5 Wiederholungsfragen

(1) Welche Bedeutung haben Visionen und Ziele bei der Gestaltung eines Geschäftsmodells? Zwischen welchen monetären und nicht-monetären Zielgrößen kann man dabei im E-Business differenzieren?

(2) Inwieweit lassen sich traditionelle Segmentierungsansätze im E-Business verwenden?

(3) Anhand welcher Kriterien können Online-Marktsegmente bewertet werden?

(4) Skizzieren Sie das Modell der fünf Wettbewerbskräfte. Inwieweit lässt es sich in seiner traditionellen Form zur Marktanalyse im E-Business verwenden? Gehen Sie in Ihrer Antwort auch auf Weiterentwicklungen des traditionellen Modells der fünf Wettbewerbskräfte ein.

(5) Erläutern Sie die Vorgehensweise bei der Konkurrenzanalyse in elektronischen Netzwerken.

(6) Womit beschäftigt sich die wertorientierte Unternehmensführung?

(7) Was versteht man unter Werttreibern? Gehen Sie in Ihrer Antwort auch darauf ein, inwieweit traditionelle Werttreiber im E-Business verwendet werden können.

(8) Skizzieren Sie die Vorgehensweise bei der Ermittlung des Unternehmenswertes bei der DCF-Methode.

(9) Zwischen welchen Ressourcenarten kann man bei der Unternehmensanalyse im E-Business differenzieren? Unter welchen Umständen tragen Ressourcen zur Erreichung der Unternehmensziele bei?

(10) Erläutern Sie den Grundgedanken der Portfolioanalyse. Inwieweit kann dieses Instrument die Positionierungsentscheidung von Unternehmen unterstützen?

3   Wertschöpfung in elektronischen Netzwerken

Lernziele

Mit der Positionierungsentscheidung legt das Unternehmen fest, welche Leistungen es in welchem Marktsegment anbietet. Nachdem so eine Grundsatzentscheidung getroffen wurde, gilt es zu klären, wie die Wertschöpfungsprozesse gestaltet und koordiniert werden können, um die betreffenden Leistungen zu erbringen. Vor diesem Hintergrund werden Sie sich in diesem Kapitel mit den folgenden Fragestellungen beschäftigen:

- Welchen Einfluss hat die zunehmende Digitalisierung auf die Wertschöpfungsprozesse in Unternehmen?

- Unter welchen Umständen sollte ein Unternehmen Leistungen selbst erstellen oder über den Markt beziehen?

- Wie lassen sich die Wertschöpfungsprozesse modellieren und optimieren?

- Welche Rolle spielen elektronische Handelssysteme zur Koordination der Wertschöpfungsprozesse und welche Einsparpotenziale gehen mit ihrem Einsatz einher?

Nach der Durcharbeit dieses Kapitels sollen Sie in der Lage sein, diese Fragen zu beantworten.

3.1   Wertketten im E-Business

Der Begriff Wertschöpfung umschreibt im Allgemeinen die Transformation vorhandener Güter und Faktorposten in Güter mit einem höheren Nutzen. Durch die Nutzensteigerung ist es dem Unternehmen möglich, das betreffende Gut zu einem höheren Geldwert zu veräußern. Die unternehmerische Tätigkeit ist insofern auf die Wertschöpfung und damit auf die Einkommenserzielung gerichtet. In Form so genannter Wertketten werden dabei in vereinfachter Form die Aktivitäten dargestellt, die das Unternehmen zum Zweck der Wertschöpfung bzw. Leistungserstellung erbringen muss (vgl. Porter 1999). Solche

Wertketten setzen sich aus primären und unterstützenden Tätigkeiten zusammen, die gemeinsam die Gewinnspanne des Unternehmens beeinflussen. Die primären Tätigkeiten umfassen die Bereiche Eingangslogistik, Produktion, Marketing und Vertrieb, Ausgangslogistik sowie den Kundendienst und hängen unmittelbar mit der Leistungserstellung, ihrem Verkauf und der Kundenbetreuung zusammen. Um den reibungslosen Ablauf der Leistungserstellung zu gewährleisten, bedarf es jedoch unterstützender Tätigkeiten. Sie umfassen die Infrastrukturentwicklung, Personalwirtschaft, Technologieentwicklung und Beschaffung (vgl. Abb. 45). Nachdem ein Unternehmen so eine Wertkette aufgestellt hat, werden den verschiedenen Teileelementen die im Zuge der Unternehmensanalyse identifizierten Ressourcen zugeordnet, um Rückschlüsse darüber zu erhalten, wie die Ressourcen zusammenwirken und in welchen Bereichen das Unternehmen über Kosten- oder Differenzierungsvorteile verfügt.

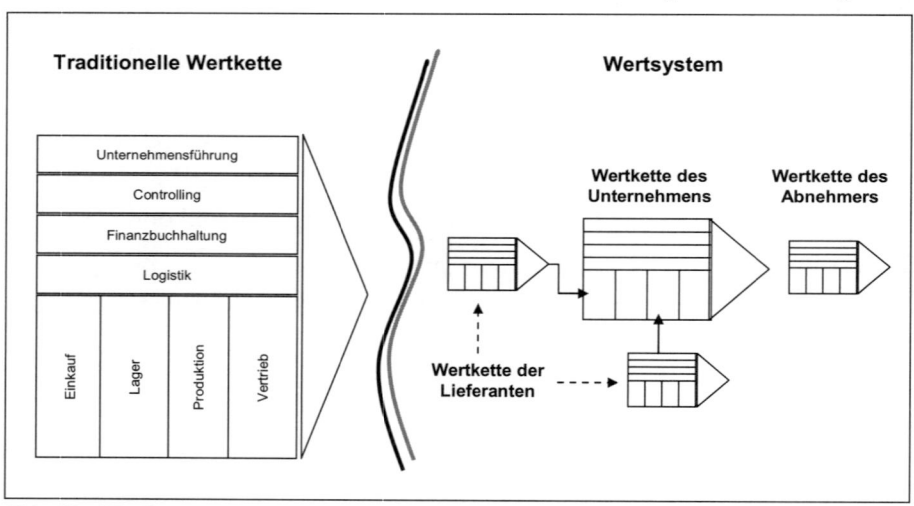

Abb. 52: Wertkette und Wertsystem (vgl. Porter 1999, S. 63)

Prinzipiell können alle der hier genannten Wertschöpfungsaktivitäten innerhalb des Unternehmens abgewickelt werden, womit eine hohe Wertschöpfungstiefe vorliegen würde. Aufgrund der immer kürzer werdenden Entwicklungszyklen, des steigenden Wettbewerbsdrucks im Zuge der Globalisierung und nur begrenzt vorhandener Ressourcen konzentrieren sich Unternehmen jedoch immer stärker auf ihre Kernkompetenzen und damit auf ausgewählte Elemente der Wertkette. Zur Leistungserstellung werden diese Elemente dann mit den Wertketten kooperierender Unternehmen verflochten (vgl. Abb. 52). Im Ergebnis resultiert daraus eine unternehmensübergreifende Wertkette, die man teilweise auch als Wertsystem (vgl. Porter 1999) oder Supply-Chain bezeichnet (vgl. zum internetbasierten Supply-Chain-Management Wecker/Wirtz 2007).

Die Wertkette und das Wertsystem beruhen in ihrer traditionellen Form auf der Annahme, dass es sich bei den vom Unternehmen erbrachten Leistungen um physische Güter handelt, deren Fertigung in Form eines linear ablaufenden Produktionsprozesses erfolgt. Diese Annahme gilt im Kontext elektronischer Netzwerke jedoch nicht mehr, da im E-Business zahlreiche Leistungen vordergründig auf digitalem Wege ausgetauscht bzw. erbracht werden. Es ist wichtig, auf diesen Umstand hinzuweisen, da sich die Entmaterialisierung und Virtualisierung von Produkten und Wertschöpfungsaktivitäten mitunter massiv auf die bestehenden Wertketten und -systeme auswirkt. Diese Auswirkungen lassen sich zu zwei Punkten zusammenfassen (vgl. Chircu/Kauffman 1999a/b):

- Disintermediation der Wertkette

- (Re-)Intermediation der Wertkette

Mit der **Disintermediation** der Wertkette wird auf den Sachverhalt abgestellt, dass durch den IKT-Einsatz bislang etablierte Intermediäre im Wertsystem übersprungen und teilweise vollkommen ausgeschaltet werden. Besonders deutlich lässt sich das in der Filmbranche beobachten. So waren die hier ansässigen Rechtehändler in den vergangenen Dekaden für die Vermarktung der Filmrechte zuständig. In Wahrnehmung dieser Aufgaben haben sie unter anderem die Filme an Kinos verliehen und die dafür erforderlichen Filmrollen vervielfältigt. Über elektronische Marktplätze ist es den Filmstudios jedoch möglich, diese Zwischenhändler zu überspringen und ihre Filme ohne Qualitätsverlust, zu geringeren Kosten und schneller als in der Vergangenheit direkt an Filmtheater oder private Haushalte zu lizenzieren (vgl. Abb. 53). Ein Beispiel hierfür stellt der elektronische Marktplatz „Filmmonopol" dar, bei dem es sich um das erste Online-Lizenz- und Rechtehandelportal handelt (vgl. www.filmmonopol.de).

Im E-Business fallen jedoch nicht nur klassische Handelsstufen weg. Ebenso entstehen auch neuartige Intermediäre, die bis dahin nicht vorhandene Wertschöpfungsaktivitäten in vorhandene Wertsysteme integrieren. Diesen Sachverhalt bezeichnet man als **(Re-)Intermediation**. Konkrete Beispiele hierfür stellen unter anderem Suchmaschinen, elektronische Marktplätze, Online-Auktionshäuser wie eBay oder das Unternehmen Spreadshirt dar. Letztgenanntes hat seinen Besuchern z. B. ermöglicht, Kleidungsstücke nach ihren eigenen Vorstellungen zu entwerfen und in Form eigener Shops zu vermarkten. Spreadshirt konzentriert sich lediglich darauf, die Infrastruktur zur Verfügung zu stellen und im Fall einer Bestellung die notwendigen Logistikprozesse zu initiieren (vgl. www.spreadshirt.de). Im Gegensatz zum traditionellen Online-Handel wurden die Anwender damit – auf Grundlage neuer Techniken wie z. B. AJAX (vgl. 1.3.2.2) – erstmals in den Vermarktungsprozess involviert.

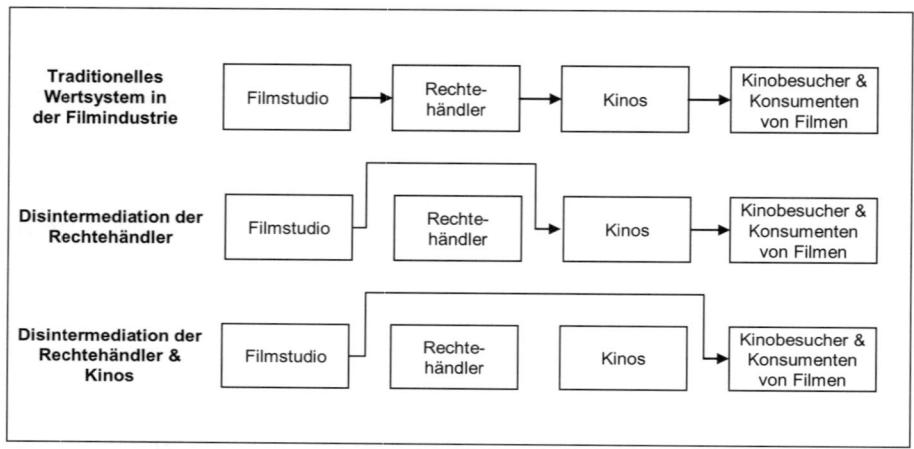

Abb. 53: Disintermediation in der Filmindustrie

Aus den obigen Ausführungen geht hervor, dass Unternehmen im Zeitalter des E-Business teilweise Aufgaben in Eigenregie erbringen können, für deren Erbringung sie in der Vergangenheit auf spezialisierte Dienstleister angewiesen waren. Dies führt unmittelbar zu der Frage, unter welchen Umständen Unternehmen bestimmte Leistungen selbst erbringen oder über den Markt beziehen sollten. Mit dieser Fragestellung beschäftigt sich die Transaktionskostentheorie.

3.2   Bestimmung der Wertschöpfungstiefe

3.2.1   Bestimmung der Wertschöpfungstiefe auf Basis von Transaktionskosten

Die zentrale Analyseeinheit der Transaktionskostentheorie stellen **Transaktionen** dar. Mit einer Transaktion ist hier jedoch nicht der Prozess des Güteraustausches gemeint. Vielmehr umschreibt der Transaktionsbegriff die Übertragung von Verfügungsrechten. In einer abstrakten Begriffsumschreibung kann man Transaktionen insofern als Vertragsverhandlungen ansehen, die Bezug auf bestimmte Produkte und/oder Dienstleistungen nehmen. Die im Zuge dieser Verhandlungen anfallenden Kosten bezeichnet man als Transaktionskosten. Sie umfassen sämtliche Opfer und Nachteile, die mit der Anbahnung und dem Abschluss eines Vertrags sowie nach Vertragsabschluss anfallen (vgl. Picot 1991, S. 344).

- Zu den **Anbahnungskosten** zählen z. B. die Informations- und Suchkosten, um potenzielle Geschäfts- bzw. Transaktionspartner zu identifizieren.

- Die **Kosten des Vertragsabschlusses** umfassen sämtliche Aufwände, die im Zuge der Vertragsverhandlung anfallen.

- Nach dem Vertragsabschluss fallen die **Überwachungs- und Anpassungskosten** ins Gewicht, sei es aufgrund der Kontrolle von Vertragspartnern oder nachträglicher Vertragsanpassungen.

In der Transaktionskostentheorie geht man davon aus, dass es alleine von der Höhe der Transaktionskosten abhängt, ob Unternehmen bestimmte Wertschöpfungsaktivitäten selbst erbringen oder über den Markt beziehen. Dementsprechend läuft die Kernaussage dieser Theorie darauf hinaus, dass sich Unternehmen bei der Erbringung einer Leistung für die Vertrags-/Organisationsform mit den geringsten Transaktionskosten entscheiden sollten. Es ist jedoch als problematisch anzusehen, dass sich deren Höhe nicht ohne weiteres bestimmen lässt. Vielmehr muss diagnostiziert werden, dass die Operationalisierung von Transaktionskosten ein bislang ungelöstes Problem darstellt (vgl. z. B. Burr 2003). Dem ist jedoch hinzuzufügen, dass es innerhalb dieser Theorie weniger darum geht, die absolute Höhe der Transaktionskosten zu quantifizieren. Vielmehr soll deren relative Höhe im Vergleich zu alternativen Koordinationsformen aufgezeigt werden. Zu diesem Zweck werden verschiedene interdependente Indikatoren herangezogen (vgl. Williamson 1985, S. 47–50). Sie beziehen sich zum einen auf das Verhalten der Menschen, denen man opportunistisches Verhalten sowie eine beschränkte Rationalität unterstellt. Zum anderen wird die Höhe der Transaktionskosten von den Merkmalen der eigentlichen Transaktion beeinflusst, zu denen

- Unsicherheit,

- Spezifität und

- Häufigkeit zählen (vgl. auch Picot et al. 2005, S. 58–62).

Von der Ausprägung dieser Merkmale hängt es ab, inwieweit die Menschen tatsächlich ihren eventuell gegebenen opportunistischen Handlungsspielraum nutzen.

Die **Unsicherheit** ist ein Maß für die Vorhersehbarkeit und die Anzahl eventuell notwendiger Änderungen des Vertrags während einer Transaktion. Je häufiger und unvorhersehbarer ein Änderungsbedarf auftritt, desto unsicherer wird die Transaktion. Die Unsicherheit entsteht zum einen aus der Umweltunsicherheit, die aus den Gegebenheiten des Transaktionsumfeldes resultiert. Je komplexer und dynamischer dieses Umfeld ist, desto höher ist die Umweltunsicherheit. Zum anderen spielt die Verhaltensunsicherheit der Transaktionspartner eine entscheidende Rolle. Konkret geht es hier um die Frage, inwieweit sich dem Transaktionspartner ex post unvorhersehbare und diskretionäre Verhaltensspielräume eröffnen. Die Verhaltensunsicherheit lässt sich zwar auf vertraglicher Ebene einschränken, z. B. durch die Einführung bestimmter Vertragsklauseln. Allerdings ist es nur in den seltensten Fällen möglich, alle Rahmenbedingungen und Besonderheiten im Vertrag zu berücksichtigen. Aus diesem Grund entsteht im Zeitverlauf eine mehr oder weniger hohe Verhaltensunsicherheit, die zu Kontroll- und Anpassungsmaßnahmen und damit zu steigenden Transaktionskosten führt. Die Verhaltensunsicherheit fällt dabei umso höher aus, je geringer der Kenntnisstand über den Transaktionspartner ist.

Inwieweit sich ein Transaktionspartner tatsächlich opportunistisch verhält, hängt von der **Spezifität der Transaktion** ab. Spezifische Transaktionen sind dadurch gekennzeichnet, dass für ihre Durchführung Investitionen getätigt werden müssen, die für andere Verwendungszwecke nicht oder nur eingeschränkt geeignet sind (vgl. Picot et al. 2005, S. 59). Für den Leistungsersteller besteht in so einer Situation jedoch die Gefahr, dass er seine Investitionen nicht anderweitig verwenden kann. Der Leistungsempfänger erachtet hingegen den Umstand als problematisch, dass er für die erfolgreiche Transaktionsabwicklung auf das spezielle Know-how des Leistungserstellers angewiesen ist. Auf beiden Seiten besteht bei spezifischen Transaktionen somit die Gefahr, in ein Abhängigkeitsverhältnis zu geraten, das die jeweils andere Partei opportunistisch ausnutzen kann, z. B. in Form von Preiserhöhungen. Entsprechend aufwendig gestaltet sich bei spezifischen Transaktionen die Aushandlung einer für beide Seiten akzeptablen Vereinbarung.

Mit der zunehmenden **Häufigkeit von Transaktionen** zwischen zwei Partnern geht man davon aus, dass die Transaktionskosten sinken. Dem liegt die Annahme zugrunde, dass bei häufig wiederkehrenden Transaktionen ein Vertrauensverhältnis zwischen den Vertragspartnern entsteht und die Opportunismusgefahr sinkt. Analog dieser Argumentation fallen die Transaktionskosten bei seltenen Transaktionen tendenziell höher aus.

In Abhängigkeit der Ausprägung der skizzierten Verhaltens- und Transaktionsmerkmale empfiehlt die Transaktionskostentheorie verschiedene **Koordinationsformen**. Sie lassen sich auf einem Kontinuum abtragen, dessen Endpunkte der Markt auf der einen und die Hierarchie auf der anderen Seite bilden. Dazwischen existieren diverse Zwischenformen, wie z. B. Joint Ventures (vgl. Abb. 54). Anhand der oben eingeführten Kriterien zur Beurteilung von Transaktionen lassen sich nun Aussagen bezüglich der situativen Eignung der hier genannten Koordinationsformen ableiten.

- Die Koordination über den **Markt** eignet sich für unspezifische und mit geringer Unsicherheit behaftete Transaktionen, wie z. B. beim Erwerb eines PCs. Bei solchen Leistungen besteht bei den Transaktionspartnern in der Regel kein Anreiz für opportunistisches Verhalten, da der Kunde aufgrund der standardisierten und nicht-spezifischen Leistungen jederzeit den Transaktionspartner wechseln kann. Es besteht somit kein Grund, solche Leistungen innerhalb des eigenen Unternehmens zu erbringen.

- Ab einem gewissen Spezifitäts- und Unsicherheitsgrad verliert die Koordination über den Markt jedoch an Attraktivität, da mit der schriftlichen Fixierung aller Leistungsdetails hohe Kontrollkosten einhergehen. Bei spezifischen Transaktionen mit hoher Unsicherheit sollte die Leistung deshalb über die **Hierarchie** erbracht werden. Über diese Koordinationsform lassen sich solche Transaktionen wesentlich effizienter abwickeln. Gleichzeitig ist es in diesem Fall möglich, den opportunistischen Handlungsspielraum der Arbeitnehmer durch einen standardisierten Arbeits-/Dienstvertrag mit einer Beschreibung der zu verrichtenden Tätigkeiten einzuschränken.

- Zwischen der Hierarchie und dem Markt existieren verschiedene **hybride Koordinationsformen**, die bei einer mittleren Ausprägung der Spezifität und Unsicherheit in Betracht kommen. Die hier im mittleren Bereich liegenden Bedürfnisse nach Schutz und Komplexitätsreduktion lassen sich über solche Zwischenformen mit den geringsten Transaktionskosten abwickeln. Bezüglich der Ausgestaltung hybrider Koordinationsformen bestehen verschiedene Ansatzpunkte, exemplarisch hierfür seien z. B. Joint Ventures genannt, bei denen die Transaktionspartner gemeinsam ein neues und rechtlich selbständiges Unternehmen gründen. Weniger kapitalintensiv und deutlich häufiger sind in der Wirtschaftspraxis jedoch strategische Allianzen anzutreffen, bei denen die Unternehmen auf vertraglicher Ebene eine häufig längerfristige Zusammenarbeit vereinbaren, ohne dass eine der beteiligten Parteien ihre wirtschaftliche oder rechtliche Selbständigkeit aufgibt.

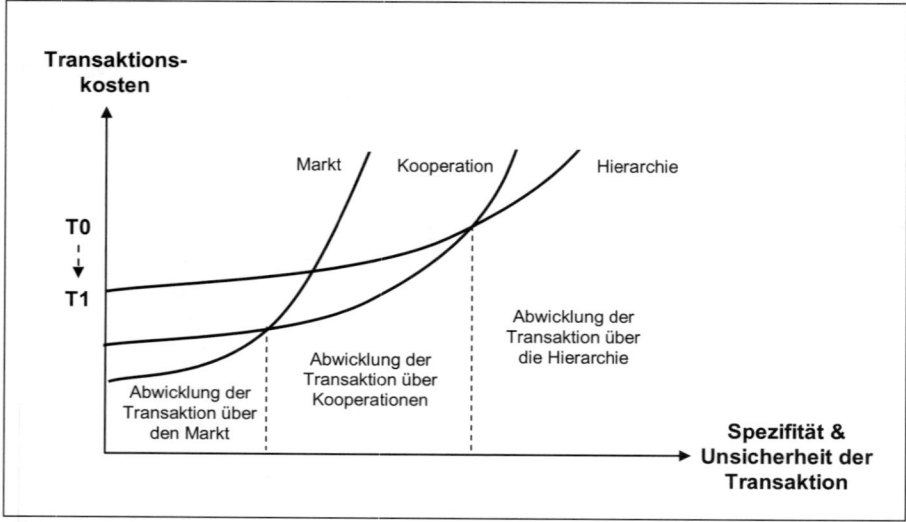

Abb. 54: Koordinationsformen (vgl. Williamson 1991)

Die hier in ihren Grundzügen vorgestellte Transaktionskostentheorie wurde bereits Mitte der 70er Jahre von Williamson entwickelt (vgl. 1975). Zu diesem Zeitpunkt ist man davon ausgegangen, dass Transaktionen ausschließlich in der physischen Welt stattfinden. Dies führt unweigerlich zu der Frage, wie sich die zunehmende Digitalisierung und Entmaterialisierung der Wertschöpfungsaktivitäten auf die Transaktionskosten und damit auf die Wahl einer Koordinationsform auswirkt. Um hierauf eine Antwort zu finden, gilt es den **Einfluss der IKT auf die Transaktionskosten** zu hinterfragen.

- Die Such- und Informationskosten – die im Zuge der Anbahnung einer Transaktion anfallen, um potenzielle Transaktionspartner zu identifizieren – lassen sich durch die IKT im Vergleich zur manuellen Informationssuche tendenziell senken. Über Preis- und Produktvergleichsportale im Internet ist es z. B. sehr einfach, Produktinformationen zu sichten. Intelligente Softwareagenten können standardisierte Rechercheanfragen teilweise auch selbständig bearbeiten. Im Gegensatz dazu erweist sich die Partner-/Produktsuche in der physischen Welt als zeit- und kostenintensiv. Hier muss der Suchende jedem potenziellen Transaktionspartner seine Anforderungen aufs Neue vortragen und das daraufhin abgegebene Angebot manuell auswerten.

- Auch in der Abwicklungsphase von Transaktionen tragen die IKT zu einer Reduzierung der Transaktionskosten bei. Besonders deutlich wird das beim Online-Auktionshaus eBay, bei dem Auktionen als Preisfindungsmechanismus fungieren. Diese Form der Preisermittlung wäre in der physischen Welt aufgrund der damit verbundenen Kosten – alle an der Auktion interessierten Personen müssten sich zu einem bestimmten Zeitpunkt an einem bestimmten Ort treffen – nicht effizient.

- Schließlich lassen sich auch die Überwachungskosten im E-Business reduzieren. Besonders deutlich ist das im Versandhandel, bei dem die Anwender über ihre Auftragsnummer Bestellungen online verfolgen können.

In der Terminologie der Transaktionskostentheorie lässt sich somit sagen, dass der IKT-Einsatz zu einer Reduzierung der Transaktionskosten führt (vgl. auch Amit/Zott 2001; Young/Johnston 2003). Damit wird es für Unternehmen immer attraktiver, einen immer größeren Teil ihrer Wertschöpfungsaktivitäten über den Markt oder hybride Koordinationsformen abzuwickeln. Vor diesem Hintergrund lässt sich z. B. erklären, warum gegenwärtig immer mehr Unternehmen bislang intern erbrachte Leistungen auslagern. Aufgrund der wirtschaftlichen Bedeutung des (IT-)Outsourcing wird dieses Thema im weiteren Verlauf ausführlicher beleuchtet.

3.2.2   (IT-)Outsourcing

3.2.2.1   Grundlagen des Outsourcing

Unter dem Begriff Outsourcing subsumiert man sämtliche Aktivitäten, bei denen es um die Auslagerung betrieblicher Funktionen geht. Sie werden dann von Unternehmen übernommen, die sich auf die jeweiligen Funktionen spezialisiert haben und rechtlich unabhängig vom auslagernden Unternehmen agieren. Die Auslagerung dieser Funktionen stellt eine Verlagerung von Wertschöpfungsaktivitäten auf Zulieferer dar, wodurch sich die Wertschöpfungskette bzw. Leistungstiefe des auslagernden Unternehmens reduziert. Aus Sicht der Transaktionskostentheorie zieht man eine solche Auslagerung in Betracht, wenn die Spezifität der Transaktion gering bis mittel ausfällt (vgl. 3.2.1).

Neben einer Senkung der Transaktionskosten erhofft man sich vom Outsourcing auch eine Optimierung der Kostenstrukturen im Unternehmen. Beispielsweise lassen sich im Zuge der Auslagerung des betrieblichen Rechenzentrums die Anschaffungs-, Instandhaltungs- und Personalkosten senken, da der Outsourcing-Anbieter für die Modernisierung der Hardware sowie die Bereitstellung und Schulung des Personals verantwortlich ist. Bei genauerer Betrachtung der Wirtschaftspraxis stellt man jedoch häufig fest, dass zahlreiche Outsourcing-Vorhaben nicht zu den erhofften Kosteneinsparungen geführt haben (vgl. hierzu auch Matiaske/Mellewigt 2002). Dieser Umstand wird neben den oftmals unterschätzten und langwierigen Verhandlungsprozessen und Qualitätsproblemen bei der Leistungserbringung vor allem auf den fehlenden Einsatz von Management-Techniken und Kontrollmechanismen zurückgeführt, um die Einhaltung der im Outsourcing-Vertrag spezifizierten Leistungen sicherzustellen (vgl. Tiemeyer 2006, S. 338). Theoretisch könnte es auch zu dem Problem kommen, dass sich das auslagernde Unternehmen in ein Abhängigkeitsverhältnis begibt, zumal sich der mit der Auslagerung verbundene Wissensabfluss in Form der Personalfreisetzung nicht ohne weiteres revidieren lässt. In der Praxis ist der opportunistische Handlungsspielraum der Outsourcing-Anbieter jedoch begrenzt, da der Outsourcing-Markt – aufgrund der zahlreichen Anbieter – eine hohe Wettbewerbsintensität aufweist und ein kurzfristig opportunistisches Verhalten mit hoher Wahrscheinlichkeit langfristig zu Nachteilen für den Anbieter (z. B. negatives Image) führt. Weiterhin tragen kürzere Vertragslaufzeiten und der Trend zur selektiven Auslagerung von IT-Funktionen über elektronische Netzwerke zu einer Verringerung dieser Gefahr bei (vgl. auch Abb. 55).

Chancen	Risiken
Kostensenkung/Fixkostenabbau	Abhängigkeit vom Outsourcing-Dienstleister
Planbarkeit der Kosten	Erhöhter Koordinationsaufwand
Abwälzen von Risiken auf den Outsourcing-Dienstleister	hohe Umstellungskosten
Konzentration auf das Kerngeschäft	Kompetenzabfluss ➔ Einschränkung strategischer Optionen
Zugang zu speziellem Know-how	Irreversibilität der Entscheidung

Abb. 55: Chancen und Risiken des Outsourcing (vgl. Kesten et al. 2007, S. 210)

Es bestehen verschiedene Ansatzpunkte, um den skizzierten Problemen bei der Vergabe von Outsourcing-Verträgen vorzubeugen. In der Beraterpraxis wurden z. B. verschiedene Checklisten entwickelt, um Unternehmen eine gewisse Orientierung bei solchen Vorhaben zu geben. Dabei handelt es sich jedoch weniger um eine theoretisch fundierte Auseinandersetzung bzw. Arbeitsanleitung. Solche Checklisten sind vielmehr als Versuch zu werten, durch eine bewusste Beschäftigung mit unterschiedlichen Fragen das geplante Outsourcing-Vorhaben aus unterschiedlichen Perspektiven zu reflektieren. Die dabei verwendeten Leitfragen sind somit nicht theoretisch fundiert, sondern auf den Erfahrungsschatz verschiedener Praktiker zurückzuführen. Sie sollen lediglich dazu beitragen, die am häufigsten anzutreffenden Fehlerquellen zu hinterfragen (vgl. Abb. 56).

1. Ist die Zielsetzung des Vorhabens klar?	☑
2. Welche Leistungen eignen sich für eine Vergabe nach außen?	☐
3. Welche Leistungen sollten weiterhin intern von der IT erbracht werden?	☐
4. Wurden die vorhabensspezifischen Ist- und Plankosten berechnet?	☐
5. Wurde eine Wirtschaftlichkeitsanalyse durchgeführt?	☐
6. Ist das Vorhaben technisch realisierbar?	☐
7. Wurden detaillierte Angebote von mehreren Anbietern eingeholt?	☐
8. Wurden die Verträge „sauber" aufgesetzt?	☐
9. Sind die Schnittstellen zum Fachbereich/Anwender klar definiert?	☐
10. Wurde die interne IT-Abteilung auf die Veränderungen ihrer Aufgaben vorbereitet?	☐

Abb. 56: Checkliste für die Vergabe von Outsourcing-Aufträgen (vgl. Lang 2002)

Neben solchen Checklisten spielt die Ausgestaltung von Service-Level-Agreements (SLA) eine bedeutende Rolle, um den im Vorfeld skizzierten Problemen zu begegnen. Sie dienen der Spezifikation der vom Outsourcing-Anbieter zu erbringenden Leistungen in quantitativer und qualitativer Hinsicht. In der Regel kann das auslagernde Unternehmen dabei aus verschiedenen SLAs wählen. Soll z. B. ein Call-Center ausgelagert werden, kann der Auftraggeber festlegen, an welchen Tagen und zu welchen Zeiten Kundenfragen telefonisch zu beantworten sind. Dem auslagernden Unternehmen dienen SLAs gleichzeitig zur Überwachung des Outsourcing-Anbieters, wobei sich die hierbei verwendeten Service-Levels in drei Klassen einteilen lassen (vgl. auch Abb. 57).

	Service-Level	Erläuterung
Ergebnis-bezogene Service-Levels	Verfügbarkeit	Leistungsbereitschaft eines IT-Systems als Anteil eines Zeitraums (z. B. 98 Prozent/Monat)
	Antwortzeit	Ausführungszeit für Benutzertransaktionen, z. B. durchschnittlich eine Sekunde im Tagesmittel oder 98 Prozent der Transaktionen < 1,5 Sekunden
	Problemlösungs-zeit	Maximale Zeit bis zur Lösung eines Problemfalls (z. B. innerhalb von vier Stunden)
	Kundenzufrieden-heit	Zu erreichender Indexwert einer Kundenzufrieden-heitsbefragung
Prozess-bezogene Service-Levels	Bereitschaftszeit	Zeit, zu der der Nachfrager die Leistung anfordern kann (z. B. 7.00 bis 24.00 Uhr)
	Erreichbarkeit	Zahl der Fälle, in denen Nachfrager den Anbieter in einem definierten Zeitfenster erreichen können
	Reaktionszeit	Zeit, in der eine Leistung nach Anforderung erbracht werden muss (z. B. Einspielen eines Sicherheitsup-dates x Tage nach Verfügbarkeit)
	Wiederholhäufig-keit	Häufigkeit der Durchführung einer bestimmten Dienstleistung innerhalb eines festgelegten Zeit-raums (z. B. Anzahl der Releasewechsel pro Jahr)
Inputorien-tierte Service-Levels	Ressourcenanfor-derungen	Anforderungen an Mitarbeiter und Ressourcen (z. B. Sprachkenntnisse beim Help-Desk, Schulungsstand der Mitarbeiter)
	Zertifizierung	Externe, dokumentierte Überprüfung des Leistungs-potenzials des Anbieters nach festgelegten Stan-dards (z. B. Zertifizierung nach ISO 9002)
	Kapazität	Vorhalten einer bestimmten Kapazität, z. B. Reser-vekapazität an Mitarbeitern

Abb. 57: Beispiele für Service-Levels (vgl. Böhmann 2004, S. 79-81; Krcmar 2005, S. 387)

- **Ergebnisbezogene Service-Levels** dienen der Qualitätskontrolle im Hinblick auf die zu erbringende Leistung. Im Fall des oben genannten Call-Centers könnte z. B. vertraglich vereinbart werden, dass Problemfälle innerhalb von vier Stunden zu lösen sind.

- **Leistungsbezogene Service-Levels** spezifizieren Anforderungen an den eigentlichen Prozess der Leistungserstellung. Hierzu zählt z. B. die Zeitspanne, innerhalb deren die Kunden sich an das Call-Center wenden können.

- **Inputorientierte Service-Levels** definieren schließlich Anforderungen an die im Leistungserstellungsprozess eingesetzten Inputfaktoren. Hierzu zählt z. B. der Kenntnisstand der Mitarbeiter im Call-Center.

3.2.2.2   Systematisierung von (IT-)Outsourcing-Vorhaben

Grundsätzlich bestehen verschiedene Ansatzpunkte, um die in der Praxis anzutreffenden Outsourcing-Varianten zu systematisieren. Aufgrund der besonderen Rolle der IKT im E-Business liegt es zu diesem Zweck nahe, im weiteren Verlauf eine informationstechnische Perspektive einzunehmen. Aus einer solchen Perspektive heraus lassen sich drei Ebenen identifizieren, auf denen es zu einer Auslagerung kommen kann (vgl. Heinzl 2003):

- Ebene der Infrastruktur

- Anwendungsebene

- Ebene der Geschäftsprozesse

Auf **Ebene der Infrastruktur** geht es um Themen wie das Desktop- und Data-Center-Outsourcing. Bei erstgenannten übernimmt der Outsourcing-Dienstleister die Installation, Wartung und Aufrüstung von PCs, deren Peripherie sowie den damit zusammenhängenden Anwender-Support. Die Abrechnung erfolgt in Abhängigkeit der in Anspruch genommenen Leistungen. Die Auslagerung des Data-Centers an den Outsourcing-Dienstleister umfasst dagegen die gesamte Planung, Wartung und den Betrieb von Rechenzentren. Aus Unternehmenssicht verfolgt man mit so einer Auslagerung das Ziel, die hohen Fixkosten für den Betrieb eigener Rechenzentren in nutzungsabhängige, variable Kosten umzuwandeln. Ein Beispiel hierfür stellt die Auslagerung des Rechenzentrums der Deutschen Bank an IBM dar, wovon sich das Bankinstitut Einsparungen von etwa 1 Milliarde Euro bis zum Jahr 2012 erhofft (Deutsche Bank 2002).

Auf der **Anwendungsebene** spielt im E-Business vor allem das Thema „Software as a Service" (SaaS) eine wichtige Rolle. Bei diesem Konzept handelt es sich um den Nachfolger von ASP (Application Service Providing). Ähnlich wie bei ASP übernimmt der Outsourcing-Anbieter auch beim SaaS-Ansatz die Entwicklung, den Betrieb sowie die Weiterentwicklung bestimmter Softwarelösungen. Im Gegensatz zu ASP ist der SaaS-Ansatz allerdings explizit auf den Webeinsatz ausgerichtet und unterstützt das Konzept serviceorientierter Architekturen (vgl. hierzu 1.3.1.3). Für die Nutzung dieser Anwendungen entrichtet der Kunde einen bestimmten Betrag, der sich z. B. auf einen bestimmten Nutzungszeitraum oder die Nutzerzahl beziehen kann.

Das **Business Process Outsourcing** (BPO) stellt die komplexeste Form der Auslagerung dar, da man hier gesamte Geschäftsprozesse – und damit sowohl technische als auch kaufmännische Funktionen – auslagert, wie z. B. die Personalverwaltung (vgl. auch Schewe/Kett 2007). Damit besteht jedoch die Gefahr, dass die Handlungsfähigkeit in den von den Auslagerungsmaßnahmen betreffenden Bereichen langfristig verloren geht oder nicht erkannte Kompetenzen ausgelagert werden. Diese Gefahren bestehen bei den anderen Outsourcing-Formen zwar auch. Beim BPO wiegen sie jedoch wesentlich schwerer.

3.2.2.3   Shared-Service-Center und Offshoring

Neben den in den vorangegangenen Abschnitten skizzierten „traditionellen" Outsourcing-Varianten spielen in der Unternehmenspraxis im Zuge der Auslagerungsentscheidung auch

- Shared-Service-Center und das

- Offshoring eine immer wichtigere Rolle.

Beim **Shared-Service-Center** handelt es sich um ein Organisationskonzept, das in jüngerer Zeit immer häufiger in der Unternehmenspraxis anzutreffen ist und teilweise auch als internes Outsourcing bezeichnet wird. Solche Service-Center haben zum Ziel, bestimmte Dienstleistungen in einer spezifischen und marktorientierten Organisationseinheit zusammenzufassen. Anstelle der Auslagerung der damit verbundenen Aufgaben an einen externen Dienstleister werden die Aufgaben in diesem Fall jedoch weiterhin durch die unternehmensinterne Einheit erbracht. Das Besondere an solchen Shared-Service-Centern ist nun darin zu sehen, dass sie ihre Leistungen nicht nur internen, sondern teilweise auch externen Kunden anbieten. Das Service-Center steht somit unter echtem Marktdruck, indem es Erlös- und Kostenverantwortung trägt und als rechtlich und wirtschaftlich unabhängige Unternehmenseinheit fungiert. Wie beim Bezug einer externen Leistung müssen dabei auch die unternehmensinternen Kunden einen Verrechnungspreis entrichten, der als Äquivalent zum Marktpreis fungiert. Auf diesem Wege lässt sich ohne größeren Aufwand überprüfen, inwieweit die angebotenen Leistungen zu angemessenen und im Wettbewerbsvergleich konkurrenzfähigen Kosten erbracht werden (vgl. Quinn et al. 1999). Es ist wichtig, diesen Punkt hervorzuheben, da gerade bei der internen Leistungsverrechnung in der Vergangenheit häufig eine hohe Preisintransparenz bestand. Dieser Umstand war bzw. ist vor allem darauf zurückzuführen, dass sich aufgrund traditioneller Controlling-Instrumente, wie z. B. der Budgetplanung und Kostenstellenrechnung, nicht ohne weiteres die wirklichen Kosten eines bestimmten Services quantifizieren lassen. Der Aufbau eines Shared-Service-Centers – im Vergleich zur Auslagerung an externe Dienstleister – lohnt sich aber nur dann, wenn mehrere interne Kunden die betreffenden Leistungen benötigen und gleichzeitig ein relativ hohes Transaktionsvolumen besteht, wie z. B. bei Tätigkeiten im IT-, Personal- und Beschaffungsbereich (vgl. Keuper/von Glahn 2005, S. 191; Keuper/Oecking 2006).

Unter dem Begriff **Offshoring** versteht man die Auslagerung von Funktionen ins Ausland (vgl. auch Sure 2005, S. 273), wovon man sich vor allem Einsparungen bei den Lohnkosten erhofft. Sie wiegen vor allem in Westeuropa schwer und stellen den größten Kostenblock in der Softwareentwicklung dar. Im Gegensatz dazu liegen die Lohnkosten in Mittel- und Osteuropa mit etwa zehn Euro pro Stunde deutlich unter dem nordamerikanischen und westeuropäischen Durchschnitt von rund 50 Euro (vgl. Kowalewsky 2004, S. 46). Eine Verlagerung von Arbeitsplätzen ins Ausland alleine aufgrund der Kosten erweist sich jedoch oft als Fehlschlag. So deuten empirische Untersuchungen darauf hin, dass die Einsparungen häufig durch ansteigende Transaktionskosten kompensiert werden (vgl. hierzu Bitkom 2005). Um diese Kosten gering zu halten, sollten deshalb nur standardisierte und klar definierte Aufgaben ins Ausland verlagert werden, bei denen ein geringer Interaktionsbedarf besteht und bei denen es nur selten zu Änderungen kommt (vgl. Gadatsch 2007, S. 561). Neben den Transaktionskosten sind es aber auch Unterschiede im kulturellen Bereich oder Bildungsniveau der lokalen Mitarbeiter, aufgrund deren solche Initiativen scheitern. Mit diesem Problem war z. B. der Walldorfer Softwarekonzern SAP konfrontiert, der seit 2006 ein Shared-Service-Center in Prag aufbaut. In dieses Service-Center sollen standardisierte Aufgaben aus dem Personalbereich ausgelagert werden (wie z. B. die Reisebuchhaltung), um die lokalen Personalabteilungen in Deutschland von administrativen Aufgaben zu entlasten (vgl. Koenen 2006). Sie sollten sich fortan auf die Rekrutierung von Nachwuchskräften konzentrieren. Allerdings hat es sich als Problem erwiesen, qualifiziertes und mehrsprachiges Personal in Prag zu finden, weshalb vor allem in den ersten Monaten noch massiv Personal aus Deutschland eingesetzt werden musste, um die anfallenden Aufgaben abzuarbeiten.

3.2.3   Integration von Anwendern in den Wertschöpfungsprozess

Aus den vorangegangenen Abschnitten ging hervor, dass die IKT zu einer Senkung der Transaktionskosten führen. Aus diesem Grund können Unternehmen Koordinationsformen zur Leistungserbringung in Erwägung ziehen, die sie in der Vergangenheit nicht zu akzeptablen Kosten durchführen konnten. Ein Beispiel hierfür stellt das **Konzept der interaktiven Wertschöpfung** dar, wonach die Kunden als Innovationsquelle in den Wertschöpfungsprozess integriert werden. „Interaktive Wertschöpfung beschreibt einen Prozess der kooperativen (und freiwilligen) Zusammenarbeit zwischen Hersteller und Kunde (Nutzer) zwischen den Extremen einer gänzlich hersteller- bzw. gänzlich kundenorientierten Wertschöpfung. Die Zusammenarbeit kann sich sowohl auf operative Aktivitäten als auch auf eine Produkt- und Prozessentwicklung beziehen. Der interaktive Wertschöpfungsprozess wird dabei entweder durch das Unternehmen oder durch den Kunden initiiert" (vgl. Reichwald/Piller 2006, S. 44). Nach diesem Konzept betrachtet man Kunden insofern nicht nur als Wertempfänger bzw. Adressaten der Leistung. Vielmehr sind sie als Wertschöpfungspartner anzusehen. In Abhängigkeit davon, ob die Kunden in den Prozess der Ideenfindung oder bei der Gestaltung der Endprodukte in den Wertschöpfungsprozess integriert werden, ist entweder von

- Open Innovation oder

- Mass Customization die Rede (vgl. Reichwald/Piller 2006, S. 45).

Werden die Kunden in den Prozess der Ideenfindung und Entwicklung eines Produktes involviert, spricht man von **Open Innovation**. Aus Unternehmenssicht ist so eine Koordinationsform interessant, um die Kosten und Risiken bei der Entwicklung innovativer Produkte zu senken und gleichzeitig das Innovationspotenzial über die Unternehmensgrenzen hinweg auszudehnen. Solche Innovationsprozesse existieren in drei Ausprägungsformen (vgl. Gassmann/Enkel 2006):

- Beim **Outside-in-Prozess** geht es um die Internalisierung von Wissen, das bislang nur außerhalb der Unternehmensgrenzen vorhanden ist. So eine Internalisierung kann z. B. durch Kooperationen mit Lieferanten oder Kunden erfolgen, um Ideen von Dritten in das eigene Unternehmen einzubringen.

- Bei einem **Inside-out-Prozess** wird internes Wissen nach außen abgegeben. Dies erfolgt weniger aus altruistischen als aus strategischen Gründen. Unternehmen wie Microsoft oder Cisco stellen z. B. größere finanzielle Mittel zur Ausbildung von Partnerunternehmen bereit, um auf diesem Wege den Verbreitungsgrad ihrer Technologien zu forcieren (vgl. auch Maaß 2006, S. 104).

- Durch den **Coupled-Prozess** werden Outside-in- und Inside-out-Prozesse verknüpft, es kommt somit zu einer gleichzeitigen Internalisierung und Externalisierung von Wissen. Solche Prozesse sind besonders häufig im Umfeld der quelloffenen Softwareentwicklung anzutreffen, bei der Unternehmen ihren bislang proprietär vermarkteten Quellcode freigeben und gemeinschaftlich mit der Community weiterentwickeln. Auf diesem Wege wollen sie einerseits vom Feedback der Community profitieren. Andererseits soll die Wissensabgabe in Form des Quellcodes dazu beitragen, den Verbreitungsgrad der Software zu forcieren (vgl. hierzu auch Maaß 2006, S. 136).

Die **Mass Customization** bezieht sich auf die Zusammenarbeit von Unternehmen und Kunden, um individualisierte Produkte zu erstellen, ohne die Vorteile der Massenproduktion aufzugeben. „Mass Customization of markets means that the same large number of customers can be reached as in mass markets of the industrial economy, and simultaneously they can be threated individually as in the customized markets of pre-industrial economies" (Davis 1987, S. 169). Beim Mass Customization geht es somit weniger um die Generierung neuer Produktideen. Vielmehr sollen die Kunden die angebotenen Leistungen innerhalb eines vorgegebenen Lösungsraums an ihre eigenen Präferenzen anpassen, wie das z. B. bei Unternehmen wie Spreadshirt oder Nike erfolgt. Hier können die Kunden nach ihren Vorlieben Kleidungsstücke mit Schriftzügen und Motiven versehen etc., wobei sich die Gestaltungsmöglichkeiten auf den vom Unternehmen vorgegebenen Gestaltungsrahmen beschränken.

Wenngleich das Interesse an der Mass Customization erst in den letzten Jahren zugenommen hat (vgl. für einen Literaturüberblick Heiskala et al. 2007), handelt es sich dabei um keine neue Idee. So hat Toffler bereits vor knapp 40 Jahren die These aufgestellt, dass es zu einer Auflösung der Massenmärkte kommt und die Individualisierung von Leistungen immer mehr an Bedeutung gewinnt (vgl. 1970). Erst jetzt aber stehen auf breiter Ebene die Technologien zur Verfügung, um den Grundgedanken der Mass Customization in die Realität umzusetzen. Aus kommerzieller Sicht verspricht man sich davon deutliche Umsatzsteigerungen. Dem liegt die Annahme zugrunde, dass durch die Individualisierung die Attraktivität der Produkte im Vergleich zur Massenware steigt, da eine bessere Anpassung an die Kundenpräferenzen erfolgt. Die Individualisierung kann sich dabei auf drei Bereiche beziehen (vgl. Reichwald/Pillar 2006, S. 201).

• Erstens ist eine Individualisierung auf Basis der individuellen Kundenmaße bzw. -vorgaben denkbar, wie z. B. bei Kleidungsstücken oder Möbeln.

• Zweitens ist es denkbar, die Produktfunktionalitäten zu individualisieren. In diesem Fall erfolgt die Individualisierung im Hinblick auf einen bestimmten Verwendungszweck. Diesen Ansatz verfolgt z. B. der PC-Hersteller Dell, bei dem sich die Kunden im Internet einen PC nach ihren Vorstellungen zusammenstellen können.

• Drittens kann die Individualisierung im Hinblick auf die visuelle Wahrnehmung erfolgen, z. B. in Form eines besonderen Designs.

In der Praxis hat sich jedoch gezeigt, dass so eine Individualisierung nicht immer gewünscht ist. So kommen Kreuzer/Kühn in einer empirischen Untersuchung zu dem Ergebnis, dass lediglich 1/5 der von ihnen befragten Anwender tatsächlich ein Bedürfnis nach individuellen Leistungen hatte. „Angesichts dieser Werte erscheint es zumindest wenig wahrscheinlich, dass selbst in einem Markt für Massenprodukte mit höherem Individualisierungspotenzial der Nachweis gelingen könnte, dass die übergroße Mehrzahl der Konsumenten als Käufer von Mass-Customization-Angeboten in Frage kommt. Entgegen den Vorstellungen gewisser Verfechter von Mass-Customization-Konzepten bieten diese somit kaum eine Basis für generell überlegene Wettbewerbsstrategien" (vgl. Kreuzer/Kühn 2006, S. 217). Ferner gilt es zu beachten, dass die Individualisierungsmöglichkeiten durch den Hersteller vorgegeben und nicht ohne weiteres auf andere Produkte übertragbar sind.

3.3   Gestaltung der Geschäftsprozesse

3.3.1   Grundlagen des Prozessmanagements

3.3.1.1   Einführung

Dem Geschäftsprozessmanagement – oftmals ist auch vom Business Reengineering die Rede – hat man in der wissenschaftlichen Literatur Mitte der 90er Jahre viel Aufmerksamkeit geschenkt (vgl. z. B. Hammer/Champy 1993; Davenport 1993; Osterloh/Frost 1996). Seitdem hat die Anzahl der Veröffentlichungen zu diesem Thema jedoch kontinuierlich abgenommen (vgl. Hess/Schuller 2005) und stellenweise ist in diesem Zusammenhang sogar von einem reinen Modethema die Rede: „Reengineering ist fraglos eine Organisationsmode, die als solche definitionsgemäß von zeitlich befristeter Lebensdauer ist" (Gaintanides 1998, S. 380). Diese Einschätzung steht jedoch im Gegensatz zu der seit Jahren zunehmenden Bedeutung des Geschäftsprozessmanagements in der Wirtschaftspraxis. So deuten jüngere empirische Untersuchungen darauf hin, dass das Geschäftsprozessmanagement fest in der deutschen Wirtschaft verankert ist und einen hohen Stellenwert genießt (vgl. hierzu Hess/Schuller 2005; IDS Scheer 2006). Nicht zuletzt aus diesem Grund lässt sich beobachten, dass zunehmend auch wieder zu diesem Thema publiziert wird (vgl. z. B. Schmelzer 2005; Teubner 2006; Stähler 2006).

Die zunehmende Akzentuierung von Geschäftsprozessen gründet auf der Kritik an der klassischen Organisationstheorie, bei der die Aufbauorganisation die Ablauforganisation determiniert. Erstgenannte gibt Auskunft über die Verteilung der Aufgaben auf die Arbeitnehmer und ihre hierarchischen Beziehungen untereinander. Gleichartige Tätigkeiten werden dabei zu organisatorischen Einheiten zusammengefasst, womit in der Regel Spezialisierungsvorteile einhergehen. Erst auf dieser Grundlage wird durch die Ablauforganisation festgelegt, in welcher räumlichen und zeitlichen Reihenfolge die Wertschöpfungsprozesse ablaufen. Diese Art der Zusammenfassung von Aufgaben bezeichnet man auch als Funktionalorganisation bzw. Funktionsbereichsorganisation. Sie hat sich vor allen in Wirtschaftszweigen mit geringer Marktdynamik und einem hohen Generalisierungsgrad als vorteilhaft erwiesen (vgl. Picot et al. 2005, S. 284–285). So kommt es bei solchen Rahmenbedingungen nur selten zu Änderungen bei den Geschäftsabläufen, weshalb die Spezialisierungsvorteile die Koordinationskosten – die aufgrund der getrennt voneinander agierenden Funktionsbereiche anfallen – übersteigen.

In Wirtschaftszweigen mit hoher Marktdynamik gehen mit der Funktionsbereichsorganisation jedoch Probleme einher. So überwiegen ab einer gewissen Marktdynamik – und der damit verbundenen Notwendigkeit, die Geschäftsprozesse zu ändern – die Koordinationskosten zwischen den Funktionsbereichen die dort realisierten Spezialisierungsvorteile. In so einer Situation spricht man sich dafür aus, den Grad der funktionalen Arbeitsteilung zu verringern, um Schnittstellenproblemen in Form von Kommunikationsbarrieren oder Liegezeiten vorzubeugen (vgl. z. B. Picot et al. 2005). An dieser Stelle setzt das Prozessmanagement an, nach dem die Ablauforganisation – und damit die Gestaltung der Geschäftsprozesse – in den Vordergrund rückt und zum bestimmenden Faktor für die Aufbauorganisation wird. Das Prozessmanagement schlägt insofern eine funktionsübergreifende Ausrichtung an den wettbewerbsrelevanten und für das Unternehmen spezifischen Wertschöpfungsprozessen vor. Gemäß dieser Vorstellung werden dann z. B. Stellen nicht nach funktionalen Kriterien, sondern anhand einer durch die Wertschöpfungskette vorgegebenen Prozessnotwendigkeit zusammengefasst (vgl. Staehle 1999, S. 751), um ablaufhemmende Schnittstellen zu vermeiden und den koordinativen Gesamtaufwand zu minimieren. Charakteristisch für das Prozessmanagement ist es dabei, dass eine strikte Ausrichtung an den Bedürfnissen der Kunden erfolgt (vgl. Abb. 58).

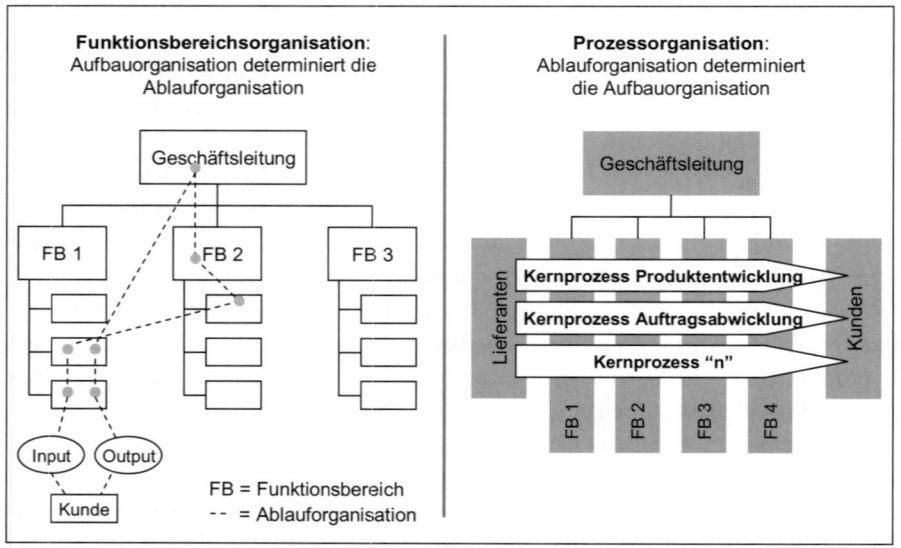

Abb. 58: Unterschiede zwischen Funktionsbereichs- und Prozessorganisation

3.3.1.2   Managementmoden und -paradigmen im Prozessmanagement

In der Literatur wurden über die letzten Jahre hinweg verschiedene Konzepte diskutiert, die man als Ausprägungsformen des Prozessmanagements begreifen kann. Bei solchen Konzepten geht es allerdings weniger um eine theoretische Fundierung als um griffige Handlungsempfehlungen. Es ist wichtig, auf diesen Aspekt hinzuweisen, da diese Konzepte mitunter auf anekdotischen und/oder persönlichen Erfahrungen der Autoren beruhen (vgl. auch Teubner 2006, S. 1285) und insofern stets mit einer gewissen Skepsis zu betrachten sind. Nicht zuletzt aus diesem Grund werden sie in der wissenschaftlichen Literatur häufig auch als Moden und Rationalitätsmythen deklariert (vgl. z. B. Gaitanides 1998; Teichert/Talaulicar 2002; von Lanzenauer/Huesmann 2004). Dennoch können solche Konzepte neue Ideen und Ansätze zur Gestaltung von Geschäftsprozessen liefern, weshalb sie unbestritten ihre Berechtigung haben. Im Kontext des Prozessmanagements ist es wichtig, zumindest die folgenden drei Managementkonzepte zu skizzieren, da sie in der Praxis zum Teil auf großen Anklang gestoßen sind (vgl. hierzu ausführlicher Schmelzer/Sesselmann 2007, S. 12-28):

- Business Process Reengineering,

- Total Quality Management und

- Six Sigma

Beim **Business Process Reengineering** handelt es sich um eines der populärsten Managementkonzepte der vergangenen Dekade. Inhaltlich stellt dieses Konzept auf einen radikalen Neuentwurf der Geschäftsprozesse ab, um redundante Arbeiten zu eliminieren oder bislang separat voneinander ausgeführte, jedoch ähnliche Arbeitsschritte zusammenzufassen. Handlungsleitend für die Prozessgestaltung ist dabei die Frage: „Wie würden wir es machen, wenn wir ganz neu beginnen könnten?" (Arndt 2006, S. 76). Die aus der Beantwortung dieser Frage resultierenden Restrukturierungsmaßnahmen sollen der Verbesserung der Qualität, einer Reduzierung der Kosten sowie einer Optimierung der Durchlaufzeiten der Geschäftsprozesse zugute kommen: „[Business Process Reengineering is] the fundamental rethinking and radical redesign of business processes to achieve dramatic improvements in critical contemporary measures of performance, such as cost, quality, service, and speed" (Hammer/Champy 1993, S. 32). Dem ist jedoch hinzuzufügen, dass eine derart konsequente Umsetzung einer Prozess(re)organisation in der Praxis eher selten anzutreffen ist, nicht zuletzt aufgrund der Widerstände der von den Umstrukturierungsmaßnahmen betroffenen Mitarbeiter.

Beim **Total Quality Management** stehen ebenfalls die Prozesse der Leistungserstellung im Vordergrund. Sie sollen strikt an den Bedürfnissen der Kunden ausgerichtet und so gestaltet werden, dass die Leistung einem bestimmten Qualitätsniveau entspricht. Anders als beim Business Process Reengineering geht es somit nicht um eine radikale Neugestaltung der Geschäftsprozesse, sondern um die Erreichung und Einhaltung bestimmter Qualitätsstandards. Deren Einhaltung wird in der Regel durch eine ISO-Zertifizierung nachgewiesen, wobei es sich bei der ISO 9000 um eine der bekanntesten Normen handelt. Sie definiert – unabhängig von bestimmten Produkten oder Wirtschaftszweigen – die Grundlagen und Begriffe für Qualitätsmanagementsysteme. Die Einhaltung dieser Norm ist für viele Unternehmen eine zwingende Voraussetzung, um überhaupt als Lieferant in Frage zu kommen. Dem ist jedoch kritisch hinzuzufügen, dass alleine die Einhaltung solcher Normen kein Garant für den Markterfolg des Unternehmens ist. Die ISO 9000 dokumentiert lediglich, dass die Prozesse im Unternehmen bestimmten Anforderungen genügen und entsprechend dokumentiert sind.

Das Ziel von **Six Sigma** besteht in der Senkung der Fehlerquote bei den Produktions- und Dienstleistungsprozessen (vgl. hierzu ausführlicher Töpfer 2007; George et al. 2007). Ähnlich wie beim Total Quality Management geht es somit um eine Qualitätsverbesserung. Der Unterschied zwischen diesen beiden Konzepten ist jedoch im statistischen Ansatz von Six Sigma zu sehen. So geht man hier davon aus, dass sich jeder Geschäftsprozess als eine mathematische Funktion darstellen lässt und die Fehlerhäufigkeit einer gaußschen Normalverteilung unterliegt. Damit beschränkt sich die Anwendung dieses Konzepts jedoch auf solche Prozesse, die sich exakt quantifizieren lassen. Hängen die Prozesse hingegen von weichen Faktoren – wie z. B. der sozialen Kompetenz – ab, stößt dieses Konzept an seine Grenzen. Das eigentliche Ziel von Six Sigma läuft nun darauf hinaus, ein möglichst hohes Sigma-Niveau zu erreichen, womit eine niedrige Fehlerquote und damit auch geringere Qualitätskosten korrespondieren (vgl. Abb. 59). Im Idealfall sollte ein Six-Sigma-Unternehmen eine Fehlerquote von lediglich 3,4 auf eine Million Fehlermöglichkeiten aufweisen. Zum Vergleich: Ein durchschnittliches Unternehmen hat eine Fehlerquote zwischen 20 und 30 Prozent.

Standardab-weichung	Fehler pro 1 Mill. Fehler-möglichkeiten	Prozentuale Fehlerfreiheit	Qualitätsni-veau	Qualitätskos-ten in % des Umsatzes
1	691.462	30,85375 %	nicht wettbe-werbsfähig	nicht anwend-bar
2	308.537	69,14625 %		
3	66.807	93,31928 %		25–40 %
4	6.210	99,37903 %		15–25 %
5	233	99,97673 %		5–15 %
6	3,4	99,99966 %	Weltklasse	< 1 %

Abb. 59: Qualitätskosten in Abhängigkeit des Sigma-Niveaus (in Anlehnung an Restle 2006, S. 84)

3.3.1.3 Ansatzpunkte zur Prozessoptimierung

Bei Managementkonzepten wie dem Business Process Reengineering oder Total Quality Management geht es schwerpunktmäßig um die Prozessoptimierung (vgl. auch Homburg/Krohmer 2005, S. 985; IDS Scheer 2006). Die Vorgehensweise bei der Prozessoptimierung lässt sich zu fünf Schritten zusammenfassen, auf die im weiteren Verlauf ausführlicher eingegangen wird:

- Identifikation relevanter Geschäftsprozesse

- Bestandsaufnahme der Ist-Situation (vertikale und horizontale Prozessauflösung)

- Spezifizierung des Soll-Zustands

- Optimierung der Geschäftsprozesse

- Kontrolle und Vergleich der neuen Geschäftsprozesse im Vergleich zur Ausgangssituation

Im ersten Schritt der Prozessoptimierung geht es darum, die für den Unternehmenserfolg relevanten **Geschäftsprozesse zu identifizieren**. In der Regel geht man davon aus, dass es sich dabei um etwa sechs bis acht Prozesse handelt, die ursächlich für den Unternehmenserfolg/-misserfolg sind.

Um zu einer **Beschreibung der Ist-Situation** zu gelangen, werden die identifizierten Prozesse in Form einer vertikalen und horizontalen Prozessauflösung detaillierter analysiert. Bei der *vertikalen Prozessauflösung* geht es darum, die hierarchischen Beziehungen der Geschäftsprozesse untereinander aufzuzeigen. Auf abstrakter Ebene kann man dabei zwischen Kern-, Management- und Supportprozessen differenzieren (vgl. Abb. 60). Die Identifikation der Kernprozesse ist dabei von besonderer Bedeutung, da sie auf den Markt gerichtet sind und Kundenwünsche adressieren. Damit haben sie starken Einfluss auf die Wettbewerbssituation des Unternehmens und die Kundenzufriedenheit. Kennzeichnend für solche Kernprozesse ist es, dass sie zum Zweck der Leistungserbringung im Regelfall über mehrere Abteilungsgrenzen hinweg verlaufen. Den daraus resultierenden Koordinationsbedarf sollen Managementprozesse decken, die damit die generelle Stoßrichtung des Unternehmens festlegen und hierarchisch den Kernprozessen übergelagert sind. Die Aufgabe der Supportprozesse ist in der Unterstützung der Kernprozesse zu sehen, indem sie die zur Leistungserstellung notwendigen Rahmenbedingungen – z. B. die Einstellung qualifizierter Mitarbeiter – schaffen.

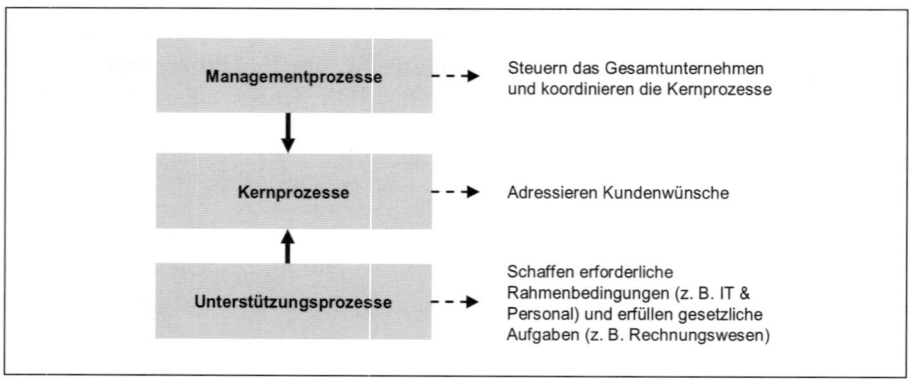

Abb. 60: Vertikale Auflösung von Geschäftsprozessen (vgl. Ahlrichs/Knuppertz 2006)

Neben der hierarchischen ist weiterhin eine *horizontale Prozessauflösung* vorzunehmen. Damit ist die Aufspaltung eines Prozesses in seine Bestandteile gemeint, um eine detaillierte Analyse der Arbeitsabläufe zu ermöglichen. Eine solche Auflösung kann sich über mehrere Ebenen vollziehen, angefangen beim Hauptprozess über die Teilprozesse bis hin zu einzelnen Arbeitsschritten (vgl. Abb. 61). Zusammen führen die vertikale und horizontale Prozessauflösung zu einer Beschreibung der Über-/Unterordnungsverhältnisse und Vorgänger-/Nachfolgerbeziehungen zwischen den einzelnen Aufgaben.

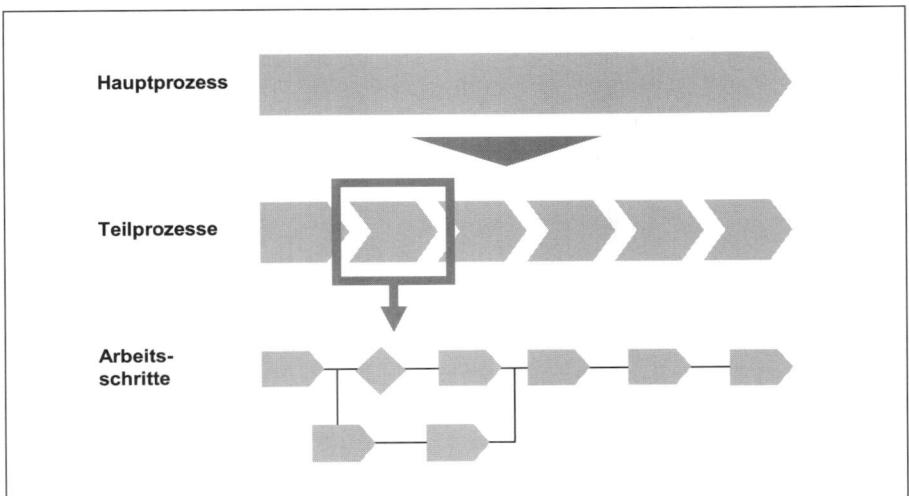

Abb. 61: Horizontale Auflösung von Geschäftsprozessen

Werden im Zuge der Prozessauflösung Problemfelder am Ist-Zustand der Geschäftsprozesse aufgedeckt, gilt es den **Soll-Zustand** und damit die Ziele der Prozessoptimierung zu spezifizieren. Bevor jedoch die eigentlichen Optimierungsmaßnahmen eingeleitet werden, ist es notwendig, den Soll-Zustand in Form verschiedener Messgrößen – wie z. B. der Prozesskosten, der Durchlaufzeit oder der Prozessqualität – festzuhalten, um ex post eine Überprüfung der Optimierungsmaßnahmen zu ermöglichen.

Zur eigentlichen **Optimierung der Geschäftsprozesse** bestehen verschiedene Ansatzpunkte, wie z. B. die Auslagerung, Parallelisierung oder Eliminierung von Arbeitsschritten, um die Durchlaufzeit zu beschleunigen (vgl. Abb. 62). Diese Maßnahmen zielen darauf ab, die Ist-Soll-Diskrepanz zu überwinden.

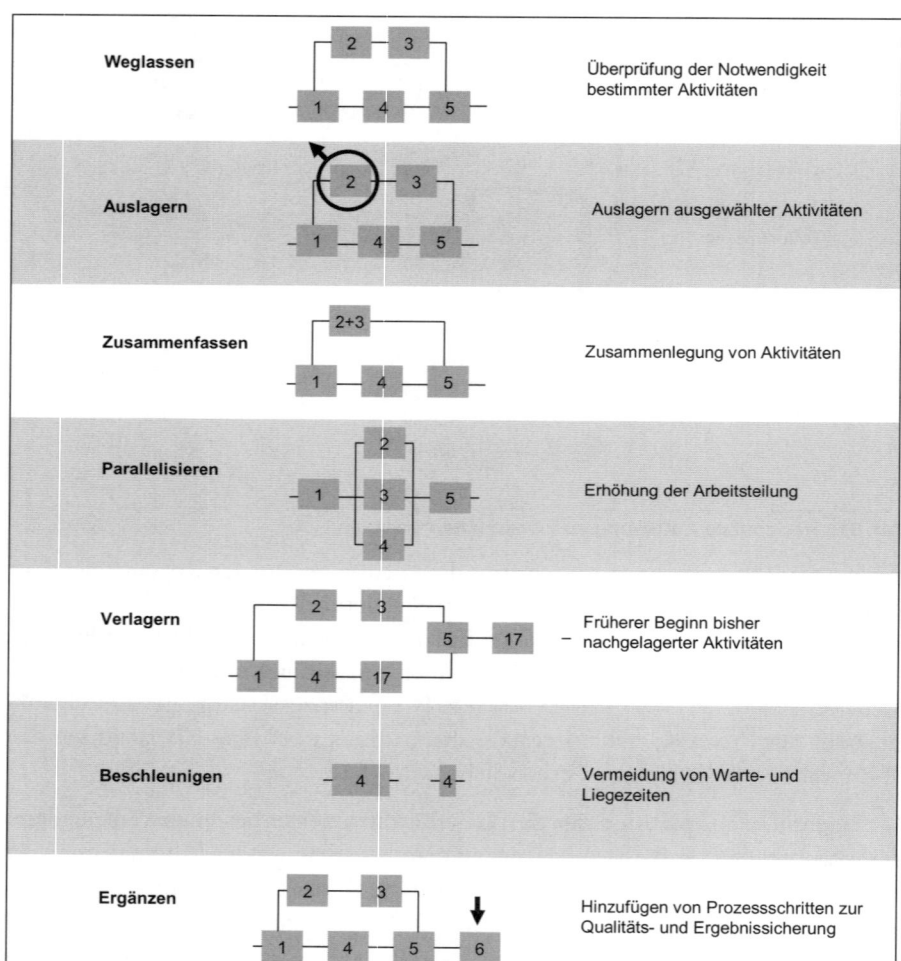

Abb. 62: Optimierung von Geschäftsprozessen (vgl. Gadatsch 2005, S. 1373)

3.3.2   Zur Bedeutung von Modellen für die Gestaltung von Wertschöpfungsprozessen

3.3.2.1   Grundlagen und Bedeutung der Modellierung

Der **Modellbegriff** findet in verschiedenen Sinnzusammenhängen Verwendung, wobei ihm in der Vergangenheit in der Regel ein abbildungsorientiertes Verständnis zugrunde lag. Danach sollen Modelle die Wirklichkeit möglichst exakt nachbilden, im Idealfall stellen sie ein exaktes Abbild der Realität dar. Gegenwärtig folgt man allerdings – sowohl in der Betriebswirtschaftslehre als auch in der Wirtschaftsinformatik – einem konstruktivistischen Modellverständnis (vgl. Bretzke 1980, S. 33–36), nach dem die Realität zu Analysezwecken auf wenige überschaubare Parameter reduziert wird, um einzelne Ursache-Wirkungs-Zusammenhänge in besonders einfacher und übersichtlicher Form darzustellen. Dabei geht es weniger um eine exakte Nachbildung der Realität als um die Gestaltung möglicher zukünftiger Zustände (vgl. Abb. 63).

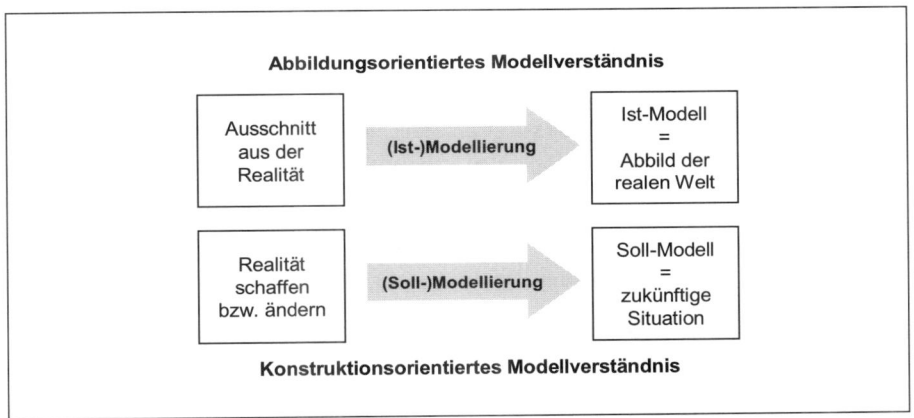

Abb. 63: Schritte der Modellbildung (vgl. Schwarzer/Krcmar 2004, S. 82–83)

Folgt man einem konstruktionsorientierten Modellbegriff, stellt sich jedoch unweigerlich die Frage nach der Aussagekraft von Modellen: Da sie per Definition das Ergebnis individueller Konstruktionsleistungen sind, weisen sie stets subjektive Züge auf und können sich somit auch als falsch erweisen. Diesem Problem will man in der Praxis vorbeugen, indem der Modellierung entsprechende Richtlinien zugrunde gelegt werden, um die Qualität der Modellierung sicherzustellen. Dabei handelt es sich um die **Grundsätze ordnungsmäßiger Modellierung** (GoM) (vgl. Abb. 64). Danach soll die Modellierung z. B. in einem angemessenen Kosten-Nutzen-Verhältnis stehen und sich bei der Darstellung auf die zur Problemlösung relevanten Sachverhalte beschränken. Ferner gilt es auch die methodischen Anforderungen bei der Modellierung gering zu halten, um sowohl technisch versierten als auch betriebswirtschaftlich arbeitenden Mitarbeitern einen möglichst einfachen Zugang zu den Sachverhalten zu ermöglichen, die durch die Modelle abgebildet werden (vgl. für einen umfassenden Überblick der GoM Becker/Algermissen 2003).

Grundsatz	Erläuterung
Grundsatz der Richtigkeit	Semantische Richtigkeit: Die Modelle sollen den abzubildenden Sachverhalt möglichst korrekt wiedergeben.
	Syntaktische Richtigkeit: Bei der Modellierung sind die jeweiligen Notationsregeln der verwendeten Modellierungssprache einzuhalten.
Grundsatz der Relevanz	Das Modell soll keine irrelevanten Informationen enthalten.
Grundsatz der Wirtschaftlichkeit	Die Modellierung soll in einem angemessenen Kosten-Nutzen-Verhältnis stehen.
Grundsatz der Klarheit	Das Modell soll einen adäquaten Grad an intuitiver Lesbarkeit aufweisen und die zum Modellverständnis erforderlichen methodischen Kenntnisse sind gering zu halten.
Grundsatz der Vergleichbarkeit	Modelle, die mit unterschiedlichen Modellierungssprachen erstellt worden sind, sollen miteinander vergleichbar sein.
Grundsatz des systematischen Aufbaus	Alle Teilmodelle (Sichten) sind in ein übergreifendes Architekturmodell einzubinden, um die sichtenübergreifende referenzielle Integrität zu gewährleisten.

Abb. 64: Grundsätze ordnungsgemäßer Modellierung (vgl. Becker/Algermissen 2003)

Es ist wichtig, an dieser Stelle die Bedeutung der Modellierung und die damit verbundene Formalisierung der Arbeitsabläufe hervorzuheben, da damit der Grundstein gelegt wird, um E-Business-Anwendungen erfolgreich implementieren zu können. Sehr plakativ bringen das Picot et al. auf den Punkt: „Ohne Formalisierung keine Implementierung, ohne Implementierung kein informations- und kommunikationstechnisches System" (2003, S. 208). Diese Akzentuierung der Modellierung hat den einfachen Grund, dass Computer stets nach bestimmten formalen Berechnungsvorschriften arbeiten, weshalb es einer entsprechenden Formalisierung der Arbeitsabläufe und Problemlösungsvorschriften bedarf, um E-Business-Anwendungen entwickeln und implementieren zu können. Die eigentliche Modellierung erfolgt auf Basis so genannter Modellierungssprachen. Sie dienen der Spezifikation der Modellelemente sowie der Modellierungsregeln, nach denen diese Elemente miteinander verbunden werden. Die in der Betriebswirtschaftslehre verwendeten Modellierungssprachen ähneln dabei grundsätzlich denen der Informatik. Allerdings erweitert man sie um verschiedene realweltliche Elemente, um die Abläufe in Unternehmen adäquat darzustellen. Im weiteren Verlauf geht es vor diesem Hintergrund darum, die wichtigsten Modellierungssprachen und -ansätze kennen zu lernen, wobei die folgenden drei Ansätze im Vordergrund stehen:

- Modellierung von Geschäftsprozessen mit ereignisgesteuerten Prozessketten (3.3.2.2)

- Unternehmensmodellierung mit ARIS (3.3.2.3)

- Modellierung von Anwendungen auf Basis von Use Cases (3.3.2.4)

3.3.2.2 Modellierung von Geschäftsprozessen mit ereignisgesteuerten Prozessketten

Ereignisgesteuerte Prozessketten (EPK) dienen der Darstellung der betrieblichen Abläufe in ihrer zeitlich-logischen Abfolge und haben in der Unternehmenspraxis einen hohen Stellenwert erlangt – nicht zuletzt weil sie ein zentraler Bestandteil bei der Konfiguration der in Deutschland am weitesten verbreiteten betriebswirtschaftlichen Standardsoftware SAP R/3 sind (vgl. Scheer 2002, S. 20). In ihrer einfachsten Form lassen sich Geschäftsprozesse mit EPKs mit zwei Grundelementen abbilden. Dabei handelt es sich um Funktionen und Ereignisse (vgl. Abb. 65):

- **Funktionen** symbolisieren physische oder geistige Aktivitäten, die im Zuge der Leistungserbringung auszuführen sind. Ein Beispiel hierfür stellt die Überprüfung einer Lieferung auf Vollständigkeit dar.

- Ausgelöst werden solche Funktionen durch **Ereignisse**. So wird z. B. die Funktion „Lieferung prüfen" durch das Ereignis „Wareneingang" eingeleitet. Die Ausführung der Funktion „Lieferung prüfen" führt wiederum zu einem nachgelagerten Ereignis, der „Freigabe der Lieferung". Ereignisse können insofern eine Vorbedingung oder das Resultat bestimmter Funktionen sein.

Graphisch lässt sich das alternierende Zusammenspiel von Funktionen und Ereignissen in Form eines bipartiten Graphen darstellen, bei dem die Pfeile den Kontrollfluss, also die zeitlich logische Reihenfolge des Prozesses, visualisieren.

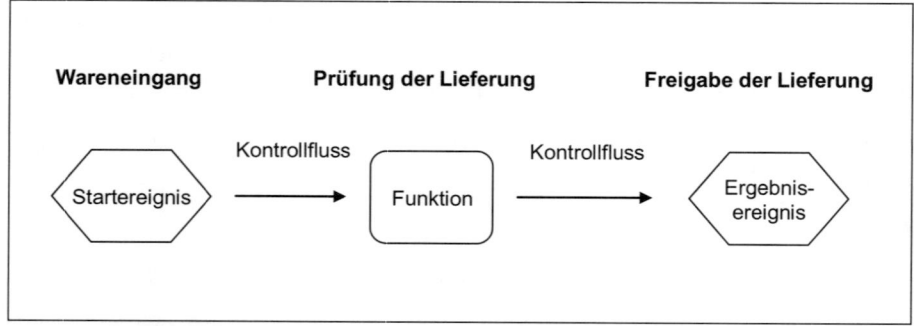

Abb. 65: Zusammenspiel von Ereignissen und Funktionen

Üblicherweise sind solche Graphen in der Praxis weitaus komplexer. So gilt es im Fall der Warenprüfung z. B. auch den Sachverhalt zu berücksichtigen, dass eine Ablehnung oder Sperrung der Lieferung möglich ist. Derartige Entscheidungen werden durch Verknüpfungsoperatoren wie „und", „oder" sowie „exklusives Oder" visualisiert, mit denen man den Kontrollfluss aufteilen und wieder zusammenführen kann (vgl. Abb. 66). Ferner muss ein Geschäftsprozess auch Auskunft darüber geben, welche organisatorischen Einheiten in den jeweiligen Prozess involviert sind und welche Informationen (z. B. Lieferschein) diese Einheiten benötigen, um die ihnen zugewiesenen Funktionen auszuführen. Aus diesen Ausführungen geht hervor, dass die Modellierung von Geschäftsprozessen äußerst komplex ist. Um die Komplexität bei der Modellierung zu begrenzen, werden die Prozesse deshalb in verschiedene Teilprozesse zerlegt, die durch ein entsprechendes Symbol gekennzeichnet sind (vgl. Abb. 66). Verwendet man eine Softwarelösung zur Modellierung, gelangt man beim Anklicken dieses Symbols automatisch in die Detailansicht des jeweiligen Teilprozesses. Der Einsatz von Softwarelösungen hat ferner den Vorteil, dass sich die Geschäftsprozesse simulieren und bewerten lassen, indem den einzelnen Funktionen Bearbeitungszeiten und Kostensätze zugewiesen werden.

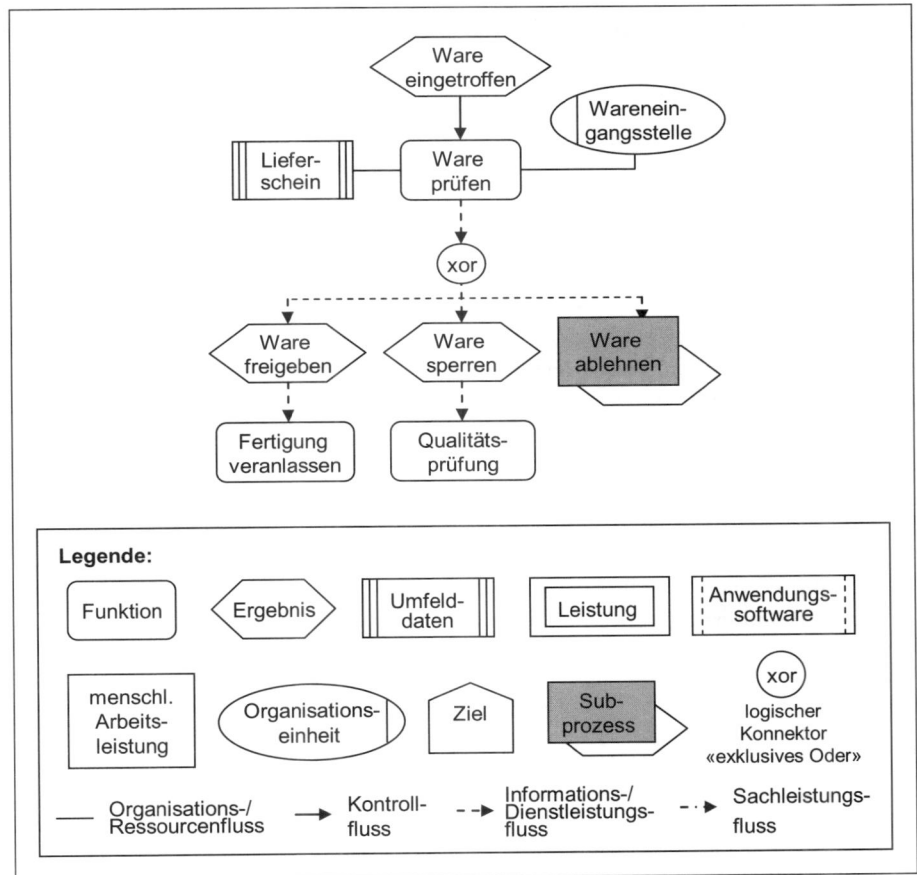

Abb. 66: Beispiel für eine ereignisgesteuerte Prozesskette (vgl. Krcmar 2005)

Da die Modellierung von Geschäftsprozessen sehr zeit- und damit kostenintensiv ist, werden in der Wirtschaftspraxis immer häufiger so genannte **Referenzmodelle** verwendet. Hierbei handelt es sich um universell einsetzbare und einheitlich dokumentierte Standardprozesse, die aus verschiedenen Best-Practise-Beispielen hervorgegangen sind und für unterschiedliche Kontexte und Branchen vorliegen (vgl. hierzu Fettke/Loos 2004). Der Vergleich solcher Referenzmodelle mit den im Rahmen der Ist-Analyse identifizierten Prozessstrukturen soll Schwachstellen und das Verbesserungspotenzial der internen Prozesse aufzeigen. Ferner erhofft man sich von dieser Vorgehensweise Zeiteinsparungen im Vergleich zu einer unternehmensindividuellen Modellierung.

3.3.2.3   Modellierung von Unternehmen mit ARIS

Die **Architektur integrierter Informationssysteme** (ARIS) ist ein ganzheitlicher Ansatz zur Modellierung von Unternehmen, der im deutschsprachigen Raum über die vergangenen Jahre hinweg zum (De-facto-)Standard avancierte. Charakteristisch für diesen Ansatz ist es, dass die Abläufe im Unternehmen aus verschiedenen Sichten modelliert werden. Dem liegt die Annahme zugrunde, dass z. B. Softwarearchitekten eine andere Sicht auf Geschäftsprozesse haben als Produktmanager. Während Erstgenannte am Aufbau der Systemarchitektur und damit an den Datenstrukturen interessiert sind, geht es Letztgenannten in der Regel um die organisatorischen Zusammenhänge im Unternehmen. Um den unterschiedlichen Anforderungen dieser Personen Rechnung zu tragen, werden die Geschäftsprozesse bei ARIS in verschiedene Sichten untergliedert. Insgesamt gibt es bei ARIS fünf **Sichten**, von denen jede einen anderen Aspekt des Unternehmens erfasst.

- Die **Organisationssicht** beschreibt die Aufbauorganisation des Unternehmens und gibt Auskunft über die hierarchischen Beziehungen verschiedener Abteilungen und Stellen sowie die Aufgaben, die diese organisatorischen Einheiten übernehmen.

- In der **Funktionssicht** werden die verschiedenen Funktionen – also physische und geistige Tätigkeiten – und Ziele erfasst.

- In der **Datensicht** werden unter anderem Umfelddaten der Vorgangsbearbeitung modelliert, die die jeweiligen organisatorischen Einheiten zur Funktionserfüllung benötigen. Die Datenmodellierung erfolgt anhand der Entity-Relationship-Methode.

- Die **Leistungssicht** spezifiziert die Ergebnisse von Prozessen. Anders formuliert geht es bei dieser Sicht um die Beschreibung der angebotenen Sach- und Dienstleistungen des Unternehmens.

- Bei ARIS stellt jede der bislang geschilderten Sichten einen eigenen Entwurf dar, dessen Bearbeitung unabhängig von den anderen Sichten erfolgt. Isoliert voneinander betrachtet kann jede dieser Sichtweisen die Geschäftsprozesse im Unternehmen allerdings nicht vollständig erfassen. Werden z. B. ausschließlich die organisatorischen Einheiten betrachtet, bleibt völlig unklar, welche Funktionen sie in welcher Abfolge ausführen sollen. An dieser Stelle setzt die **Steuerungssicht** an, die die anderen Sichten miteinander verknüpft; die Darstellung und Verknüpfung der Prozesse erfolgt dabei anhand der im vorangegangenen Abschnitt diskutierten EPK. Abb. 67 stellt die Integration der vier Basissichten durch die Steuerungssicht anhand eines fiktiven Geschäftsprozesses vereinfacht dar.

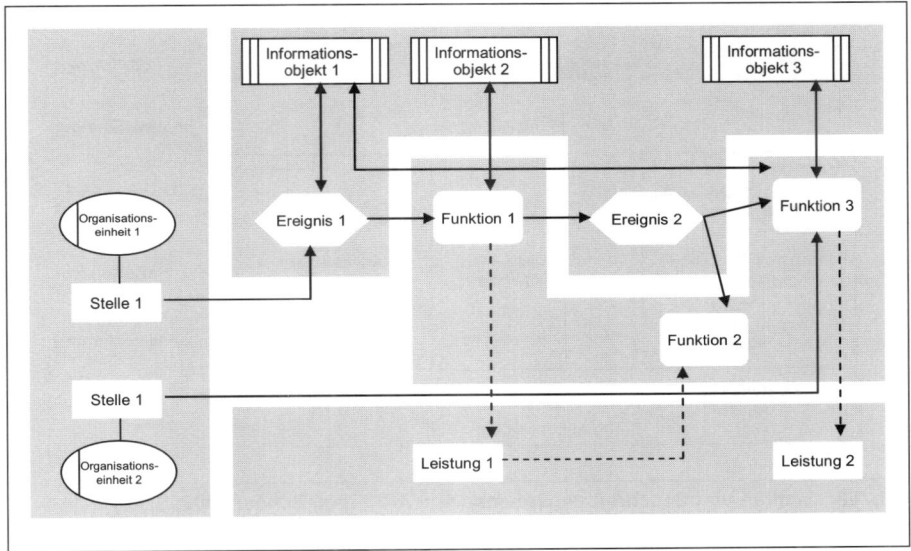

Abb. 67: Integration der Basissichten durch die Steuerungssicht (vgl. Laudon et al. 2006, S. 584)

Den in Abb. 67 skizzierten Entwurf bezeichnet man auch als Fachkonzept, das die betrieblichen Zusammenhänge im Unternehmen vereinfacht darstellt. Dabei abstrahiert es bewusst von technischen Fragen der Softwareimplementierung, um den Fokus auf die Abbildung der betriebswirtschaftlichen Abläufe zu richten. Die Überführung der betriebswirtschaftlichen Problemstellung in die Sprache der Datenverarbeitung erfolgt erst mit dem so genannten Datenkonzept, bei dem es sich um eine Fortführung des Fachkonzepts handelt. Es dient der Anpassung an die Schnittstellenspezifikationen von Implementierungswerkzeugen – dies können z. B. Datenbanksysteme, Netzwerkarchitekturen oder Programmiersprachen sein (vgl. Scheer 2002, S. 40). Der Bezug zu konkreten IT-Lösungen wird erst in der Implementierungsphase hergestellt, in der die Softwareinstallation und Inbetriebnahme erfolgt. Aus der Kombination des Fach-, Daten- und Implementierungskonzepts mit den verschiedenen Sichten auf einen Geschäftsprozess resultiert das so genannte **ARIS-Haus**. Es fungiert als Ordnungsrahmen, der die Architektur eines Informationssystems im Überblick beschreibt (vgl. Abb. 68).

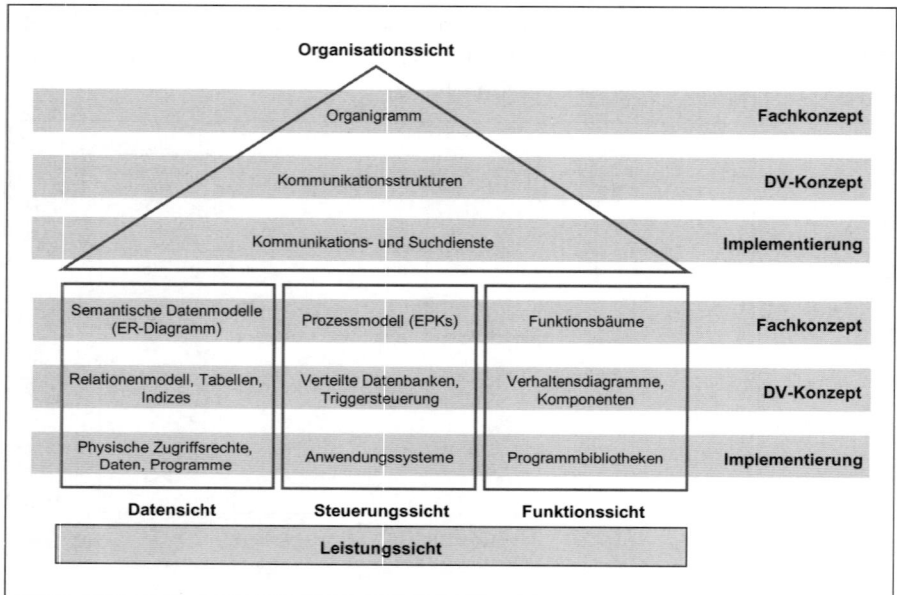

Abb. 68: Sichten und Beschreibungsebenen von ARIS (vgl. Scheer 2002, S. 41)

3.3.2.4   Modellierung und Gestaltung von Anwendungen auf Basis von Use Cases

Bei der Modellierung von Geschäftsprozessen und Unternehmen steht die Modellierung der betrieblichen Abläufe in ihrer zeitlichen und sachlichen richtigen Reihenfolge im Vordergrund. Im Gegensatz dazu geht es bei der Modellierung auf Basis von Use Cases (dt. Anwendungsfall) um die Frage, welche Funktionen die Softwaresysteme zur Verfügung stellen müssen, um ein bestimmtes Anwenderproblem zu lösen bzw. einen bestimmten Arbeitsgang zu unterstützen (vgl. z. B. Forbig 2007). Use Cases beschreiben insofern, „was" ein bestimmtes System können muss. Im Fall einer Brennsoftware könnten sich solche Use Cases z. B. auf die Funktionen „CD brennen" und „Booklet erstellen" beziehen (vgl. Abb. 69). Genau solche Funktionen werden mit Use Cases beschrieben, um das zu erstellende System zu präzisieren.

Die Auseinandersetzung mit Use Cases erfolgte ursprünglich textbasiert und unabhängig von einer bestimmten Modellierungssprache. Mittlerweile wird jedoch auf die Modellierungssprache **UML** (Unified Modeling Language) zurückgegriffen, die sich als (De-facto-)Standard zur Modellierung betrieblicher

Anwendungssysteme etabliert hat. Zu deren Beschreibung stellt UML verschiedene graphische Notationen zur Verfügung. So werden Use Cases in Form von Ellipsen und das zu erstellende System als Rechteck visualisiert, während die eigentlichen Akteure außerhalb des Systems in Form eines Strichmännchens abgebildet werden. Solche Use-Case-Diagramme dienen Produktmanagern, Entwicklern und Softwarearchitekten als Grundlage, um Produktspezifikationen zu erstellen bzw. das Systemverhalten zu spezifizieren.

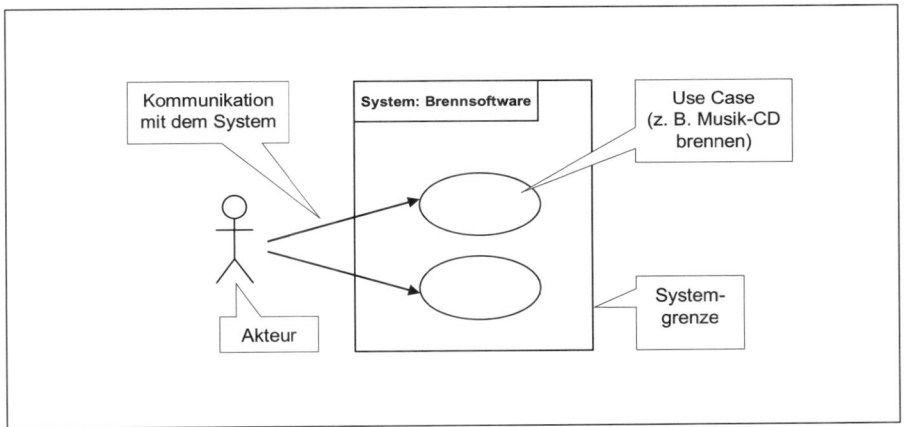

Abb. 69:   Grundelemente von Use Cases

Die in Abb. 69 dargestellten Symbole verharren jedoch auf einer abstrakten Ebene. Zur Modellierung komplexerer Funktionen stellt UML daher verschiedene Elemente zur Verfügung, die sich auf die Wiederverwendung bestimmter Anwendungsfälle beziehen und zur Modellierung komplexerer Anwendungsfälle beitragen. Diese **erweiterten Modellierungsmöglichkeiten** lassen sich am einfachsten anhand eines konkreten Beispiels erläutern. Aus Abb. 70 geht z. B. hervor, dass der Anwender eine Musik-CD erstellen will. Durch die mit <<include>> gekennzeichneten Kanten wird nun der Sachverhalt dargestellt, dass die Anwendungsfälle „Musik-CD brennen" und „Booklet erstellen" importiert werden; das Pfeilende ist dabei immer auf den zu importierenden Anwendungsfall gerichtet. Damit ist gemeint, dass der Anwendungsfall „Musik-CD erstellen" zwingend die Eigenschaften der zu importierenden Anwendungsfälle umfasst. Durch die Beziehung <<extent>> legt man hingegen eine optionale Beziehung zwischen zwei Anwendungsfällen fest. Eine solche optionale Funktion könnte sich z. B. auf die Beschriftung der CD beziehen. Die Verbindung der beiden Anwendungsfälle erfolgt somit nur dann, wenn eine bestimmte Bedingung (Condition) vorliegt, unter der es zu so einer Erweiterung kommt und die in diesem Fall durch den Anwender ausgelöst wird. Das Pfeilende ist dabei auf den Anwendungsfall gerichtet, der den Erweiterungspunkt zur Verfügung stellt.

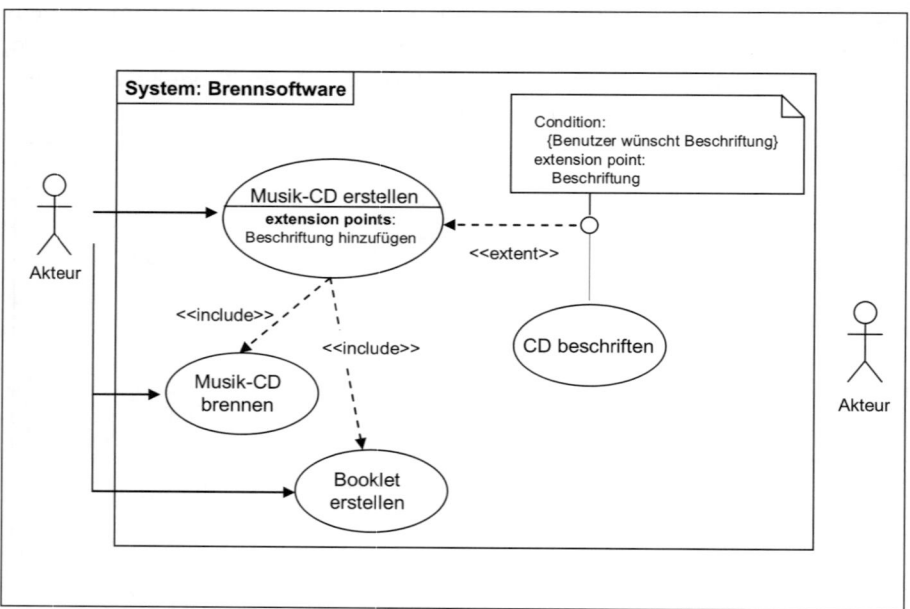

Abb. 70: **Erweiterte Notationen in Use-Case-Diagrammen**

Um die Aussagekraft solcher Diagramme zu erhöhen, werden sie in der Regel durch eine **textuelle Beschreibung** für jeden abgebildeten Use Case ergänzt, um die auszuführenden Aktionen sowie deren Reihenfolge zu spezifizieren und damit zum besseren Verständnis des Diagramms beizutragen. In diesem Zusammenhang wird z. B. festgelegt, welche Akteure in den jeweiligen Use Case involviert und welche Aktionen in welcher Reihenfolge zur Zielerreichung auszuführen sind. Aus Gründen der Übersichtlichkeit liegt dabei eine tabellarische Darstellung nahe, grundsätzlich ist die Form solcher Beschreibungen jedoch nicht vorgeschrieben (vgl. Abb. 71).

Name des Use Cases	<prägnante Bezeichnung für den Use Case>	
Ziel	<Welches Nutzungsziel wird mit dem Use Case verfolgt?>	
Einordnung	<übergeordnete Funktion, Hauptfunktion, Basisfunktion>	
Vorbedingung	<Welcher Zustand muss erfüllt sein, damit der Use Case durchgeführt werden kann?>	
Nachbedingung	<Welcher Zustand tritt ein, wenn der Use Case erfolgreich abgeschlossen wurde?>	
Nachbedingung im Fehlerfall	<Welcher Zustand tritt ein, wenn das Ziel nicht erreicht wird?>	
Akteure	<Welche Akteure sind in den Use Case involviert?>	
Auslöser	<Welches Ereignis führt zum Start des Use Cases?>	
Standardablauf	Schritt	Aktion
	1	<Auflistung aller Aktionen vom Start des Use Cases bis zur Zielerreichung>
	2	<...>
	3	
Verzweigungen		

Abb. 71: **Tabellarische Use-Case-Beschreibung**

3.3.3   Projektmanagement

3.3.3.1   Überblick und Aufgabenspektrum des Projektmanagements

Der Zweck der Unternehmenstätigkeit ist auf die Wertschöpfung und Erzielung nachhaltiger Gewinne gerichtet (vgl. auch 3.1). Die dabei ablaufenden Routineprozesse lassen sich auf Grundlage der in den vorangegangenen Abschnitten vorgestellten Methoden planen und koordinieren (vgl. 3.3.2). Neben Routinearbeiten lässt sich seit Jahren jedoch auch ein verstärkter Trend zur Projektarbeit erkennen, bei der es um die Bewältigung einmaliger Aufgaben innerhalb eines vorgegebenen Zeitraums geht. Dabei kann es sich z. B. um Reorganisationsmaßnahmen im Unternehmen oder die Entwicklung neuer Produkte handeln. Mit der Planung und Steuerung solcher Aufgaben beschäf-

tigt sich das **Projektmanagement**. Es soll sicherstellen, die Projektziele innerhalb des vorgegebenen Zeitraums in der erforderlichen Qualität und zu gegebenen Kosten zu erreichen. Zu diesem Zweck wurden verschiedene Instrumente zur Initiierung und Steuerung von Projekten entwickelt, die im weiteren Verlauf dieses Abschnitts näher beleuchtet werden und mit den folgenden Projektphasen zusammenhängen:

- Startphase: Initiierung von Projekten (3.3.3.2)

- Analyse-/Entwurfsphase: Projektstruktur- und Projektablaufplanung
  (3.3.3.3)

- Projektrealisierungs- und Einführungsphase: Projektkontrolle, Berichtswesen und Projektabschluss (3.3.3.4)

3.3.3.2   Initiierung von Projekten

In der Startphase eines Projektes fallen viele Aufgaben an, die es auch im Zuge
der Entwicklung von Geschäftsmodellen zu beachten gilt. So spielt auch hier
die Entwicklung einer Vision sowie die Zielpräzisierung eine zentrale Rolle, um
den Projektmitgliedern eine klare Orientierung zu geben. Bevor die eigentliche
Projektbearbeitung beginnt, bedarf es weiterhin der Ausarbeitung eines **Pro-
jektvorschlags**. Er umfasst alle Rahmendaten, die für die Entscheidungsträger
im Unternehmen von Bedeutung sind, um über die Annahme oder Ablehnung
des Projektes zu entscheiden. Im Detail umfasst so ein Projektvorschlag eine

- Beschreibung der finanziellen, qualitativen und zeitlichen **Projektziele**.

- kurze Skizzierung der **Projektidee** und falls erforderlich eine Abgrenzung
  zum Status quo der Wissenschaft, wie das z. B. bei Forschungsprojekten der
  Fall ist.

- Übersicht der voraussichtlich zu erwartenden **Projektergebnisse**.

- Auflistung der **Projektphasen** mit groben Terminen (Projektstart/-ende) in
  Kombination mit einer Übersicht der wichtigsten Meilensteine. Letztgenannte legen in zeitlicher Hinsicht fest, wann das Projekt einen bestimmten
  Status haben soll, und sind in der Regel mit einem bestimmten sachlichen
  Ergebnis verknüpft. Damit dienen sie zum einen der Projektüberwachung
  für den Auftraggeber. Zum anderen ist es mit dem Erreichen eines Meilen-
  steins auch möglich, die Weichen für den weiteren Projektverlauf zu stellen.

- **Wirtschaftlichkeitsbetrachtung** (vgl. hierzu auch 2.3.2) inklusive eines Überblicks der wichtigsten Kostenarten und Erlösquellen (vgl. hierzu auch 2.3.2).

- Auflistung der technologischen, politischen und wirtschaftlichen **Risiken**, die die finanziellen, qualitativen und zeitlichen Projektziele gefährden können.

Auf Basis dieser Daten müssen die Entscheidungsträger hinterfragen, ob das Projekt tatsächlich durch das Unternehmen beherrschbar ist und ob ein echter Bedarf an den Projektergebnissen besteht. Weiterhin müssen sie evaluieren, inwieweit mit dem Projekt eventuelle Vor- oder Folgeprojekte verbunden sind und ob die dazu erforderlichen Ressourcen zur Verfügung stehen. Im Fall einer Projektannahme wird ein Projektbudget festgesetzt und ein Projektleiter benannt. Er ist dann für die Zusammenstellung des Projektteams sowie die weitere Projektorganisation verantwortlich. Den Ausgangspunkt stellt dabei in der Regel ein **Kick-off-Meeting** dar, um den am Projekt beteiligten Personen die Projektziele erläutern zu können sowie deren Rolle im Projekt festzulegen.

3.3.3.3 Projektstruktur- und Projektablaufplanung

Der bewilligte Projektvorschlag wird in der Analyse-/Entwurfsphase in Form eines

- Projektstrukturplans und

- Projektablaufplans präzisiert.

Der **Projektstrukturplan** gliedert das Projekt in verschiedene Teilaufgaben, die sich z. B. auf die Produktspezifikation, die technische Realisierung oder die Produkteinführung beziehen können. Diese Teilaufgaben unterteilt man wiederum in verschiedene Arbeitspakete, um die Komplexität der Aufgaben in Grenzen zu halten. In Softwareentwicklungsprojekten liegt es z. B. nahe, die technischen Aufgaben in die Arbeitspakete Design, Frontend und Backend zu unterteilen (vgl. Abb. 72). Erst auf dieser Grundlage ist es möglich, einzelne Personen oder Abteilungen mit einzelnen Aufgaben zu betrauen.

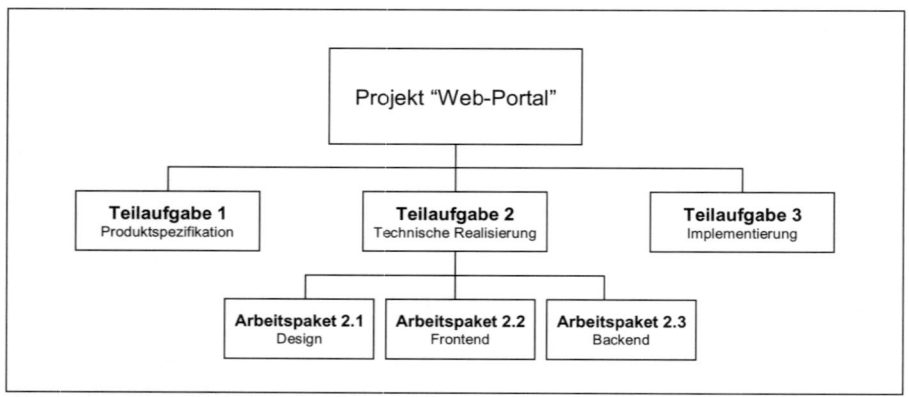

Abb. 72: Aufbau eines Projektstrukturplans

Mit der Erstellung des Projektstrukturplans ist es möglich, eine erste **Kostenschätzung** für die einzelnen Arbeitspakete vorzunehmen Zu diesem Zweck wurden verschiedene Ansätze entwickelt (vgl. für einen Überblick z. B. Bundschuh/Fabry 2004; Litke 2007, S. 111–124), die aufgrund ihrer teilweise hohen mathematischen Anforderungen jedoch nur einen geringen Verbreitungsgrad aufweisen (vgl. Gadatsch/Mayer 2006). Daher wird im Folgenden nur die so genannte Expertenmethode in den Vordergrund gerückt, die in der Praxis am weitesten verbreitet ist (vgl. Moløkken/Jørgensen 2003). Vereinfacht ausgedrückt werden bei dieser „Methode" die Projektkosten anhand von Erfahrungswerten für die einzelnen Arbeitspakete geschätzt. Die Aussagekraft solcher Schätzungen hängt damit maßgeblich von der Person des schätzenden Experten ab, weshalb ihr stets ein gewisser subjektiver Charakter inhärent ist. Aus diesem Grund sollte sie nur von Mitarbeitern mit einschlägiger Projekterfahrung durchgeführt werden, um der Gefahr unrealistischer oder voreingenommener Schätzungen vorzubeugen. Verfügt der Experte allerdings über umfassende Kenntnisse, liefert dieses Schätzverfahren teilweise genauere Ergebnisse als andere Methoden der Kostenschätzung (vgl. Krcmar 2005, S. 161).

Abb. 73 zeigt vor diesem Hintergrund eine für Softwareentwicklungsprojekte typische Kostenverteilung, wonach die Entwicklung der Produktspezifikation (inklusive des Designs) fast doppelt so lange wie die eigentliche Produktentwicklung dauert; der Aufwand der Testphase beträgt in den meisten Fällen sogar das Vierfache der eigentlichen Entwicklung (vgl. Krcmar 2005, S. 162).

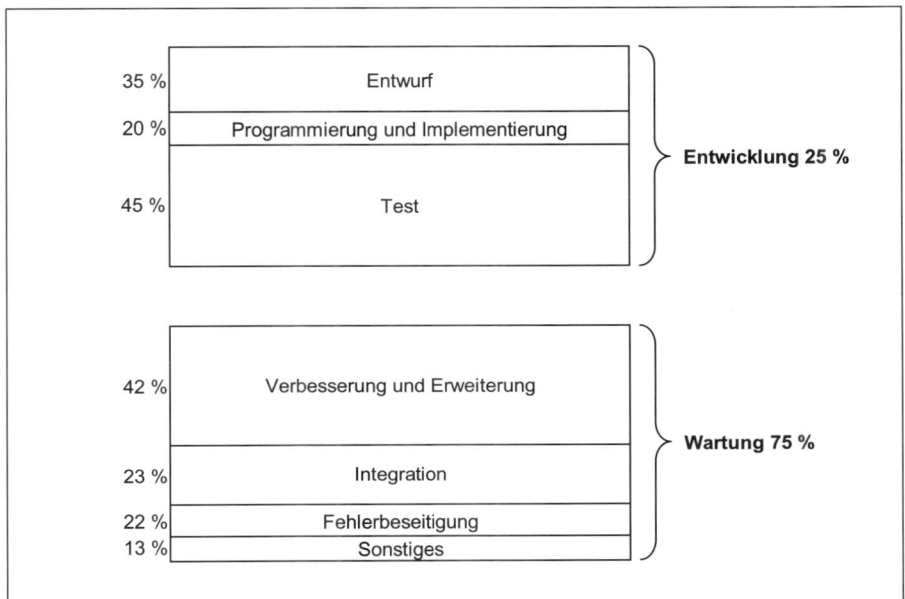

Abb. 73:   **Kostenverteilung in Softwareentwicklungsprojekten (vgl. Krcmar 2005)**

Die **Projektablaufplanung** umfasst die Termin- und Kapazitätsplanung. Bei der Netzplantechnik handelt es sich dabei um das bekannteste und in der Praxis am weitesten verbreitete Planungsinstrument zur Terminierung von Projekten (vgl. Schwarzer/Krcmar 2004, S. 245). Mit ihr lässt sich das Zusammenwirken der Arbeitspakete im Zeitverlauf aufzeigen. Zu diesem Zweck ist es erforderlich, die Arbeitspakete in einen gerichteten Graphen zu überführen (vgl. Abb. 73). Ihm ordnet man dann die Bearbeitungszeiten für jedes Arbeitspaket zu, um z. B. den frühesten Projektendzeitpunkt (FEZ), mögliche Puffer oder den kritischen Pfad zu berechnen. Dazu sind folgende Rechenschritte durchzuführen:

- Die so genannte *Vorwärtsrechnung* dient der Ermittlung des frühesten Endzeitpunktes (FEZ) der Arbeitspakete bzw. des Gesamtprojektes. Für jedes Arbeitspaket wir dazu die Summe aus frühestem Anfangszeitpunkt (FAZ) und Bearbeitungsdauer ermittelt (FEZ = FAZ + Dauer). Der FEZ eines Arbeitspaketes stellt zugleich den FAZ für die ihm nachgelagerten Arbeitsschritte dar.

- Bei der *Rückwärtsrechnung* soll hingegen ermittelt werden, wann jeder Vorgang spätestens beginnen bzw. enden muss, damit es zu keiner Verzögerung kommt. Der im Zuge der Vorwärtsrechnung ermittelte FEZ wird dabei als spätester Endzeitpunkt übernommen (SEZ). Zur Berechnung des spätesten Anfangszeitpunktes (SAZ) wird dann der gesamte Netzplan analog den weiter oben erörterten Rechenschritten wie folgt ermittelt: SAZ = SEZ – Dauer

- Wurden die Vorwärts- und Rückwärtsrechnung abgeschlossen, lassen sich die *Projektpuffer* ermitteln. Sie geben Aufschluss darüber, um wie viele Zeiteinheiten sich Arbeitspakete verzögern dürfen, ohne dass es zu einer Gefährdung des FEZ kommt. Rechnerisch wird dieser Gesamtpuffer nach folgender Formel ermittelt: GP = SAZ – FAZ = SEZ – FEZ. Auf diesem Wege lassen sich einerseits Arbeitspakete identifizieren, die keinen Puffer haben und im so genannten kritischen Weg münden. Jede Verzögerung auf diesem Weg führt zu einer Projektverzögerung. Von diesem Weg zweigen in der Regel andere Arbeitspakete ab, deren Gesamtpuffer einen positiven Wert aufweisen. Diese Pufferzeit sagt aus, dass eine Verzögerung des Arbeitspaketes um die dort angegebene Zeit zu keiner Verzögerung des Projektendes führt. Kommt es jedoch zu einer Verzögerung eines nicht-kritischen Arbeitspaketes, hat das mitunter Auswirkungen auf andere Vorgänge auf dem nicht-kritischen Weg, da deren Zeitreserven entsprechend aufgebraucht werden. Durch den so genannten freien Puffer wird vor diesem Hintergrund die Zeitspanne ermittelt, um die ein Vorgang ausgedehnt werden kann, ohne dass es zu einer Verzögerung seines Nachfolgers kommt: $FP_{\text{Vorgang A}} = FAZ_{\text{des Nachfolgers B}} - FEZ_{\text{des Vorgangs A}})$

Abb. 74 zeigt die einzelnen Schritte zur Berechung des Netzplans zusammenfassend in graphischer Form.

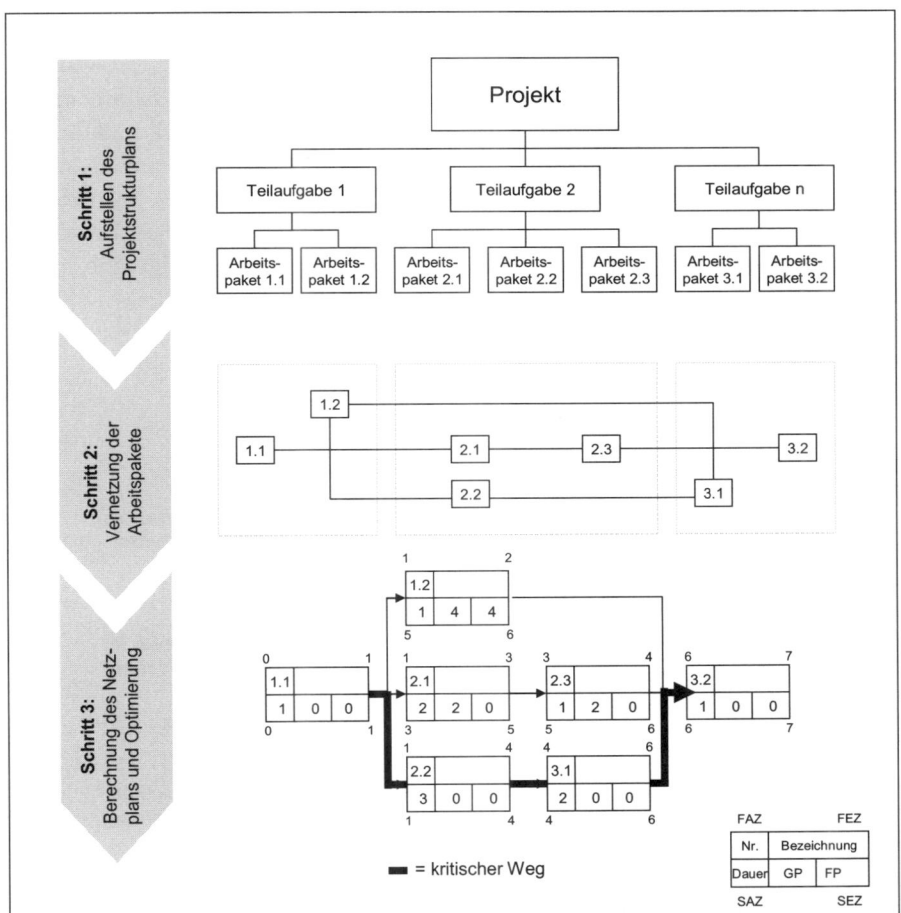

Abb. 74: Vorgehensweise bei der Terminplanung (in Anlehnung an Rinza 1998, S. 74)

Die Arbeitspakete eines Projektes lassen sich allerdings nicht immer in der geplanten Abfolge bearbeiten. Aus Ressourcenrestriktionen sind Unternehmen vielmehr dazu gezwungen, bestimmte Aufgaben vorzuziehen oder zu einem späteren Zeitpunkt zu beginnen. Mit der Optimierung des Ressourceneinsatzes beschäftigt sich vor diesem Hintergrund die **Kapazitätsplanung**. Sie kann sich einerseits an den vorgegebenen Terminen orientieren, bis zu denen bestimmte Ziele erreicht werden sollen. Andererseits ist es auch denkbar, die Kapazitäten in Abhängigkeit der personellen Kapazitäten festzulegen, um auf dieser Basis mögliche Termine zu ermitteln (vgl. Tieymeyer 2006, S. 289). Die Kapazitätsplanung als solche erfolgt auf Basis des Projektstrukturplans und der dort spezifizierten Arbeitspakete. Für sie gilt es die zur Bearbeitung erforderlichen Ressourcen zu spezifizieren; beim Personal erfolgt das z. B. in Form von Manntagen oder Mannmonaten in Kombination mit dem geforderten Qualifikationsprofil. Für jeden Projektmitarbeiter wird somit festgelegt, wie stark und zu welchen Zeitpunkten er in das Projekt involviert ist. Gleichzeitig kann man auf diesem Wege aufzeigen, inwieweit hinreichend Personalkapazitäten zur Projektbearbeitung zur Verfügung stehen oder ob im Fall von Kapazitätsüberschreitungen gegebenenfalls Anpassungen erforderlich sind. Abb. 75 zeigt eine solche Kapazitätsanpassung in graphischer Form.

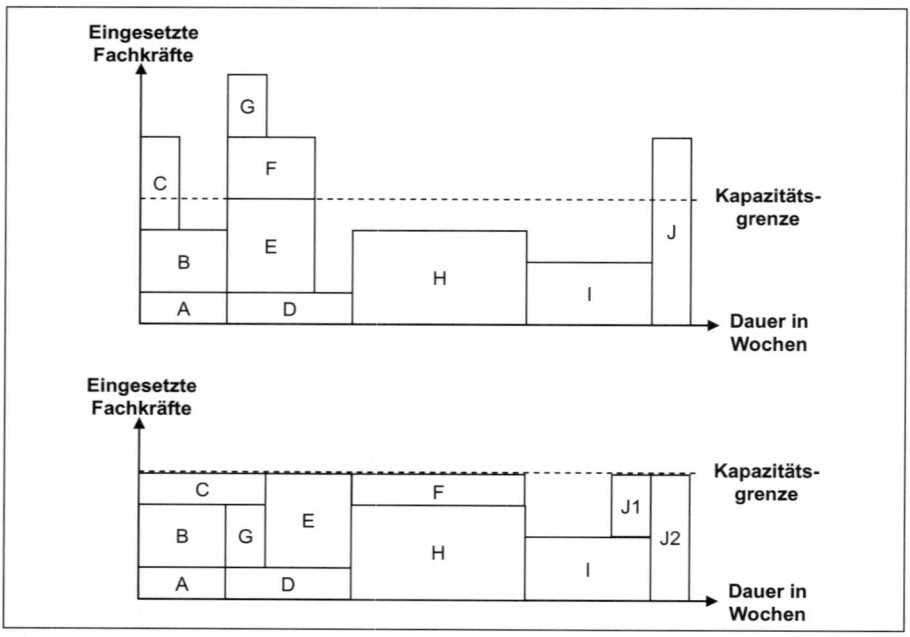

Abb. 75: Kapazitätsplanung und Anpassung

3.3.3.4   Projektmanagement in der Realisierungs- und Implementierungsphase

Die in der Planungsphase ermittelten Soll-Werte (Termine, Kosten etc.) bilden die Grundlage für die Projektsteuerung in der Realisierungs- und Implementierungsphase. Die dabei anfallenden Aufgaben beziehen sich auf die folgenden drei Punkte:

- Projektkontrolle (Fortschritts-, Kosten- und Qualitätskontrollen)

- Berichtswesen

- Projektabschluss

Bei der **Projektkontrolle** ist der Überprüfung der Anfangs- und Endtermine der Arbeitspakete – und damit der Fortschritts- bzw. Terminkontrolle – besondere Bedeutung beizumessen, da deren Einhaltung maßgeblich darüber entscheidet, ob die anvisierten Meilensteine erreicht werden und das gesamte Projekt zum anvisierten Termin finalisiert werden kann. In diesem Zusammenhang gilt es weiterhin den Ressourcenverbrauch in Form eines Soll-Ist-Vergleichs sowie die damit korrespondierende Entwicklung der verschiedenen Kostenarten zu hinterfragen. Im einfachsten Fall kann das auf Basis von Stundenzetteln erfolgen, die durch alle Projektbeteiligten selbständig gepflegt und zur Abrechnung in ein Projektcontrollingsystem übertragen werden. In Form eines Statusberichtes wird dann der Ressourcenverbrauch für die verschiedenen Projektphasen und Arbeitspakete kumuliert und ausgewertet, um gegebenenfalls Änderungen am Projektstruktur- oder Ablaufplan vornehmen zu können. In qualitativer Hinsicht gilt es weiterhin zu überwachen, inwieweit die bislang erbrachten Leistungen dem geforderten Qualitätsniveau entsprechen. Um eine solche Qualitätskontrolle durchführen zu können, ist es zwingend erforderlich, dass im Zuge der Projektplanung die Ziele möglichst exakt und messbar quantifiziert wurden (vgl. hierzu auch 2.1). Durch solche Kontrollen ist es im Zuge der Projektrealisierung möglich, Fehler und Probleme während der Projektbearbeitung aufzudecken und entsprechend zu reagieren.

Das **Berichtswesen** bezieht sich auf die Dokumentation des Projektfortschritts und seiner Ergebnisse gegenüber den Projektstakeholdern. In größeren Unternehmen oder in öffentlich geförderten Forschungsprojekten bestehen dabei häufig formale Vorgaben, wie solche Berichte aussehen sollen. Auf allgemeiner Ebene weisen solche Berichte jedoch eine mehr oder weniger identische Struktur auf. Die in Abb. 76 aufgeführten Hauptbereiche und Vorschläge zur inhaltlichen Spezifikation dienen als Orientierungshilfe, um solche Berichte ohne existierende Vorlagen zu erstellen. Wurden die Projektstruktur- und -ablaufpläne detailliert ausgearbeitet und erfolgt weiterhin eine regelmäßige Projektkontrolle, lassen sich solche Berichte in den meisten Fällen ohne größeren Aufwand erstellen.

Hauptbereiche	Spezifikation
Stand der Projektarbeiten laut Strukturplan	- finalisierte Arbeitspakete - in Arbeit - in Unterbrechung
Terminplan der Projektaktivitäten	- Soll-Termine - Ist-Termine
Kostenplan der Projektaktivitäten/-ergebnisse	- Soll-Kosten - Ist-Kosten
Übersicht der Kapazitätsbelastung	- Personentage, Mannmonate
Abweichungsanalysen	Beschreibung der zu erkennenden Auswirkungen von Abweichungen mit Kommentaren und Vorschlägen für Steuerungsmaßnahmen
Stand des Projektbudgets	- Planansatz - bisher verbraucht - noch verfügbar - Abweichungen gegenüber dem Planansatz
Hinweise auf Probleme, Risiken	- aktuelle Engpässe - Sachverhalte, die einer Änderung bedürfen
Handlungsbedarf	- notwendige Maßnahmen
Projektbezogene Kennzahlen	- Kosten - Termine - Meilensteine - Kapazitäten

Abb. 76: Inhalte eines Projektberichts (vgl. Tiemeyer 2006, S. 307)

Mit der **Implementierung** des Projektes wird das Projektteam in der Regel aufgelöst. Bevor es dazu kommt, muss im Anschluss an die Implementierungs- und Testphase in Zusammenarbeit mit dem Projektauftraggeber jedoch hinterfragt werden, inwieweit die Projektziele in qualitativer, zeitlicher und finanzieller Hinsicht erreicht wurden und ob gegebenenfalls noch ein Nachbesserungsbedarf besteht. In diesem Zusammenhang sollte gleichzeitig geklärt werden, welche Dokumente noch zu erstellen und an wen zu übergeben sind. Schließlich sollte der Projektauftraggeber auch eine Bewertung des Projektteams abgeben und mit in die Entscheidung einbezogen werden, wie eventuell die Verabschiedung vom Projektteam erfolgen kann. Die Abschlussveranstaltung bildet dann den eigentlichen formellen Projektabschluss.

3.4   Koordination von Wertschöpfungsprozessen über elektronische Handelssysteme

3.4.1   Überblick

Zur Koordination der Wertschöpfungs- und Vermarktungsaktivitäten spielen elektronische Handelssysteme eine zentrale Rolle, wie z. B. elektronische Marktplätze, Online-Shops oder elektronische Beschaffungssysteme. Ihnen ist gemein, dass sie auf Basis der IKT zu einer Beschleunigung der Geschäftsprozesse beitragen und durch die Automatisierung bislang manuell ausgeführter Tätigkeiten die betriebliche Effizienz verbessern sollen. Solche Handelssysteme existieren in verschiedenen Ausprägungsformen. Im weiteren Verlauf geht es jedoch nicht darum, einen vollständigen Überblick der am Markt verfügbaren Systeme zu geben. Vielmehr sollen drei idealtypische Ausprägungsformen solcher Systeme betrachtet werden, deren Beitrag zur Wertschöpfung herausgearbeitet wird. Dabei handelt es sich um

- elektronische Marktplätze,

- elektronische Beschaffungssysteme und

- Online-Shops (vgl. auch BMWi 2006, S. 6).

Auf **elektronischen Marktplätzen** werden mehrere Käufer und Verkäufer in einer virtuellen Umgebung zusammengeführt, womit eine n:n-Beziehung vorliegt. Die Hauptaufgabe eines solchen Marktplatzes besteht darin, einen „Match" zwischen Angebot und Nachfrage herzustellen. Ferner fasst er die Produktkataloge verschiedener Anbieter zusammen und bietet den Käufern damit eine integrierte Angebotslösung. Der Marktplatz als solcher wird in den meisten Fällen von einem unabhängigen Intermediär betrieben, der weder Käufer- noch Nachfrageseite favorisiert oder benachteiligt.

Elektronische Beschaffungssysteme (E-Procurement) dienen der Optimierung und Koordination der Beschaffungsaktivitäten eines Kunden, der von mehreren Lieferanten Leistungen bezieht; im Gegensatz zu elektronischen Marktplätzen liegt damit eine 1:n-Beziehung vor. Der Kunde installiert zu diesem Zweck eine Beschaffungssoftware, in die er regelmäßig die Produktkataloge der Lieferanten einpflegt. Er kann insofern bestimmen, welche Unternehmen Zugang zu seinem Handelssystem erhalten.

Bei einem **Online-Shop** liegt schließlich eine n:1-Beziehung vor, d. h., mehrere Kunden greifen auf die Produktkataloge eines Anbieters zu, der für den Betrieb des E-Shops verantwortlich ist. Die angebotenen Leistungen können sowohl der Allgemeinheit als auch ausgewählten Kundengruppen angeboten werden.

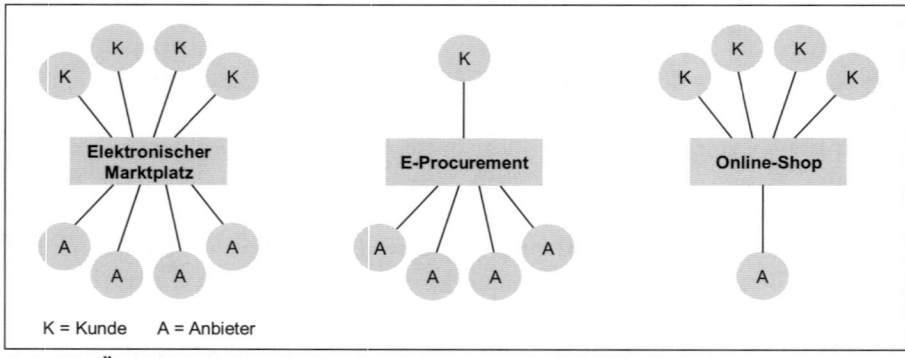

Abb. 77: Überblick elektronischer Handelssysteme (vgl. BMWi 2006, S. 4).

Voraussetzung für die Implementierung solcher Handelssysteme ist es, dass das Unternehmen über eine entsprechende technische Infrastruktur in Form eines **ERP-Systems** (Enterprise Resource Planning) verfügt (vgl. auch Graf/Gründer 2003, S. 124). Diese Systeme sollen sicherstellen, dass die im Unternehmen vorhandenen Ressourcen möglichst effizient im betrieblichen Ablauf eingesetzt werden. Zu diesem Zweck integrieren sie die unternehmens-internen Softwaremodule in Form einer Gesamtlösung (vgl. Abb. 78), um einen reibungslosen Ablauf der internen Geschäftsprozesse zu gewährleisten. Auf dieser Infrastruktur setzen dann elektronische Handelssysteme auf, indem sie z. B. Zugriff auf die Datenbank des ERP-Systems erhalten, um im Fall einer Online-Bestellung die Verfügbarkeit der bestellten Leistungen zu überprüfen.

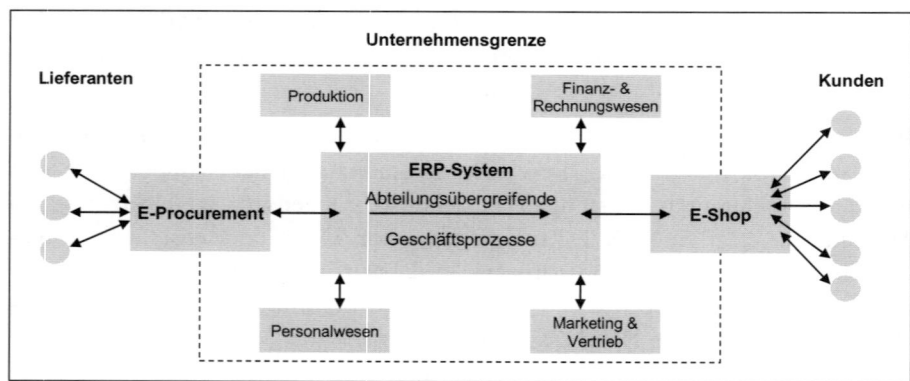

Abb. 78: Zusammenspiel von ERP- und unternehmensübergreifenden Systemen

3.4.2   Charakterisierung elektronischer Marktplätze

Die Aufgaben elektronischer Marktplätze bestehen in der Zusammenführung von Angebot und Nachfrage sowie der Preisbildung. Darin unterscheiden sie sich nicht von einem Wochenmarkt in der physischen Welt. Das Besondere an elektronischen Marktplätzen ist jedoch darin zu sehen, dass sie auf Basis der IKT eine zeit- und ortsunabhängige Abwicklung von Transaktionen unterstützen. Grundsätzlich stellt die Abwicklung dieser Aktivitäten über elektronische Netzwerke jedoch keine Innovation dar. In einigen Branchen werden bereits seit mehreren Dekaden Geschäftsdaten auf elektronischem Wege ausgetauscht. In diesem Zusammenhang ist in der Regel von so genannten **EDI-Systemen** die Rede, die in der Vergangenheit jedoch nicht über das Internet genutzt werden konnten und darüber hinaus nur einen sehr starren und bilateralen Datenaustausch von Geschäftsinformationen ermöglichten. Ferner war deren Implementierung sehr kostspielig, weshalb nur wenige Unternehmen auf diesem Wege ihre Systeme miteinander verflochten. Der weitaus größere Teil des Leistungsaustausches wurde auf traditionellem Wege abgewickelt und manuell koordiniert. Im Gegensatz dazu lassen sich internetbasierte elektronische Marktplätze über einen herkömmlichen Webbrowser und zu deutlich geringeren Kosten nutzen. Im Idealfall unterstützen solche Marktplätze dabei den gesamten Kaufprozess (vgl. Picot et al. 2003, S. 338–339; Fritz 2004, S. 58–59), der sich aus vier Phasen zusammensetzt (vgl. Abb. 79):

- Den Ausgangspunkt eines Kaufvorgangs bildet die **Informationsphase**, in der sich die Anwender nach bestimmten Leistungen erkundigen.

- Hieran schließt sich **Vereinbarungsphase** an. Sie ist auf die Konkretisierung der Vertragskonditionen (z. B. Preis, Lieferzeit, AGBs) und den Vertragsabschluss gerichtet.

- In der **Abwicklungsphase** geht es um die eigentliche Leistungserfüllung der zuvor getroffenen Vereinbarungen, d. h., der Auftragnehmer erbringt die Leistungen und der Auftraggeber begleicht die damit korrespondierende Rechnung. Damit ist der Kaufprozess jedoch noch nicht abgeschlossen.

- Vielmehr erfolgt mit der Leistungserfüllung der Übergang in die **After-Sales-Phase**, bei der es um die Kundenbetreuung und -bindung geht.

Um die hier skizzierten Kaufphasen in einer elektronischen Umgebung unterstützen zu können, muss ein Marktplatz diverse Funktionen bereitstellen (vgl. Kollmann 2007, S. 338–339). Zunächst bedarf es verschiedener Handelskomponenten, die sich auf die Verwaltung der gehandelten Leistungen beziehen und z. B. das Katalogmanagement oder den automatischen Versand von Auftragsbestätigungen unterstützen. Daneben müssen Funktionen angeboten werden, die den Kunden die Plattformnutzung ermöglichen, wie z. B. die Produktsuche oder verschiedene Kommunikationstools (z. B. E-Mails, Diskussionsforen, Benutzerbewertungen). Schließlich gilt es die Sicherheit und Integrität der Plattform und der Zahlungssysteme zu gewährleisten und entsprechende Softwarelösungen zu implementieren, die eine vertrauenswürdige Abwicklung elektronischer Zahlungsvorgänge ermöglichen (vgl. Abb. 79).

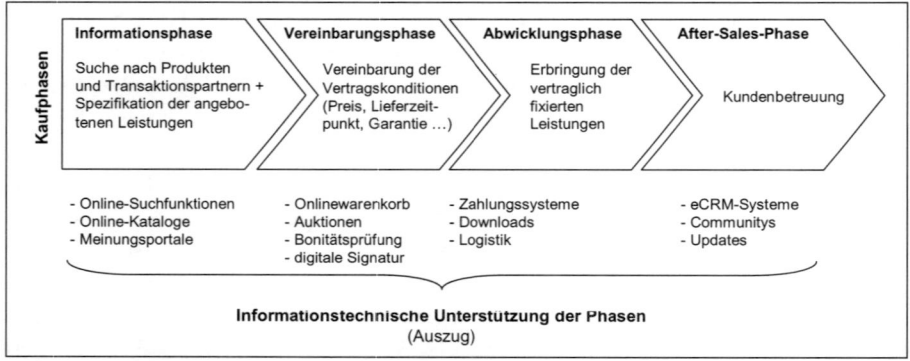

Abb. 79: Digitale Abwicklung von Kaufprozessen (vgl. Picot et al. 2003)

Mit der informationstechnischen Unterstützung des Kaufprozesses gehen verschiedene Vorteile einher, die sich zu vier Punkten zusammenfassen lassen:

- **Globale Präsenz**: Auf Basis elektronischer Marktplätze können Unternehmen ihre Leistungen relativ einfach über die nationalen Grenzen hinweg anbieten und damit ihre globale Präsenz stärken. Vor allem bei der Vermarktung digitaler Produkte ist darin ein Vorteil zu sehen, da in diesem Fall auch der Vertrieb über das Internet erfolgt und keine Logistikkosten wie bei der Vermarktung physischer Güter anfallen, die im internationalen Handel in der Regel deutlich höher als im nationalen sind.

- **Zugang zu neuen Kundengruppen**: Durch die elektronische Vermarktung ist es weiterhin möglich, neue und bis dahin nicht angesprochene Kundengruppen zu erschließen (vgl. auch Kap. 4).

- **Erhöhung des Automatisierungsgrades**: Da auf elektronischen Marktplätzen alle transaktionsrelevanten Daten in elektronischer Form vorliegen, ist eine medienbruchfreie und weitestgehend automatische Verarbeitung von

Bestellinformationen möglich. Dadurch kommt es zu einer Verkürzung der Bearbeitungszeiten, ferner gehen mit der Erhöhung des Automatisierungsgrades häufig auch Kosteneinsparungen einher. Dies setzt natürlich voraus, dass die jeweiligen Marktplatzsysteme mit den unternehmensinternen Systemen kompatibel sind und reibungslos zusammenarbeiten.

- **Verbesserung der Markttransparenz:** Schließlich tragen elektronische Marktplätze zu einer Verbesserung der Markttransparenz bei. Zu diesem Zweck aggregieren sie z. B. Produktkataloge verschiedener Hersteller, die dann für die Endkunden entsprechend aufgearbeitet werden.

Die Realisierung dieser Vorteile setzt voraus, dass die verschiedenen Marktplatzkomponenten reibungslos mit den unternehmensinternen und -externen Systemen zusammenarbeiten. In diesem Zusammenhang spielt vor allem die Einhaltung verschiedener **Klassifikationsstandards** eine zentrale Rolle (z. B. eCl@ss, eTIM, proficl@ss, UNSPSC), um die Produktkataloge der verschiedenen Marktplatzteilnehmer maschinell weiterverarbeiten zu können. Dazu wird den gehandelten Leistungen ein eindeutiger und international unverwechselbarer Nummerncode zugewiesen. Exemplarisch hierfür sei der von den Vereinten Nationen für die Warenwirtschaft entwickelte Standard **UNSPSC** (United Nations Standard Product and Service Code) genannt. Er basiert auf fünf Hierarchieebenen, von denen die obersten vier standardisiert sind. Jede dieser Ebenen wird durch eine zweistellige Zahl kodiert, die sich auf das Warensegment, die Produktfamilie und Produktklasse, das eigentliche Gut sowie die optionale Beschreibung der Funktion des jeweiligen Gutes bezieht. Ein Klassifikationscode auf Basis von UNSPSC besteht somit mindestens aus acht und maximal aus zehn Ziffern. Eine CD-Tasche würde nach diesem Schema z. B. dem Segment Informationstechnik (43), der Produktfamilie Medien- und Computerzubehör (20) sowie der Produktklasse Multimedia-Speicher (17) zugeordnet. Für das eigentliche Gut CD-Tasche sieht UNSPSC die Kodierungsnummer 03 vor, womit der gesamte Klassifikationscode 43201703 lauten würde.

Neben der Einhaltung solcher Standards spielen natürlich auch noch andere Einflussfaktoren eine wichtige Rolle dabei, inwieweit die oben skizzierten Vorteile realisiert werden können. Im Hinblick auf den kommerziellen Erfolg spielt es z. B. eine zentrale Rolle, ob der Marktplatz rund um die Uhr verfügbar und eine sichere Transaktionsabwicklung gewährleistet ist. In diesem Zusammenhang gilt es auch zu klären, inwieweit die vorhandenen Hardware- und Leitungskapazitäten z. B. große Nutzungsszenarien unterstützen. Wie wichtig dieser Punkt ist, verdeutlicht die Panne beim Kartenvorverkauf für die olympischen Spiele in Peking 2008, wo das Handelssystem nach Verkaufsstart zusammengebrochen ist (vgl. Welt Online 2007). In der ersten Stunde nach Verkaufsstart hat die Webseite des Kartenzentrums acht Millionen Treffer verzeichnet, pro Sekunde gingen 200.000 Kartenwünsche ein. Die Kapazität war aber nur auf eine Million Zugriffe pro Stunde ausgelegt.

3.4.3   Elektronische Marktplätze in der Beschaffung

Mit dem E-Procurement bzw. elektronischen Einkauf werden ähnliche Ziele wie mit elektronischen Marktplätzen verfolgt. So geht es auch hier darum, auf Basis der IKT Einsparungen zu erzielen und die vorhandenen Prozesse zu beschleunigen. Die separate Hervorhebung des elektronischen Einkaufs erscheint aber dennoch notwendig, nicht zuletzt aufgrund der mitunter beträchtlichen Einsparpotenziale: Während die meisten Unternehmen im Produktionsbereich in den vergangenen Jahren die Rationalisierungspotenziale ausgeschöpft haben, lassen sich im Beschaffungsbereich nach wie vor noch erhebliche Einsparungen realisieren. Eine Schätzung des Unternehmens T-Systems geht z. B. davon aus, dass alleine die öffentliche Hand jährlich 25 Milliarden Euro einsparen könnte, wenn sie konsequent auf elektronische Beschaffungs- und Ausschreibungslösungen setzen würde (vgl. T-Systems 2006, o. S.).

Warum bestehen gerade im Beschaffungsbereich solche hohen Einsparpotenziale? Ein wesentlicher Grund dafür ist darin zu sehen, dass Beschaffungsvorgänge zum Großteil nach wie vor manuell abgewickelt werden und dementsprechend kosten- und zeitintensiv sind. Stellt ein Mitarbeiter z. B. einen bestimmten Bedarf fest, muss er bei einem **traditionellen Beschaffungsprozess** zunächst potenzielle Lieferanten auswählen und Angebote einholen (vgl. Abb. 80). Hat der jeweilige Mitarbeiter keine entsprechenden Befugnisse, muss er im Regelfall auch eine Freigabe der Bestellung durch den Einkaufsleiter erwirken, womit ein weiterer manueller Arbeitsgang verbunden ist. Kommt es zur Warenlieferung, bedarf es schließlich auch einer sachlichen und formalen Prüfung. Erst daraufhin wird die Rechnung freigegeben und das Rechnungswesen kann deren Bezahlung veranlassen.

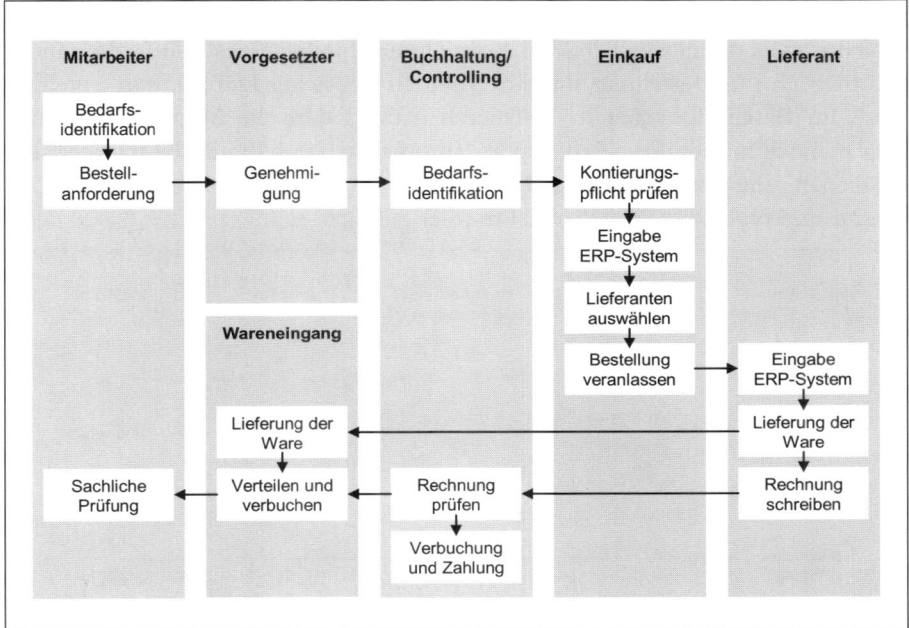

Abb. 80: Manueller Beschaffungsprozess (vgl. Abts/Mülder 2004, S. 263)

Bereits aus diesem einfachen Beispiel geht hervor, dass in einen Beschaffungs-prozess zahlreiche Akteure involviert sind, wodurch hohe Koordinationskosten – oder anders formuliert hohe Transaktionskosten – entstehen. Die Unterneh-mensberatung KPMG geht davon aus, dass aufgrund der zahlreichen manuellen Bearbeitungsschritte ein normaler Bestellvorgang durchschnittlich 90 Euro kostet – unabhängig vom Beschaffungsvolumen. Die vollständige Bestellab-wicklung beansprucht dabei durchschnittlich 162 Arbeitsminuten und der ge-samte Bestellprozess vollzieht sich über einen Zeitraum von 16 Tagen (vgl. BMWi 2006).

Bei der **elektronischen Bestellabwicklung** lassen sich zahlreiche der oben genannten Tätigkeiten beschleunigen, z. B. in Form einer automatischen Verbu-chung des Wareneingangs (vgl. Abb. 81). Durch die vollständig elektronische Abwicklung der Beschaffungsaktivitäten entfällt ferner die Notwendigkeit, die Bestelldaten an mehreren Stellen manuell zu erfassen. Weiterhin ist es denkbar, dass das System innerhalb vordefinierter Grenzen automatisch Bestellungen freigibt und nur in Ausnahmefällen eine Genehmigung von der Einkaufsleitung einholt, beispielsweise wenn ein bestimmtes Bestellvolumen überschritten wird.

Durch die Anbindung des Marktplatzes an die unternehmensinternen ERP-Systeme ist es ferner möglich, dass beim Unterschreiten eines Mindestbestandes automatisch eine Bestellung ausgelöst und ein möglicher Liefertermin angefragt wird. Im Beschaffungsbereich existieren damit zahlreiche Möglichkeiten, bislang manuell ausgeführte Arbeiten zu automatisieren, worauf die teilweise beachtlichen Einsparpotenziale in finanzieller und zeitlicher Hinsicht zurückzuführen sind (vgl. auch Boutellier/Hurschler 2007).

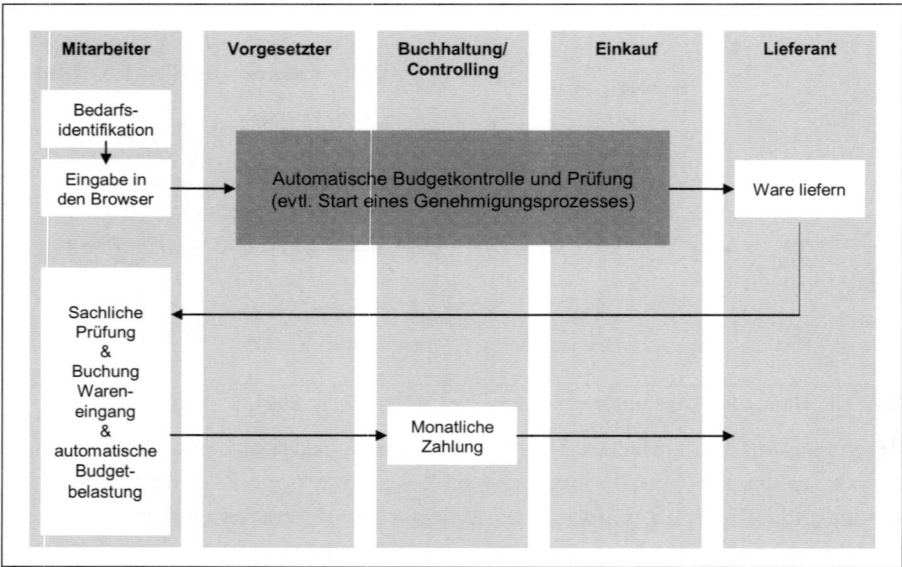

Abb. 81: Elektronischer Beschaffungsprozess (vgl. Abts/Mülder 2004, S. 264)

Es ist jedoch wichtig, darauf hinzuweisen, dass die elektronische Beschaffung nicht für alle **Güter** in Betracht kommt. Vordergründig ist sie für standardisierte und indirekte Güter geeignet, die nicht unmittelbar der Leistungserzeugung dienen und nur einen unterstützenden Charakter haben (vgl. Subramaniam/Shaw 2004). Hierzu zählen die so genannten C-Güter, wie z. B. Büromaterialien oder Betriebsstoffe, auf die in Industrieunternehmen etwa 80 Prozent aller Bestellvorgänge zurückzuführen sind (vgl. BMWi 2006; Meier/Stormer 2007, S. 55). Ihr finanzieller Anteil am gesamten Bestellvolumen fällt mit etwa 20 Prozent jedoch vergleichsweise gering aus. Bei solchen Gütern liegt daher eine elektronische Beschaffung nahe, zumal sich deren Anforderungen genau spezifizieren lassen, worin eine wichtige Voraussetzung für die Modellierung der Beschaffungsprozesse zu sehen ist. Gleichzeitig erfolgt dadurch eine Entlastung der Mitarbeiter in der Beschaffung, die fortan einen größeren Teil ihrer Arbeitszeit der Beschaffung von A-Gütern widmen können, die unmittelbar in den Wertschöpfungsprozess einfließen und in der Regel ein hohes finanzielles Bestellvolumen aufweisen. Hier liegt es nahe, unmittelbar mit den Lieferanten in Kontakt zu treten, um eventuell besondere Konditionen auszuhandeln. Abb. 82 zeigt die unterschiedliche Schwerpunktsetzung bei der Beschaffung von A- und C-Gütern im Überblick.

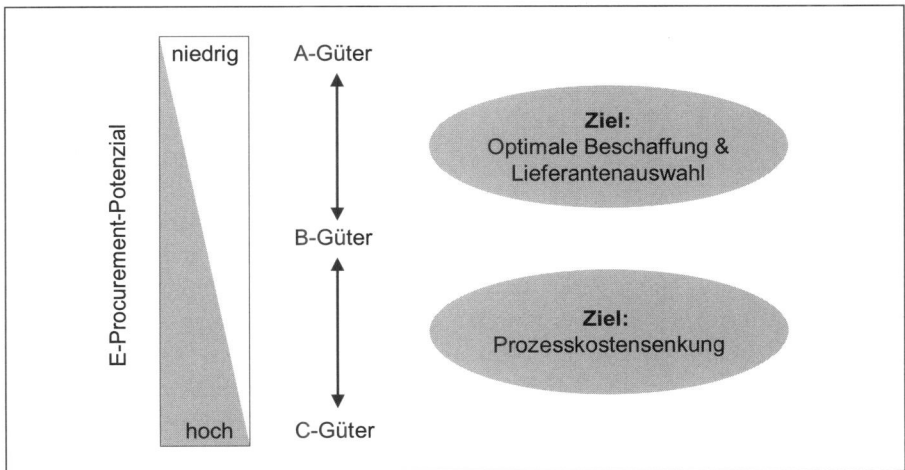

Abb. 82: Potenzial des E-Procurement (in Anlehnung an Kollmann 2007, S. 105)

Neben der technischen Implementierung muss jedoch auch ein entsprechender **organisatorischer Rahmen** geschaffen werden, damit die Vorteile des elektronischen Beschaffungswesens zum Tragen kommen (vgl. BMWi 2006). Um den Koordinationsaufwand zu reduzieren, sollten anstelle von zahlreichen Einzeltransaktionen mit unterschiedlichen Lieferanten z. B. Rahmenverträge mit ausgewählten Unternehmen abgeschlossen werden. Abgesehen von Mengenrabatten haben solche Verträge den Vorteil, dass die Kosten der Vertragsanbahnung und -abwicklung deutlich geringer als beim Abschluss mehrerer Einzelverträge ausfallen. Gleichzeitig lässt sich dadurch auch der Arbeitsaufwand im Rechnungswesen reduzieren, wenn anstelle von Einzelabrechnungen lediglich eine monatliche Sammelabrechnung erstellt wird. Nur wenn ein solcher organisatorischer Rahmen geschaffen wird, führt das elektronische Beschaffungswesen zu deutlichen Einsparungen.

3.4.4 Online-Shops

Bei Online-Shops handelt es sich neben elektronischen Marktplätzen und Beschaffungssystemen um die dritte Ausprägungsform eines elektronischen Handelssystems. Mit solchen Shops wird analog dem traditionellen Handel das Ziel verfolgt, bestimmte Leistungen zu vermarkten. Das Besondere am Online-Handel ist jedoch darin zu sehen, dass bei digitalen Gütern der gesamte Kaufprozess – von der Kaufberatung über die Bestellung bis hin zur Auslieferung und Abrechnung – digital abgewickelt werden kann (vgl. auch 3.5.2). Damit gehen im Vergleich zum traditionellen Handel mitunter völlig neue Formen der Kundenansprache und -bindung einher. Aufgrund der Auswertung der Kundendaten (Alter, Geschlecht etc.) und Bestellinformationen (Bestellfrequenz, Produktpräferenzen, Bestellvolumen etc.) lassen sich z. B. Webseiten generieren, die auf die Interessen der Kunden abgestimmt sind und individualisierte Produktvorschläge enthalten (vgl. hierzu auch 4.2.2.3). Eine derartige Ansprache ist im traditionellen Handel aus verschiedenen Gründen nur schwer realisierbar. So ist es für einen Verkäufer in der Regel nicht möglich, die Präferenzen und die Kaufhistorie sämtlicher Kunden aus dem Gedächtnis abzurufen. Hinzu kommt, dass herkömmliche Händler aufgrund ihrer räumlich begrenzten Ausstellungsflächen im Vergleich zum Online-Handel auf deutlich weniger Artikel zurückgreifen können, um ein bestimmtes Kundenbedürfnis zu befriedigen. Diese räumlichen Restriktionen zwingen die Händler dazu, ihre Angebote nachfrageorientiert und massenkompatibel zu gestalten. Nischenprodukte werden in der Regel – wenn überhaupt – nur im geringen Umfang in das Sortiment aufgenommen. Im Gegensatz dazu unterliegt der elektronische Handel keinen derartigen Restriktionen. Vereinfacht ausgedrückt muss für ein weiteres Produkt lediglich ein weiterer Datensatz angelegt werden. Aus diesem Grund übersteigt das Angebot von Online-Händlern das von traditionellen oftmals um ein Vielfaches. Dieser Sachverhalt lässt sich anschaulich am Beispiel des Buchmarktes verdeutlichen, wo das Angebot einer herkömmlichen Buchhandlung durchschnittlich 40.000 Bücher umfasst. Im Gegensatz dazu haben Online-Buchhändler wie Amazon etwa 3.000.000 Titel in ihrem Bestand. Bei dem Mehrangebot handelt es sich zum Großteil zwar um Spezialliteratur, an der in der Regel nur ein geringes Interesse besteht. In ihrer Gesamtheit können solche Nischenprodukte allerdings einen bedeutenden Anteil am Gesamtumsatz haben – im Fall von Amazon entfallen etwa 20 bis 25 Prozent des Umsatzes auf solche Produkte (vgl. hierzu Anderson 2005; 2007). Diesen Teil der Nachfrage bezeichnet man auch als **Long Tail**, in der deutschsprachigen Wirtschaftspresse ist teilweise auch vom „Rattenschwanz" im E-Commerce die Rede (vgl. Pohl

2006). Abgeleitet ist dieser Begriff von der Form einer einseitig abfallenden Häufigkeitsverteilung, wie sie in Abb. 83 dargestellt ist. Sie visualisiert die Nachfrage nach Massen- und Nischenprodukten, wobei die Vermarktung Letztgenannter insbesondere durch den Online-Handel erfolgt.

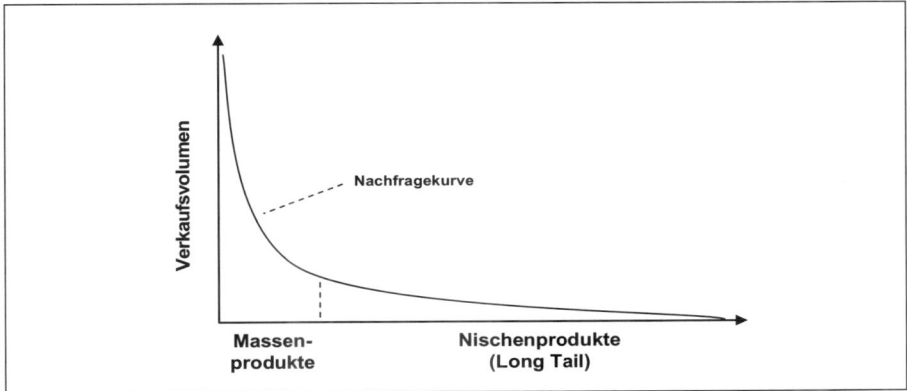

Abb. 83: Der Long Tail im E-Commerce

Das Long-Tail-Phänomen kommt vor allem bei Online-Shops mit einem breiten Produktprogramm zum Tragen. Es ist allerdings wichtig, zu erwähnen, dass sich in jüngerer Zeit neben solchen traditionellen Shops verschiedene Shop-Varianten auf dem Markt etablieren konnten, die mitunter nur ein einziges Produkt im Angebot haben. Im Folgenden soll daher ein Überblick gegeben werden, welche Arten von Online-Shops gegenwärtig auf dem Markt existieren. In Anlehnung an den BVDW lässt sich dabei zwischen vier Grundtypen unterscheiden (vgl. 2007):

• Traditionelle Online-Shops

• Syndizierte Sub-Shops

• Distributed Mass Customizing

• One-Product-Aktionsplattformen

Traditionelle Online-Shops sind dadurch charakterisiert, dass die Händler die Produkte auswählen und selbständig vermarkten. Vereinfacht ausgedrückt wird hier das Internet als zusätzlicher Vertriebskanal zum traditionellen Handel genutzt.

Bei **syndizierten Sub-Shops** ermöglicht der Online-Händler Dritten den Zugriff auf seine Shop-Funktionen sowie die dort gehandelten Produkte. Auf dieser Grundlage ist es dann für Dritte möglich, einen eigenen Shop aufzubauen oder ausgewählte Shopping-Funktionen in ihre eigene Internet-Präsenz zu integrieren. Dafür entrichten sie an den eigentlichen Shop-Betreiber für jede abgeschlossene Transaktion eine Provision. Ein Beispiel für einen solchen Ansatz stellt der so genannte A-Store von Amazon dar, bei dem die Anwender ohne größere technische Kenntnisse die Shopping-Funktionalitäten von Amazon in ihre Homepage integrieren können. Das Besondere an diesem Shopping-Konzept ist jedoch weniger im technischen Ansatz zu sehen. Aus kommerzieller Sicht spielt vielmehr der Umstand eine wichtige Rolle, dass die Betreiber eines syndizierten Sub-Shops zum Werbeträger werden und zu einer Vergrößerung des Marktanteils beitragen.

Beim **Distributed Mass Customizing** werden die Kunden innerhalb einer stabilen Prozess- bzw. Produktarchitektur in den Leistungserstellungs- und Vermarktungsprozess involviert (vgl. 3.3.3). Auf diesem Wege versucht man individualisierte Produkte zu erstellen, ohne auf die Vorteile der Massenproduktion verzichten zu müssen. Ein Beispiel hierfür stellt das Unternehmen Spreadshirt dar, bei dem jeder Anwender T-Shirts oder andere Kleidungsstücke nach seinen Vorstellungen (Motive, Farbe, Schriftzüge etc.) gestalten kann. Spreadshirt stellt lediglich die dazu erforderliche Infrastruktur zur Verfügung und legt einen Grundpreis für die Vermarktung der Produkte fest, auf den der Kunde nach eigenem Ermessen seine eigene Preisforderung aufschlägt.

Das Prinzip von **One-Product-Aktionsplattformen** ist denkbar einfach. Für jeweils 24 Stunden wird ein einziges Produkt zu einem attraktiven Preis angeboten. Für den Anwender ist jedoch nicht offensichtlich, welche Produkte an welchen Tagen angeboten werden. Um ein „Schnäppchen zu machen", sind die Kunden faktisch dazu gezwungen, möglichst häufig den betreffenden Online-Shop zu besuchen. Durch diesen Ansatz versucht man unter anderem auch ein latentes Kaufbedürfnis zu aktivieren, d. h., der Kunde soll zum Kauf eines Produktes bewegt werden, an das er im Vorfeld überhaupt nicht gedacht hat. Eines der bekanntesten Beispiele für so eine Shop-Variante stellt der Online-Shop Woot dar, der pro Tag etwa 100.000 US-Dollar auf Basis dieses Prinzips erwirtschaftet (vgl. www.woot.com).

3.5   Wiederholungsfragen

(1) Welche Auswirkung hat die Digitalisierung auf die Wertkette und das Wertschöpfungssystem eines Unternehmens?

(2) Unter welchen Umständen ist aus Sicht der Transaktionskostentheorie ein Leistungsbezug über den Markt einer internen Leistungserbringung vorzuziehen?

(3) Welche Chancen und Risiken gehen mit der Auslagerung betrieblicher Funktionen einher.? Welche Ansatzpunkte bestehen, um den Problemfeldern des Outsourcings vorzubeugen?

(4) Skizzieren Sie die Vorgehensweise bei der Prozessoptimierung.

(5) Aus welchen Gründen integrieren Unternehmen immer häufiger Anwender in den Prozess der Produktentwicklung? Zwischen welchen Formen der interaktiven Wertschöpfung kann man dabei unterscheiden?

(6) Grenzen Sie das Business Process Reengineering vom Total Quality Management und von Six Sigma ab.

(7) Warum erfolgt bei ARIS eine Modellierung in Form so genannter Sichten? Gehen Sie in diesem Zusammenhang auch auf die Bedeutung der Modellierung ein.

(8) Zwischen welchen Handelssystemen kann man im E-Business unterscheiden und wie grenzen sie sich voneinander ab?

(9) Wie grenzt sich das Prozess- vom Projektmanagement ab?

(10) Welche Aufgaben hängen mit der Erstellung der Projektstruktur- und Projektablaufpläne zusammen?

4   Kundenansprache und -bindung im E-Business

Lernziele

Um Leistungen erfolgreich auf dem Markt absetzen zu können, bedarf es einer gezielten Kundenansprache. Aufgrund der hohen Kundengewinnungskosten – sie betragen teilweise das Sechsfache der Betreuungskosten von Bestandskunden – gilt es gleichzeitig Maßnahmen zu ergreifen, um akquirierte Kunden langfristig an das eigene Unternehmen zu binden. Um für die damit zusammenhängenden Aufgaben und deren Besonderheiten im E-Business zu sensibilisieren, werden Sie sich in diesem Kapitel mit den folgenden Fragen auseinandersetzen:

- Welche Unterschiede bestehen bei der Offline- und Online-Vermarktung und welche Determinanten beeinflussen das Konsumentenverhalten?

- Welche E-Business-spezifischen Marketinginstrumente lassen sich zur Kundenansprache heranziehen?

- Wie kann man Kunden langfristig an das eigene Unternehmen binden und welche Rolle spielen in diesem Zusammenhang E-Business-Technologien?

Nach der Durcharbeit dieses Kapitels sollen Sie in der Lage sein, diese Fragen zu beantworten.

4.1   Konzeptionelle Grundlagen

4.1.1   Unterschiede bei der Offline- und Online-Vermarktung

Im ersten Kapitel dieses Buches wurde bereits auf die Besonderheiten des Wettbewerbs im E-Business hingewiesen (vgl. 1.1.3). An dieser Stelle gilt es die Unterschiede bei der Offline- und Online-Vermarktung detaillierter herauszuarbeiten, wobei es um die folgenden sechs Punkte geht (vgl. auch Chaffey et al. 2007, S. 350–355; Laudon/Traver 2007, S. 12–17):

- **Interaktivität**: Treten zwei Personen oder Institutionen miteinander in Kontakt und beeinflussen sich gegenseitig, ist im Allgemeinen von Interaktivität die Rede. Werden im Zuge der Kundenansprache klassische Medien –

wie z. B. das Radio oder Fernsehen – eingesetzt, ist der Interaktivitätsgrad zwischen den Beteiligten in der Regel gering, mitunter ist er sogar überhaupt nicht vorhanden. Aufgrund dessen lässt sich eindeutig zwischen Sender und Empfänger differenzieren. Im E-Business verliert diese strikte Einteilung jedoch ihre Gültigkeit. So sind hier auf Basis der IKT reziproke Austausch-beziehungen zwischen Menschen sowie zwischen Menschen und Maschinen möglich. Durch die Anfrage an eine Suchmaschine äußert der Anwender beispielsweise ein bestimmtes Informationsbedürfnis. Die Suchmaschine gleicht daraufhin die Anfrage mit ihrem Datenbestand ab und stellt dem Anwender eine entsprechende Ergebnisliste zur Verfügung. Insofern kommt es im E-Business zur Auflösung traditioneller Empfänger-Sender-Beziehungen, wie sie bei traditionellen Medien vorherrschen. Dieser Um-stand ist im Hinblick auf die zielgerichtete Kundenansprache im E-Business von zentraler Bedeutung, da bei reziproken Austauschbeziehungen nicht ausschließlich auf herkömmliche Werbemaßnahmen zurückgegriffen wer-den kann. Hier ist vielmehr ein spezifischer Instrumenteneinsatz erforder-lich, z. B. in Form des Suchmaschinen-Marketings (vgl. 4.2.4).

- **Personalisierung**: Bei traditionellen Medien waren die Maßnahmen zur Kundenansprache mehrheitlich – nicht zuletzt aus Kostengründen – auf die breite Masse gerichtet. Anders formuliert lag eine 1:n-Beziehung vor, d. h., „ein" Sender versuchte „n" mögliche Empfänger zu erreichen. Im Gegen-satz dazu gewinnt die Personalisierung im E-Business zunehmend an Be-deutung. Besonders deutlich wird das im Fall der Mass Customization, bei der man die Vorteile der Massenproduktion mit denen einer individuellen Kundenansprache verknüpft (vgl. 3.2.3). Beispiele wie Amazon zeigen wei-terhin, dass gerade im Online-Handel auf Basis der IKT ohne größere Probleme in Echtzeit personalisierte Webseiten generiert werden können, die sich an den Präferenzen oder der Verkaufhistorie der Kunden orientie-ren. E-Business-Technologien eröffnen somit die Möglichkeit, eine Vielzahl von Kunden individuell anzusprechen.

- **Ubiquität**: Kennzeichnend für den Vermarktungsprozess im Internet ist weiterhin die Ubiquität, d. h., die in elektronischen Netzwerken gespeicher-ten Informationen und Daten sind unabhängig von Ort, Zeit und Medium abrufbar, womit faktisch jederzeit Transaktionen getätigt werden können. Für Geschäftsmodelle im E-Business sind diese Eigenschaften zentral, da damit die Grundlage für die Gestaltung neuer und die Verbesserung beste-hender Wertschöpfungsstrukturen geschaffen wird.

- **Intermediäre**: Schließlich hat mit den zunehmenden Online-Angeboten auch die Anzahl der Intermediäre zugenommen, über die sich potenzielle Kunden ansprechen lassen. In der Vergangenheit war die Anzahl solcher Intermediäre mehr oder weniger überschaubar und bestand aus Fernsehsendern, Radiostationen und Zeitschriften. Im Internet ist es hingegen möglich, Anzeigen auf unzähligen Webseiten zu platzieren. Dem ist jedoch hinzuzufügen, dass in der Wirtschaftspraxis in der Regel eine Fokussierung auf ausgewählte Seiten erfolgt, um die anvisierte Zielgruppe möglichst gezielt anzusprechen und Streuverluste zu vermeiden.

Aus diesen Ausführungen geht hervor, dass die Kundenansprache und -bindung im Internet offenbar deutliche Unterschiede im Vergleich zu den Vermarktungsprozessen in der physischen Welt aufweist. In den Abschnitten 4.2 und 4.3 werden daher ausgewählte Instrumente vorgestellt, die explizit auf die Vermarktung im E-Business gerichtet sind.

4.1.2   Determinanten des Online-Konsumentenverhaltens

Das Konsumentenverhalten gibt Auskunft darüber, wie sich Menschen beim Kauf bzw. Konsum wirtschaftlicher Güter verhalten (vgl. Kroeber-Riel/Weinberg 2003). Folgt man so einem Begriffsverständnis, beschreibt das Online-Konsumentenverhalten folglich das Kundenverhalten im Kontext elektronischer Netzwerke. Dabei steht jedoch weniger die Tätigkeit des Konsumierens im Vordergrund, sondern die Eigenschaften einer Person als potenzieller Kunde (vgl. Trommsdorff 2004). Je besser das Unternehmen diese Eigenschaften einschätzen kann, desto besser kann es Maßnahmen zur Kundenansprache und -bindung einleiten. Die damit zusammenhängenden Instrumente unterscheiden sich im E-Business mitunter zwar deutlich von traditionellen Marketinginstrumenten. Allerdings weisen die hinter den Online- oder Offline-Kaufprozessen stehenden psychologischen und soziologischen Einflussfaktoren des Konsumentenverhaltens deutliche Überschneidungen auf (vgl. auch Fritz 2004, S. 121; Laudon/Traver 2007, S. 370). Deren Kenntnis ist damit von zentraler Bedeutung für die systematische und zielgerichtete Kundenbeeinflussung. Im weiteren Verlauf sollen daher die wichtigsten dieser Einflussfaktoren skizziert werden (vgl. hierzu Bauer et al. 2003; Ahlert et al. 2004; Fritz 2004, S. 121–130). Den Ausgangspunkt für die Erforschung des Konsumentenverhaltens stellt dabei das in Abbildung 84 skizzierte **Stimulus-Organismus-Response-Modell** (S-O-R-Modell) dar (vgl. Kotler et al. 2003, S. 303).

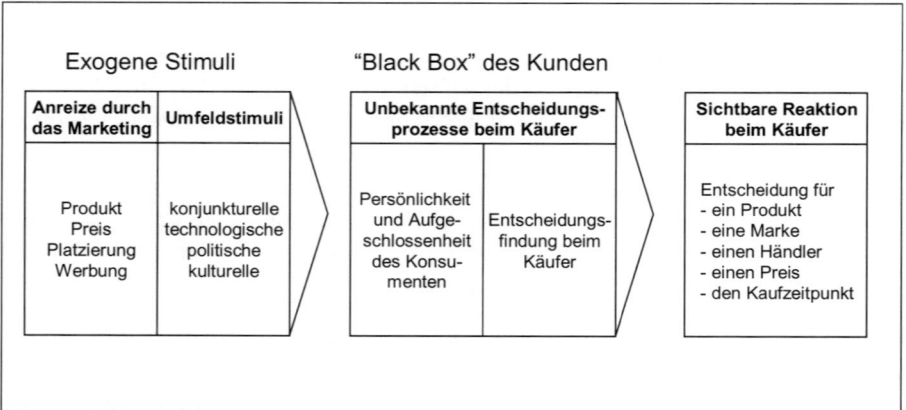

Abb. 84: S-O-R-Modell des Konsumentenverhaltens (vgl. Kotler et al. 2003, S. 303)

Nach dem S-O-R-Modell wird das Konsumentenverhalten von verschiedenen **exogenen Stimuli** beeinflusst. Neben externen Einflussfaktoren – wie der konjunkturellen, technologischen, politischen und kulturellen Entwicklung – können diese Stimuli auch gezielt durch verschiedene Marketingmaßnahmen des Unternehmens gesetzt werden. Diese Anreize stehen mehrheitlich in unmittelbarem Zusammenhang mit den Leistungen des Unternehmens. Dabei gilt es jedoch zu beachten, dass nicht alle Produkte für die Online-Vermarktung in Frage kommen. Dafür prädestiniert sind grundsätzlich digitale Produkte, da hier faktisch eine Abwicklung aller Kaufphasen auf digitalem Wege möglich ist (vgl. hierzu 3.4.2). Bei physischen Erzeugnissen muss man dagegen klären, inwieweit eine Digitalisierung der Produktinformationen möglich ist. Diese Informationen lassen sich dann anhand von drei Kriterien in einer mehrdimensionalen Matrix eintragen, um auf die Online-Produkteignung und damit auf die Möglichkeit einer gezielten Kundenansprache zu schließen (vgl. Kollmann 2007, S. 226–228):

- Bei der **digitalen Beschreibbarkeit** geht es um die Frage, inwieweit die Produkteigenschaften eindeutig schriftlich fixiert werden können. Bei einem Auto würde sich so eine Beschreibung unter anderem auf die Motorleistung, den Benzinverbrauch oder die Farbe beziehen. In diesem Fall wäre somit eine hohe Beschreibbarkeit gegeben, die bei anderen Leistungen mitunter sehr schwer fällt. So ist es bei einem Parfüm in der Regel kaum möglich, dessen Duft eindeutig zu beschreiben.

- Das Kriterium **digitale Beurteilbarkeit** stellt auf die Prüfungsmöglichkeit der Leistung durch den Käufer ab. Kollmann spricht in diesem Zusammenhang auch vom Selbstbedienungspotenzial eines Produktes, da der Kunde alleine aufgrund der Online-Produktpräsentation eine Kaufentscheidung treffen bzw. das Produkt beurteilen muss (vgl. 2007, S. 226). Bei einem Flugticket ist das in der Regel ohne größere Probleme möglich. In anderen Bereichen sieht das jedoch anders aus, wie etwa beim Kleidungskauf. Hier legen die Kunden im Vorfeld einer Kaufentscheidung mehrheitlich Wert auf eine Anprobe.

- Mit dem **digitalen Beratungsaufwand** wird der Frage nachgegangen, inwieweit die Kunden auf Informationen angewiesen sind, deren Digitalisierung nicht ohne weiteres möglich ist. So ein Beratungsaufwand fällt unter anderem beim Verkauf von Industriemaschinen oder Versicherungen an. In beiden Fällen bestehen oftmals Fragen, die sich nur vor dem individuellen Hintergrund des jeweiligen Kunden klären lassen.

Aus der Kombination dieser Kriterien resultiert das 3-B-Modell, nach dem man auf die Online-Vermarktungschancen von physischen Produkten schließt.

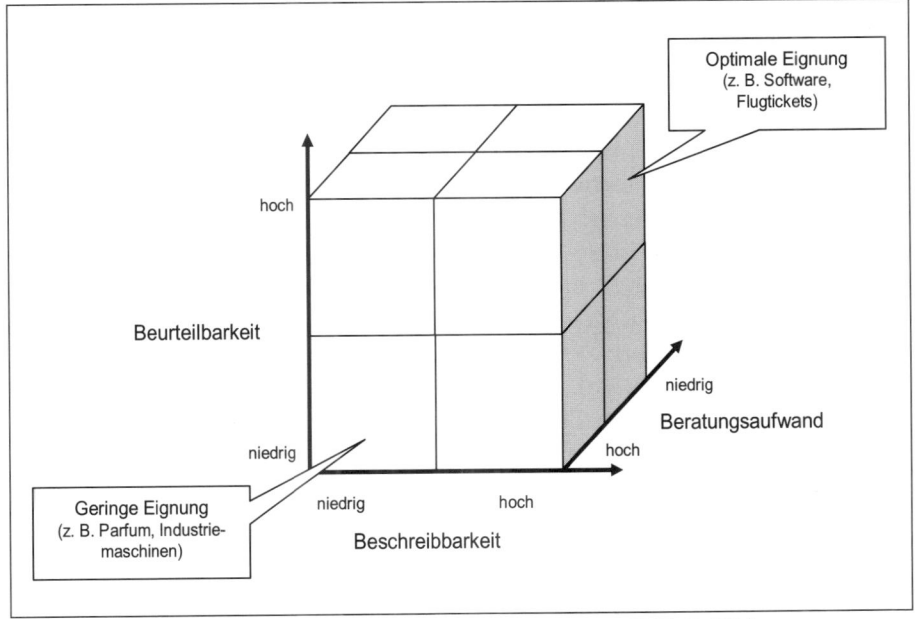

Abb. 85: E-Business-Eignung von Produkten (vgl. Kollmann 2007, S. 227)

Neben den exogenen Stimuli stellt die **„Black Box" der Kunden** die zweite Komponente des S-O-R-Modells dar. In diese „Black Box" gehen die verschiedenen Anreize ein und rufen bestimmte Reaktionen hervor. Wie diese aussehen, lässt sich jedoch nicht eindeutig prognostizieren, da die Anreizwirkung von verschiedenen psychologischen, soziologischen und situativen Einflussfaktoren abhängt. Zu den situativen Einflussfaktoren zählen z. B. die wirtschaftliche Situation der Kunden oder die Dringlichkeit des Produktbedarfs. Die psychologischen und soziologischen Determinanten umfassen hingegen den Lebensstil, das soziale Milieu sowie die Einstellung der Kunden gegenüber bestimmten Themen. Auf die hier skizzierten Einflussfaktoren haben Unternehmen zwar nur bedingt Einfluss. Je mehr sie aber über die „Black Box" in Erfahrung bringen, desto besser können sie Maßnahmen einleiten, um bestimmte Reaktionen beim Konsumenten hervorzurufen. Erste Anhaltspunkte zu diesen Punkten liefern die bereits an anderer Stelle vorgestellten Online-Käufertypologien (vgl. 2.2.1.3) sowie verschiedene frei verfügbare Studien, die sich z. B. mit der soziodemographischen Entwicklung des Internets beschäftigen (vgl. z. B. ARD/ZDF 2007). Auf so einer Grundlage können Unternehmen in Kombination mit den Ergebnissen der Marktsegmentierung erste Hinweise darüber erhalten (vgl. hierzu 2.2.1), wie ihre Kunden auf bestimmte Anreize reagieren, und dementsprechend den Instrumenteneinsatz planen.

Grundsätzlich läuft der durch das S-O-R-Modell spezifizierte Prozess bei Endkunden und Unternehmen identisch ab. In beiden Fällen wirken externe Anreize auf Personen ein und beeinflussen deren Entscheidungen. Allerdings ist die **„Black Box" von Unternehmen** deutlich komplexer als die der privaten Haushalte (vgl. Kotler et al. 2003, S. 354). So sind in den Entscheidungsfindungsprozess häufig mehrere Personen – mit unterschiedlichen Einkaufs- und Unterschriftsvollmachten – involviert, die in Zusammenarbeit eine Entscheidung herbeiführen. Gleichzeitig laufen die Entscheidungsfindungsprozesse in Unternehmen weitaus formaler ab und weisen in der Regel auch einen höheren Professionalisierungsgrad auf. So spezialisieren sich manche Arbeitnehmer in ihrem Berufsleben ausschließlich darauf, die bestmöglichen Konditionen im Kaufprozess auszuhandeln. Die Entscheidung als solche gründet dabei mehrheitlich auf einer systematischen und schriftlich dokumentierten Lieferantenauswahl und wird maßgeblich von den Zielen der jeweiligen Unternehmenseinheiten beeinflusst. Der zentrale – und im Hinblick auf die Kundenansprache und -bindung – Unterschied zwischen den Bereichen B2C und B2B ist jedoch in der unterschiedlichen Marktstruktur zu sehen (vgl. Chaffey 2007, S. 401–402). So stehen Unternehmen im Endkundengeschäft einer großen Zahl potenzieller Kunden gegenüber. Im Gegensatz dazu sind im B2B-Bereich weniger Kunden anzutreffen, die aber über eine weitaus größere Kaufkraft verfügen (vgl. auch 1.1.2). Diese Unterschiede haben großen Einfluss auf die Wahl der Instrumente zur Kundenansprache und -bindung. Beispielsweise spielt das Thema Suchmaschinen-Marketing im B2B-Bereich tendenziell eine geringere Rolle als im Endkundengeschäft, da aufgrund der größeren Markttransparenz die relevanten Akteure auf dem Markt mehrheitlich bekannt sind. In so einer Situation erfolgt die Kundenansprache in der Regel auf direktem Wege, indem z. B. ein dedizierter Kundenbetreuer für einen bestimmten Kunden eingesetzt wird. Lediglich wenn die Anzahl der Kunden im Unternehmensumfeld einen größeren Umfang einnimmt, rücken die Maßnahmen zur Kundenansprache aus dem Endkundengeschäft in den Vordergrund.

4.1.3   Status quo des Online-Kaufverhaltens in der Praxis

Über die letzten Jahre hinweg hat das Internet einen immer höheren Stellenwert im Leben der breiten Bevölkerung erlangt. So nutzt ein Bundesbürger im Durchschnitt etwa 10 bis 11 Stunden pro Woche das Internet und bereits im Jahr 2010 wird mit durchschnittlich 15 Online-Stunden pro Woche gerechnet (vgl. EIAA 2007, S. 3). Die rasant zunehmende Internetnutzung geht zu Lasten der traditionellen Medien, wobei gegenwärtig vor allem papierbasierte Zeitschriften und Zeitungen durch das Internet substituiert werden (vgl. Abb. 86).

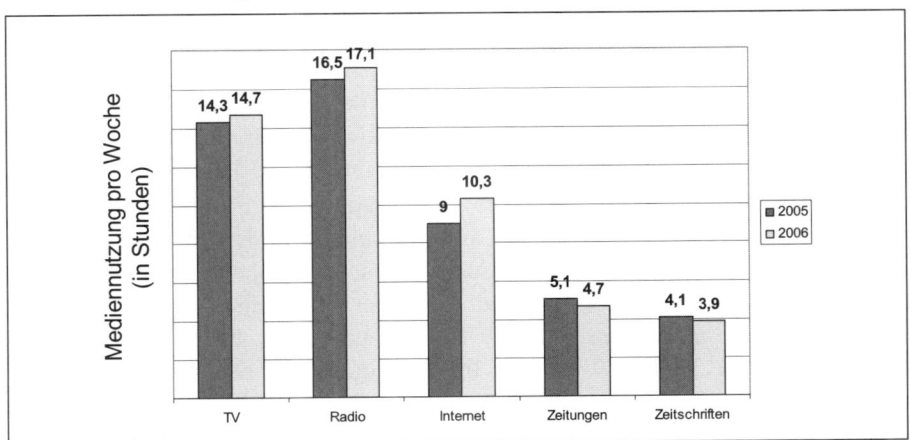

Abb. 86: Mediennutzungsverhalten in Deutschland (vgl. EIAA 2007)

Einen bedeutenden Teil ihrer Online-Zeit verbringen die Deutschen mit der Informationsrecherche nach bestimmten Produkten, um sich im Vorfeld einer Kaufentscheidung gezielt zu informieren. Immer häufiger werden dabei die betreffenden Produkte auch online erworben, wobei das aber nicht für alle Produktarten gilt (vgl. Abb. 87).

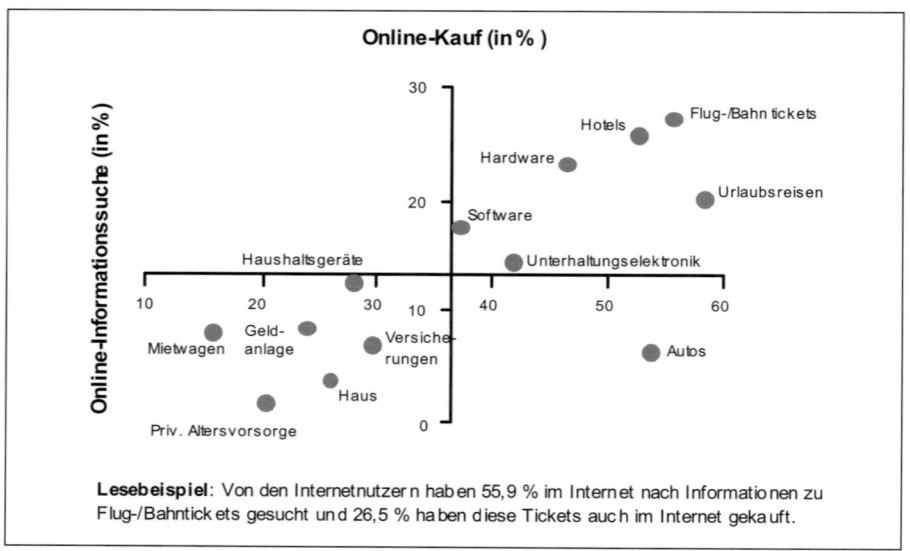

Lesebeispiel: Von den Internetnutzern haben 55,9 % im Internet nach Informationen zu Flug-/Bahntickets gesucht und 26,5 % haben diese Tickets auch im Internet gekauft.

Abb. 87: Online-Informationssuche und Online-Kauf (vgl. AGOF 2007)

Hinsichtlich der Nutzerstrukturen wurde bereits an anderer Stelle herausgestellt, dass nahezu alle Unternehmen in Deutschland Zugang zum Internet haben (vgl. 2.2.1.2) und im zunehmenden Maße in E-Business-Technologien investieren (vgl. 1.1.4). Bei den Endanwendern besteht diesbezüglich noch Aufholbedarf, insbesondere bei Personen, die älter als 50 Jahre sind (vgl. Abb. 88). Im Zusammenhang mit den soziodemographischen Strukturen ist weiterhin zu erwähnen, dass im Hinblick auf Geschlecht und Alter ein deutlicher Zusammenhang zur thematischen Ausrichtung der Inhalte und Nutzungsschwerpunkte erkennbar ist. So sind die unter 29-Jährigen z. B. überdurchschnittlich häufig im kommunikativen Umfeld aktiv (z. B. Flirt- und Datingseiten), während die 30- bis 49-jährigen Internetnutzer bevorzugt Angebote besuchen, die sich an Familien und Kinder richten. Die älteren Nutzergruppen zeigen hingegen ein überdurchschnittliches Interesse an Themen wie Essen und Trinken. Abb. 88 zeigt die hier angesprochenen Unterschiede im Überblick.

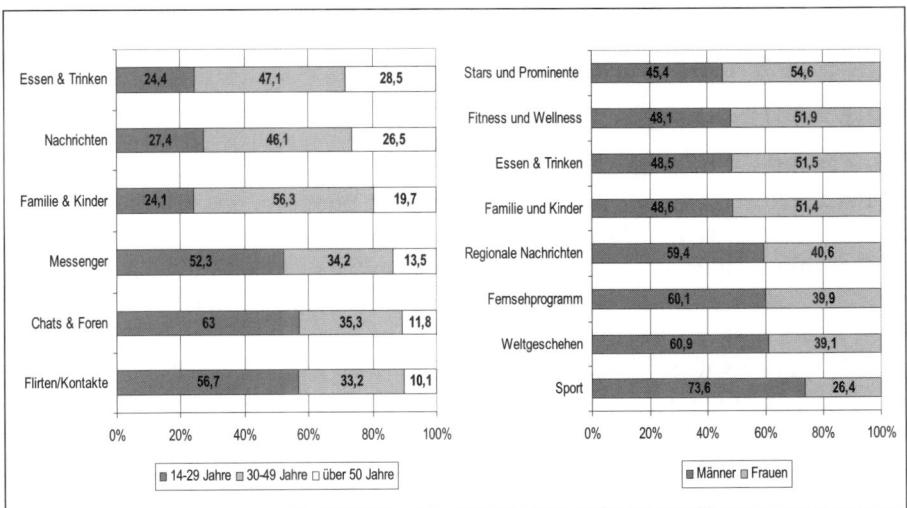

Abb. 88: Unterschiede im Online-Nutzungsverhalten (vgl. AGOF 2007, S. 17–18)

Anstatt im weiteren Verlauf weitere Zahlenbeispiele zur Charakterisierung des Online-Nutzungsverhaltens zu nennen – deren Aussagekraft aufgrund der hohen Marktdynamik ohnehin nur von kurzer Dauer ist –, soll an dieser Stelle ein Überblick gegeben werden, wo der interessierte Leser im Web aktuelle und zum Großteil frei verfügbare Studien zu diesem Thema findet (vgl. Abb. 89).

Seite	Kurzbeschreibung
www.agof.de	Die „Arbeitsgemeinschaft Online-Forschung" (AGOF) veröffentlicht vierteljährlich Daten zur Reichweite der größten Vermarkter in Deutschland, Strukturdaten von Websites sowie Kerndaten zur Internetnutzung und zum E-Commerce in Deutschland.
www.bvdw.org	In der Rubrik Marktzahlen des „Bundesverband Digitale Wirtschaft" können diverse Studien über die Kernbereiche der digitalen Wirtschaft abgerufen werden.
www.ecc-handel.de	Auf der Seite „E-Commerce-Center Handel" werden Informationen und Hinweise zu neuen E-Commerce-Studie veröffentlicht.
www.eiaa.net	Die „European Interactive Advertising Association" veröffentlicht regelmäßig Studien hinsichtlich der Online-Vermarktungschancen.
www.ibusiness.de	Bei „IBusiness" findet man eine Zusammenstellung ausgewählter Nachrichten aus dem E-Business.
www.ivw.eu	Bei der „Informationsgesellschaft zur Feststellung der Verbreitung von Werbeträgern e. V." können kostenlos Informationen zur Reichweite von Werbeträgern und Webseiten abgerufen werden.

Abb. 89: Webressourcen mit kostenlosem Zugriff auf aktuelle Marktstudien

4.2 Instrumente zur Kundenansprache im E-Business

4.2.1 Überblick

Jeder Deutsche nutzt im Durchschnitt etwa 58 Minuten pro Tag das Internet. Demgegenüber verbringt der durchschnittliche Bundesbürger deutlich weniger Zeit mit dem Lesen von Zeitungen (26 Minuten) oder Zeitschriften (18 Minuten). Damit besteht im Internet eine vergleichsweise hohe Wahrscheinlichkeit, dass der Kunde auf eine bestimmte Werbebotschaft trifft. Insofern erstaunt es auch kaum, dass der Online-Werbemarkt rasante Wachstumsraten aufweist. Bis zum Jahr 2015 soll er jährlich zwischen 15 und 20 Prozent wachsen. Zum Vergleich: Für den gesamten Werbemarkt wird über den gleichen Zeitraum lediglich mit einem Wachstum zwischen 3 und 5 Prozent gerechnet (vgl. GWP 2007). Zum gegenwärtigen Zeitpunkt muss trotz dieser positiven Marktentwicklung dennoch diagnostiziert werden, dass sich Online-Werbung zur Kundenansprache bislang noch nicht auf breiter Ebene durchsetzen konnte. Diese Zurückhaltung kann man unter anderem darauf zurückführen, das viele Unternehmen mit diesem Thema noch nicht vertraut sind oder aufgrund der technischen Komplexität bislang von Online-Werbemaßnahmen Abstand genommen haben (vgl. auch Lammenett 2006, S. 11). Im nächsten Abschnitt wird daher ein Überblick gegeben, welche Möglichkeiten zur Kundenansprache im E-Business bestehen. Im Einzelnen geht es dabei um die folgenden vier Instrumente:

- Database-Marketing (4.2.2)

- E-Mail-Marketing (4.2.3)

- Suchmaschinen-Marketing (4.2.4)

- Affiliate-Marketing (4.2.5)

4.2.2 Database-Marketing

4.2.2.1 Grundlagen des Database-Marketings

Im E-Business stehen dem Unternehmen im Vergleich zur physischen Welt vergleichsweise viele Daten zur Verfügung, um das Kundenverhalten gezielt auszuwerten. Beispielsweise lassen sich auf Basis der angeklickten Webseiten eines Anwenders – innerhalb des rechtlich zulässigen Rahmens – Benutzerprofile erstellen, um das Leistungsangebot des Unternehmens an die Kundenpräferenzen anzupassen. Genau an dieser Stelle setzt das Database-Marketing an. Diese Disziplin verfolgt das Ziel, dem richtigen Kunden zum richtigen Zeitpunkt ein auf seine Bedürfnisse abgestimmtes Informations- und Leistungsangebot bereitzustellen (vgl. Database-Marketing 2007, o. S.). Die Grundlage hierfür bildet das Datenmaterial, das zum einen auf automatischem Wege gewonnen wird, indem man z. B. die aufgerufenen Artikel der Anwender aufzeichnet, um auf ihre Präferenzen zu schließen (vgl. Bange/Schinzer 2005, S. 62–63). Zum anderen ist natürlich auch ein Rückgriff auf herkömmliche Erhebungsmethoden zur Datengewinnung denkbar. Im weiteren Verlauf geht es jedoch ausschließlich um E-Business-spezifische und automatische Methoden. Damit wird der Idealvorstellung des Database-Marketings Rechnung getragen, wonach der Prozess der Kundenansprache/-bindung auf Basis von Datenbanksystemen weitestgehend zu automatisieren ist (vgl. bereits Huldi 1997). Die damit zusammenhängenden Aufgaben lassen sich zu drei Aufgabenkomplexen zusammenfassen, die im weiteren Verlauf im Mittelpunkt stehen:

- Datengewinnung in elektronischen Netzwerken (4.2.2.2)

- Datenaufarbeitung und -analyse (4.2.2.3)

- Individualisierte Kundenansprache und Produktempfehlungen (4.2.2.4)

4.2.2.2   Datengewinnung in elektronischen Netzwerken

Bevor eine Kundenansprache möglich ist, gilt es zunächst das erforderliche Datenmaterial zu erheben. Zur automatischen Datenerhebung bestehen grundsätzlich verschiedene Ansatzpunkte (vgl. Buxel 2007, S. 21–22), wobei die folgenden drei Erhebungsmethoden besonders oft in der Wirtschaftspraxis anzutreffen sind:

- Datengewinnung auf Basis serverbasierter Logfiles

- Datengewinnung auf Basis von Cookies und Session IDs

- Datengewinnung auf Basis des Pixel-Messverfahrens

Viele der für die Kundenansprache benötigten Daten lassen sich den **serverbasierten Logfiles** entnehmen, in denen sämtliche Aktivitäten auf Webseiten registriert und mitgeschrieben werden. Für jeden einzelnen Request – hierbei kann es sich um den Aufruf von Bildern, Skripten oder HTML-Dateien handeln – erfolgt dabei ein Protokolleintrag, wie er in Abb. 90 dargestellt ist. Aus diesem Eintrag geht z. B. hervor, dass ein Rechner mit der IP-Adresse 128.176.158.138 am 29. November um 8.45 Uhr die Internetseite /eshopper.index.htm über den http-Aufruf GET angefordert hat. Dem so genannten Referrer (engl. „to refer": „verweisen") kann man weiterhin entnehmen, dass der Anwender im Zuge einer Suchanfrage zum Thema „Snowboard" über die Suchmaschine Google auf die betreffende Seite gelangt ist. Schließlich liefern solche Protokolldateien auch Hinweise darüber, welchen Browsertyp (z. B. Firefox, Internet Explorer) die Anwender verwenden oder inwieweit ein Request im vollen Umfang und fehlerfrei ausgeführt wurde.

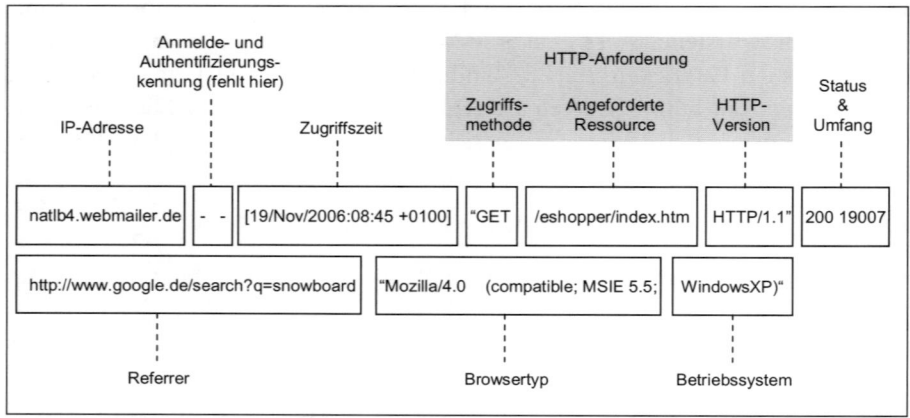

Abb. 90: Zugriffsprotokoll (in Anlehnung an Hukemann 2004, S. 76)

Auf Basis solcher Protokolldaten lassen sich selbst bei wenigen Seitenbesuchern sehr schnell große Datensätze generieren. Besuchen z. B. jeden Monat tausend Kunden eine Webseite und rufen jeweils 15 Seiten auf, gehen damit bereits 15.000 Protokolleinträge einher. Ein Problem bei dieser Methode der Datenerhebung besteht jedoch darin, dass sich die Daten bei nicht registrierten Anwendern aus technischen Gründen nicht ohne weiteres zu einem Kundenprofil verdichten lassen. Dieses Problem hängt mit der Vergabe von IP-Adressen durch die Internet-Service-Provider (ISP) zusammen, anhand deren die Kunden theoretisch eindeutig identifiziert werden können. Das würde allerdings voraussetzen, dass die ISP jedem Internetnutzer eine statische IP-Adresse zuweisen. Aus Kostengründen vergeben sie diese Adressen jedoch dynamisch, d. h., bei jeder neuen Verbindung zum Internet wird eine neue bzw. nicht belegte IP-Adresse vergeben. Für den ISP hat das den Vorteil, dass er deutlich weniger IP-Adressen benötigt, zumal nie alle Kunden gleichzeitig online sind. Im Hinblick auf die systematische Auswertung der Kundendaten führt dies jedoch zu der Frage, wie man in so einer Situation das Nutzungsverhalten der Anwender eindeutig analysieren kann. An dieser Stelle setzen Cookies an.

Bei **Cookies** handelt es sich um Textdateien im ASCII-Format, die auf dem Client gespeichert und auf Basis von HTTP übertragen werden (vgl. auch Hukemann 2004, S. 90–98). Ein solcher Cookie kann verschiedene Informationen enthalten, wie z. B. die Anmeldedaten für eine bestimmte Webseite. In diesem Fall würde für den Anwender die Notwendigkeit entfallen, die Anmeldedaten bei jedem Seitenbesuch aufs Neue einzugeben. Daneben spielen Cookies im E-Commerce eine wichtige Rolle, um Session-Management zu betreiben. Anstelle der Anmeldedaten speichert man hier die im Warenkorb abgelegten Produkte. Bei jedem Folgebesuch der Webseite werden dann die im Cookie abgelegten Informationen der vorangegangenen Sessions an den Server übermittelt, bis es zum Abschluss des Bestellvorgangs kommt. Die auf diesem Wege ermittelten Daten lassen sich im Rahmen des Database-Marketings z. B. dazu instrumentalisieren, dem Kunden bei Folgebesuchen Produkte vorzuschlagen, die mit den bereits im Warenkorb vorhandenen korrespondieren.

Beim **Pixel-Messverfahren** wird in die zu analysierende Webseite ein 1 x 1 Pixel großes und für den Anwender transparentes Bild integriert; dies geschieht automatisch durch ein Content-Management- bzw. Shop-System. Mit jedem Seitenaufruf wird dieses unsichtbare Bild geladen, das dann einen Zählimpuls auf Seiten des Messservers auslöst. Auf diesem Wege kann man unter anderem feststellen, wie oft eine Webseite aufgerufen wurde. Aber auch im Hinblick auf die Werbeerfolgskontrolle spielt dieses Verfahren eine wichtige Rolle, wie z. B. im E-Mail-Marketing. Mit dem Öffnen einer HTML-Mail wird hier – analog dem Ladevorgang einer Webseite – ein Zählimpuls ausgelöst. Damit wird transparent, wie viele Personen die Mail geöffnet haben und ob es sich um eine aktive Mailadresse handelt.

4.2.2.3 Datenaufarbeitung und -analyse

Auf Grundlage von Serverprotokolldateien, Cookies und dem Pixel-Zählverfahren lassen sich relativ einfach große Datensätze generieren. Die zentrale Herausforderung im Database-Marketing besteht nun darin, diese Daten systematisch aufzuarbeiten und auszuwerten. An dieser Stelle setzt die Diskussion um das so genannte **Data Warehouse** an. Hierbei handelt es sich um eine spezielle Datenbank, in der alle aktuellen und historischen Daten gespeichert werden, die für die Vermarktung von Bedeutung sind (vgl. Inmon 2003, S. 33).

Die Daten als solche können sowohl auf Basis der im vorangegangenen Abschnitt skizzierten Methoden erhoben als auch aus den operativen Systemen im Verkauf oder Rechnungswesen in das Data Warehouse überführt werden. Sämtliche Daten werden dann unter Verwendung eines gemeinsamen Datenmodells standardisiert, zusammengeführt und in regelmäßigen Abständen aktualisiert. Darin ist eine zentrale Voraussetzung zu sehen, um im Zuge der Datenanalyse unternehmensweit auf einen einheitlichen und umfassenden Datenbestand zugreifen zu können.

Zur eigentlichen Datenanalyse greift man auf verschiedene Methoden und Instrumente zurück, die auf dem Data Warehouse aufsetzen und den Entscheidungsträgern ohne größere technische Kenntnisse den Datenzugriff ermöglichen sollen. Neben Berichtsystemen, bei denen die Daten systematisch und für festgelegte Adressaten im Unternehmen generiert und ausgewertet werden, spielen dabei die folgenden zwei Abfrage- bzw. Analyseinstrumente eine zentrale Rolle:

- Online Analytical Processing (OLAP)

- Data-Mining

OLAP-Systeme ermöglichen eine mehrdimensionale Analyse der im Data Warehouse vorhandenen Daten. Als Dimensionen kommen dabei z. B. Kunden, Umsätze, bestimmte Regionen, Artikel oder die Zeit in Betracht. Die hinter einer solchen mehrdimensionalen Betrachtung stehende Idee lässt sich anhand eines dreidimensionalen Würfels illustrieren, den man drehen und dementsprechend aus unterschiedlichen Sichten betrachten kann (vgl. Abb. 91). Trägt man auf so einem Würfel z. B. die Dimensionen Artikel, Zeit und Vertriebsweg ab, lassen sich in Abhängigkeit des betrachteten Würfelausschnitts Aussagen darüber treffen, welche Kunden im dritten Quartal über welchen Vertriebsweg den meisten Umsatz generiert haben. Damit ermöglicht OLAP zwar einen schnellen und unkomplizierten Datenzugriff. Allerdings ist das methodische Potenzial dieses Analyseinstruments gering (vgl. Bensberg 2001, S. 129), da nur bereits definierte Dimensionen und Zusammenhänge untersucht werden können. Es ist jedoch nicht möglich, bislang unerkannte – und eventuell im hohen Maße geschäftsrelevante – Zusammenhänge aufzudecken. An dieser Stelle setzt die Auseinandersetzung mit dem Data-Mining an.

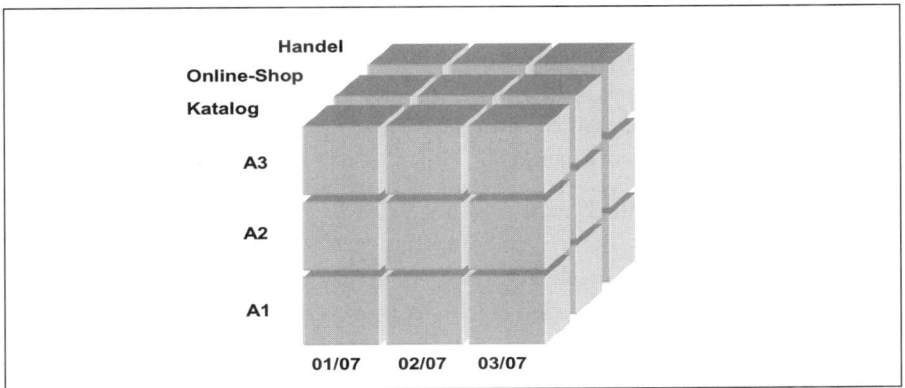

Abb. 91: OLAP-Würfel

Der Begriff **Data-Mining** nimmt Bezug auf den Bergbau, bei dem man mit technischen Verfahren große Gesteinsmengen maschinell bearbeitet, um Edelmetalle und -steine zu fördern (vgl. Meier/Stormer 2007). Analog dieser Vorgehensweise sollen Data-Mining-Werkzeuge Muster aus großen Datenbeständen gewinnen, um z. B. auf bestimmte Merkmale oder Kaufgewohnheiten der Kunden zu schließen. Im Gegensatz zur Datenanalyse mit OLAP sollen dabei jedoch bislang unbekannte Zusammenhänge identifiziert werden, ohne dass es zuvor einer Anfragespezifizierung durch den Anwender bedarf. Zu diesem Zweck greift man im Data-Mining auf verschiedene Methoden aus der Statistik, dem maschinellen Lernen oder der Neuroinformatik zurück, von denen die bekanntesten im Folgenden kurz skizziert werden, um die Funktionsweise des Data-Mining zu verdeutlichen.

• Mit der **Clusteranalyse** verfolgt man das Ziel, Gruppen (Cluster) mit ähnlichen Objekten zu identifizieren, wobei die Gruppen intern möglichst homogen und im Vergleich zu anderen möglichst heterogen sein sollten. Zur Identifikation solcher Gruppen werden die einzelnen Objekte in Form von Punkten in einem Vektorraum eingetragen, dessen Dimensionen die Eigenschaftsausprägungen der betrachteten Objekte darstellen. In Abhängigkeit der Abstände zwischen den einzelnen Objekten werden sie dann in Gruppen zusammengefasst, um z. B. eine gezielte Kundenansprache zu unterstützen.

• Bei der **Assoziationsanalyse** geht es um die Identifikation von „Wenn-dann-Beziehungen". Solche Beziehungen spielen z. B. zur Verbesserung der Absätze im E-Commerce in der Warenkorbanalyse eine wichtige Rolle.

„Wenn" ein Kunde z. B. eine Zahnbürste kauft, „dann" ist auch der Erwerb von Zahnpasta für ihn interessant. Auf Grundlage solcher Regeln ist es insofern möglich, dem Kunden im Zuge der Auswahl eines Artikels sofort solche Artikel anzuzeigen, die andere Kunden in Kombination mit dem jeweiligen Produkt gekauft haben.

- **Künstliche neuronale Netze** sind Modelle, die den biologischen Netzwerken im menschlichen Gehirn nachempfunden sind. Das Ziel solcher künstlichen Netzwerke besteht darin, analog dem Gehirn parallel Informationen verarbeiten und aus Beispielen nach Beendigung einer Lernphase verallgemeinern zu können. Besonders letztgenannter Punkt ist im Data-Mining von Bedeutung, da ein System aufgrund dieser Eigenschaft dazu imstande ist, selbständig gewisse Gesetzmäßigkeiten in den Datensätzen zu erkennen, womit sich ein breites Anwendungsspektrum eröffnet. So können solche Netze z. B. Hinweise darüber liefern, welche Kunden in Zukunft voraussichtlich kündigen werden; dies setzt mitunter jedoch eine zeitintensive Trainingsphase voraus.

Abb. 92 zeigt das Zusammenspiel der verschiedenen Komponenten eines Data Warehouse im Überblick. Neben dem Data Warehouse sind dabei auch so genannte Data Marts eingezeichnet. Sie untergliedern das Data Warehouse in verschiedene Bereiche, um im Zuge einer Anfrage nicht den gesamten Datenbestand durchsuchen zu müssen.

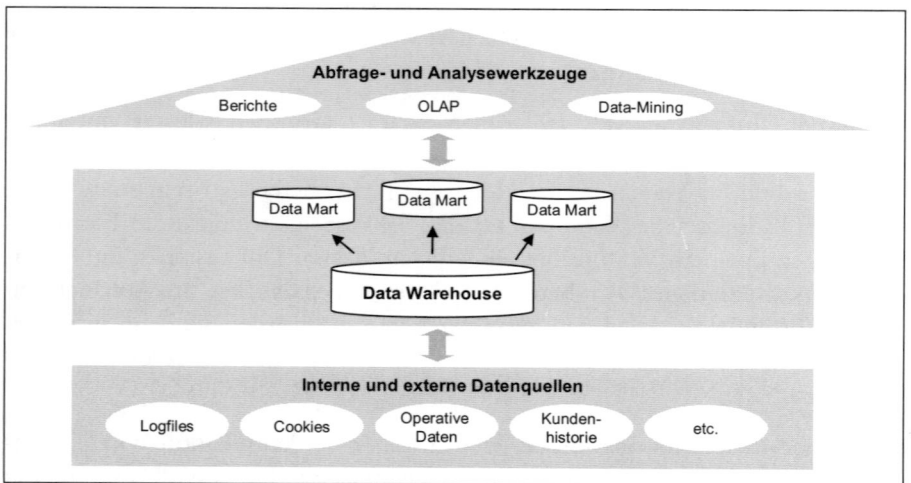

Abb. 92: Komponenten eines Data Warehouse

4.2.2.4   Funktionsweise von Personalisierungs- und Empfehlungssystemen

Mit der systematischen Datengewinnung und -analyse im Data Warehouse wird die Grundlage geschaffen, um Webseiten, E-Mails etc. in Abhängigkeit der Kundenpräferenzen zu individualisieren. Die Zusammenstellung der Webseiten als solche ist relativ unkompliziert und erfolgt auf Basis eines Content-Management-Systems (vgl. Abb. 93). Interessanter ist hingegen die Frage, wie die eigentlichen Produktempfehlungen generiert werden. An dieser Stelle setzt die Auseinandersetzung mit Empfehlungssystemen an. Sie existieren in verschiedenen Varianten, wobei die folgenden drei am häufigsten in der Wirtschaftspraxis anzutreffen sind:

- Regelbasierte Systeme (rule based filtering)

- Eigenschaftsbasierte Systeme (feature based filtering)

- Gemeinschaftsbasierte Systeme (collaborative filtering)

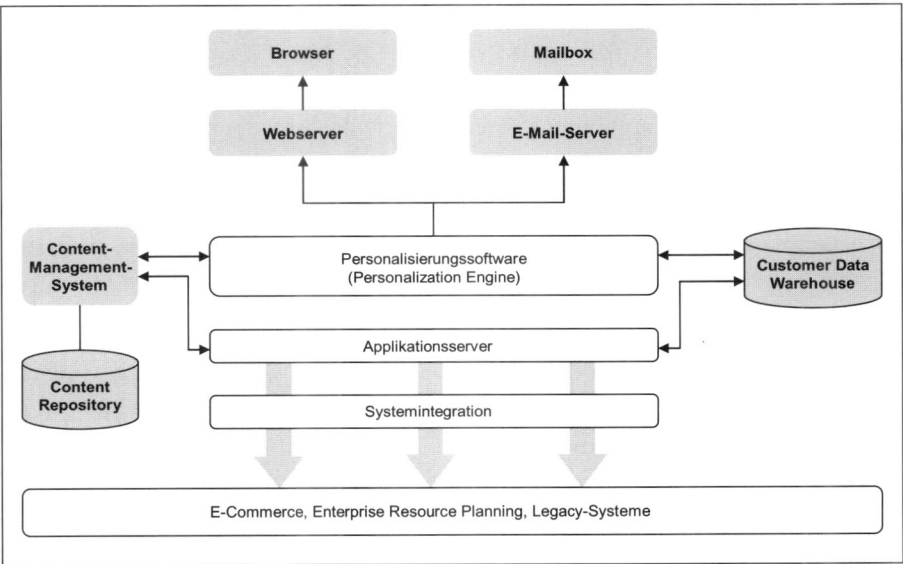

Abb. 93: Personalisierungssoftware im CRM (vgl. Bange/Schinzer 2005, S. 67)

Regelbasierte Systeme bauen auf „Wenn-dann-Regeln" auf, die entweder durch das Data-Mining entdeckt (vgl. 4.2.2.3) oder durch den Seitenbetreiber spezifiziert werden. Eine solche Regel könnte z. B. folgendermaßen lauten: „Wenn" ein Anwender eine Zahnbürste kauft, „dann" biete ihm auch Zahnpasta zum Kauf an. Der Vorteil dieser Systeme ist vor allem im geringen Erstellungsaufwand der Regeln zu sehen. Kommt es jedoch zu Änderungen im Produktprogramm, gilt es die vorhandenen Regeln auf Korrektheit zu überprüfen, womit ein nicht zu unterschätzender Aufwand einhergeht.

Bei **eigenschaftsbasierten Systemen** werden dem Anwender Vorschläge aufgrund bestimmter und objektiv zu ermittelnder Produkteigenschaften unterbreitet. Bei einem Kraftfahrzeug könnten sich solche Eigenschaften z. B. auf den Typ (Limousinen, Coupés, Cabriolets und Kombis), die Motorleistung oder den Spritverbrauch beziehen (vgl. hierzu auch Runte 2000, S. 11). Das Ziel eigenschaftsbasierter Empfehlungssysteme besteht nun darin, anhand solcher Produkteigenschaften auf die Präferenzen der Anwender für andere Produkte zu schließen. Interessiert sich der Anwender z. B. für ein Sportcoupé von BMW, würde ihm das Empfehlungssystem auch Sportcoupés anderer Hersteller vorschlagen. Alle Autos, die nicht mit den Präferenzen des Anwenders übereinstimmen, werden hingegen ausgeblendet. Allerdings können solche Systeme die subjektive Wertschätzung der Anwender für bestimmte Eigenschaften – wie z. B. die Ästhetik oder den Stil – nicht erfassen. Gerade aber solche „weichen" Eigenschaften haben hohen Einfluss darauf, ob ein potenzieller Kunde letztendlich auch ein bestimmtes Produkt erwirbt. Aus diesem Grund können eigenschaftsbasierte Empfehlungssysteme nur allgemein gehaltene und oberflächliche Empfehlungen generieren.

Den Nachteilen eigenschaftsbasierter Empfehlungssysteme will man mit dem so genannten **„collaborative filtering"** (dt. gemeinschaftsbasierte Systeme) begegnen. Auch hier spielen die Präferenzen der Anwender eine wichtige Rolle, allerdings wird dabei nicht nach ähnlichen Objekten, sondern nach Personen mit ähnlichen Präferenzen gesucht. Dem Anwender werden dann solche Objekte vorgeschlagen, die andere Anwender mit ähnlichen Präferenzen als gut bewertet haben. Das wohl bekannteste Beispiel für den erfolgreichen Einsatz solcher Empfehlungssysteme stellt die Vorschlagsfunktion beim Online-Buchhändler Amazon dar (vgl. hierzu auch Linden et al. 2003). Legt der Kunde hier ein Produkt in den Warenkorb, erhält er unmittelbar einen Vorschlag nach dem Muster „Kunden, die A gelesen haben, interessieren sich auch für B". Das Problem beim „collaborative filtering" ist jedoch darin zu sehen, dass es zunächst einer Mindestanzahl von Profilen bedarf, um einen entsprechenden Interessenabgleich durchzuführen. Wenn die Zahl der Referenzprofile klein ausfällt, kann es weiterhin zu dem Problem kommen, dass wichtige Eigenschaften nicht erfasst werden, selbst wenn sie verfügbar und für den Kunden relevant sind (vgl. Runte 2000). Diesen Nachteilen versucht man durch die Kombination von eigenschaftsbasierten und gemeinschaftsbasierten Systemen zu begegnen. So ein integrierter Ansatz wird auch als „Feature Guided Collaborative Filtering" bezeichnet. Dabei werden die vorhandenen Objekte in einem ersten Schritt aufgrund ihrer Eigenschaften vorgefiltert. Im zweiten Schritt erfolgt dann der Vergleich mit Referenzprofilen, um die finalen Empfehlungen zu generieren.

4.2.3   E-Mail-Marketing

Das E-Mail-Marketing stellt eine kostengünstige und effiziente Werbeform dar, um Kunden gezielt anzusprechen. Dies gilt insbesondere im Vergleich zu traditionellen Postwurfsendungen, bei denen mitunter erhebliche Druck- und Portokosten anfallen. Im Gegensatz dazu entstehen beim E-Mail-Versand nahezu keine Kosten. Gleichzeitig ist es möglich, die Mails in Abhängigkeit der Kunden – soweit diese bekannt sind – auf Basis der im vorangegangenen Abschnitt vorgestellten Empfehlungssysteme zu personalisieren. Der Grund für den hohen Verbreitungsgrad von E-Mail-Marketingkampagnen in der Wirtschaftspraxis sind vor allem jedoch die hohen Klickraten, die mit solchen Werbekampagnen erzielt werden. Teilweise betragen sie bis zu 8 Prozent, während traditionelle Werbebanner mitunter noch nicht einmal Klickraten von einem Prozent erreichen. Diese hohen Klickraten hängen im Wesentlichen mit dem Werbemedium als solchem zusammen (vgl. Vonmetz/Artmann 2006): So öffnet der Anwender sein Mailkonto in der Regel mit der Absicht, die neu eingetroffenen Mails zu lesen.

Es erstaunt daher kaum, dass vor allem in der Wirtschaftspraxis ein großes Interesse am E-Mail-Marketing besteht. Die im Zuge der Durchführung solcher Werbekampagnen anfallenden Aufgaben umfassen dabei die folgenden vier Punkte (vgl. auch Vonmetz/Artmann 2006, S. 62–72):

- Festlegung der strategischen Ziele der E-Mail-Marketingkampagne

- Auswahl der Mailadressen bzw. Adressaten

- Gestaltung der Mail

- Erfolgskontrolle

Festlegung der strategischen Ziele: Zunächst ist es wichtig, die Ziele der E-Mail-Kampagne zu spezifizieren. Geht es z. B. um die Neukundengewinnung oder sollen Bestandskunden zu Wiederholungskäufen animiert werden? Handelt es sich um eine Imagekampagne oder einfach um einen zusätzlichen Service, z. B. in Form eines monatlichen Newsletters? Es ist wichtig, diese Fragen zu Beginn der Kampagne zu klären, um gezielt bestimmte Bestandskunden oder potenzielle Neukunden anzusprechen und nicht alle (potenziellen) Kunden mit Mails zu „bombardieren".

Auswahl der Mailadressen bzw. Adressaten: In Abhängigkeit der Zielsetzung der Kampagne erfolgt die Auswahl der Adressaten. Bei Bestandskunden können die dazu benötigten Mailadressen ohne größere Probleme aus der Kundendatenbank ermittelt werden. Allerdings lassen sich diese Adressen nicht ohne weiteres für Werbezwecke nutzen. Vielmehr gilt es zu beachten, dass der Versand von Werbemails nach deutscher Rechtsprechung illegal ist, wenn für die elektronische Werbung keine ausdrückliche Einverständniserklärung des Kunden vorliegt. Selbst im Fall bestehender Geschäftsbeziehungen sind solche Mails ohne eine ausdrückliche Einverständniserklärung nur dann zulässig, wenn auf Empfängerseite ein sachliches Interesse an dem Werbeinhalt vermutet werden kann (vgl. Abb. 94). Andernfalls gilt der Versand von Werbemails als unzumutbare Belästigung, die gemäß UMG § 7, Abs. 2 unlauter ist; in den USA wurde sogar ein Gesetz gegen den unerlaubten Versand von Werbemails verabschiedet, das Haftstrafen von bis zu fünf Jahren und Geldstrafen bis 6 Millionen US-Dollar im Fall eines Verstoßes vorsieht (vgl. Frank 2004). Neben den intern vorhandenen Mailadressen ist es weiterhin denkbar, Mailadressen von Adressverlagen zu erwerben. So ein externer Adresszukauf ist z. B. erforderlich, wenn die Anzahl der Neukunden gesteigert werden soll, zumal unternehmensintern nur die Adressen von Bestandskunden vorliegen.

Medium	Endverbraucher	Gewerbetreibende
Telefon	Nur bei tatsächlicher Einwilligung	Bei tatsächlicher oder mutmaßlicher Einwilligung
Fax	Nur bei tatsächlicher Einwilligung	
E-Mail	Nur bei tatsächlicher Einwilligung oder bei Vertragsbeziehungen mit Widerrufsrecht	

Abb. 94: Zulässigkeit von Telefon-, Fax- und E-Mail-Werbung (vgl. Haug 2005, S. 263)

Gestaltung der Mail: Wurden die Adressaten der E-Mail-Kampagne bestimmt, wird die Mail an die Anforderungen der Zielgruppe angepasst. Dabei geht es um die folgenden drei Punkte:

- **Formulierung der Betreffzeile**: Die Wortwahl und -kombination bei der Formulierung der Betreffzeile hat großen Einfluss darauf, ob der Empfänger die Mail öffnet oder nicht. Mails mit Formulierungen wie „Ihre Rente ist sicher!" werden üblicherweise sofort gelöscht, da man solchen Aussagen keinen Glauben schenkt. In diesem Zusammenhang gilt es gleichzeitig zu beachten, dass aufgrund der zunehmenden Spamproblematik – bei etwa 80 Prozent der weltweit versendeten Mails handelt es sich um Spammails (vgl. Fornefeld/Beyer 2006) – immer mehr Unternehmen und Privatanwender verschiedene Filtersysteme einsetzen, um unerwünschte Mails automatisch herauszufiltern. Diese Filter scannen die Betreffzeile und den Inhalt der Mail nach bestimmten Schlüsselwörtern, um auf mögliche Spammails zu schließen.

- **Inhaltliche und journalistische Aufarbeitung**: In Abhängigkeit der Zielgruppe bedarf es einer adäquaten Wortwahl bei der Formulierung der eigentlichen Inhalte. Ferner ist darauf zu achten, dass sich das Leseverhalten bei E-Mails deutlich von dem herkömmlicher Briefe unterscheidet. So werden Erstgenannte häufig nur überflogen, weshalb die wichtigsten Aussagen stets an den Mailanfang zu stellen sind. Inhaltlich sollte dabei ohne größeren Leseaufwand daraus hervorgehen, welche Reaktion der Versender vom Empfänger erwartet.

- **Formatierung und Darstellung der Inhalte**: Der Versand von E-Mails ist grundsätzlich textbasiert und auf Basis von HTML möglich. Letztgenannte Variante wird in der Praxis favorisiert, da sich die Inhalte auf Basis von HTML – analog der Webseitengestaltung – besser und ansprechender gestalten lassen (z. B. durch die Integration von multimedialen Elementen). Allerdings wird der Empfang von HTML-Mails von vielen Unternehmen unterbunden, zumal auch Spammer bevorzugt HTML-Mails versenden. Für sie ist es auf Basis des Pixel-Messverfahrens möglich, einen unsichtbaren Pixel in die HTML-Mail zu integrieren (vgl. auch 4.2.2). Damit kann der Spammer in Erfahrung bringen, ob die verwendeten Mailadressen aktiv und für zukünftige Spam-Attacken interessant sind. Vor diesem Hintergrund hängt es von den Sicherheitseinstellungen des Empfängers ab, inwieweit bei HTML-Mail eine Anzeige multimedialer Elemente erfolgt.

Erfolgskontrolle: Den Abschluss einer E-Mail-Kampagne bildet die Erfolgskontrolle, bei der die folgenden drei Kennzahlen im Vordergrund stehen.

- Die **Auslieferungsrate** gibt Auskunft darüber, wie viele der versendeten E-Mails in den Postfächern der Empfänger gelandet sind. Ungeachtet zahlreicher Spamfilter liegt diese Quote im Durchschnitt bei etwa 90 Prozent der legal versendeten Mails (vgl. eROI 2007).

- Die **Öffnungsrate** zeigt an, wie viele der ausgelieferten Mails geöffnet wurden. Im Regelfall kann man davon ausgehen, dass dies bei ca. 25 bis 30 Prozent der versendeten Mails der Fall ist.

- Durch die **Klickrate** wird festgehalten, wie viele Anwender letztendlich auch eine bestimmte Aktion ausführen, die in der Regel mit dem Anklicken eines in der Werbemail platzierten Links ausgelöst wird. Diese Klickraten liegen durchschnittlich zwischen 4,5 und 7 Prozent.

4.2.4   Suchmaschinen-Marketing

4.2.4.1   Bedeutung und Typen von Suchdiensten

Mit dem exponentiellen Wachstum des Internets sind Suchdienste wie Google und Yahoo zu den meistgenutzten Internetanwendungen avanciert. Insbesondere im Vorfeld von Kaufentscheidungen spielen sie – sowohl für Unternehmen als auch Privathaushalte – eine immer wichtigere Rolle, um gezielt nach bestimmten Produkten und/oder Dienstleistungen zu recherchieren. Seit einigen Jahren lässt sich dabei der Trend beobachten, dass es im Zuge solcher Recherchen immer häufiger auch zu Kaufabschlüssen auf den Internetpräsenzen der jeweiligen Anbieter kommt (vgl. zum Online-Einkaufsverhalten AGOF 2007). In Anbetracht dieses Recherche- und Einkaufverhaltens erstaunt es kaum, dass hohe Platzierungen in den Ergebnislisten von Suchmaschinen für nahezu alle Unternehmen von hoher Bedeutung sind, um möglichst viele Anwender auf die eigene Webseite zu kanalisieren. Aufgrund des größer werdenden Informationsangebots im Internet wird das aber immer schwieriger. Hinzu kommt, dass vielen Unternehmen bei der Suchmaschinen-Optimierung Fehler unterlaufen, und teilweise wird sogar auf unerlaubte Maßnahmen zurückgegriffen, um hohe Platzierungen in den Ergebnislisten von Google & Co. zu erzielen: So wurde z. B. der Automobilhersteller BMW Anfang des Jahres 2006 aufgrund eines Manipulationsversuchs aus dem Index von Google gelöscht (vgl. Ihlenfeld 2006).

Aus diesen Ausführungen geht hervor, dass die suchmaschinengerechte Aufarbeitung von Webseiten mitunter erhebliche Probleme bereitet. Teilweise bleibt auch unklar, aufgrund welcher Maßnahmen sich hohe Platzierungen auf den Suchergebnisseiten erreichen lassen. An dieser Stelle setzt die Diskussion um das so genannte Suchmaschinen-Marketing an. Es ist im Schnittbereich von Technik und Marketing angesiedelt und umfasst alle Maßnahmen, die dazu dienen, möglichst viele und qualifizierte Besucher für eine bestimmte Internetpräsenz zu gewinnen. Zu diesem Zweck existieren verschiedene Ansatzpunkte, die zu zwei Aufgabenbereichen zusammengefasst werden können (vgl. Stuber 2004, S. 7; Karzauninkat/Alby 2006): Zum einen geht es um die technische und redaktionelle Optimierung von Webseiten, um gute Platzierungen auf den Suchergebnisseiten zu erzielen. Zum anderen subsumiert man darunter sämtliche Aktivitäten, die mit der kostenpflichtigen Einblendung von Werbeanzeigen bei Suchmaschinen verbunden sind. Bevor auf diese Aufgaben im weiteren Verlauf eingegangen wird, gilt es zunächst jedoch die verschiedenen Typen von Suchdiensten vorzustellen und deren Funktionsweise zu skizzieren, wobei man zwischen

- Verzeichnissen,

- algorithmenbasierten Suchmaschinen und

- sozialen Suchdiensten differenziert.

Bei **Verzeichnissen** handelt es sich um hierarchische Ordnungssysteme, bei denen die Webseiten im Zuge eines redaktionellen Begutachtungsprozesses bestimmten Kategorien zugeordnet werden (vgl. Abb. 95) – exemplarisch hierfür seien die Verzeichnisse von Yahoo und WEB.DE genannt. Neben der qualitativen und semantisch korrekten Kategorisierung der Webseiten erstellen die Redakteure in der Regel auch kurze Texte, die den Seiteninhalt wiedergeben und zur besseren Auffindbarkeit der jeweiligen Internetpräsenz beitragen sollen. Aufgrund des damit verbundenen Arbeitsaufwands bilden Verzeichnisse allerdings nur einen kleinen Teil des Webs ab. Hinzu kommt, dass es sich dabei stets um eine subjektive Auswahl von Webseiten handelt. Schließlich geht mit der Pflege von Verzeichnissen ein nicht zu unterschätzender Arbeitsaufwand einher, da es laufend zu Änderungen bei den vorhandenen Webseiten kommt. So werden jede Woche etwa 320 Millionen Webseiten neu erstellt, die es zu begutachten und zu kategorisieren gilt (vgl. hierzu Lewandowski 2006).

Im Gegensatz zu Verzeichnissen greifen **algorithmenbasierte Suchmaschinen** bei der Dokumentenbeschaffung auf technische Hilfsmittel zurück. So genannte Roboterprogramme analysieren automatisch die im Web auffindbaren

Seiten. Indem sie selbständig den dort platzierten Hyperlinks folgen, können sie in einem vergleichsweise kurzen Zeitraum wesentlich mehr Webseiten analysieren und in den Datenbestand aufnehmen, als das bei Verzeichnissen möglich wäre. Die Hyperlinks als solche sowie die auf den jeweiligen Seiten vorgefundenen Informationen werden in einer speziellen Datenbank gespeichert, dem so genannten Index. Auf ihn greift die Suchmaschine im Zuge einer Suchanfrage zurück und gleicht die eingegebenen Suchbegriffe mit dem dort gespeicherten Datenbestand ab, um die Ergebnisliste zu generieren (vgl. Abb. 95).

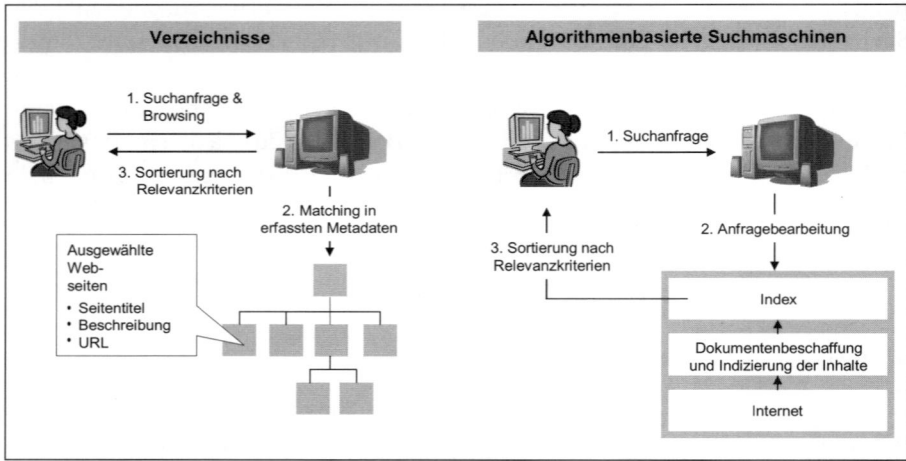

Abb. 95: Schematische Darstellung von Verzeichnissen und algorithmenbasierten Suchdiensten

Bei **sozialen Bookmarkdiensten** – wie z. B. del.icio.us, Furl oder Mister-Wong – handelt es sich um einen Suchansatz, der erst seit kurzer Zeit in der Öffentlichkeit diskutiert wird und eine konkrete Ausprägung so genannter sozialer Softwarelösungen ist. Solchen Softwarelösungen ist gemein, dass sie auf den Aufbau von sozialen Netzwerken sowie die Publikation und Verteilung von Informationen innerhalb dieses Netzwerkes abstellen. „Social-Software-Systeme sind […] umfassende sozio-technische Systeme, die auf Basis technischer und sozialer Vernetzung durch einfach zu bedienende Informationssysteme gemeinsam in einem bestimmten Themenfeld Leistungen generieren" (vgl. Komus 2006). Bei sozialen Bookmarkdiensten sind diese Leistungen darin zu sehen, dass Webseiten nicht von einem Suchmaschinen-Roboter, sondern von den Mitgliedern des Netzwerkes gemeinschaftlich indiziert werden. Die Anwender müssen zu diesem Zweck nur ihre persönlichen Linksammlungen im Web veröffentlichen und „taggen". Aus der Kombination aller im Index vorhandenen Tags entstehen dann die bereits an anderer Stelle erörterten Folkso-nomies (vgl. 1.3.2). Sie ermöglichen dem Anwender die Navigation durch den gemeinschaftlich aufgebauten Index. Abb. 96 visualisiert das Prinzip sozialer Bookmarksysteme und stellt sie traditionellen Bookmarksystemen gegenüber.

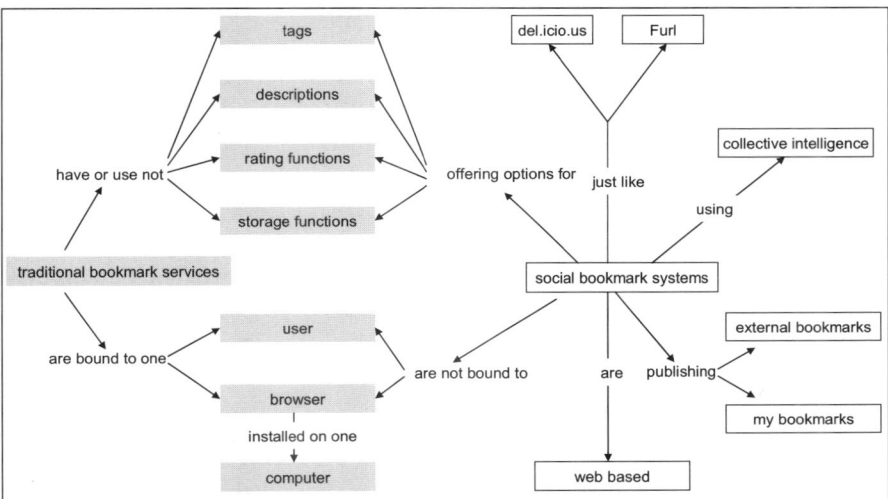

Abb. 96: Traditionelle und soziale Bookmarkdienste (vgl. Gräfe et al. 2007)

Die Disziplin des Suchmaschinen-Marketings stellt schwerpunktmäßig auf algorithmenbasierte Suchmaschinen ab, zumal die anderen Suchdienste in der Praxis nur eine untergeordnete Rolle spielen. Mit der thematischen Akzentuie-rung algorithmenbasierter Suchmaschinen lässt sich das Aufgabenspektrum des Suchmaschinen-Marketings auf die folgenden drei Bereiche eingrenzen:

- Optimierung der Inhalte und des HTML-Codes von Webseiten (4.2.4.2)

- Optimierung der Linkstruktur (4.2.4.3)

- Kostenpflichtige Suchmaschinenwerbung (4.2.4.4)

4.2.4.2   Optimierung der Inhalte und des HTML-Codes von Websei-ten

Den Ausgangspunkt bei der Suchmaschinen-Optimierung stellt die **Aufarbei-tung des HTML-Codes** dar, auf dessen Grundlage die jeweilige Webseite programmiert wurde. Seine Optimierung ist insofern von Bedeutung, als

Suchmaschinen-Roboter die dort vorgefundenen Seitenelemente unterschiedlich gewichten. In Abhängigkeit ihrer Bewertung beeinflussen sie mehr oder weniger stark die Position der Webseite auf der Suchergebnisseite. So werden z. B. die als Überschriften deklarierten Textteile höher als herkömmliche Textpassagen bewertet. Dem liegt die Annahme zugrunde, dass die in den Überschriften verwendeten Schlüsselwörter den Seiteninhalt präzise umschreiben und daher für die Beurteilung der inhaltlichen Relevanz der Seite besonders geeignet sind. Im Zuge der Aufarbeitung des HTML-Codes gilt es daher zu überprüfen, ob die zentralen Überschriften auch durch die entsprechenden HTML-Tags gekennzeichnet sind. Ist das nicht der Fall, werden die Überschriften wie herkömmliche Textteile behandelt. Daneben ist das Augenmerk auf die Formulierungen zu legen, die man in den Überschriften oder im Seitentitel verwendet. Sie sollten die betreffenden Textpassagen bzw. den Seiteninhalt möglichst prägnant umschreiben. Gerade im Fall des Seitentitels ist das von besonderer Bedeutung, da er in den Suchergebnislisten in der Regel als Erstes angezeigt wird und insofern hohen Einfluss darauf hat, ob der Nutzer dem damit verbundenen Hyperlink folgt.

Neben der Optimierung des HTML-Codes stellt die **Aufarbeitung der Seiteninhalte** eine wichtige Aufgabe dar. Dabei geht es vor allem um die Platzierung von so genannten Schlüsselwörtern auf der Webseite, die von den Anwendern mit hoher Wahrscheinlichkeit mit dem Leistungsangebot des Unternehmens assoziiert und als Suchbegriff verwendet werden. Findet die Suchmaschine das betreffende Suchwort besonders häufig auf einer Webseite, wird sie entsprechend hoch auf der Suchergebnisseite angezeigt. Allerdings hat sich die Sortierung der Suchergebnisse alleine anhand dieses Kriteriums als äußerst manipulationsanfällig erwiesen. So hat man z. B. häufig gesuchte Suchbegriffe – selbst wenn sie nicht im Zusammenhang mit der eigentlichen Webseite standen – gezielt in den HTML-Code integriert, um bessere Platzierungen auf den Ergebnislisten zu erzielen. Um solchen Manipulationsversuchen vorzubeugen, ermitteln Suchmaschinen deshalb die so genannte „Keyword Density". Bei dieser Prüfkennziffer wird die Anzahl aller Wörter der Webseite ins Verhältnis zu dem gesuchten Suchwort gesetzt, um eventuelle Manipulationsversuche aufzudecken. Es ist allerdings als problematisch anzusehen, dass die Suchmaschinenbetreiber – die ihre Sortierkriterien als Betriebsgeheimnis ansehen – in der Regel keine genaue Auskunft darüber geben, welchen Wert die Keyword Density annehmen darf. Deshalb stehen die Entwickler bei der Optimierung von Webseiten vor einem Trade-off: Einerseits interpretieren Suchmaschinen eine hohe Dichte der Schlüsselwörter als Indikator für relevante Webseiten.

Andererseits erachtet man einen zu hohen Wert der Keyword Density als Manipulationsversuch (vgl. auch Lexikon Suchmaschinenoptimierung 2006, o. S.). Erfahrungswerte aus der Praxis deuten jedoch darauf hin, dass die Keyword Density im Idealfall zwischen drei und sieben Prozent liegen sollte, um optimale Ergebnisse zu erzielen (vgl. Stuber 2004, S. 65).

Im bisherigen Verlauf wurde davon ausgegangen, dass die Webseiten ohne größere Probleme von den Suchmaschinen-Robotern indiziert werden können. In der Praxis ist das jedoch nicht immer möglich. **Probleme** bestehen z. B. bei der Indizierung so genannter Rich Internet Applications. Dabei handelt es sich um Internetanwendungen, die von ihrer Handhabung her klassischen Desktop-Anwendungen ähneln und grundsätzlich sehr anwenderfreundlich sind. Allerdings sind die dort vorzufindenden Informationen in der Regel nicht im HTML-Text, sondern – wie z. B. im Fall einer Flash-Anwendung – in einer separaten Datei gespeichert, die für Suchmaschinen nicht zugänglich ist. Daneben existieren auch dynamische Webseiten, die erst während des Seitenbesuchs für einen bestimmten Anwender generiert und zusammengestellt werden. Das ist z. B. bei Suchanfragen in den Katalogen von Online-Händlern der Fall. Solche dynamisch generierten Webseiten können Suchmaschinen-Roboter allerdings nicht ex ante indizieren; diesen nicht indizierbaren Teil des Internets bezeichnet man auch als „Invisible Web", dessen Größe auf das Vielfache des herkömmlichen Webs geschätzt wird (vgl. z. B. Ferber 2003, S. 301). Schließlich stellen auch so genannte Frames Suchmaschinen vor Probleme, da sie sich aus mehreren HTML-Dokumenten zusammensetzen, die erst in ihrer Gesamtheit die eigentliche Webseite bilden. So könnte ein Frame z. B. lediglich die Navigationsleiste enthalten, während in einem weiteren Frame die eigentlichen Inhalte angezeigt werden. Das Problem bei der Indizierung solcher Frameseiten ist darin zu sehen, da sie keine Inhalte, sondern lediglich Informationen über die Anzahl der Frames enthalten. Deshalb besteht die Gefahr, dass die Suchmaschinen-Roboter keine Inhalte finden und die Seite nicht in den Index aufnehmen. Um diesem Problem vorzubeugen, müssen innerhalb des so genannten noframe-Tags Informationen – wie z. B. weiterführende Links – bereitgestellt werden, um eine Weiterleitung der Suchmaschinen-Roboter auf die mit den eigentlichen Inhalten hinterlegten Seiten zu gewährleisten.

Der Vollständigkeit halber sei an dieser Stelle noch erwähnt, dass bei der inhaltlichen Aufarbeitung von Webseiten über lange Zeit ein besonderes Augenmerk auf die so genannten Meta-Tags gelegt wurde – hierbei handelt es sich um versteckte HTML-Elemente im Kopfbereich der Webseite. Sie dienen theoretisch der besseren Auffindbarkeit von Webseiten durch Suchmaschinen, indem ausgewählte Schlüsselwörter oder Kurzbeschreibungen in diesen Kopfteil eingetragen werden. In der Praxis spielen sie allerdings keine nennenswerte Rolle, da die meisten Suchmaschinen diese Einträge – aufgrund der häufigen Manipulationsversuche – ignorieren.

4.2.4.3   Optimierung der Linkstruktur

Die Analyse der Linkstruktur spielt bei nahezu allen Suchmaschinen eine herausragende Rolle, um auf die inhaltliche Relevanz und Qualität von Webseiten zu schließen. Dem liegt die Annahme zugrunde, dass auf populäre bzw. wichtige Webseiten besonders viele Hyperlinks verweisen. Im Gegensatz dazu sind Seiten mit inferioren Inhalten häufig überhaupt nicht verlinkt. In Kombination mit inhaltlichen Kriterien – wie der Anzahl der Schlüsselwörter – lassen sich aufgrund der Analyse der Linkstruktur weitaus bessere Suchergebnisse erzielen, als das alleine auf Basis inhaltlicher Kriterien möglich wäre. Diesen Umstand hat das Unternehmen Google vor wenigen Jahren erfolgreich ausgenutzt, um den Suchmaschinenmarkt zu erobern (vgl. hierzu Brin/Page 1998, o. S.).

Ein Ansatzpunkt zur Optimierung der Linkstruktur besteht darin, die betreffende Webseite in Verzeichnisse einzutragen. Das ist insofern von Bedeutung, als Suchmaschinen in regelmäßigen Abständen ausgewählte Verzeichnisse – wie z. B. das Open Directory Project – indizieren. Zum Teil übernehmen sie auch die dort vorgefundenen Beschreibungstexte, um sie auf ihren Ergebnisseiten einzublenden. Neben solchen unbedenklichen Maßnahmen wird in der Praxis jedoch immer wieder auf äußerst **zweifelhafte Optimierungsmaßnahmen** zurückgegriffen. Sie verstoßen in der Regel jedoch gegen die Richtlinien der Suchmaschinenbetreiber und führen zu negativen Bewertungen und/oder einem Ausschluss der Webseite aus dem Datenbestand der Suchmaschine. Die folgenden drei „Methoden" sind dabei besonders häufig in der Praxis anzutreffen und sollten bei der Suchmaschinen-Optimierung nicht verwendet werden:

- Linkfarmen

- Doorway-Pages

- Cloaking

Bei **Linkfarmen** handelt es sich um Ansammlungen von Webseiten, auf denen gezielt zahlreiche Hyperlinks platziert werden, um auf die vorderen Plätze der

Suchergebnisseite zu gelangen. Suchmaschinen können solche Linkfarmen in der Regel jedoch identifizieren und setzen bei einem Manipulationsverdacht die betreffenden Webseiten auf die Sperrliste.

Doorway-Pages bezeichnet man auch als Brücken- oder Weiterleitungsseiten. Diese Seiten werden suchmaschinengerecht aufgearbeitet und verfügen in der Regel über keine Inhalte. Ihr Zweck besteht alleine darin, möglichst hohe Platzierungen in den Trefferlisten zu erzielen. Dieses Ziel lässt sich bei Brückenseiten wesentlich einfacher als bei der Originalseite erreichen, da bei der Aufarbeitung des Quellcodes keine Rücksicht auf die Darstellung der Inhalte genommen werden muss. Aus diesem Grund ist es bei solchen Seiten relativ einfach, wesentlich mehr Schlüsselwörter und Hyperlinks als auf der Originalseite zu platzieren. Klickt ein Anwender auf der Suchergebnisseite auf den Link solcher Brückenseiten, wird er automatisch auf die eigentliche Webseite weitergeleitet. Streng genommen ist darin jedoch ein irreführendes und wettbewerbswidriges Verhalten zu sehen, da den Anwendern durch die optimierte Seite falsche Inhalte vorgetäuscht werden.

Ähnlich verhält es sich auch beim so genannten **Cloaking**. Hier versucht man durch spezielle Softwarelösungen auf dem Werbserver des Seitenanbieters zu erkennen, ob es sich bei dem Besucher um Menschen oder Suchmaschinen-Roboter handelt. Letztgenannte werden dann auf eine für sie optimierte Seite weitergeleitet, auf der – analog den zuvor skizzierten Doorway-Pages – in der Regel zahlreiche Hyperlinks und ausgewählte Schlüsselwörter platziert werden. Aufgrund des Einsatzes solcher Techniken in Kombination mit Doorway-Pages wurde Anfang des Jahres 2006 das Unternehmen BMW kurzfristig aus dem Index der Suchmaschine Google gelöscht (vgl. Ihlenfeld 2006, o. S.).

4.2.4.4   Kostenpflichtige Suchmaschinenwerbung

Die kostenpflichtige Suchmaschinenwerbung zählt gegenwärtig zu den beliebtesten Werbemaßnahmen und weist im Vergleich zu traditionellen Werbeformen überdurchschnittliche Wachstumsraten auf (vgl. Explido 2005, S. 4). Die Popularität dieser Werbeform lässt sich unter anderem darauf zurückführen, dass der Anwender mit einer Suchanfrage explizit ein bestimmtes Informationsbedürfnis äußert, aufgrund dessen die Suchmaschine dann – neben den herkömmlichen Hyperlinks – kontextspezifische Werbung bereitstellt. Aufgrund des Kontextbezugs der Werbeeinblendungen ist die Wahrscheinlichkeit deutlich höher als bei herkömmlichen Werbemaßnahmen (z. B. Radio, Zeitschriftenwerbung), dass der Anwender auf die Anzeige reagiert. Um solche Werbeanzeigen zu schalten, muss der Werbetreibende lediglich bestimmte Schlüsselwörter festlegen, unter denen die Anzeigen erscheinen sollen. Die Anzeige als solche verweist dann auf seine Internetpräsenz, wobei für jeden Klick auf die Anzeige ein bestimmter Preis zu entrichten ist – diese Form der Abrechnung wird im Allgemeinen als „Pay per Click" bezeichnet. Neben dem Kontextbezug der Werbeeinblendungen ist ein weiterer Vorteil dieser Werbe-form darin zu sehen, dass sich die Reaktionen der Anwender auf die Werbean-zeige in den serverbasierten Protokolldaten speichern und auswerten lassen (vgl. auch Skiera/Spann 2000, S. 420). Deshalb kann man relativ einfach über-prüfen, wie viele Anwender auf die Werbeanzeige reagiert und das beworbene Produkt gekauft haben. Mit wie vielen Klicks auf eine Werbeanzeige letztend-lich gerechnet werden kann, hängt maßgeblich von deren Platzierung auf der Suchergebnisseite ab. So erzielen Werbeanzeigen über den organischen Sucher-gebnissen in der Regel Klickraten zwischen 2 und 6 Prozent. Bei Werbeanzei-gen am Seitenrand liegen die Klickraten dagegen lediglich zwischen 0,4 und 2 Prozent (vgl. Abb. 97).

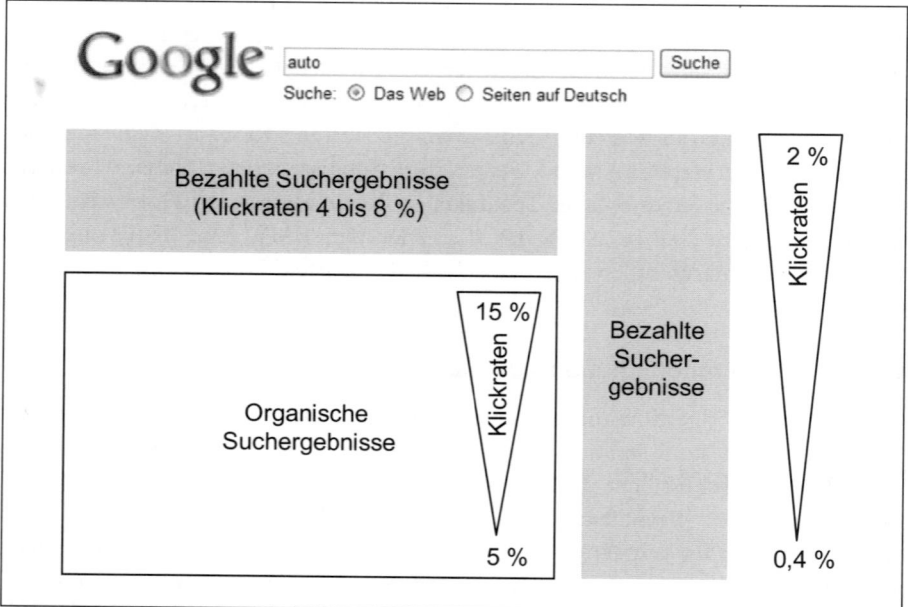

Abb. 97: Klickraten auf Suchergebnisseiten

Es ist jedoch wichtig, darauf hinzuweisen, dass diese Werbeform in jüngerer Zeit teilweise auch in die Kritik geraten ist. Dabei geht es vor allem um das Thema **Klickbetrug**. Hierunter versteht man eine besondere Form des Internetbetrugs, bei der Klicks auf Werbeträger im Internet getätigt oder simuliert werden, um die Klickzahl nach oben zu treiben und die dahinter liegenden Abrechnungssysteme zu manipulieren. Schätzungen gehen davon aus, dass die Zahl der betrügerischen Klicks im zweistelligen Prozentbereich liegen (vgl. hierzu Rohrlich 2006, S. 32). In der Bewältigung dieses Problems ist gegenwärtig eine der größten Herausforderungen zu sehen, mit denen Suchmaschinenbetreiber wie Google, Ask oder Microsoft konfrontiert sind.

4.2.5   Affiliate-Marketing

Streng genommen handelt es sich beim Affiliate-Marketing lediglich um eine Variante der Distributionspolitik, bei der die Leistungen des eigenen Unternehmens von Partnerunternehmen vermarktet werden. Den Partnern werden zu diesem Zweck entsprechende Werbemittel zur Verfügung gestellt, die sie in ihre Internetpräsenz integrieren. Sämtliche Werbemittel verknüpft man dabei mit einem individuellen Link, der einen eindeutigen Partnercode enthält. Auf diesem Wege ist es möglich, die Anzahl der Klicks bzw. Transaktionen einem bestimmten Vertriebspartner (Affiliate) zuzuweisen. Er erhält dann für jede vermittelte Transaktion eine Vermittlungsgebühr (vgl. Abb. 98), wobei sich die folgenden drei Abrechnungseinheiten in der Praxis durchgesetzt haben:

- **Pay per Click**: Der Affiliate erhält für jeden Klick auf das Werbemittel einen bestimmten Betrag.

- **Pay per Transaction**: Der Affiliate erhält für jede abgeschlossene Transaktion einen bestimmten Betrag, der in der Regel vom Umsatz abhängt.

- **Pay per Lead**: Der Affiliate erhält für die Anzahl der Kontaktaufnahmen mit dem Unternehmen einen bestimmten Betrag. Diese Abrechnungsform wird in der Regel bei beratungsintensiven Produkten in Erwägung gezogen, die der Kunde nicht ohne weiteres online erwirbt.

Der Erfolg solcher Werbekampagnen hängt im Wesentlichen von der Wahl des Affiliate-Partners ab, der zum einen in Eigenregie gesucht werden kann. Diese Vorgehensweise eignet sich aus Kostengründen in der Regel jedoch nur für große Unternehmen. Für kleine und mittelständische Unternehmen liegt es dagegen nahe, sich bestehenden Affiliate-Netzwerken anzuschließen, die dann zwischen potenziellen Affiliates und dem Unternehmen vermitteln (vgl. z. B. http://www.zanox.de/ oder für eine Übersicht ausgewählter Affiliate-Netzwerke http://www.affiliateinfo.de). Auf diese Weise können auch kleine Unternehmen ihre Markenpräsenz im Internet stärken und die Vertriebsreichweite ausbauen, ohne die Kosten für den Aufbau eines eigenen Partnerprogramms tragen zu müssen. Die verschiedenen Netzbetreiber unterscheiden sich dabei in mehrerer Hinsicht, weshalb deren Wahl stets vor dem Hintergrund der mit der jeweiligen Kampagne verfolgten Ziele erfolgen muss. Zielt man z. B. lediglich auf deutschsprachige Kunden ab, scheiden viele Anbieter von vornherein aus, wenn sie auf den internationalen Markt spezialisiert sind. Ferner gilt es zu hinterfragen, inwieweit der Betreiber Programme anbietet, die mit dem eigenen Leistungsangebot korrespondieren

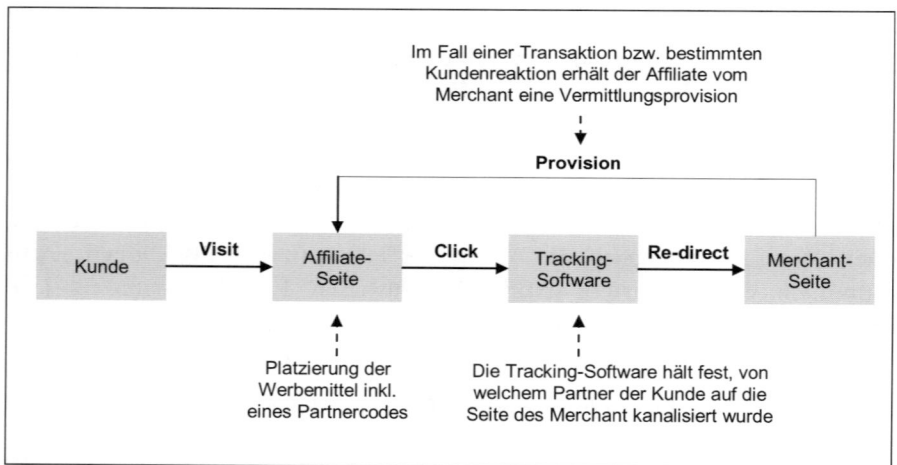

Abb. 98: Funktionsweise von Affiliate-Programmen

4.2.6   Bannerwerbung

Die Bannerwerbung zählt zu den populärsten und ältesten Online-Werbeformaten, die man bereits Mitte der 90er Jahre im Internet antreffen konnte. Zu diesem Zeitpunkt waren die Werbebanner überwiegend statischer Natur, genauer gesagt bestanden sie lediglich aus einer Kombination von Texten und Grafiken. Insofern fungierten sie als Äquivalent zu herkömmlichen Werbeanzeigen in den Printmedien. Über die letzten Jahre hinweg hat sich die Bannerwerbung jedoch rasant weiterentwickelt. So wurden die statischen Banner zunächst von animierten abgelöst, um eine höhere Aufmerksamkeit des

Anwenders zu erregen. Mit der zunehmenden Verfügbarkeit von Breitbandan-schlüssen haben sich dann multimediale Banner durchgesetzt. Es ist wichtig, auf diese Entwicklung so deutlich hinzuweisen, da sich z. B. mit der Videower-bung eine Zugriffsmöglichkeit auf die Werbebudgets für klassische Fernseh-werbung eröffnet, die fortan auch über das Internet ausgeliefert und mit der „traditionellen" Bannerwerbung kombiniert werden kann. Analysten gehen teilweise davon aus, dass es durch die damit verbundene Verlagerung der Wer-bebudgets zu einem Anstieg des gesamten Online-Werbemarktes auf bis zu 150 Milliarden US-Dollar im Jahr 2010 kommt (vgl. auch FAZ 2007).

Der Erfolg einer Bannerkampagne hängt vor diesem Hintergrund von vier zentralen Stellhebeln ab, die es bei der Konzipierung und Durchführung sol-cher Kampagnen zu beachten gilt:

- Bannerformat und -gestaltung

- Auswahl der Werbeträger

- Targeting der Banner

- Abrechnung der Werbekosten

Banner sind in unterschiedlichen **Formaten** verfügbar, wobei das so genannte Internet Advertising Bureau Vorschläge für deren Größe unterbreitet (vgl. www.iab.net). Bei diesen Vorschlägen handelt es sich jedoch um keine gesetzlich verbindlichen Richtlinien. Dennoch werden sie von der Internet-Industrie an-genommen, da ein allgemeines Interesse an einheitlichen Bannerformaten be-steht, um Werbeanzeigen ohne großen Aufwand auf die eigenen Seiten integ-rieren zu können (vgl. auch Dannenberg/Wildschütz 2006). Unter den Banner-formaten sind Rectangles (180 x 150 Pixel), Super Banner (728 x 90 Pixel) und Skyscraper (120 x 600) die populärsten Werbeformate (vgl. OVK 2007), die sich vor allem im Hinblick auf ihre Platzierung auf der Webseite unterscheiden. So werden Rectangles z. B. in den redaktionellen Teil einer Webseite eingebettet und ziehen damit eine starke Aufmerksamkeit auf sich. Hingegen platziert man Skyscraper in der Regel am Seitenrand und Super Banner im Kopfbereich der Webseite. Neben diesen existieren noch weitere Werbeformate, wie Pop-ups (die Werbung öffnet sich in einem separaten Fenster) oder Layer Ads (das Ban-ner wird über die Inhalte gelegt). Diese Formate werden vom Anwender aller-dings als besonders störend empfunden. Interessanterweise haben aber gerade solche Banner einen hohen Erinnerungswert bezüglich der Werbebotschaften (vgl. auch Fritz et al. 2006). Zum anderen beeinflusst die Bannergröße die Gestaltungsmöglichkeiten, um Werbebotschaften zu kommunizieren oder bestimmte Reaktionen beim Anwender hervorzurufen. Insbesondere durch die Integration von Bildern lassen sich dabei auf einfache Weise komplexe Werbebotschaften kommunizieren, da Bilder früher, länger und häufiger als Text vom Anwender fixiert werden; als Faustregel kann man dabei festhalten, dass das menschliche Gehirn durchschnittlich 1,5 bis 2,5 Sekunden benötigt, um Bilder mittlerer Komplexität zu verarbeiten. Damit eröffnen Werbebanner die Möglichkeit, auch emotionale Eindrücke zu vermitteln, die über eine rein textbasierte Kundenansprache nur schwer zu kommunizieren sind.

Neben den Werbemitteln hängt der Werbeerfolg von der werbetragenden Webseite oder anders formuliert vom **Werbeträger** ab. Die Werbeträger als solche lassen sich auf allgemeiner Ebene in zwei Gruppen einteilen:

- *Common-Interest-Sites*: Diese Webseiten haben keinen thematischen Schwerpunkt und damit auch keine Zielgruppenfokussierung. Exemplarisch hierfür seien Portale wie Lycos oder das Onlineangebot von RTL genannt. Folglich sind auf solchen Seiten teilweise sehr heterogene Anwender mit unterschiedlichen Zielen und Bedürfnissen anzutreffen. Aus diesem Grund müssen hohe Streuverluste in Kauf genommen werden, da in den meisten Fällen nur ein kleiner Teil der Anwender von der Werbung angesprochen wird. Dem steht jedoch der Vorteil gegenüber, dass Common-Interest-Sites in der Regel einen hohen Bekanntheitsgrad aufweisen und stark frequentiert sind.

- *Special-Interest-Sites*: Auf diesen Webseiten erfolgt eine thematische Schwerpunktsetzung, z. B. auf Reisen, Autos oder Sport. Aufgrund dieser Themenfokussierung können die Werbetreibenden hier in der Regel eine homogene Zielgruppe antreffen. Für die Kundenansprache hat das den Vorteil, dass sich die Werbemittel wesentlich besser an den Zielen und Bedürfnissen der Zielgruppe ausrichten lassen und dementsprechend höhere Klickraten erzielen. Nachteilig bei diesen Seiten sind jedoch die – im Vergleich zu Common-Interest-Sites – hohen Kosten: Aufgrund der Zielgruppenhomogenität werden hier in der Regel höhere Preise für die Einblendungen von Werbeanzeigen veranschlagt.

Im Zuge der eigentlichen Auslieferung der Banner spielt das **Targeting** eine wichtige Rolle. Hierunter versteht man die zielgruppenspezifische Auslieferung der Banner bei den Werbeträgern. So ist es unter anderem denkbar, bestimmte Werbeanzeigen erst ab einer bestimmten Uhrzeit einzublenden. Beispielsweise werden Anzeigen mit erotischem Inhalt häufig erst in den Abendstunden aus-

geliefert, da die meisten Anwender solche Angebote hauptsächlich am Feier-
abend und nicht tagsüber am Arbeitsplatz nutzen. Ferner ist auch eine Fokussierung der Werbung auf bestimmte geographische Gebiete möglich. Beim
Vermarkter www.meinestadt.de können die Werbetreibenden z. B. aus über
14.000 Städten und Gemeinden wählen, um ihre Werbeanzeigen fokussiert
platzieren zu können (vgl. für einen Überblick der verschiedenen Marketing-
programme in der Wirtschaftspraxis Dannenberg/Wildschütz 2006). Etablierte
Vermarkter wie United Internet bieten teilweise auch die Möglichkeit, die Banner in Abhängigkeit soziodemographischer Kriterien oder von Lebensstilen
auszuliefern, um eine möglichst optimale Kundenansprache zu gewährleisten
(vgl. z. B. http://united-internet-media.de).

Die **Abrechnung der Werbekosten** kann auf unterschiedliche Weise erfolgen
(vgl. auch 5.1). Beim so genannten „Pay per View"-Modell werden die Werbeplätze für einen 1.000er Kontaktpreis veräußert, d. h., die Kunden müssen einen bestimmten Preis entrichten, damit ihr Werbemittel 1.000 Mal auf einer
bestimmten Seite eingeblendet wird. Im Gegensatz dazu werden beim „Pay per
Click"-Modell erst dann Einnahmen generiert, wenn die Besucher einen Klick
auf ein Banner tätigen. Aus Sicht des Werbetreibenden wird diese Form der
Abrechnung bevorzugt, da er nur im Fall eines Klicks einen Preis entrichten
muss. Im Gegensatz dazu bevorzugen die Werbeträger eine Abrechnung nach
dem „Pay per View"-Modell, bei dem sie bereits mit der Werbeeinblendung
Einnahmen generieren, ohne dass es einer konkreten Kundenreaktion bedarf.
Gleichzeitig tragen sie in diesem Fall nicht das Risiko, dass die Banner eventuell
schlecht gestaltet sind und nur schlechte Klickraten erzielen.

4.3   Kundenbindung im E-Business

4.3.1   Grundlagen des Kundenbindungsmanagements

Ende der 90er Jahre des letzten Jahrhunderts ging es für die meisten Unternehmen im E-Business darum, möglichst schnell einen großen Marktanteil
aufzubauen, um sich auf dem Markt zu etablieren. Dem Kundenbindungsmanagement hat man zu diesem Zeitpunkt nur geringe Bedeutung beigemessen.
Das hat sich über die letzten Jahre hinweg jedoch gewandelt. So kommt man
heute zu der Einschätzung, dass sich Wettbewerbsvorteile nur auf Basis langfristiger Kundenbeziehungen generieren lassen und die Gewinnung loyaler
Kunden von höchster Bedeutung für Unternehmen im E-Business ist:
„Without the glue of loyalty, even the best-desgined e-business model will

collapse" (Reichheld/Schefter 2000, S. 106). Die zunehmende Akzentuierung des Kundenbindungsmanagements im E-Business hängt vor allem mit der Markttransparenz und den hohen Kundengewinnungskosten in diesem Kontext zusammen.

- Aufgrund der hohen **Markttransparenz** im Internet – alternative Angebote sind in der Regel nur „einen Klick" entfernt (vgl. hierzu auch Gronover et al. 2004, S. 15) – besteht grundsätzlich die Gefahr, dass Kunden ohne größeren Aufwand zu Konkurrenten abwandern.

- Das ist insofern als problematisch anzusehen, da in vielen Bereichen die **Kundengewinnungskosten** deutlich den Ertrag einer einmaligen Transaktion übersteigen. Stellenweise geht man davon aus, dass die Kosten der Neukundengewinnung das Sechsfache der Betreuung von Bestandskunden betragen (vgl. Kalkota/Robinson 2001). Besonders deutlich wird das im Telekommunikationsbereich, in dem die Erlöse nicht über den eigentlichen Kaufpreis, sondern aufgrund variabler Nutzungsentgelte erzielt werden. Die Amortisierung der Kundengewinnungskosten – z. B. in Form eines kostenlosen Mobiltelefons – ist hier nur auf Basis einer langfristigen Kundenbeziehung über die Nutzungsentgelte möglich.

Aus diesen Ausführungen geht hervor, dass die Auseinandersetzung mit dem Kundenbeziehungsmanagement im E-Business eine wichtige Rolle spielt. In Abhängigkeit der unternehmensspezifischen Situation werden dabei verschiedene Ziele verfolgt, die im Wesentlichen mit den folgenden fünf Punkten zusammenhängen (vgl. auch Baeumle-Courth et al. 2004, S. 143):

- Verbesserung der Kundenzufriedenheit und -loyalität

- Steigerung der Kauffrequenz sowie Nutzung von Cross-Selling-Potenzialen

- Individualisierung von Werbemaßnahmen und Kaufvorschlägen

- Erhöhung der Kommunikationseffizienz bei gleichzeitiger Kostensenkung

- Unterstützung des Beschwerdemanagements

Es ist jedoch wichtig, darauf hinzuweisen, dass es im Kundenbeziehungsmanagement nicht darum geht, alle Kunden anzusprechen und an das Unternehmen zu binden. Alleine aus Kostengründen ist das in der Regel nicht möglich. Vielmehr konzentriert man sich auf die aus kommerzieller Sicht lukrativsten Kundengruppen (vgl. auch Diller 1995, S. 443). Deren Konsumentenrente gilt es dann in Form individueller Angebote abzuschöpfen, wie z. B. durch den Verkauf von Komplementär-/Zusatzprodukten ("Cross-Selling"). Dies führt unmittelbar zu der Frage, wie man den **Wert einer Kundenbeziehung** ermittelt, um mehr oder weniger attraktive Kunden zu identifizieren und voneinander abzugrenzen. Zu diesem Zweck wurden in der Literatur verschiedene Vorschläge unterbreitet (vgl. für einen Überblick z. B. Esch et al. 2006). Im einfachsten Fall kann das auf Basis einer *ABC-Analyse* erfolgen (vgl. Abb. 99).

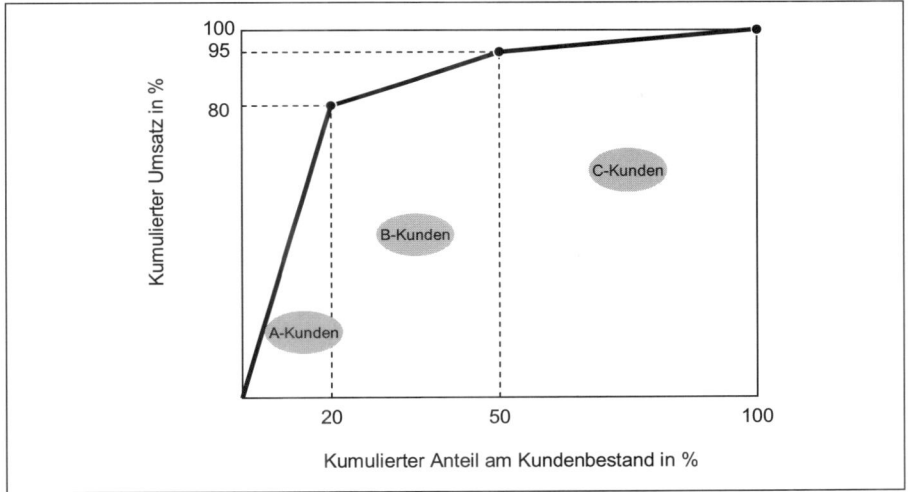

Abb. 99: ABC-Analyse

Bei der ABC-Analyse handelt es sich um ein eindimensionales Verfahren, bei dem man die Kunden in Abhängigkeit ihres Umsatzes oder Deckungsbeitrags – im Verhältnis zum Gesamtumsatz des Unternehmens – in verschiedene Gruppen einteilt. Dieser Einteilung liegt in den meisten Fällen eine Pareto-Verteilung zugrunde, wonach etwa 20 Prozent der Kunden 80 Prozent des Umsatzes erwirtschaften (A-Kunden). Hingegen generieren die B- und C- Kunden lediglich 15 bzw. 5 Prozent des Umsatzes (vgl. Abb. 99). Gemäß dieser Analyse ist die Bindung von A-Kunden insofern von besonderer Bedeutung für das Unternehmen. Bei dieser Analysemethode hat es sich jedoch als problematisch erwiesen, dass lediglich Vergangenheitswerte zur Ermittlung des Kundenwertes herangezogen werden. Damit bleibt aber unklar, ob die betreffenden Kunden auch in Zukunft überdurchschnittliche Umsätze generieren. An dieser Stelle setzt die *Customer-Lifetime-Analyse* an (vgl. auch Berger/Nasr 1998; Weiber/Weber 2002). Sie basiert auf den Methoden der Investitionsrechnung und betrachtet Kundenbeziehungen als Investitionen in die Zukunft, aufgrund deren sich nur langfristig ein positiver Rückfluss einstellt. Bei dieser Methode werden daher – analog den bereits diskutierten Methoden der Unternehmensbewertung (vgl. hierzu 2.3.2) – die zukünftigen Einnahmen prognostiziert und auf den Analysezeitpunkt diskontiert. Abb. 100 zeigt anhand eines fiktiven Zahlenbeispiels aus dem E-Commerce-Bereich, wie so eine Rechnung aussehen kann.

Zahlenbeispiel für die Berechnung des Kundenwertes

Kosten für Bannerwerbung im Internet:	€ 100.000
dadurch generierte Klicks auf die Homepage:	12.000
davon Käufer:	800
→ Akquisitionskosten pro Kunde:	€ 125
Erstbestellwert pro Kunde (Durchschnitt):	€ 180
davon Deckungsbeitrag (DB-Satz 40 %):	€ 72
Erstinvestition pro Kunde:	€ - 53

Jahr	Anteil der Wiederholungs-käufer	Durchschnittliches Kaufvolumen	Deckungs-beitragssatz	Deckungsbeitrag je Kunde
Jahr 1	60 %	€ 150	40 %	€ 36,00
Jahr 2	48 %	€ 175	40 %	€ 33,60
Jahr 3	30 %	€ 220	40 %	€ 26,40

$$- € 53 \quad + \quad € 36{,}6/1{,}2 \quad + \quad € 33{,}6/1{,}2^2 \quad + \quad € 24{,}6/1{,}2^3 \quad = \quad € 15{,}61$$

Erstin-vestition	DB Jahr 1	DB Jahr 2	DB Jahr 3	durchschnittlicher Kundenwert

Abb. 100: Beispiel zur Berechnung des CLV (vgl. Förster/Kreuz 2002, S. 212)

4.3.2   Traditionelle Instrumente des Kundenbindungsmanagements

Dem Unternehmen stehen verschiedene Instrumente zur Verfügung, um die im Kundenbindungsmanagement verfolgten Ziele zu erreichen. Bevor im weiteren Verlauf dieses Buches mit CRM-Systemen und Communitys die informationstechnische Unterstützung dieser Ziele in den Vordergrund gerückt wird, gilt es zunächst einen kurzen Überblick der traditionellen Instrumente des Kundenbindungsmanagements zu geben, zu denen in Anlehnung an Homburg/Krohmer die folgenden drei zählen (vgl. 2005, S. 779–802):

- Beschwerdemanagement

- Kundenrückgewinnung

- Cross-Selling

Beim **Beschwerdemanagement** geht es darum, die Kritik am eigenen Produkt anzuregen, aufzunehmen und zu bearbeiten, um unzufriedene Kunden im Zuge dieses Bearbeitungsprozesses vom eigenen Unternehmen zu überzeugen. Die proaktive Anregung von Beschwerden ist dabei von besonderer Bedeutung, da unzufriedene Kunden oftmals keine Beschwerde äußern und sofort abwandern. In der einfachsten Form kann so eine Beschwerdestimulierung durch eine Art virtuellen Kummerkasten, ein Feedbackformular oder Webblog forciert werden. Damit man die auf diesem Wege generierten Beschwerden aufnehmen und verarbeiten kann, bedarf es jedoch einer organisatorischen Verankerung des Beschwerdemanagements sowie entsprechender Richtlinien, unter welchen Umständen ein Kundenfeedback überhaupt als Beschwerde einzustufen ist und wie dann mit ihr umgegangen wird. Erst dann kann die Beschwerdeanalyse und Ursachenforschung ansetzen. Es ist wichtig, auf die besondere Bedeutung dieser Aufgaben explizit hinzuweisen, da unzufriedene Kunden nach einer zufriedenstellend abgewickelten Beschwerde oftmals eine höhere Loyalität gegenüber dem Unternehmen als vorher aufweisen (vgl. Stauss 2004, S. 352–356).

Das Thema **Kundenrückgewinnung** wurde in der Literatur zum E-Business bislang nur am Rande behandelt (vgl. auch Bruhn/Michalski 2003). Allerdings bestehen gerade in diesem Kontext gute Ansatzpunkte, um abgewanderte Kunden zurückzugewinnen. Im einfachsten Fall geschieht das durch eine Erinnerungsmail, dass sich der Anwender seit einem bestimmten Zeitraum nicht mehr auf der jeweiligen Webseite angemeldet hat. Die Effektivität solcher Maßnahmen darf nicht unterschätzt werden, zumal viele Kunden nach wie vor positive Erinnerungen mit einem bestimmten Produkt verknüpfen, das sie über einen längeren Zeitraum genutzt haben. Dementsprechend führen Homburg/Krohmer aus: „Systematische Kundenrückgewinnung zielt auf die Nutzung dieses Goodwills zur Wiederbelebung der Geschäftsbeziehung ab" (2005, S. 798). Den Ausgangspunkt der eigentlichen Kundenrückgewinnung bildet die Ursachenforschung (z. B. in Form von Interviews), warum die Kundenbeziehung aufgelöst wurde (vgl. hierzu auch Ahn et al. 2006). Daraufhin gilt es festzulegen, bei welchen Kunden die Rückgewinnungsmaßnahmen ansetzen sollen. Das kann z. B. auf Basis einer Auswertung der bisherigen Kundenhistorie erfolgen (getätigtes Kaufvolumen, Aktivität in der Community etc.). Gleichzeitig müssen aber auch Maßnahmen eingeleitet werden, um die für die Abwanderung ursächlichen Probleme zu beseitigen. Der Prozess der Kundenrückgewinnung endet mit einer Erfolgskontrolle, inwieweit die eingeleiteten Maßnahmen auf Erfolg gestoßen sind.

Mit dem **Cross-Selling** will man den Kunden zum Erwerb mehrerer Produkte des eigenen Unternehmens bewegen. Dies setzt natürlich eine bestehende Geschäftsbeziehung voraus, um dem Kunden auf dieser Grundlage weitere Leistungen zu offerieren. Diese Leistungen müssen grundsätzlich nicht in einem unmittelbaren Zusammenhang zu den bereits erworbenen stehen. Allerdings ist im Fall komplementärer Produkte die Wahrscheinlichkeit größer, dass der Kunde auch Zusatzprodukte erwirbt, insbesondere wenn starke indirekte Netzeffekte auftreten (vgl. hierzu auch 1.1.3.3).

4.3.3   Customer-Relationship-Management-Systeme

Um die im Kundenbindungsmanagement verfolgten Ziele erreichen zu können, spielen im E-Business Customer-Relationship-Management-Systeme (CRM-Systeme) eine zentrale Rolle. Stellenweise ist in diesem Zusammenhang auch von eCRM-Systemen die Rede, die explizit auf den Einsatz in elektronischen Netzwerken ausgerichtet sind. Dementsprechend führen Eggert/Fassot aus: „eCRM umfasst die Analyse, Planung und Steuerung der Kundenbeziehungen mit Hilfe elektronischer Medien, insbesondere des Internet, unter dem Ziel einer umfassenden Ausrichtung des Unternehmens auf ausgewählte Kunden" (2001, S. 5). CRM-Systeme sollen insofern – analog den bereits vorgestellten Instrumenten zur Kundenbindung – den Aufbau und die Gestaltung langfristiger Kundenbeziehungen unterstützen. Konkret geht es dabei um die Koordination sämtlicher Geschäftsprozesse, bei denen es zu einer Interaktion zwischen Kunden und Unternehmen kommt. Die informationstechnische Unterstützung soll dabei zu einer Erhöhung des Automatisierungsgrades beitragen und die Reaktionsfähigkeit des Unternehmens auf Kundenanfragen erhöhen. Aus funktionaler Sicht setzen sich solche Systeme aus den folgenden drei Komponenten zusammen (vgl. Abb. 101):

- Analytisches CRM

- Operatives CRM

- Kollaboratives CRM

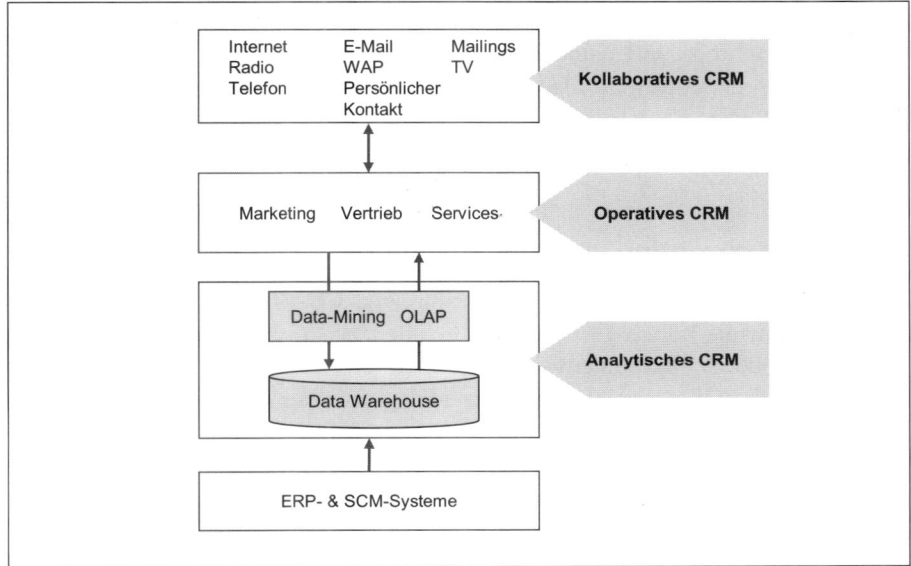

Abb. 101: Aufbau eines CRM-Systems

Die Aufgabe des **analytischen CRM** besteht in der Zusammenführung und Auswertung der Kundendaten, die aus der Interaktion zwischen Unternehmen und Kunden entstehen. Im Kontext elektronischer Netzwerke lässt sich dabei auf vergleichsweise umfangreiches Datenmaterial zurückgreifen, da die Kunden bereits mit dem Besuch der Webseite Spuren hinterlassen (vgl. 4.2.2.2). Neben diesen Protokolldaten werden im Data Warehouse alle relevanten Kundendaten aus den Bereichen Marketing, Vertrieb und Kundenservice gesammelt. Dazu zählen z. B. produktunabhängige Stammdaten (Anrede, Name, Adresse...) oder Informationen über erworbene Produkte und Zahlungsmodalitäten. Ebenso speichert man hier Informationen über den Erfolg vergangener Werbemaßnahmen, deren Auswertung dann auf Basis verschiedener Analysetools erfolgt (z. B. Data-Mining, OLAP). Im Idealfall soll das analytische CRM Aufschluss darüber geben, welchen Wert ein bestimmter Kunde für das Unternehmen hat oder welche Kunden am loyalsten sind.

Das **operative CRM** soll die Automatisierung sämtlicher Kundenprozesse in den Bereichen Marketing, Vertrieb und Kundenservice unterstützen. Dazu stellt es verschiedene Softwarekomponenten im Front- und Backoffice zur Verfügung, wie beispielsweise ERP- und SCM-Systeme.

Beim **kollaborativen CRM** geht es darum, alle Kommunikationskanäle zwischen Unternehmen und Kunden zu verbinden und zu einem „Single Point of Entry" zusammenzuführen. Dadurch soll der Kunde eine einheitliche Sicht auf das Unternehmen erhalten. Abb. 101 zeigt das Zusammenspiel der hier angesprochenen Komponenten im Überblick.

4.3.4   Konzeption und Implementierung von CRM-Projekten

In der Unternehmenspraxis konnten zahlreiche CRM-Projekte in finanzieller Hinsicht nicht die hohen Erwartungen erfüllen, die an sie gestellt wurden (vgl. Rost et al. 2006, S. 70). Stellenweise geht man davon aus, dass zwischen 50 und 75 Prozent aller CRM-Projekte als Misserfolg zu werten sind (vgl. Laudon et al. 2006, S. 428). Oftmals wird das auf die Implementierung zu komplexer Softwarelösungen zurückgeführt (vgl. Schulze 2000, S. 3) oder die Systeme werden von den Mitarbeitern nicht akzeptiert (vgl. Yu 2001). Mitunter steht man auch der Technikfokussierung in diesem Kontext kritisch gegenüber: „Zu häufig dominiert bei CRM-Projekten die IT-Komponente – die notwendige Ausgestaltung der flankierenden, innerbetrieblichen Rahmenbedingungen findet dagegen oft nur unzureichend statt" (Hippner 2004, S. 35). Um die Gefahr des Scheiterns solcher Projekte gering zu halten, bedarf es deshalb einer systematischen Vorgehensweise. Dabei sind die folgenden drei Phasen zu durchlaufen:

- Analysephase

- Konzeptionsphase

- Implementierungsphase

In der **Analysephase** wird geklärt, welche Kunden man an welches Objekt binden will. Als Objekt kommen z. B. das Unternehmen, einzelne Produkte oder Marken in Betracht. Die eigentlichen Bindungsmaßnahmen sind dabei gezielt auf solche Kunden auszurichten, die aufgrund ihrer Beziehungshistorie oder des zukünftigen kommerziellen Potenzials als besonders viel versprechend anzusehen sind (vgl. hierzu auch 4.3.1). Es geht somit nicht darum, alle Kunden an das Unternehmen zu binden, zumal in den meisten Fällen auch nur ein begrenztes Budget für Kundenbindungsmaßnahmen zur Verfügung steht (vgl. auch Reinartz/Kumar 2000). Neben solchen Grundsatzentscheidungen erfolgt in der Analysephase eine Bestandsaufnahme der Geschäftsprozesse, bei denen ein unmittelbarer Kundenkontakt besteht, um eventuelle Probleme bei der Interaktion zwischen Kunde und Unternehmen aufzudecken (vgl. zur Prozessanalyse 3.3.1). Auf dieser Grundlage ist es dann möglich, die Ziele zu spezifizieren, die mit der Implementierung des CRM-Systems verfolgt werden. In Kombination mit einer Wirtschaftlichkeitsbetrachtung sind die Analyseergebnisse dem Management als Entscheidungsvorlage hinsichtlich der Projektrealisierung vorzulegen.

In der **Konzeptionsphase** werden Maßnahmenkataloge und Soll-Prozesse zur Kundenansprache erarbeitet (vgl. hierzu 3.3). In diesem Zusammenhang spielt vor allem die Kanalplanung eine wichtige Rolle (vgl. auch Gronover et al. 2004, S. 22–23). Sie legt fest, welche Kundengruppen mit welchem Ressourceneinsatz auf welche Art in Zukunft betreut werden (vgl. Abb. 102). Beispielsweise erscheint es beim Vertrieb kostenpflichtiger und erklärungsbedürftiger Produkte angemessen, einen persönlichen Kommunikationskanal zum Kunden aufzubauen. Hingegen lässt sich ein solcher Aufwand bei einfachen und kostenlosen Produkten wirtschaftlich nicht rechtfertigen. Abb. 102 zeigt eine Kanalplanung für einen Online-Shop im B2B-Bereich. Auf Basis einer ABC-Analyse wurden die Kunden in Abhängigkeit ihres Bestellvolumens in A-, B- und C-Kunden untergliedert (vgl. hierzu auch 4.3.1). Für jede Gruppen wurden dann bestimmte Ziele, der zur Zielerreichung erforderliche Ressourceneinsatz sowie der Kanal spezifiziert, auf dem die Kundenansprache erfolgt. Erst auf Grundlage solcher konzeptionellen Arbeiten ist es möglich, einen Anforderungskatalog hinsichtlich der benötigten Software zu erstellen und ihn mit den am Markt verfügbaren Softwarelösungen abzugleichen.

Segment	E-Shopping		
Attraktivität	A-Kunde	B-Kunde	C-Kunde
Ziel	Intensive Pflege Hohe Kundenzufriedenheit Abwanderung verhindern	Beziehung gezielt ausbauen Umwerben	Halten Tendenz beobachten und ggf. entwickeln
Ressourceneinsatz	sehr hoch	mittel bis gering	gering
Kanal	Persönliche Ansprache	Telefonischer Kontakt	Ansprache per E-Mail

Abb. 102: Planung der Kanalaktivitäten (vgl. Gronover et al. 2004, S. 23)

In der Phase der **Softwareimplementierung** stellt die Integration der vorhandenen Systeme und Daten die größte Herausforderung für die erfolgreiche Umsetzung des CRM-Projektes dar (vgl. Laudon et al. 2006, S. 428). Bei der

Wahl des CRM-Systems gilt es deshalb zu prüfen, inwieweit eine Integration des neuen Systems in die bestehende Infrastruktur möglich ist und welche Anpassungen – sowohl auf Ebene der Informationsarchitektur als auch hinsichtlich der organisatorischen Abläufe – gegebenenfalls vorzunehmen sind. Mit der Aufnahme der operativen Nutzung werden schließlich die in der Analysephase definierten Steuerungsgrößen in Form eines Prozesscontrollings regelmäßig kontrolliert, um auf eventuelle Änderungen des Kundenverhaltens reagieren und gegebenenfalls die Kundenbindungsmaßnahmen sowie die Systeme anpassen zu können. Abb. 103 zeigt die drei Analysephasen und die damit korrespondierenden Hauptaktivitäten je Phase im Überblick.

Phase	Aktivitäten in der Phase
Analyse	1. Analyse des Kundenpotenzials und der Ist-Prozesse 2. Spezifikation der CRM-Ziele 3. Erarbeitung einer Entscheidungsvorlage für das Management, ob das Projekt realisiert wird
Konzeption	4. Spezifikation der Kanalaktivitäten + Modellierung der Geschäfts prozesse 5. Ermittlung von Prüfkennziffern 6. Erstellung eines Anforderungskatalogs zur Wahl einer Software
Implementierung und Anpassung	7. Softwarewahl 8. Softwareimplementierung 9. Nutzung, Kontrolle und Anpassung

Abb. 103: Vorgehensweise bei der Implementierung eines CRM-Systems

4.3.5 Virtuelle Communitys zur Kundenbindung

Im Zuge der Auseinandersetzung mit dem Web 2.0 fällt immer wieder der Begriff Community, der nahezu inflationär verwendet wird. Sobald mehrere Menschen Internet-Technologien verwenden, scheint man dieses Handeln unter dem Begriff „Community" zu subsumieren. Ein solches Begriffsverständnis führt allerdings in die Irre, zumal es sich bei Communitys weder um ein technisches noch um ein neues Phänomen handelt. Wirft man einen Blick in die Literatur, kommt man vielmehr zu der Erkenntnis, dass sich die Soziologie bereits seit über 120 Jahren mit Communitys – oder anders formuliert mit informellen Gemeinschaften – beschäftigt (vgl. Tönnies 1963). Solche Gemeinschaften lassen sich in einer allgemeinen Begriffsumschreibung anhand der folgenden drei Merkmale charakterisieren (vgl. auch Panten 2005, S. 18–23):

- In Communitys finden **soziale Interaktionen zwischen Menschen** – innerhalb der Community ebenso wie mit externen Partnern bzw. Institutionen – statt.

- In Communitys orientiert sich der Interaktions- und Informationsprozess der Mitglieder an bestimmten **Regeln und Ritualen**, die sich im Zeitverlauf herausbilden und verfestigen.

- Schließlich weisen Communitys einen **thematischen Schwerpunkt** auf, der die gemeinsamen Interessen der Community-Mitglieder widerspiegelt.

Erst seit Anfang der 90er Jahre stehen die technischen Mittel zur Verfügung, um solche Gemeinschaften im Kontext elektronischer Netzwerke aufzubauen und für die allgemeine Öffentlichkeit zu betreiben. Seitdem lässt sich jedoch ein stetig zunehmendes Interesse an virtuellen Communitys beobachten. So zählen Communitys wie MySpace oder YouTube zu den Top 20 der meistbesuchten Webseiten weltweit. Es erstaunt daher kaum, dass in jüngerer Zeit immer mehr Unternehmen in den Aufbau eigener Communitys investieren (vgl. auch Maaß/Pietsch 2007a), nicht zuletzt aufgrund ihres Potenzials zur Kundenbindung. Dieses Potenzial gründet auf dem einfachen Umstand, dass die Community-Mitglieder im Zeitverlauf häufig intensive Beziehungen untereinander aufbauen, weshalb sie regelmäßig auf die jeweilige Seite zurückkehren. Dadurch kommen die Community-Mitglieder zwangsläufig wesentlich häufiger mit dem Unternehmen in Kontakt, als das in einer herkömmlichen Kundenbeziehung der Fall ist. Für Unternehmen hat das den Vorteil, dass sie relativ unkompliziert das Kundenverhalten untersuchen, Benutzerprofile aufbauen (vgl. auch 4.2.2.2) und Cross-/Up-Selling-Potenziale nutzen können (vgl. Weiber/Meyer 2002). Diesen Ausführungen ist jedoch hinzuzufügen, dass Communitys nur in Ausnahmefällen aufgrund des Interesses an bestimmten Unternehmen oder Produkten entstehen. Vielmehr ist es ein bestimmtes Grundbedürfnis, das die Community-Mitglieder miteinander verbindet (vgl. Paul/Runte 1999, S. 55). Weiterhin gilt es zu beachten, dass nicht jedes Thema und Produkt für den Aufbau virtueller Communitys geeignet ist. Es herrscht jedoch weitestgehend Einigkeit darüber, dass sich zu diesem Zweck vor allem solche Themen und Produkte instrumentalisieren lassen, die folgende Eigenschaften aufweisen:

- **Digitale Inhalte**: Um die Community möglichst schnell mit Inhalten füllen zu können, ist es von Vorteil, wenn zum jeweiligen Themengebiet bereits auf vorhandene digitale Inhalte zurückgegriffen werden kann. Sie lassen sich gegebenenfalls über offene Schnittstellen in die Community einbinden, um von Anfang an ein Mindestangebot an Inhalten aufweisen zu können.

- **Emotionales Potenzial**: Ferner spielt es eine zentrale Rolle, inwieweit die Themen bzw. Produkte ein hohes emotionales Potenzial aufweisen (vgl. Biederbeck 2002). Über ein solches Potenzial verfügen vor allem Produkte aus den Bereichen Film, Musik und Literatur, da deren Konsum sehr leicht sowohl angenehme als auch unangenehme Empfindungen auslösen kann und auf diesem Wege reichlich Gesprächsstoff bietet.

- **Exklusivität bzw. Nischenprodukt**: In der Vergangenheit konnte man weiterhin beobachten, dass vor allem Unternehmen mit exklusiven, innovativen oder designorientierten Produkten erfolgreich Communitys aufbauen konnten. Schneckenburger et al. verdeutlichen das anhand eines plakativen Beispiels: Für eine Marke wie Harley Davidson ist es wesentlich einfacher, eine Community aufzubauen, als für den Hersteller von Wischmops (vgl. 2005, S. 34).

- **Anlass zu wiederkehrenden Besuchen**: Schließlich sollte das Thema der Community so gewählt werden, dass für die Mitglieder ein Anlass zu häufigen Besuchen besteht. Dieser Aspekt spielt aus zweierlei Gründen eine wichtige Rolle. Einerseits können Unternehmen nur dann intensive Kundenbeziehungen aufbauen und pflegen, wenn sie regelmäßig Kontakt zum Kunden haben. Andererseits erachtet die Werbeindustrie die Besuchsfrequenz als Indikator dafür, wie oft sie die Anwender innerhalb einer bestimmten Periode mit einem Werbemittel erreichen kann – diesen Punkt gilt es vor allem bei werbefinanzierten Communitys zu beachten.

Sind diese Voraussetzungen erfüllt, bedarf es weiterhin verschiedener technischer Komponenten, um eine Community aufzubauen. Beispielsweise müssen Communitys den Mitgliedern Kommunikations- und Interaktionsmöglichkeiten zur Verfügung stellen. Darin ist eine Voraussetzung zu sehen, damit die Anwender untereinander langfristige Beziehungen aufbauen können. Weiterhin muss auch die Sicherheit in der Community gewährleistet werden, z. B. indem verschiedene Werkzeuge für die Administratoren implementiert werden, um eine möglichst einfache Kontrolle der veröffentlichten Inhalte zu ermöglichen. Dieser Aspekt spielt insbesondere dann eine wichtige Rolle, wenn Kinder und Jugendliche Zugriff auf die Community haben.

4.4 Wiederholungsfragen

(1) Welche Unterschiede bestehen zwischen der Offline- und Online-Vermarktung?

(2) Skizzieren Sie die Determinanten des Online-Käuferverhaltens. Welche Unterschiede bestehen dabei zwischen den Bereichen B2C und B2B?

(3) Womit beschäftigt sich das Database-Marketing? Gehen Sie in Ihrer Antwort auch darauf ein, wie Unternehmen im Kontext elektronischer Netzwerke Daten sammeln und auswerten können.

(4) Welche Aufgaben fallen bei der Durchführung einer E-Mail-Marketing-Kampagne an?

(5) Worauf ist bei der suchmaschinengerechten Aufarbeitung der Inhalte und des HTML-Codes von Webseiten zu achten?

(6) Erläutern Sie die Funktionsweise der kostenpflichtigen Suchmaschinen-werbung.

(7) Inwieweit unterschiedet sich das Affiliate-Marketing von der traditionellen Bannerwerbung?

(8) Skizzieren Sie den Aufbau von CRM-Systemen.

(9) Welche Aufgaben fallen bei der Konzeption und Implementierung von CRM-Systemen an?

(10) Inwieweit können Communitys zur Kundenbindung beitragen?

5 Erlös- und Preismodelle im E-Business

Lernziele

Eine Positionierungsentscheidung oder die Ausarbeitung des Wertschöpfungs- und Vermarktungsmodells kann nicht unabhängig von der Auseinandersetzung mit preispolitischen Fragen erfolgen. So müssen Unternehmen z. B. eine Entscheidung über die optimale Preishöhe und den Preisverlauf treffen, um die Vermarktungschancen im Wettbewerbsvergleich und damit die zukünftigen Erlöse abschätzen zu können. Mit den in diesem Zusammenhang zu klärenden preispolitischen Fragen werden Sie sich in diesem Kapitel auseinandersetzen, wobei die folgenden Fragen im Vordergrund stehen:

- Welche Erlösmodelle existieren im E-Business und inwieweit beeinflussen Netzeffekte preispolitische Entscheidungen?

- Welche Unterschiede bestehen zwischen statischen und dynamischen Preismodellen?

- Auf welche Zahlungsverfahren können Unternehmen zur Abwicklung der eigentlichen Zahlungen zurückgreifen und welche Stärken und Schwächen weisen sie auf?

Nach der Durcharbeit dieses Kapitels sollen Sie in der Lage sein, diese Fragen zu beantworten.

5.1 Konzeptionelle Grundlagen

5.1.1 Bedeutung von Erlös- und Preismodellen im E-Business

Erlösmodelle sollen aufzeigen, auf welchem Wege Unternehmen Einnahmen erzielen. Mit deren Gestaltung hat man sich zu den Anfängen der Interneteuphorie allerdings nur am Rande befasst. Vielmehr erhoffte man sich vom Börsenboom in den späten 90er Jahren überdurchschnittliche Gewinne. Diese Rechnung ging allerdings nicht auf und es kam zu dramatischen Kurseinbrü-

chen sowie zahlreichen Insolvenzen. Die Spätfolgen des Börsenzusammen-
bruchs wirken bis heute nach und das Vertrauen in IT-Werte ist teilweise immer
noch gering. Es erstaunt somit kaum, dass die Gestaltung von Erlösmodellen
im E-Business von besonderer Bedeutung ist, sei es um potenzielle Kapitalge-
ber oder die Entscheidungsträger im Unternehmen von der Tragfähigkeit des
Geschäftsmodells zu überzeugen. Im Folgenden sollen daher die wichtigsten E-
Business-Erlösmodelle vorgestellt werden, wobei sich zwischen direk-
ten/indirekten und transaktionsabhängigen/transaktionsunabhängigen Erlösformen differenzieren lässt (vgl. auch Wirtz 2005, S. 587). Aus deren Kombination resultiert eine Matrix mit vier generischen Erlösmodellen (vgl. Abb. 104).

	Direkte Erlösmodelle	Indirekte Erlösmodelle
Transaktions-abhängig	Gebühr pro Transaktion Erfolgsprovision	Provisionen Bannerwerbung Sponsored Links („Pay per Action")
Transaktions-unabhängig	Gebühr pro Zeiteinheit Mitgliedsgebühr Grundgebühr Einrichtungsgebühr	Sponsored Links („Pay per Click") Bannerwerbung („Pay per View")

Abb. 104: Erlössystematik im E-Business (vgl. Wirtz 2005, S. 587)

- Bei **direkten und transaktionsabhängigen** Erlösmodellen bezieht der
  Anbieter seine Einnahmen unmittelbar vom Kunden, der eine bestimmte
  und eindeutig quantifizierbare Leistung erwirbt. Ein Beispiel hierfür stellt
  der Erwerb von Musikdateien über das Internet dar, bei dem der Kunde für
  das Nutzungsrecht an der Datei einen bestimmten Betrag entrichtet. Der
  Erlös des Anbieters hängt in diesem Fall von einer bestimmten Transaktion
  und damit von quantitativen Kriterien ab, womit dieses Erlösmodell deutliche Parallelen zum Handel in der physischen Welt aufweist.

- **Direkte und transaktionsunabhängige** Erlösmodelle sind an bestimmte
  Personen, nicht jedoch an eine Transaktion gebunden. Typisch ist so ein Er-

lösmodell bei Internet-Service-Providern wie AOL oder 1&1, bei denen die Kunden eine monatliche Grundgebühr für den Internetzugang – unabhängig von der eigentlichen Onlinezeit – zahlen. Solche Grundgebühren sind häufig auch auf Community-Seiten anzutreffen; exemplarisch hierfür seien Datingseiten wie ilove, myFlirt oder Friendscout24 genannt. Hier können sich die Anwender zwar kostenlos registrieren. Um jedoch andere Community-Mitglieder zu kontaktieren, müssen sie eine Mitgliedsgebühr entrichten.

- Ein Beispiel für **transaktionsabhängige und indirekte Erlösmodelle** stellen Provisionen für die Vermittlung von Transaktionen dar. Solche Erlösmodelle trifft man auch in der physischen Welt an, wie z. B. im Maklergeschäft. Hier erhält der Makler eine Vermittlungsprovision, wenn er Käufer und Verkäufer zusammenführt und es zum Kaufabschluss kommt. Dieses Vermittlungsprinzip wird im E-Business analog angewendet. Beispielsweise finden sich auf zahlreichen Webseiten Werbebanner des Online-Händlers Amazon. Für deren Einblendung erhält der Seitenbetreiber jedoch nur dann eine Provision, wenn er einen Kunden auf die Seite von Amazon kanalisiert und dieser eine Transaktion tätigt.

- Die Funktionsweise **transaktionsunabhängiger und indirekter Erlösmodelle** lässt sich anschaulich am Beispiel des Zeitungsgeschäfts illustrieren. Hier ist es typisch, dass die Verlage Werbeanzeigen in ihren Publikationen platzieren. Dafür erhalten sie unabhängig vom Verkauf der eigentlichen Zeitungsexemplare einen bestimmten Geldbetrag. Im weitesten Sinne verfolgen diesen Ansatz auch Betreiber von Internet-Portalen oder Suchmaschinen, die ihre Leistungen zum Großteil kostenlos anbieten und vom Verkauf ihrer Werbeplätze leben (vgl. hierzu auch 4.2.6). Die eigentliche Abrechung kann z. B. im Abhängigkeit der Werbeeinblendungen (Pay per View) oder anhand der auf das Werbmittel getätigten Klicks erfolgen (Pay per Click).

Mit der Implementierung eines dieser Erlösmodelle trifft das Unternehmen eine Grundsatzentscheidung, auf welchem Wege es in Zukunft beabsichtigt Einnahmen zu erzielen. Das **Preismodell** soll auf dieser Grundlage präzisieren, wie die Bepreisungsmechanismen im Einzelnen auszugestalten sind (vgl. auch Skiera et al. 2005); in diesem Zusammenhang geht es z. B. um die Bestimmung der optimalen Preishöhe (vgl. 5.1.2) oder die Festlegung einer bestimmten Preisstrategie (vgl. auch 5.1.3). Es ist wichtig, darauf hinzuweisen, dass dabei starke Interdependenzen zwischen dem Erlös- und Preismodell bestehen und sich erst aus ihrem Zusammenspiel die finanzielle Tragfähigkeit des Geschäftsmodells einschätzen lässt. Besonders deutlich kann man diese Interdependenzen beim Unternehmen Google nachvollziehen (vgl. auch Skiera 2006, S. 200), das sich im Jahr 2000 auf Basis eines direkten/transaktionsunabhängigen Erlösmodells in Kombination mit einem statischen Preismodell im Wettbewerb positionierte; genauer gesagt räumte Google anderen Suchmaschinenbetreibern für einen bestimmten Preis und Zeitraum Nutzungsrechte an seinen Technologien ein. Diese Kombination von Erlös- und Preismodell erwies sich jedoch als konzeptioneller Fehlschlag und kam in einem millionenschweren Verlust zum Ausdruck. Erst mit der Einführung eines transaktionsunabhängigen und indirekten Erlösmodells in Kombination mit einem dynamischen Preismodell konnte Google seine Erlöse steigern. Fortan veräußerte das Unternehmen nicht mehr seine Technologien, vielmehr ging es um den Verkauf von Werbeplätzen auf den Suchergebnisseiten, die in Form einer Auktion veräußert wurden (vgl. http://adwords.google.de).

5.1.2   Preis-Absatz-Funktionen und deren Besonderheiten im E-Business

Bei der Preis-Absatz-Funktion handelt es sich um eines der wichtigsten Instrumente zur Behandlung preispolitischer Fragen, insbesondere wenn es um die Ermittlung des optimalen Preises geht (vgl. Homburg/Krohmer 2005, S. 561). Sie beschreibt den funktionalen Zusammenhang des Absatzes vom Preis und stellt ein Aggregat der individuellen Nachfragemengen der Marktteilnehmer dar, die ihre Kaufentscheidung zu einem bestimmten Preis tätigen. Im einfachsten Fall lässt sich so eine Preis-Absatz-Funktion wie folgt darstellen:

$$X(p) = a\text{-}b\text{*}p$$

Diese Funktion beschreibt eine lineare Abhängigkeit der abgesetzten Menge x vom Preis p. Durch den Parameter b wird der Grenzabsatz festgelegt. Er bringt zum Ausdruck, um wie viele Einheiten der Absatz bei einer Preissenkung steigt. Der Parameter a kennzeichnet den Reservationspreis oder anders formuliert den maximalen Kaufpreis, den die Kunden gewillt sind zu entrichten. Aufgrund so einer Funktion kann man dann prognostizieren, wie sich die Erlöse auf die abgesetzte Menge auswirken (vgl. Abb. 105). So ist z. B. bei einer Preissenkung mit einem Nachfrageanstieg zu rechnen.

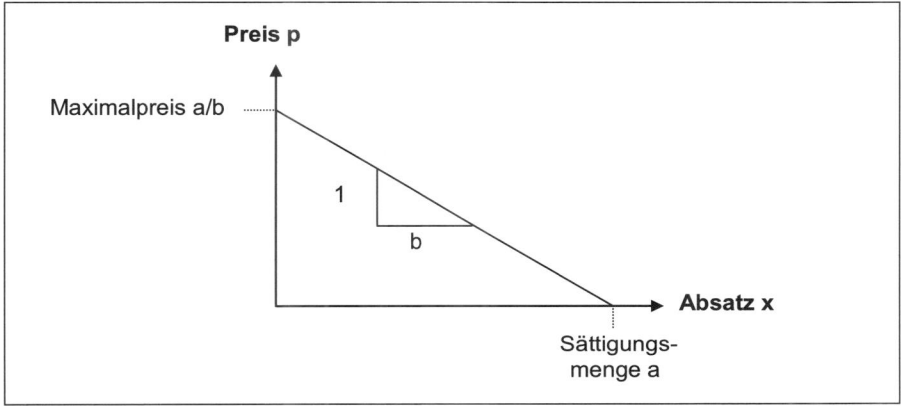

Abb. 105: Klassische Preis-Absatz-Funktion

Im E-Business lassen sich solche Preis-Absatz-Funktionen allerdings nicht ohne weiteres für preispolitische Fragen instrumentalisieren, da der Produktnutzen auf Netzeffektmärkten nicht nur vom Preis, sondern auch von der Größe des Netzwerks und damit von der Gesamtnachfrage selbst abhängt (vgl. 1.1.3.3). Eine Aggregation der individuellen Nachfragekurven ist insofern nicht ohne weiteres möglich, weshalb in der Literatur auch vom **Problem der „Nicht-Additivität"** die Rede ist (vgl. Rohlfs 1974). Mit ihm hat sich Rohlfs bereits vor über 40 Jahren in Form eines statischen Modells auseinandergesetzt, das im Folgenden in seinen Grundzügen skizziert wird, um für die Besonderheiten der Preispolitik auf Netzeffektmärkten zu sensibilisieren.

Der **Rohlfs'schen Nachfragekurve** liegen mehrere restriktive Annahmen zur Ableitung der Nachfragekurve bei Netzeffektgütern zugrunde. So werden den Nachfragern z. B. rationale Erwartungen unterstellt, d. h., sie antizipieren die zukünftige Marktentwicklung und damit auch das zukünftige Marktgleichgewicht. Gemäß dieser Annahme treffen die Nachfrager ihre Kaufentscheidung in Abhängigkeit des Preises sowie der erwarteten Netzwerkgröße, die im Marktgleichgewicht stets der tatsächlichen entspricht – in diesem Zusammenhang spricht man auch von einem „fulfilled expectation equilibrium" (vgl. z. B. Economides/Himberg 1995, S. 2–4; Economides 1996a, S. 680–682; 1996b, S. 217–219). Weiterhin wird eine binäre Wahlsituation bezüglich der Konsumentscheidung unterstellt, d. h., die Nachfrager adoptieren ein bestimmtes Gut oder nicht. Diese Entscheidung treffen sie in Abhängigkeit des Preises und der erwarteten Netzwerkgröße, die annahmegemäß mit dem tatsächlichen Marktgleichgewicht übereinstimmt. Auf Basis dieser Annahmen ist es möglich, eine

Nachfragekurve abzuleiten, indem die Kaufentscheidung in Abhängigkeit der maximalen Zahlungsbereitschaft der Konsumenten für eine bestimmte Gleichgewichtsnutzermenge modelliert wird (vgl. hierzu auch Wiese 1991). Aus diesen Unterschieden bei der Modellierung im Vergleich zu traditionellen Preis-Absatz-Funktionen resultiert der umgekehrt U-förmige Kurvenverlauf der Rohlfs'schen Nachfragekurve, wobei verschiedene Schnittpunkte von Angebot und Nachfrage denkbar sind. Dieser Sachverhalt lässt sich anschaulich darstellen, indem man eine Ungleichgewichtssituation unterstellt und den Anpassungsprozess betrachtet, bis sich Angebot und Nachfrage treffen (vgl. Rohlfs 1974, S. 28–29).

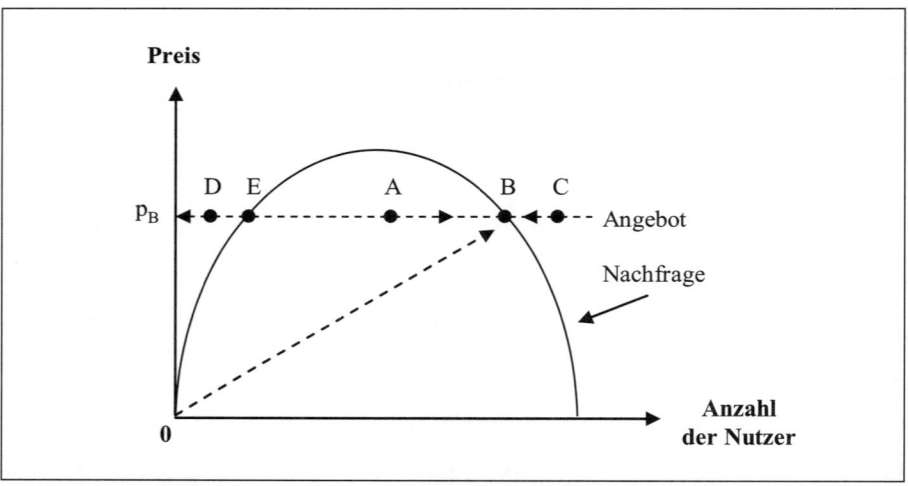

Abb. 106: Rohlfs' Nachfragekurve bei Netzeffektgütern (vgl. Rohlfs 1974, S. 29)

In Abhängigkeit des Ausgangspunkts, von dem der Anpassungsprozess startet, können sich drei verschiedene Gleichgewichte einstellen (vgl. Abb. 106).

- Stellt Punkt A den Ausgangspunkt dar, liegt der tatsächliche Preis unter der Nachfragekurve und somit unterhalb des Gleichgewichtspreises: Sämtliche Konsumenten sind zufrieden und alle Nichtkonsumenten werden aufgrund des niedrigen Preises das jeweilige Gut nachfragen, bis sich ein stabiles Gleichgewicht in Punkt B einstellt, wo Angebot und Nachfrage zusammentreffen.

- Analog dieser Argumentation werden ausgehend von Punkt C einige Nutzer aus dem Netzwerk austreten. Dies gilt auch für Punkt D, allerdings konvergiert der Anpassungsprozess in diesem Fall zum Nullpunkt, der ebenfalls ein stabiles Gleichgewicht darstellt.

- Den interessantesten Punkt stellt schließlich E dar, bei dem genau die kritische Masse erreicht wird und der insofern ein instabiles Gleichgewicht kennzeichnet: Steigt die Nachfrage um eine marginale Einheit, setzt ein Rückkopplungsprozess ein, bis der stabile Gleichgewichtspunkt B erreicht wird. Sinkt die Nachfrage demgegenüber um eine marginale Einheit, konvergiert der Anpassungsprozess zum Nullpunkt.

Aus diesen Ausführungen geht hervor, dass die Preis-Absatz-Funktionen auf Netzeffektmärkten deutliche Unterschiede zu denen auf traditionellen Märkten aufweisen. Diese Unterschiede hängen mit dem Einfluss von Netzeffekten und der damit verbundenen Startproblematik zusammen. Dies führt unmittelbar zu der Frage, welche Gestaltungsmöglichkeiten im Bereich der Preispolitik existieren, um das Startproblem auf Netzeffektmärkten zu überwinden. An dieser Stelle setzt die Auseinandersetzung mit Preisstrategien an.

5.1.3   Preisstrategien auf Märkten mit Netzeffekten

Preisstrategien legen über mehrere Perioden hinweg die Abfolge der Preisentwicklung fest; aufgrund der periodenübergreifenden Betrachtung ist in der Literatur teilweise auch von dynamischen Preisstrategien die Rede (vgl. Schmalen 1995, S. 129). Grundsätzlich spielen solche Strategien in jeder Phase des Produktlebenszyklus eine wichtige Rolle, allerdings wird ihre Bedeutung überwiegend im Zusammenhang der Markteinführung junger und innovativer Produkte betont, „da der Angebotspreis in den Einführungsperioden ganz entscheidenden Einfluss auf die Absatz-, Wettbewerbs-, Kosten- und Gewinnentwicklung in den Folgeperioden nimmt und gleichzeitig gerade in der Einführungsphase häufig ein besonders großer preispolitischer Spielraum existiert" (Diller 1991, S. 192). Im E-Business kann man dabei zwischen drei generischen Preisstrategien differenzieren:

- Skimmingstrategie

- Penetrationspreisstrategie

- Follow the Free

Bei der **Skimmingstrategie** wird in den ersten Jahren der Markteinführung ein hoher Preis angesetzt, den man im Laufe der Zeit absenkt. Dieser Preisverlauf ist typisch für forschungs- und investitionsintensive Produkte, mit denen hohe Entwicklungskosten einhergehen. Sie lassen sich mit hohen Einführungspreisen schneller als über niedrigere Preise amortisieren. Insbesondere bei Produkten mit kurzen Produktlebenszyklen ist das wichtig, um möglichst schnell die Gewinnschwelle zu überschreiten. Ferner hat ein hoher Einführungspreis bei innovativen Produkten eine psychologische Wirkung, da der Preis bei Produkten ohne Vergleichswerte als Qualitätsindikator dient (vgl. Borowicz 2001, S. 116). Schließlich ermöglicht es die Skimmingstrategie, die Zahlungsbereitschaft der Konsumenten im Zeitverlauf graduell abzuschöpfen. Dem liegt die Annahme zugrunde, dass ein bestimmter Anteil der Käufer dazu bereit ist – z. B. aus Prestigegründen –, einen hohen Preis zu entrichten. Erst wenn die Zahlungsbereitschaft dieser Gruppe abgeschöpft ist, kommt es zu einer Preissenkung.

Bei der **Penetrationspreisstrategie** wird zunächst ein niedriger Preis – mitunter sogar unterhalb der Grenzkosten – akzeptiert, um eine schnelle Marktdurchdringung zu erzielen. Solche Preise verwendet man häufig, um potenzielle Konkurrenten vom Markteintritt abzuhalten – in der Industrieökonomik wird ein solches Wettbewerbsverhalten unter dem Schlagwort „limit pricing" diskutiert (vgl. z. B. Minderlein 1990). Die hohe Bedeutung der Penetrationspreisstrategie ist jedoch darin zu sehen, dass sie im besonderen Maße geeignet erscheint, die Startproblematik auf Netzeffektmärkten zu überwinden. Dieser Sachverhalt lässt sich anhand der im vorangegangenen Abschnitt eingeführten Rohlfs'schen Nachfragekurve verdeutlichen (vgl. Abb. 107).

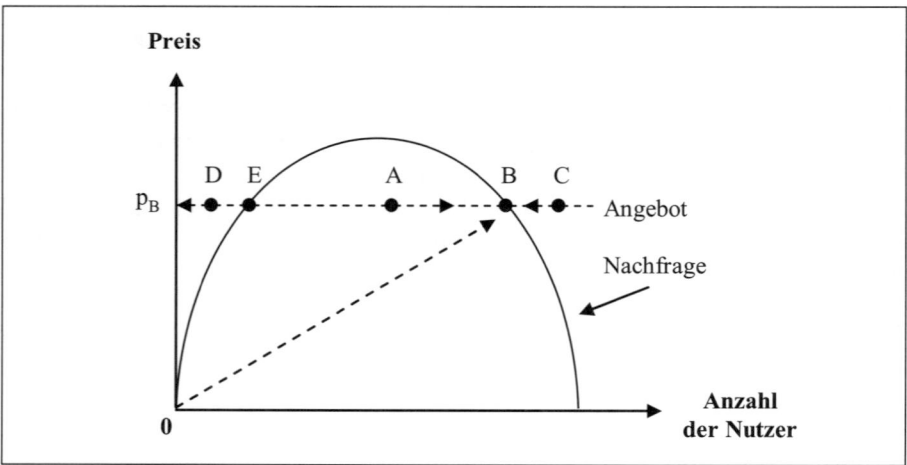

Abb. 107: Preisverlauf bei der Penetrationspreisstrategie (vgl. Rohlfs 1974, S. 29)

Strebt ein Unternehmen langfristig ein Gleichgewicht in Punkt B an, korrespondiert dies mit einem Preis von pB. Um die kritische Masse zu überschreiten, ist es allerdings nicht möglich, diesen Preis bereits zum Zeitpunkt der Markteinführung festzusetzen, da er zunächst über dem Gleichgewichtspreis liegt. Deshalb schlägt Rohlfs eine Penetrationspreisstrategie vor, wobei mitunter sogar ein Preis unterhalb der Grenzkosten akzeptiert werden sollte, um die Konsumenten zur Adoption der Technologie zu bewegen (vgl. 1974, S. 34). Im Zeitverlauf ist es dann möglich, den Preis so lange anzuheben, bis sich der angestrebte Preis (pb) im Gleichgewichtspunkt B eingestellt hat. Dieser Argumentation ist aber hinzuzufügen, dass die Ableitung eines dynamischen Preispfades in einem statischen Modell mit methodischen Problemen behaftet ist. Allerdings wird dieser Zusammenhang auch in dynamischen Modellen bestätigt (vgl. hierzu ausführlicher Maaß 2006).

In Anbetracht dieser Ergebnisse verwundert es nicht, dass man Penetrationspreisstrategien als dominante Preisstrategien auf Netzeffektmärkten erachtet: „For producers of products with significant positive demand externalities, the optimum strategy in these markets is to price low – even below cost – initially and raise price over time as consumer valuation of product benefit increases with the installed base" (Xie/Sirbu 1995, S. 924). Dies gilt sowohl im Monopol (vgl. z. B. Clarke et al. 1982; Cabral et al. 1999) als auch im Fall oligopolistischer Konkurrenz (vgl. z. B. Wiese 1990; Xie/Sirbu 1995). Xie/Sirbu weisen allerdings darauf hin, dass der dabei postulierte Zusammenhang zwischen Preis und kritischer Masse nur bei starken Netzeffekten gilt (vgl. 1995, S. 919–921). Liegen nur schwache Netzeffekte vor, verläuft der Preispfad dagegen wie bei „traditionellen" Produkten (vgl. Abb. 108).

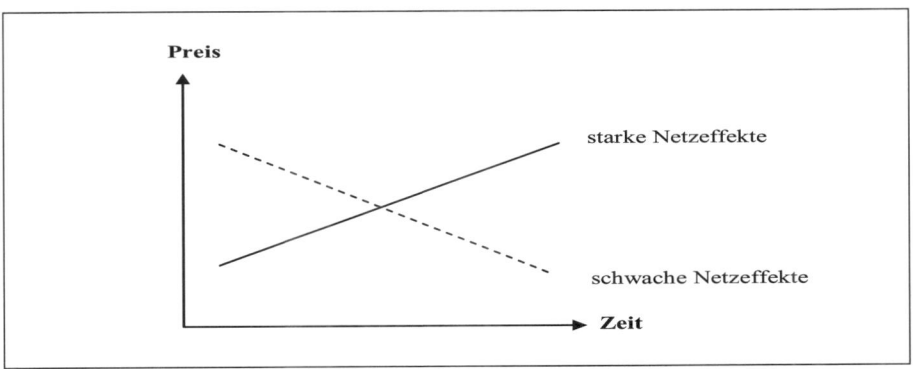

Abb. 108:   Preispfad bei starken und schwachen Netzeffekten (vgl. Xie/Sirbu 1995)

Eine besonders drastische Ausprägungsform von Penetrationspreisen stellt die Strategie „**Follow the Free**" dar, bei der die Leistungen zu einem Preis von null vermarktet werden. Eine solche Strategie kommt im E-Business vor allem dann in Betracht, wenn es sich um digitale Güter handelt, deren Vervielfältigung und Verbreitung zu marginalen Kosten möglich ist. Mit der kostenlosen Abgabe wird dabei das Ziel verfolgt, möglichst schnell die kritische Masse zu überschreiten und einen hohen Marktanteil aufzubauen. Im Gegensatz zur Penetrationspreisstrategie werden Einnahmen aber nur in den seltensten Fällen durch eine Preisanhebung erzielt. Vielmehr sollen sich die Entwicklungskosten der ersten Kopie durch die kostenpflichtige Vermarktung von Updates, bestimmter Zusatzfunktionen oder durch Werbung amortisieren. So eine Strategie verfolgen unter anderem Hersteller von Anti-Viren-Software. Sie nutzen den Umstand aus, dass nahezu täglich neue Viren verbreitet werden. Daraus resultiert für den Anwender die Notwendigkeit, die Anti-Viren-Software fortlaufend zu aktualisieren. Abbildung 109 zeigt den Preisverlauf der hier skizzierten Preisstrategien in graphischer Form.

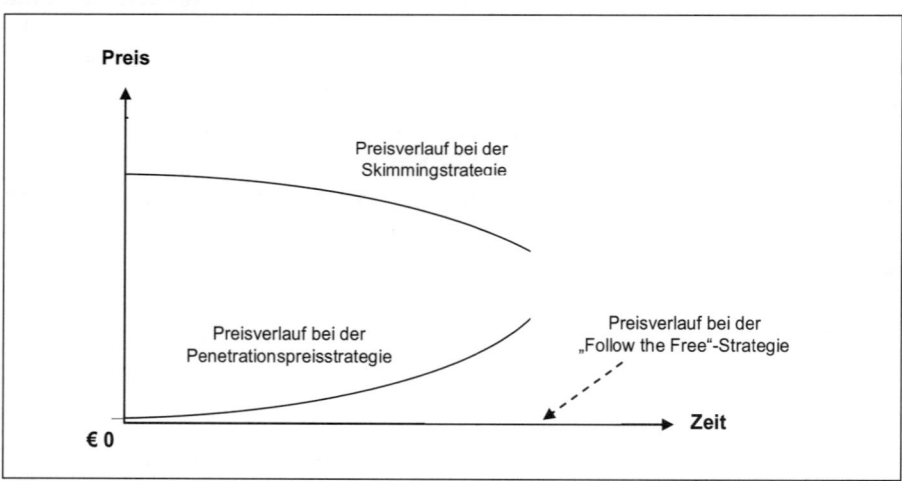

Abb. 109:   Preisverlauf bei den drei generischen Preisstrategien

5.2 Gestaltung statischer und dynamischer Preismodelle

5.2.1 Preisfindung und -gestaltung bei statischen Preismodellen

5.2.1.1 Preisfindung

Mit den im vorangegangenen Kapitel vorgestellten Preisstrategien wird seitens der Unternehmensführung die langfristige Vorgehensweise festgelegt, wie die anvisierten Marktsegmente zu bearbeiten sind. Damit bleibt allerdings noch unklar, wie hoch der Preis letztendlich angesetzt werden sollte. Darin ist aber gerade bei statischen Preismodellen – bei denen die Festlegung der Preise durch den Hersteller bzw. Verkäufer erfolgt – eine zentrale Herausforderung zu sehen: „Bei verkäuferseitig festgelegten Preisen stellt deren optimale Festlegung, insbesondere unter Berücksichtigung der nachfragerseitigen Preisreaktion, den Kern des Planungsproblems dar" (Skiera 2005, S. 291). Im Folgenden werden daher verschiedene Methoden skizziert, auf welchem Wege sich die Höhe der Preise bei statischen Preismodellen bestimmen lässt (vgl. hierzu auch Diller 2000, S. 216–261; Olbrich 2001, S. 129–130; Nieschlag et al. 2002, S. 811–814):

- Kostenorientierte Preisfindung

- Konkurrenzbezogene Preisfindung

- Nachfrageorientierte Preisfindung

Bei der **kostenorientierten Preisfindung** soll der Preis die Voll- bzw. Teilkosten des Unternehmens abdecken, die aus den Daten des Rechnungswesens ermittelt werden. Auf deren Grundlage erfolgt dann eine Zuschlagskalkulation, um eine gewisse Gewinnspanne zu realisieren. Bereits sehr frühzeitig wurde allerdings in der Literatur darauf hingewiesen, dass diese Form der Preisfindung bei Softwareentwicklungsprojekten – und damit im weitesten Sinne auch im E-Business – zu Problemen führt (vgl. Baaken/Launen 1993, S. 151). So werden gerade in diesem Kontext zahlreiche Leistungen zu einem Preis von null abgegeben (vgl. 5.1.3), womit sich die Frage einer derartigen Zuschlagskalkulation überhaupt nicht stellt. Hinzu kommt, dass im Bereich der Aufwandsschätzung für Softwareprojekte keine allgemein akzeptierten Berechnungsverfahren existieren, weshalb man auf verschiedene Schätzmethoden zurückgreifen muss (vgl. hierzu 3.3.3.2). Bei deren Anwendung kommt es mitunter jedoch zu drastischen Abweichungen, sei es aufgrund von Schätzfehlern oder Veränderungen im Wettbewerbsumfeld. Ferner gilt es zu berücksichtigen, dass in der Praxis zahlreiche Unternehmen mehrere Produkte vermarkten. Wird in so einer Situation ausschließlich auf eine kostenorientierte Preisfindung und damit auf ein Produkt abgestellt, geht die Möglichkeit eines preiskalkulatorischen Ausgleichs verloren (vgl. Meffert 2000, S. 509). Die kostenorientierte Preisfindung kommt für Unternehmen im E-Business somit nicht in Betracht.

Bei der **konkurrenzbezogenen Preisfindung** orientiert sich das Unternehmen an den Preisen seiner Konkurrenten. Inwieweit es seine Preise bei dieser Form der Preisfindung autonom festsetzen kann, hängt von der Marktkonstellation (Monopol, Oligopol und Polypol) oder anders formuliert von der Anzahl der Anbieter und Nachfrager ab.

- Im Fall des **Monopols** (ein Anbieter und viele Nachfrager) kann das Unternehmen seine Preise weitestgehend autonom festlegen, da es ein Marktsegment alleine besetzt hat oder die Konkurrenten keine nennenswerten Marktanteile erobern konnten.

- Anders sieht das im **Oligopol** aus (wenige Anbieter und viele Nachfrager), wo das Unternehmen die Reaktionen der Konkurrenten auf die eigenen Preise berücksichtigen muss (vgl. Nieschlag et al. 2002, S. 813; Homburg/Krohmer 2005, S. 609–610). In so einer Situation ist es z. B. denkbar, dass sich die Preise des Unternehmens am durchschnittlich veranschlagten Marktpreis oder am Preisführer des jeweiligen Branchensegments orientieren. Eine solche Anpassung zieht man immer dann in Erwägung, wenn man einem potenziellen Preiskrieg vorbeugen möchte, bei dem sich die Wettbewerber mehrfach in kurzer Abfolge preislich unterbieten, wodurch der Preis auf ein verlustbringendes Niveau absinkt.

- Bei der Marktform des **Polypols** ist der preispolitische Gestaltungsspielraum am geringsten, da hier sehr viele Anbieter miteinander konkurrieren. In dieser Situation lässt sich nicht ohne weiteres ein Preisaufschlag durchsetzen, da die Nachfrager die betreffende Leistung in der Regel zu einem günstigeren Preis von anderen Anbietern beziehen können. Daher erfolgt im Polypol eine Anpassung an die Branchendurchschnittspreise.

Auf den ersten Blick erscheint diese Form der Preisfindung auch im Hinblick auf die Ausgestaltung von Erlösmodellen im E-Business geeignet. So lassen sich z. B. über elektronische Netzwerke oder Preisvergleichportale (z. B. Ciao oder Dooyoo) die Preise der Konkurrenten in Erfahrung bringen (vgl. auch

Fritz 2004, S. 204). So ein Vergleich ist in der Regel jedoch nur bei transaktions-abhängigen und direkten Erlösmodellen ohne größere Probleme möglich. Bei indirekten Erlösformen stößt diese Form der Preisfindung an ihre Grenzen.

Bei der **nachfrageorientierten Preisfindung** wird der Preis in Abhängigkeit der wirksamen Nachfrage für eine bestimmte Leistung ermittelt (vgl. auch Homburg/Krohmer 2005, S. 594). In diesem Zusammenhang spielen z. B. die im vorangegangenen Abschnitt dargestellten Preis-Absatz-Funktionen eine zentrale Rolle, um auf die zukünftige Nachfrage zu schließen (vgl. 1.2). Alternativ kann die Preisfindung auch in Form einer Bewertung des Kundennutzens erfolgen. In diesem Fall orientiert sich der Preis an dem vom Kunden wahrgenommenen Produktnutzen, der sich allerdings nur mit Hilfe umfangreicher Marktforschungsaktivitäten ermitteln lässt. Exemplarisch hierfür sei die Conjoint-Analyse genannt, die aufgrund ihrer hohen methodischen Anforderungen in der Wirtschaftspraxis jedoch nur bedingt Anwendung findet. Wesentlich häufiger sind dynamische Methoden der Preisfindung in der Praxis anzutreffen, die im weiteren Verlauf noch ausführlicher beleuchtet werden (vgl. 5.2.2).

5.2.1.2   Konzeptionelle Grundlagen der Preisdifferenzierung

Im bisherigen Verlauf wurde implizit unterstellt, dass die Hersteller ihre Produkte weltweit zu einheitlichen Preisen vermarkten. Mit dem Verzicht auf Preisdifferenzierung ignoriert man allerdings, dass die Konsumenten in der Regel unterschiedliche Präferenzen für bestimmte Produkte haben und dementsprechend auch dazu bereit sind, unterschiedlich viel dafür zu bezahlen. Im Rahmen der Preisdifferenzierung geht es vor diesem Hintergrund darum, die unterschiedliche Zahlungsbereitschaft der Konsumenten gezielt abzuschöpfen, indem ein gleiches oder nur geringfügig verändertes Produkt zu unterschiedlichen Preisen vermarktet wird (vgl. Fassnacht 2003, S. 485). Eine solche Form der Marktbearbeitung setzt allerdings voraus, dass

- die Nachfrager in mindestens zwei Segmente unterteilt und diese getrennt voneinander bearbeitet werden können,

- nur begrenzt Arbitragemöglichkeiten zwischen diesen Segmenten bestehen und

- ein Unternehmen über einen gewissen monopolistischen Preissetzungsspielraum verfügt, um Preisdifferenzierung betreiben zu können (vgl. Meffert 2000, S. 555; Fassnacht 2003, S. 487–488).

Die Segmentierung des Marktes kann anhand unterschiedlicher Kriterien erfolgen, exemplarisch sei die Preisdifferenzierung nach Regionen genannt. Unabhängig von dem Kriterium, anhand dessen die Preisdifferenzierung letztendlich erfolgt, ist die Funktionsweise dieses preispolitischen Instruments jedoch immer gleich: Durch eine gezielte Preissetzung soll ein größerer Teil der Konsumentenrente als bei einem Einheitspreis abgeschöpft und dementsprechend der Gewinn gesteigert werden. Diesen Sachverhalt illustriert Abb. 110 anhand einer traditionellen Preis-Absatz-Funktion.

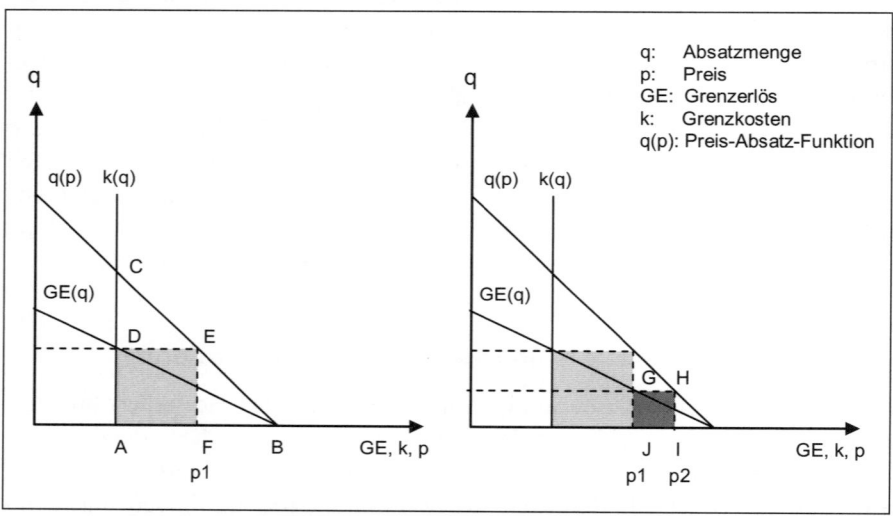

Abb. 110:   Klassisches Modell der Preisdifferenzierung (vgl. Fassnacht 2003, S. 489)

Das **linke Bild** stellt den Gewinn eines Unternehmens dar, das auf die Möglichkeit der Preisdifferenzierung verzichtet, wobei eine lineare Preis-Absatz-Funktion, konstante Grenzkosten und eine Monopolsituation unterstellt werden. Das Dreieck ABC kennzeichnet in dieser Situation das maximale Gewinnpotenzial. Ein Monopolist maximiert vor diesem Hintergrund seinen Gewinn, wenn der Grenzerlös den Grenzkosten entspricht – hiermit korrespondieren ein Preis von p1 und eine Absatzmenge von q1. Aus dieser Preis-Mengen-Kombination resultiert ein Gewinn in Höhe der Fläche AFED, und die Konsumentenrente, die der Differenz zwischen der maximalen Zahlungsbereitschaft (ABC) des Kunden und dem tatsächlich bezahlten Preis (p1) entspricht, beträgt ABC - AFED.

Das **rechte Bild** illustriert demgegenüber den Sachverhalt der Preisdifferenzierung. In diesem Fall kann das Unternehmen einen Gewinnanstieg in Höhe der

Fläche GHIJ realisieren. Dieser Gewinnanstieg resultiert daher, dass ausgehend von einem Einheitspreis die Konsumenten gezielter angesprochen und dadurch neue Käuferschichten erschlossen werden (vgl. Meffert 2000, S. 550). Mit einer höheren Segmentanzahl ist es theoretisch sogar möglich, die gesamte Konsumentenrente abzuschöpfen. In der Praxis stehen dem allerdings die zunehmenden Kosten der Marktsegmentierung entgegen, die ab einer bestimmten Segmentanzahl den aus der Preisdifferenzierung resultierenden Gewinnanstieg übersteigen.

Vor diesem Hintergrund werden in der Literatur und Praxis verschiedene Kriterien diskutiert, anhand deren eine Preisdifferenzierung erfolgen kann. Sie lassen sich in zwei Gruppen zusammenfassen:

- Preisdifferenzierung ohne Selbstselektion (vgl. 5.2.1.3)
- Preisdifferenzierung mit Selbstselektion (vgl. 5.2.1.4)

5.2.1.3   Preisdifferenzierung ohne Selbstselektion

Bei der Preisdifferenzierung ohne Selbstselektion werden die Kunden vom Anbieter in verschiedene Segmente aufgeteilt, denen man dann unterschiedliche Preise anbietet. Ein konkretes Beispiel hierfür stellt die **räumliche Preisdifferenzierung** dar, bei der in unterschiedlichen Ländern, Regionen oder Städten verschiedene Preise angesetzt werden. Problematisch bei dieser Form der Preisdifferenzierung ist jedoch der Umstand, dass sich digitale Inhalte relativ unkompliziert vervielfältigen und über das Internet verbreiten lassen. Damit stellt sich die Frage, wie Unternehmen Arbitragemöglichkeiten zwischen den verschiedenen Marktsegmenten unterbinden können. Diesbezüglich sind im E-Business drei Ansatzpunkte denkbar:

- Erstens ist es möglich, eine regionale Preisdifferenzierung durch eine leistungsbezogene Produktdifferenzierung zu begleiten. Der Anreiz zur Arbitrage wird dann durch die geringere Funktionalität des günstigeren Produktes gemindert. Bei einem verminderten Funktionsumfang besteht mitunter jedoch die Gefahr, dass seitens der Konsumenten nur noch ein geringes Interesse an dem betreffenden Produkt besteht.

- Zweitens ist die Möglichkeit gegeben, die Anwendung an die jeweilige Landessprache anzupassen. In diesem Fall wirken Sprachbarrieren einer Arbitrage entgegen. Eine solche Form der Preisdifferenzierung verfolgt z. B. das

Unternehmen Microsoft bei der Vermarktung seiner Betriebssystemsoftware, die vor allen in Asien in angepassten Länderversionen zu geringeren Preisen als in den Vereinigten Staaten oder Westeuropa vermarktet wird.

- Drittens stehen mit der Entwicklung so genannter Digital-Rights-Management-Systeme mittlerweile technische Mittel zur Verfügung, um der unkontrollierten Verbreitung und damit dem Entstehen von grauen Märkten entgegenzuwirken.

Zu der Preisdifferenzierung ohne Selbstselektion zählt neben der räumlichen auch die **personenbezogene Preisdifferenzierung**. Anfang des neuen Jahrtausends hat man ihr jedoch nur eine geringe Bedeutung beigemessen. So vertrat man die Meinung, dass sich die einzelnen Kunden nur schwer voneinander abgrenzen lassen und hohe Kontrollkosten entstehen, um die Gruppenzugehörigkeit einzelner Personen zu überprüfen (vgl. Wirtz 2001, S. 237; Skiera 2001, S. 103). Über die letzten Jahre hinweg hat sich diese Situation jedoch deutlich gewandelt. Vielmehr muss konstatiert werden, dass die Personalisierung gerade im E-Business immer mehr an Bedeutung gewinnt. Exemplarisch sei hier auf das Online-Angebot von Amazon hingewiesen. Hier werden den Kunden aufgrund ihrer vorangegangenen Käufe unter anderem individuelle Vorschläge für neue Produkte unterbreitet.

5.2.1.4 Preisdifferenzierung mit Selbstselektion

Bei der Preisdifferenzierung mit Selbstselektion wird ein mehr oder weniger identisches Produkt mit unterschiedlichen Preisen vermarktet und die Kunden können zwischen den verschiedenen Angeboten wählen. Auch hier existieren verschiedene Ausprägungsformen, wie z. B. die

- zeitbezogene Preisdifferenzierung,

- mengenbezogene Preisdifferenzierung und

- leistungsbezogene Preisdifferenzierung.

Von **zeitlicher Preisdifferenzierung** ist die Rede, wenn für identische Leistungen in Abhängigkeit der Zeit unterschiedliche Preise gefordert werden. Ein typisches Beispiel hierfür liefern Internetprovider, die die Zugangskosten je nach Tageszeit differenzieren (vgl. Skiera 2001). Dabei wird implizit die Existenz von Kundengruppen unterstellt, die für die Internetnutzung zu einem bestimmten Zeitpunkt eine besonders hohe Zahlungsbereitschaft aufweisen.

Dies gilt z. B. für Unternehmen, die nur bedingt auf günstige Nachttarife ausweichen können. Ein weiteres Beispiel für die Umsetzung einer zeitlichen Preisdifferenzierung ist in der Regel auch bei zahlreichen E-Commerce-Händlern anzutreffen, die dem Kunden gegen einen Aufpreis eine besonders schnelle Zustellung der Lieferung zusichern. Während die reguläre Bestellzeit im Versandhandel zwischen zwei und vier Tagen liegt, kann der Kunde gegen einen Aufpreis mit einer Lieferung innerhalb der nächsten 24 Stunden nach (ex post) der Bestellung rechnen.

Bei der **mengenbezogenen Preisdifferenzierung** wird der Preis in Abhängigkeit des Kaufvolumens festgelegt. Die bekannteste Form dieser Art der Preisdifferenzierung ist der Mengenrabatt, bei dem je nach Absatzmenge ein Preisabschlag gewährt wird. Dabei kann man zwischen einem durchgerechneten und angestoßenen Mengenrabatt differenzieren (vgl. Diller 2000, S. 313–314; Büschken 2003, S. 528). Bei Ersterem werden für größere Abnahmemengen höhere Rabattsätze gewährt, d. h., mit steigender Abnahmemenge sinkt der Durchschnittspreis. Bei Letzterem gilt der Rabatt demgegenüber nur für fest definierte Intervalle (vgl. Büschken 2003, S. 528).

Schließlich besteht die Möglichkeit, aufgrund der Vermarktung von verschiedenen Produktvarianten unterschiedliche Preise durchzusetzen. Diese Vorgehensweise bezeichnet man als **leistungsbezogene Preisdifferenzierung**, wobei in der Marketingliteratur zahlreiche Ansatzpunkte diskutiert werden, um zwei Produkte voneinander abzugrenzen (vgl. z. B. Steffenhangen 2004, S. 130–134). Oftmals geschieht das anhand der ästhetischen oder symbolischen Produkteigenschaften (vgl. Homburg/Krohmer 2003, S. 508–511). Bezogen auf den E-Business-Bereich ist jedoch davon auszugehen, dass solche Eigenschaften nur bedingt eine Rolle spielen und die Funktionalität der Anwendungen im Vordergrund steht. Ein Ansatz zur Differenzierung von Produkten, bei denen die funktionalen Eigenschaften im Vordergrund stehen, ist in der Entwicklung eines Modulsystems zu sehen (vgl. hierzu Meffert 2000, S. 440). Bei einem solchen System werden die technischen Eigenschaften des Produktes analysiert und in Muss- und Kann-Funktionen untergliedert. Erstgenannte beschreiben die Grundfunktionen des Produktes, die in jeder Version implementiert werden. Kann-Funktionen bieten demgegenüber einen Zusatznutzen, der sich beispielsweise auf die Anpassung der Software an die Besonderheiten einer bestimmten Branche beziehen kann. Von einer solchen Vorgehensweise profitiert das Unternehmen mitunter auch in Form eines so genannten Partizipationseffekts (vgl. hierzu Herrmann 1998, S. 538). Damit ist gemeint, dass sich durch die Zusatzfunktion(en) teilweise auch neue Nachfrageschichten erschließen lassen, die das Produkt in seiner Grundausstattung nicht erworben hätten.

5.2.1.5   Preisbündelung

Bei der Preisbündelung geht es um die Frage, ob ein Unternehmen verschiedene Produkte bzw. Systemkomponenten separat anbietet oder diese zu Paketen zusammenfasst, für die es dann einen Gesamtpreis ansetzt. Analog der Preisdifferenzierung liegt der Grundgedanke einer solchen Preispolitik darin, die Konsumentenrente gezielter abzuschöpfen als bei einer separaten Vermarktung der Produkte (vgl. Adams/Yellen 1976, S. 476). Immer wieder wird als Beispiel für eine erfolgreiche Umsetzung einer solchen Preispolitik das Unternehmen Microsoft genannt, das seine Vormachtstellung im Bereich der Betriebssystem- und Bürosoftware unter anderem dadurch ausbaute, dass es bislang separat vermarktete Komponenten – wie z. B. im Bereich der Textverarbeitung und Tabellenkalkulation – in Form eines Bündels anbot (vgl. hierzu ausführlicher Maaß 2006). Im alltäglichen Leben stößt man auf so eine Form der Preispolitik auch bei Unternehmen wie McDonalds, die so genannte Sparmenüs zusammenstellen, wodurch der Kunde im Vergleich zur Summe der Einzelprodukte zwischen 15 und 20 Prozent spart. Das Interessante bei dieser Form der Preispolitik ist nun darin zu sehen, dass damit gleichzeitig ein Gewinnanstieg für das Unternehmen einhergehen kann. Dieser Sachverhalt wird im Folgenden anhand eines Zahlenbeispiels illustriert. Dabei werden fünf Konsumenten betrachtet, deren Zahlungsbereitschaft für die Produkte A und B sowie das Bündel A + B in Abb. 111 angegeben ist.

Nachfrager	Maximalpreise		
	Produkt A	Produkt B	Bündel A + B
1	6	1	7
2	2	5	7
3	5	4	9
4	3	2,5	5,5
5	2,4	1,8	4,2

Abb. 111: Zahlungsbereitschaft der Konsumenten (vgl. Simon 1992, S. 446)

Abstrahiert man von variablen Stückkosten, maximiert ein Hersteller im Fall der Einzelpreisgestaltung seinen Gewinn, wenn er den Preis von Produkt A (B) auf 5 (4) festsetzt – diesen Sachverhalt stellt das **linke Bild** in Abbildung 112 dar. Zu diesen Preisen kann das Unternehmen insgesamt 10 Einheiten von Produkt A und 8 Einheiten von Produkt B absetzen, woraus ein Gewinn von 18 Geldeinheiten (GE) resultiert. Insgesamt existieren in dieser Situation vier Marktsegmente, denen sich die Konsumenten in Abhängigkeit ihrer Kaufentscheidung wie folgt zuordnen lassen:

- Segment 1: Nur Produkt A wird erworben (Nachfrager 1)

- Segment 2: Nur Produkt B wird erworben (Nachfrager 2)

- Segment 3: Produkt A und B werden erworben (Nachfrager 3)

- Segment 4: Kein Produkt wird erworben (Nachfrager 4 und 5)

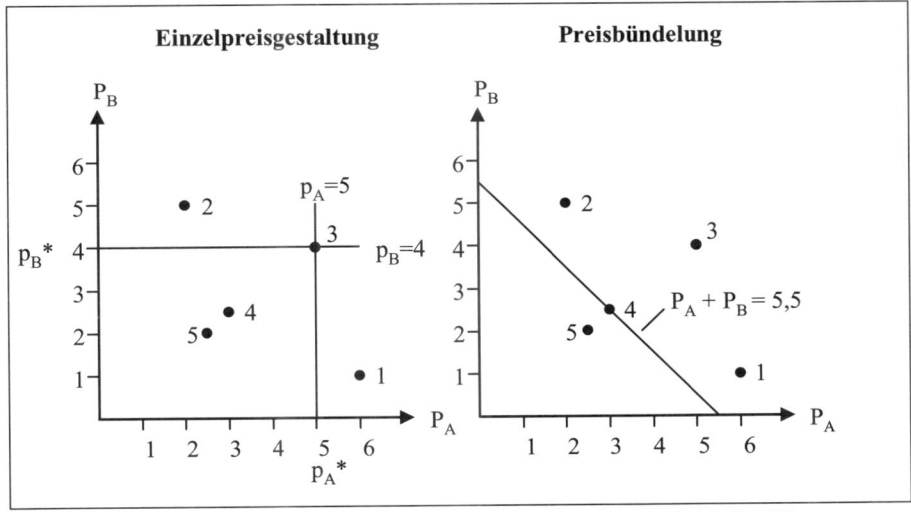

Abb. 112:   Einzelpreisgestaltung vs. Preisbündelung (vgl. Simon 1998, S. 133)

Im **rechten Bild** ist der Sachverhalt eingezeichnet, wenn das Unternehmen die Produkte ausschließlich als Bündel vermarktet (vgl. Abb. 112). In diesem Fall existieren lediglich zwei Marktsegmente: Käufer (Nachfrager 1, 2, 3, 4) und Nichtkäufer (Nachfrager 5), und der Gewinn fällt mit 22 GE deutlich höher als bei der Einzelpreisgestaltung (18 GE) aus. Auf den ersten Blick erstaunt dieses Ergebnis, da der Bündelpreis (5,5 GE) mitunter deutlich unter der Summe der Einzelpreise liegt (vgl. Abb. 111). Dieser Sachverhalt lässt sich jedoch relativ leicht erklären: Der zusätzliche Gewinn entspricht der Konsumentenrente, die durch die Preisbündelung – im Vergleich zur Einzelpreisgestaltung – zusätzlich abgeschöpft wird (vgl. für ein Rechenbeispiel Simon 1998, S. 134–135). Beispielsweise realisiert Nachfrager 1 bei der Einzelpreisgestaltung eine Konsumentenrente in Höhe von 1, da er lediglich 5 GE für Produkt A entrichten musste, seine Zahlungsbereitschaft jedoch 6 GE beträgt. Im Fall der Preisbündelung kann diese nicht abgeschöpfte Zahlungsbereitschaft auf das Preisbündel übertragen werden.

Eine weitere Gewinnsteigerung lässt sich in Form einer **gemischten Preisbündelung** realisieren, bei der die Produkte sowohl als Bündel als auch separat vermarktet werden (vgl. Abb. 113). Auf diese Weise ist es möglich, auch Nachfrager 5 zum Kauf zu bewegen und den Gewinn von 22 GE auf 24,4 GE zu steigern, indem das Unternehmen den Einzelpreis von Produkt A (B) auf 2,4 (4) GE festsetzt. Neben den Käufern des Bündels werden in diesem Fall auch sämtliche Konsumenten des Dreiecks X (Y) zu Käufern von Produkt A (B).

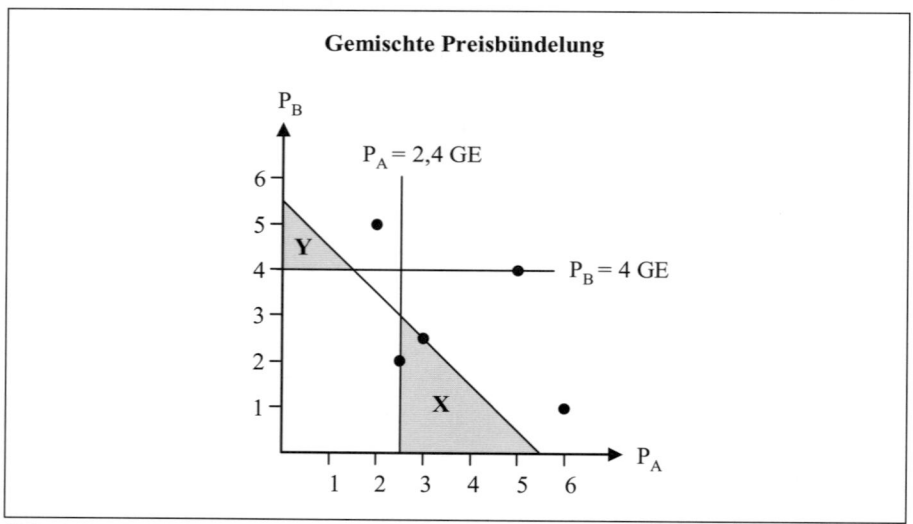

Abb. 113:   Gemischte Preisbündelung (vgl. Simon 1992, S. 449)

Diesen theoretischen Ausführungen ist allerdings hinzuzufügen, dass die Vorteilhaftigkeit der Einzelpreisgestaltung gegenüber der reinen oder gemischten Preisbündelung in der Praxis nicht generell bestimmt werden kann. Es lassen sich lediglich Tendenzaussagen ableiten, welche Voraussetzungen erfüllt sein müssen und unter welchen Umständen die eine oder andere Form der Preisbündelung von Vorteil ist (vgl. Adams/Yellen 1976, S. 478–490):

- Die **Einzelpreisgestaltung** ist zu empfehlen, wenn die Konsumenten lediglich an einem Produkt interessiert sind und dem anderen keine Bedeutung beimessen.

- Eine **reine Produktbündelung** ist von Vorteil, wenn die Produktkombination von den Abnehmern als besonderer Vorteil wahrgenommen und somit beiden Produkten ein hoher Nutzen beigemessen wird.

- Die **gemischte Preisbündelung** bietet sich bei einer heterogenen Nachfrage an. In diesem Fall lassen sich sowohl Konsumenten identifizieren, die lediglich ein bestimmtes Einzelprodukt erwerben, als auch solche, die das Bündel bevorzugen.

Der praktischen Umsetzung dieser Form der Preispolitik stehen jedoch oftmals **kartellrechtliche Probleme** entgegen, da durch die Preisbündelung Wettbewerber behindert und die Auswahlmöglichkeiten von Vertragspartnern möglicherweise beschränkt werden (vgl. Lehmann 1990, S. 703). Die Monopolkommission sieht diese Gefahr aufgrund der starken Netzeffekte insbesondere im IT-Bereich gegeben (vgl. Monopolkommission 2002, S. 40). Damit ist die Möglichkeit einer Preisbündelung jedoch nicht grundsätzlich ausgeschlossen: So sind z. B. keine kartellrechtlichen Probleme zu erwarten, wenn die Produkte mit dem Ziel einer kundenspezifischen Gesamtlösung vermarktet werden (vgl. Moritz 2004, S. 323). Zu Problemen kommt es in der Regel nur dann, wenn es sich um standardisierte Produkte handelt, die für den anonymen Markt konzipiert werden. In so einer Situation fällt es in der Regel schwer, einen kundenspezifischen Grund für die Kopplung der Produkte nachzuweisen. Vor diesem Hintergrund ist z. B. auch das im Jahr 2004 gegen Microsoft verhängte Rekordbußgeld durch die Europäische Kommission in Höhe von 497,3 Millionen Euro zu sehen. So hatte die Kommission beanstandet, dass Microsoft durch die kostenlose Kopplung des Media Players an das Betriebssystem konkurrierende Anbieter derartiger Abspielsoftware behindere (vgl. Kuri 2005). Zu so einem Problem wäre es bei einem gemischten Koppelgeschäft hingegen nicht gekommen. In diesem Fall „sind die Vertragspartner jederzeit frei, im Wege einer einzelvertraglichen Vereinbarung ihre Abmachungen bezüglich verschiedener Vertragsgegenstände (Hardware, Betriebssystem, Anwendungssoftware) zu einem einheitlichen Geschäft zu verbinden" (Sucker 1989, S. 473).

Neben der Bündelung als solcher gilt es auch zu beachten, dass die **Höhe des Bündelpreises** im Vergleich zu den jeweiligen Einzelpreisen kritisch begutachtet wird. Ein Problem kann sich hierbei ergeben, wenn man den Preis des Produktbündels unterhalb der Summe der Einzelpreise ansetzt. Grundsätzlich wird eine derartige Preisgestaltung aber nicht von vornherein als missbräuchlich bewertet (vgl. Moritz 2004, S. 324). Unter welchen Umständen darin eine Wettbewerbsbehinderung zu sehen ist, beurteilt sich nach Art. 82 EG-Vertrag. Dieser soll verhindern, dass ein marktbeherrschendes Unternehmen den Wettbewerb noch weiter zu seinen Gunsten beeinflusst. Eine marktbeherrschende Stellung wird dann unterstellt, wenn ein Unternehmen keinem Wettbewerb ausgesetzt ist oder im Verhältnis zu seinen Konkurrenten eine überragende Marktstellung hat; diese resultiert aus seinem Marktanteil (vgl. Bunte 2003, S. 265–266). Sie wird dann unterstellt, wenn ein Unternehmen einen Marktanteil von mindestens einem Drittel hält; im Fall eines Oligopols ist eine solche Stellung gegeben, wenn bis zu drei (fünf) Unternehmen zusammen einen Marktanteil von mehr als 50 (66) Prozent haben. Inwieweit ein Bündelpreis unterhalb der Summe der Einzelpreise angesetzt werden kann, beurteilt sich somit stets vor dem Hintergrund der unternehmensspezifischen Situation.

5.2.2   Preisfindung und Gestaltung bei dynamischen Preismodellen

5.2.2.1   Auktionen als Preisfindungsmechanismus

Unter einer Auktion versteht man eine besondere Form der Preisermittlung, bei der sowohl Verkäufer als auch Käufer den Preis beeinflussen. Darin ist ein grundlegender Unterschied zu den im vorangegangenen Abschnitt skizzierten statischen Preismodellen zu sehen, bei denen die Preisfestsetzung ausschließlich durch den Verkäufer erfolgte (vgl. auch Skiera et al. 2005, S. 292). Die wechselseitige Beziehung zwischen Käufer und Verkäufer wird dabei durch einen so genannten Auktionsmechanismus geregelt. Er legt fest, nach welchen Regeln die Auktion abläuft und welches der abgegebenen Gebote letztendlich den Zuschlag erhält. Auf diesem Wege lässt sich aufdecken, welche Marktteilnehmer zu welchen Preisen gewillt sind das Auktionsobjekt zu erwerben (vgl. McAfee/McMillan 1987). Aufgrund dieses Funktionsprinzips tragen Auktionen zum Abbau von Informationsasymmetrien zwischen Käufer und Verkäufer und den damit verbundenen Problemen im Zuge der Preisermittlung bei (vgl. auch Goldmann 2005, S. 19). Diese Probleme sind darin zu sehen, dass der Verkäufer in der Regel nicht dazu imstande ist, die Zahlungsbereitschaft seiner Käufer genau einzuschätzen. Aufgrund dessen besteht stets die Gefahr, einen zu hohen Preis anzusetzen, bei dem die Produkte nicht mehr veräußert werden können.

Dieses Problem besteht bei niedrigen Preisen zwar nicht. In diesem Fall verzichtet der Verkäufer jedoch auf potenzielle Einnahmen, da er die Konsumentenrente seiner Kunden nicht vollständig abschöpft. Der potenzielle Käufer hingegen kennt seine individuelle Zahlungsbereitschaft und mit einer Auktion lässt sich nun in Erfahrung bringen, welchen Wert beide Parteien dem jeweiligen Gut beimessen. Dem ist aber hinzuzufügen, dass sich Auktionen nicht pauschal für jedes Produkt eignen. Bei handelsüblichen Waren können Verkäufer mit Auktionen nur in den seltensten Fällen überdurchschnittliche Einnahmen erzielen, da bei solchen Produkten ohnehin eine gewisse Preistransparenz gegeben ist. Nicht zuletzt aus diesem Grund werden Auktionen vor allem dazu genutzt, rare, gebrauchte oder einzigartige Güter zu veräußern, da hier keine etablierten Vergleichspreise vorliegen (vgl. Laudon/Traver 2007, S. 762–763).

Bis zu diesem Punkt unterscheiden sich Internetauktionen nicht von traditionellen. Bei genauerer Betrachtung fallen jedoch deutliche Unterschiede auf, die sich zu vier zentralen Punkten zusammenfassen lassen:

- Internetauktionen lassen sich auf Basis elektronischer Netzwerke wesentlich einfacher und kostengünstiger als traditionelle initiieren, da die Auktionsteilnehmer nicht an einem bestimmten Ort und Zeitpunkt zusammentreffen müssen (vgl. auch Picot et al. 2003, S. 345).

- Aufgrund der multimedialen Abwicklung ist es im Gegensatz zu Auktionen in der physischen Welt weder für das Auktionshaus noch für die potenziellen Käufer möglich, die Ware im Vorfeld der Versteigerung persönlich zu begutachten. Vielmehr sind die Käufer darauf angewiesen, dass die Verkäufer die angebotenen Objekte möglichst exakt beschreiben und präsentieren. Im Vergleich zu herkömmlichen Auktionshäusern, bei denen durch den Einbezug von Gutachtern und Experten ein mehr oder weniger objektiver Vergleich zu Marktstandards sichergestellt wird, unterliegen die Beschreibungen der Verkäufer im Internet jedoch häufig subjektiven Einflüssen.

- Bei Internetauktionen müssen Reklamationen oder Probleme im Zuge der Zahlungsabwicklung in der Regel bilateral zwischen Käufer und Verkäufer geregelt werden. Damit übernehmen sowohl Käufer als auch Verkäufer Aufgaben, für deren treuhänderische Abwicklung in der Vergangenheit die Auktionshäuser eingetreten sind.

- Die Auktionsdauer kann im Internet mitunter mehrere Wochen betragen und wird zu einem bestimmten Zeitpunkt beendet. Demgegenüber laufen herkömmliche Auktionen in der Regel nur wenige Minuten und enden mit dem höchsten Gebot.

5.2.2.2   Charakterisierung verschiedener Auktionstypen

In Theorie und Praxis wurden über die letzten Jahre hinweg verschiedene Auktionstypen charakterisiert. Zu deren Systematisierung wird im weiteren Verlauf auf die folgenden Merkmale abgestellt (vgl. ähnlich Steinbrecher 2001):

- Erstens gilt es aufzuzeigen, ob die Auktion mit einem Mindest- oder Höchstpreis startet (Höhe des Startgebots).

- Zweitens ist es wichtig, darauf einzugehen, wie viele Gebote bei der jeweiligen Auktion erlaubt sind.

- Drittens soll herausgearbeitet werden, inwieweit sich die Bieter strategisch verhalten können, um ein möglichst optimales Ergebnis zu erzielen.

- Viertens wird aufgezeigt, ob die Abgabe der Gebote offen oder verdeckt erfolgt.

Anhand dieser Merkmale werden im Folgenden die vier bekanntesten Auktionstypen charakterisiert (vgl. auch Abb. 114):

- Englische Auktion

- Holländische Auktion

- Geheime Höchstpreisauktion

- Vickrey-Auktion

Bei der **englischen Auktion** handelt es sich um den bekanntesten Auktionstyp, der mit der Festlegung eines Mindestpreises beginnt (vgl. Picot et al. 2003, S. 345). Im Auktionsverlauf können die Bieter mehrfach offen bieten, wobei den Zuschlag derjenige mit dem höchsten Angebot erhält. Solche Auktionen enden in der Regel nach Ablauf einer zeitlichen Frist, die es im Vorfeld zu kommunizieren gilt. Alternativ kann die Auktion aber auch dann enden, wenn über eine bestimmte Zeitspanne hinweg kein weiteres Angebot mehr abgegeben wurde. Die optimale Strategie beim Bieten ist bei der englischen Auktion darin zu sehen, nur so lange die Gebote zu erhöhen, bis der Preis die individuelle Zahlungsbereitschaft erreicht. Übersteigt sie den Endpreis der Auktion, realisiert der Bieter eine Konsumentenrente, also die Differenz zwischen der individuellen Zahlungsbereitschaft und dem tatsächlich zu entrichtenden Preis.

Die **holländische Auktion** ähnelt von ihrem Ablauf her der englischen. Allerdings wird hier nicht ein Mindest-, sondern ein Höchstpreis angesetzt. Im Zuge des Auktionsverlaufs wird er so lange gesenkt, bis sich ein Käufer gefunden hat: Der erste Bieter erhält somit den Zuschlag. Damit stellt sich für den Käufer die entscheidende Frage, zu welchem Zeitpunkt er sein Angebot abgibt. Grundsätzlich kommt hier eine nicht-strategische und strategische Vorgehensweise in Betracht. Im erstgenannten Fall gibt der Bieter sein Gebot zu dem Zeitpunkt ab, an dem der Preis kleiner oder gleich seiner Zahlungsbereitschaft ausfällt. Handelt der Käufer hingegen strategisch, wird das Gebot vor dem erwarteten Gebot der anderen Auktionsteilnehmer abgegeben. In so einer Situation kann es jedoch zu einer Reduktion der Konsumentenrente beim Gewinn der Auktion kommen: Erwartet ein Bieter, dass andere Auktionsteilnehmer zu einem höheren Preis als er selbst dazu bereit sind, ein Gebot zu entrichten, muss er diese Reduktion in Kauf nehmen, um die Auktion zu gewinnen bzw. seine Gewinnwahrscheinlichkeit zu erhöhen (vgl. auch Lipczynski et al. 2005, S. 403).

Bei der **geheimen Höchstpreisauktion** erhält der Anbieter mit dem höchsten Gebot den Zuschlag. Das Besondere bei diesem Auktionstyp ist jedoch darin zu sehen, dass die Bieter nur ein einziges und geheimes Gebot abgeben. Ähnlich wie bei der holländischen Auktion kann der Bieter hierbei strategisch oder nicht strategisch vorgehen. Im Hinblick auf ihren Verbreitungsgrad muss allerdings diagnostiziert werden, dass dieser Auktionstyp im E-Business kaum von Bedeutung ist. Teilweise wird dieser Auktionstyp bei Immobilien oder Industrieprodukten genutzt (vgl. Meier/Stormer 2007).

Die **Vickrey-Auktion** ist äquivalent zur geheimen Höchstpreisauktion. Sie unterscheidet sich lediglich in der Hinsicht, dass der Auktionsgewinner nicht den Höchstpreis, sondern den Preis des zweithöchsten Gebots entrichten muss (vgl. Picot et al. 2003, S. 347). Die optimale Bieterstrategie besteht bei diesem Auktionstyp darin, ein Gebot in Höhe seiner Zahlungsbereitschaft abzugeben. Ein darüber hinausgehendes Gebot könnte für den Bieter zur Folge haben, dass er die Auktion gewinnt und der zweithöchste Preis dann immer noch über seiner Zahlungsbereitschaft liegt. Analog dazu kann es bei einem zu niedrigen Gebot dazu kommen, dass der Bieter die Auktion verliert, obwohl er seine maximale Zahlungsbereitschaft noch nicht ausgeschöpft hat.

Merkmal	Englische Auktion	Holländische Auktion	Höchstpreisauktion	VickreyAuktion
Höhe des Startgebots	Mindestpreis (der Preis steigt im Auktionsverlauf)	Höchstpreis (der Preis sinkt im Auktionsverlauf)	Mindestpreis (der Preis steigt im Auktionsverlauf)	Mindestpreis (der Preis steigt im Auktionsverlauf)
Anzahl der erlaubten Gebote	beliebig viele (das höchste Gebot gewinnt)	ein Gebot (der erste Bieter erhält den Zuschlag)	ein Gebot (das höchste Gebot gewinnt)	ein Gebot (das höchste Gebot gewinnt)
Offene vs. geheime Gebote	offen	Offen	geheim	Geheim
Strategisches Verhalten	Gebote in Höhe der individuellen Zahlungsbereitschaft	Bei strategischem Verhalten besteht die Gefahr, dass die Konsumentenrente reduziert wird	Bei strategischem Verhalten besteht die Gefahr, dass die Auktion aufgrund eines zu niedrigen Angebots nicht gewonnen wird	Gebote in Höhe der individuellen Zahlungsbereitschaft

Abb. 114: **Vergleich verschiedener Auktionstypen**

Neben den hier skizzierten Auktionstypen ist es wichtig, abschließend auf so genannte **Reverse Auctions** einzugehen (vgl. Graf/Gründer 2003, S. 120–121; Spann et al. 2005; Arnold/Schnabel 2007), die teilweise auch als Reverse Pricing bezeichnet werden (vgl. Bernhardt et al. 2005, S. 105). Streng genommen handelt es sich dabei aber nicht um eine Auktion im eigentlichen Sinne, sondern vielmehr um eine Ausschreibung. Im Gegensatz zu herkömmlichen Auktionen spezifiziert der Nachfrager die Leistung, um deren Erbringung mehrere Anbieter konkurrieren. Den Zuschlag erhält das Unternehmen, das die Leistung zum niedrigsten Preis anbietet

5.3 Zahlungsverfahren im E-Business

5.3.1 Überblick

Die Auseinandersetzung mit Erlös- und Preismodellen im E-Business umfasst nicht nur Themen wie die Preisbestimmung und -gestaltung. So gilt es auch eine Entscheidung darüber zu treffen, welche Zahlungsverfahren man zur Umsetzung der auf konzeptioneller Ebene angestellten Überlegungen implementiert. In Anlehnung an das Bundesamt für Sicherheit in der Informationstechnik wird dabei zwischen originären und abgeleiteten Zahlungsverfahren differenziert (vgl. Abb. 115), die zu diesem Zweck in Betracht kommen. **Originäre Zahlungsverfahren** greifen zur Abwicklung des Zahlungsvorgangs unmittelbar auf die im Kern von Abb. 115 eingezeichneten Geldarten zurück, zu denen neben dem Bargeld auch das Buchgeld (liquidierbares Guthaben auf einem Bankkonto) und das elektronische Geld (auf Datenträgern gespeicherte Geldbeträge) zählen. Darin ist ein wesentlicher Unterschied zu den **abgeleiteten Zahlungsverfahren** zu sehen, die nicht unmittelbar auf diese Geldarten zurückgreifen. Vielmehr bauen sie auf einem der originären Verfahren auf, um Transaktionen abzuwickeln.

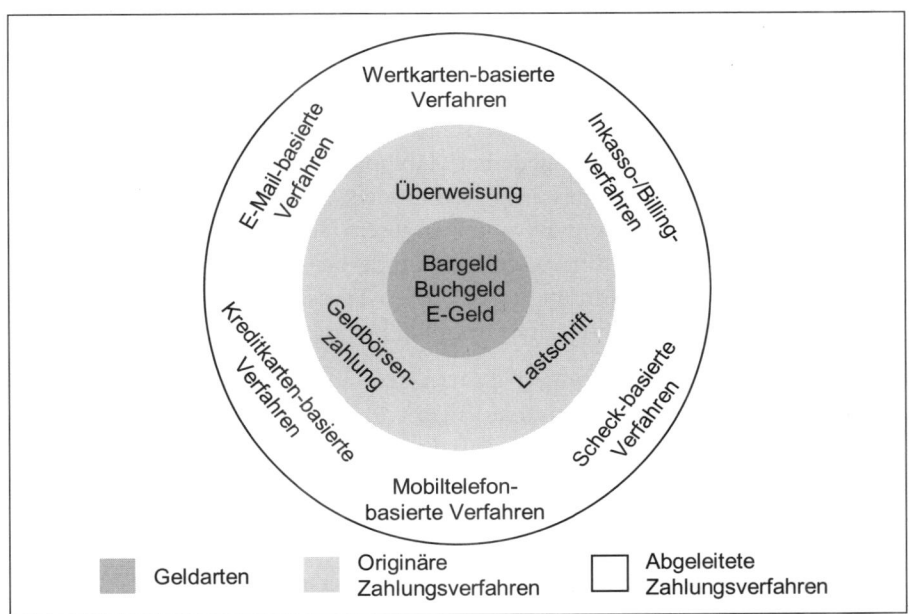

Abb. 115: Schalenmodell der Zahlungsverfahren (vgl. BSI 2005)

Im Hinblick auf ihren Verbreitungsgrad dominieren in Deutschland gegenwärtig die originären Zahlungsverfahren im E-Business, wie z. B. die Überweisung oder elektronische Lastschrift (vgl. hierzu ausführlicher Stahl et al. 2006; van Baal/Hinrichs 2006). Rein internetbasierte Verfahren spielen – mit Ausnahme des E-Mail-basierten Zahlungsverfahrens PayPal – bislang nur eine untergeordnete Rolle, da ihnen viele Anwender nach wie vor skeptisch gegenüberstehen. Dies bedeutet allerdings nicht, dass ein Unternehmen stets auf die traditionellen Zahlungsverfahren zurückgreifen sollte. Vielmehr weisen die verschiedenen

Zahlungsverfahren unterschiedliche Stärken und Schwächen auf, die es vor dem Hintergrund der unternehmensspezifischen Rahmenbedingungen zu beachten gilt und die mit den folgenden sechs Punkten zusammenhängen:

- **Internationalität:** Nicht alle Zahlungsverfahren unterstützen internationale Transaktionen. Häufig bedarf es sogar eines Kontos in Deutschland, um das jeweilige Verfahren nutzen zu können; exemplarisch hierfür sei das Lastschriftverfahren genannt.

- **Anonymität:** Bestimmte Zahlungsverfahren arbeiten anonym, d. h., für den Verkäufer ist es nicht ohne weiteres möglich, Zahlungen bestimmten Personen zuzuordnen. Dies ist aus Unternehmenssicht insofern als problematisch anzusehen, als sich in diesem Fall keine Profile zur individuellen Kundenansprache aufbauen lassen (vgl. hierzu ausführlicher 4.3).

- **Verbreitungsgrad:** Weitere Unterschiede bestehen im Hinblick auf den Verbreitungsgrad der verschiedenen Zahlungsverfahren. Wie bereits angedeutet, dominieren gegenwärtig traditionelle Zahlungsverfahren im E-Business. Dieser Umstand ist unter anderem auch auf den Einfluss von Netzeffekten zurückzuführen, da der Kunde bei den etablierten Zahlungsverfahren bereits heute an mehreren Stellen Transaktionen tätigen kann, ohne dass es einer gesonderten Registrierung bedarf.

- **Ausfallrisiko:** Bei bestimmten Zahlungsverfahren hat der Verkäufer eine hohe Zahlungsgarantie. Abstrahiert man z. B. von Geldfälschungen und Betrug, läuft das Ausfallrisiko bei der Barzahlung gegen null, da der Verkäufer den fälligen Betrag mit der Leistungsübergabe erhält. Hingegen besteht bei anderen Zahlungsverfahren teilweise ein hohes Ausfallrisiko. Beispielsweise ist es beim Lastschriftverfahren innerhalb von sechs Wochen ohne Angabe eines Grundes möglich, der Abbuchung zu widersprechen.

- **Sicherheit:** Sowohl für Verkäufer als auch Käufer spielt die Sicherheit des Zahlungsverfahrens eine wichtige Rolle. Dabei geht es z. B. um die Frage, inwieweit transaktionsrelevante Daten von Dritten ausspioniert werden können.

Die am Markt verfügbaren Zahlungsverfahren weisen vor diesem Hintergrund teilweise deutliche Unterschiede auf. Anders formuliert existiert offenbar kein optimales Zahlungsverfahren. Dessen Wahl muss vielmehr vor dem Hintergrund der unternehmensspezifischen Situation – unter Berücksichtigung der hier skizzierten Merkmale – erfolgen.

5.3.2   Originäre Zahlungsverfahren

Originäre Zahlungsverfahren greifen zur Abwicklung von Zahlungsvorgängen unmittelbar auf die im Kern von Abb. 115 eingezeichneten Geldarten zurück. Zu diesen Zahlungsverfahren zählen die

- Geldbörsenzahlung,

- Überweisung und

- Lastschrift (vgl. BSI 2005, S. 5–10).

Der Begriff **Geldbörse** stellt auf einen Speicherort für physische und elektronische Geldeinheiten ab. Den mit dem Transfer physischer Geldeinheiten korrespondierenden Zahlvorgang bezeichnet man als Barzahlung, auf den im weiteren Verlauf nicht weiter abgestellt wird. Vielmehr geht es im Folgenden um elektronische Geldbörsen, die als Äquivalent zur Barzahlung fungieren. Exemplarisch hierfür wird im Folgenden das Funktionsprinzip der Geldkarte skizziert, bei der man einen Geldbetrag auf einer Chipkarte speichert (vgl. www.geldkarte.de). Die Chipkarte als solche wird an speziellen Terminals von Sparkassen und Banken mit einem bestimmten Geldbetrag vom Girokonto des Karteninhabers geladen und lässt sich sowohl online als auch offline einsetzen. Voraussetzung dafür ist es, dass die in den Transaktionsprozess involvierten Akteure über die notwendige Infrastruktur zur Verarbeitung solcher Zahlungen verfügen (z. B. ein Kartenlesegerät). Der Zahlungsempfänger muss weiterhin eine so genannte Händlerkarte besitzen, die als Gegenbuchungsstelle zur Geldkarte des Kunden fungiert. Im Fall einer Zahlung wird dann der jeweilige Geldbetrag von der Geldkarte abgezogen und der Händlerkarte gutgeschrieben (vgl. Abb. 116). Dieser Bezahlvorgang geschieht jedoch ohne Anbindung an ein Autorisierungssystem und ohne Eingabe einer PIN-Nummer, um die Transaktionsdauer und -kosten gering zu halten. Erst nach Kassenschluss werden alle über Geldkarten verrechneten Beträge an die Händlerevidenzstelle gemeldet, die daraufhin die jeweilige Summe auf das Konto des Händlers überweist. Gleichzeitig belastet sie das Verrechnungskonto der kartenausgebenden Bank. Es ist jedoch wichtig, darauf hinzuweisen, dass die Bank kein separates Konto für jede Geldkarte pflegt. Vielmehr werden die fälligen Beträge aus einem Sammelkonto beglichen. Die eigentliche Verrechnung der Zahlungen und deren Zuordnung zu bestimmten Geldkarten erfolgt durch eine unabhängig von der Bank agierende Kundenevidenzzentrale, die für jede Geldkarte ein Schattenkonto führt. Für den Kunden hat das den Vorteil, dass sich beim Verlust der Geldkarte der verbleibende Restbetrag anhand der Schattenkonten rekonstruieren und zurückerstatten lässt; vorausgesetzt, der Betrag wurde bis dahin nicht abgebucht. Ein weiterer Vorteil aus Kundensicht ist darin zu sehen, dass es sich bei der Geldkarte um ein anonymes Zahlungsverfahren handelt, d. h., der Kunde muss gegenüber dem Verkäufer – aufgrund der Einbindung der Evidenzstellen – seine Identität nicht preisgeben. Der Vorteil für den Händler ist hingegen im geringen Ausfallrisiko zu sehen, da das Guthaben bereits mit dem Transaktionsabschluss auf die Händlerkarte übertragen wird. Diesen Vorteilen steht jedoch der nach wie vor geringe Verbreitungs-/Nutzungsgrad der Geldkarte gegenüber. Weiterhin muss der Inhaber einer Geldkarte über ein Konto bei einem deutschen Kreditinstitut verfügen, womit sie für den internationalen Einsatz nicht geeignet ist.

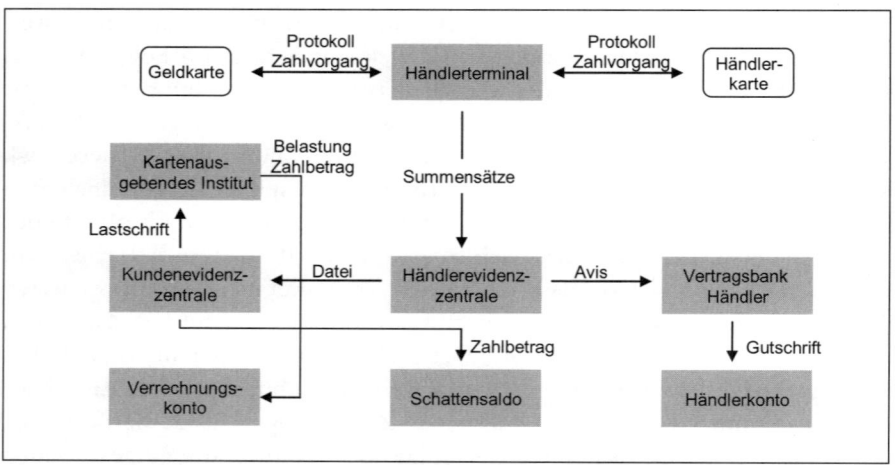

Abb. 116:   Bezahlvorgang mit der Geldkarte (vgl. Geldkarte 2007)

Bei der **Überweisung** handelt es sich um einen bargeldlosen Zahlungsvorgang, bei dem der Kontoinhaber seiner Bank den Auftrag erteilt, einen bestimmten Betrag auf einem zu begünstigenden Konto gutzuschreiben. Diese Zahlungsform hat mit dem so genannten Home-Banking über die letzten Jahre hinweg deutlich an Popularität gewonnen, da damit der persönliche und oftmals zeitintensive Besuch beim kontoführenden Geldinstitut entfällt. Die Überweisungen als solche werden mit einer elektronischen Unterschrift in Form einer PIN-Nummer (Persönliche Identifikationsnummer) und einer TAN-Nummer (Transaktionsnummer) unterzeichnet. Erstgenannte dient der Identifikation des Anwenders gegenüber dem System. Letztere stellt eine Ergänzung zur PIN-Nummer in Form eines Einmalpasswortes dar, um eine Überweisung auszuführen. In der Vergangenheit war es dabei üblich, dem Kunden die TAN-

Nummern auf postalischem Wege zuzusenden, womit aber ein gewisses Sicherheitsrisiko einherging. So gab es zahlreiche Versuche, Bankkunden auf gefälschte Home-Banking-Seiten zu kanalisieren, um in den Besitz der PIN- und TAN-Nummer zu gelangen. Diesem Problem begegnet man gegenwärtig unter anderem mit dem so genannten eTAN-Generator. Hierbei handelt es sich um ein kleines Gerät, in das der Kunde seine EC-Karte steckt und das per Knopfdruck eine TAN-Nummer generiert. Zuvor muss der Kunde jedoch die Kontonummer des Empfängers eingeben, d. h., die TAN ist nur in Kombination mit einem bestimmten Zielkonto gültig (vgl. hierzu auch BW-Bank 2007). Aufgrund der Kopplung von Zielkonto und TAN-Nummer ist die Betrugsgefahr bei der Überweisung gering. Mitunter kann es aber dennoch zu einem Zahlungsausfall kommen, z. B. wenn das zu belastende Konto nicht gedeckt ist. Weiterhin ist es denkbar, dass der Zahlungspflichtige seine Überweisung widerruft, solange der Betrag noch nicht auf dem Konto des Empfängers verrechnet wurde. Im Vergleich zur Geldkarte muss damit eine geringere Zahlungsgarantie konstatiert werden. Positiv ist jedoch der Umstand, dass dieses Zahlungsverfahren internationale Transaktionen unterstützt.

Bei **Lastschriften** handelt es sich wie bei der Überweisung um ein Instrument des bargeldlosen Zahlungsverkehrs. Im Gegensatz zur Überweisung werden Lastschriften jedoch nicht vom Zahlungspflichtigen, sondern vom Zahlungsempfänger durch dessen Bankinstitut initiiert, die so genannte erste Inkassostelle. Sie gibt die Lastschrift an die Bank des Zahlungspflichtigen weiter und verrechnet die jeweiligen Geldbeträge. In der physischen Welt werden Lastschriften vor allem in Form des Electronic-Cash-Verfahrens verwendet. Dabei begleicht der Kunde den fälligen Betrag direkt im Ladenlokal des Zahlungsempfängers mit seiner Bankkarte, aus deren Magnetstreifen die erforderlichen Daten (BLZ, Kontonummer etc.) ausgelesen werden. Der eigentliche Zahlungsvorgang wird daraufhin durch die Eingabe der kartenindividuellen Geheimzahl (PIN-Nummer) legitimiert. Im Online-Bereich ist das Lastschriftverfahren ebenfalls weit verbreitet. Bei der Abwicklung einer Transaktion wird dabei in der Regel jedoch nur die Kontonummer und Bankleitzahl abgefragt, um eine Zahlung auszulösen. Nach dem so genannten Lastschriftabkommen – einem zwischen den verschiedenen Banken entwickelten privatwirtschaftlichen Regelwerk zur Abwicklung von Lastschriften (vgl. Krepold 2003) – verpflichtet sich der Zahlungsempfänger jedoch dazu, nur dann eine Zahlung einzuleiten, wenn ihm eine schriftliche Einzugsermächtigung oder – im Fall der elektronischen Auftragserteilung – eine qualifizierte digitale Signatur vorliegt. Mit einem Blick auf die Praxis muss jedoch konstatiert werden, dass man auf so eine Signatur häufig verzichtet (vgl. BSI 2005, S. 9). Damit wäre es theoretisch möglich, dass ein Kundenkonto ungerechtfertigt und ohne Einverständnis des Kunden belastet wird. Um diesem Problem zu begegnen, besteht für den Kunden jedoch die Möglichkeit einer Lastschriftstornierung, d. h., die gezahlten Beträge werden auf Kosten des Lastschrifteinreichers zurückgebucht. Ähnlich wie bei der Überweisung weist insofern auch die Lastschrift ein gewisses Ausfallrisiko auf. Schließlich gilt es darauf hinzuweisen, dass dieses Zahlungsverfahren aufgrund der Heterogenität der verschiedenen nationalen Lastschriftsysteme im Bereich des grenzüberschreitenden Zahlungsverkehrs so gut wie keine Rolle spielt (vgl. hierzu auch Bogaert/Vandemeulebroeke 2003).

Zahlungsverfahren	Geldbörse	Überweisung	Lastschrift
Anonymität	ja	nein	nein
International einsetzbar	nein (Konto bei einem dt. Kreditinstitut erforderlich)	ja	nein (Konto bei einem dt. Kreditinstitut erforderlich)
Sicherheit	gering (keine Authentifizierung beim Kauf)	hoch (Authentifizierung durch PIN- und TAN-Nummer)	gering (nur im Fall einer Unterschrift)
Verbreitungsgrad	gering	sehr gering	hoch
Ausfallrisiko	gering	mittel	hoch

Abb. 117:   Originäre Zahlungsverfahren im Vergleich

5.3.3   Abgeleitete Zahlungsverfahren

Abgeleitete Zahlungsverfahren greifen zur Wertübertragung auf die originären zurück und existieren in unterschiedlichen Ausprägungsformen. Im weiteren Verlauf wird jedoch nicht der Anspruch einer umfassenden Marktanalyse erhoben. Vielmehr werden solche Zahlungsverfahren erörtert, die sich in der Praxis etabliert haben oder voraussichtlich in naher Zukunft an Bedeutung gewinnen werden. Im Einzelnen wird dabei auf

* Kreditkarten-basierte Verfahren und

* E-Mail-basierte Verfahren eingegangen (vgl. für einen Überblick weiterer Zahlungsverfahren z. B. BSI 2005; Stahl et al. 2006; Meier/Stormer 2007).

Ein Großteil der im Kontext des E-Business diskutierten Zahlungsverfahren basiert auf **Kreditkarten**. Deren Beliebtheit lässt sich unter anderem darauf zurückführen, dass sie bereits in der physischen Welt einen hohen Verbreitungsgrad aufweisen und weltweit einsetzbar sind. Hinzu kommt die relativ einfache Abwicklung von Online-Transaktionen, bei denen lediglich die Kreditkartennummer sowie der Name des Karteninhabers eingegeben werden müssen. Aufgrund dieser relativ einfachen Handhabung erfordert dieses Zahlungsverfahren jedoch eine sichere Datenübertragung, nicht zuletzt, um der Ausspionierung zahlungsrelevanter Informationen vorzubeugen. In der Praxis hat sich zu diesem Zweck das so genannte Secure Sockets Layer (SSL) als Übertragungsprotokoll etabliert. Es stellt unter Rückgriff auf verschiedene kryptographische Verfahren eine verschlüsselte Verbindung zwischen den Rechnern des Zahlungspflichtigen und des Zahlungsempfängers her. Im Gegensatz zur physischen Welt besteht dabei jedoch das Problem, dass der Zahlungsempfänger über keinen handschriftlich unterzeichneten Beleg verfügt. Es lässt sich somit nicht sicherstellen, dass der Inhaber der Karte tatsächlich auch ihr rechtmäßiger Besitzer ist. Ebenso muss der Kunde auf die korrekte Abbuchung des Zahlungsbetrags vertrauen, da auch er keinen Beleg erhält. Vor diesem Hintergrund ist das Zahlungsausfallrisiko ohne einen entsprechenden Beleg hoch, da der Kunde jederzeit die Veranlassung der Zahlung abstreiten kann. Um diesem Problem vorzubeugen, wird im Zuge des Zahlungsprozesses häufig die dreistellige Kartenprüfnummer abgefragt, die auf der Rückseite der Kreditkarte eingeprägt ist. Verfügt ein Betrüger nicht über die physische Karte, kann er folglich nicht ohne weiteres mit einer gestohlenen Kreditkartennummer Transaktionen tätigen. Ebenso lässt sich auf diesem Wege die betrügerische Verwendung computergenerierter Kreditkartennummern verhindern. In den eigentlichen Zahlungsprozess auf Basis von Kreditkarten sind vor diesem Hintergrund die folgenden fünf Akteure involviert (vgl. Abb. 118):

- Das Bankinstitut, welches die Karte an den Karteninhaber ausgibt (Issuing Bank).

- Der Karteninhaber, der auf Basis der Kreditkarte bezahlt.

- Der Zahlungsempfänger, der eine Bezahlung mit Kreditkarte akzeptiert.

- Das Bankinstitut des Zahlungsempfängers.

- Eine Abrechnungsstelle (Clearinghouse), deren Aufgabe in der Verrechnung der Zahlungsbeträge besteht.

Abb. 118 zeigt das Zusammenspiel dieser Akteure im Überblick. Den Ausgangspunkt bildet dabei der Erwerb einer bestimmten Leistung (1). Die zur Zahlungsabwicklung notwendigen Informationen werden dann über eine SSLgesicherte Verbindung an den Zahlungsempfänger übermittelt (2). Dessen Software kontaktiert daraufhin die so genannte Abrechnungsstelle (3), deren Aufgabe in der Verifikation der zahlungsrelevanten Informationen besteht. Zu diesem Zweck kontaktiert sie die kartenausgebende Bank (4). Im Fall einer positiven Rückmeldung wird daraufhin der fällige Betrag an die Bank des Zahlungsempfängers überwiesen (5). Der Zahlungspflichtige erhält schließlich eine monatliche Abrechnung des kartenausgebenden Instituts (6).

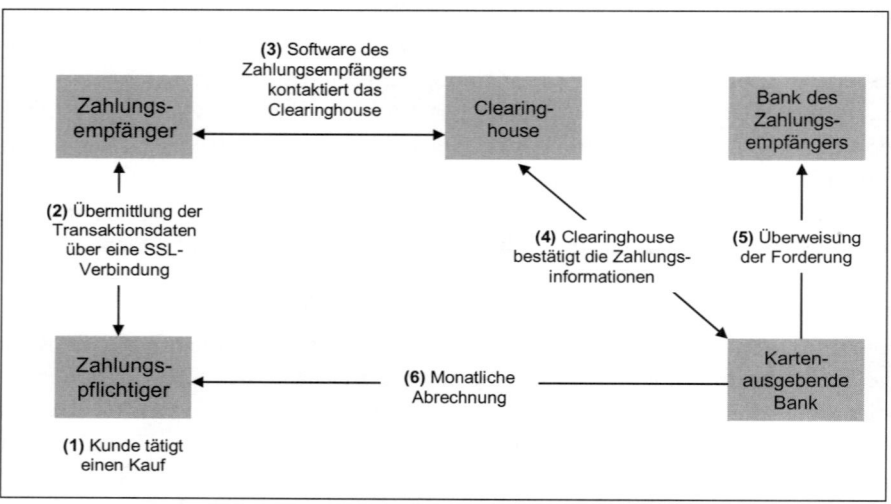

Abb. 118:   Ablauf des Zahlungsprozesses im Fall der Kreditkartenzahlung (vgl. Laudon et al. 2007, S. 316)

Bei **E-Mail-basierten Zahlungsverfahren** wird die Zahlung auf Basis von E-Mail-Adressen verrechnet, die der Identifikation und Übertragung der Zahlungsinformationen dienen. Voraussetzung dafür ist es, dass der Kunde ein E-Mail-Konto bei einem entsprechenden Anbieter solcher Zahlungsverfahren anlegt und seine Bankverbindung angegeben hat, um z. B. empfangene Zahlungen verrechnen und das E-Mail-Konto aufladen zu können. Transaktionen werden bei E-Mail-basierten Zahlungsverfahren insofern auf Basis eines virtuellen Kontos getätigt. Im Gegensatz zur Zahlung per Kreditkarte oder Überweisung handelt es sich damit um ein ausschließlich für das Internet konzipiertes Zahlungsverfahren, das jedoch nach wie vor ein Nischendasein fristet. Lediglich das System des Anbieters PayPal konnte sich auf breiter Ebene durchsetzen. Neben der Integration von PayPal in die Auktionsplattform eBay ist dieser Umstand vor allem auf den relativ einfachen, aber dennoch effektiven Authentifizierungsprozess zurückzuführen, um eventuellen Betrugsversuchen vorzubeugen. So kann ein Anwender PayPal lediglich dann nutzen, wenn er seine Identität glaubhaft gegenüber dem Unternehmen bestätigt hat. Zu diesem Zweck bucht PayPal von der im Zuge der Registrierung angegebenen Kreditkartennummer oder Bankverbindung des Kunden einen kleinen Betrag ab. Auf der Kreditkartenrechnung bzw. dem Kontoauszug ist diese Abbuchung mit einer bestimmten Rechnungsnummer versehen, die der Kunde zur Aktivierung seines Kontos bei PayPal eingibt. Zu diesen Rechnungsnummern haben Betrüger in der Regel jedoch keinen Zugang. Folglich können sie auch nicht ohne weiteres gestohlene Kreditkartennummern registrieren. Allerdings gehen mit diesem Zahlungsverfahren nicht zu unterschätzende Kosten einher, die bis zu 3,9 Prozent des Transaktionsvolumens betragen (vgl. PayPal 2007, S. 58); die genaue Höhe der Kosten hängt unter anderem von der Höhe des Betrags sowie davon ab, ob es sich um einen inländischen, europäischen oder internationalen Zahlungsvorgang handelt.

Der eigentliche Zahlungsvorgang läuft bei PayPal wie folgt ab. Der Kunde wählt einen oder mehrere Artikel aus dem Angebot des jeweiligen Händlers aus, die im Warenkorb verwaltet werden. Um den Kaufvorgang abzuschließen und die Zahlung zu veranlassen, muss sich der Kunde anschließend bei PayPal anmelden. Sofern der fällige Betrag auf dem virtuellen Konto verfügbar ist, wird er unmittelbar auf dem PayPal-Konto des Zahlungsempfängers gutgeschrieben. Dieser kann den Betrag dann auf elektronischem Wege auf sein Bankkonto überweisen. Mit dem Abschluss der Transaktion wird der Kunde in der Regel auf die Webseite des jeweiligen Händlers zurückgeleitet. Abschließend erhalten Käufer und Verkäufer eine E-Mail bezüglich der getätigten Transaktion.

Zahlungsverfahren	Kreditkarte	E-Mail-Verfahren
Anonymität	Ja	ja
International einsetzbar	Ja	ja
Sicherheit	gering bis hoch (in Abhängigkeit der verwendeten Methode)	hoch
Verbreitungsgrad	Hoch	gering (Ausnahme: PayPal)
Ausfallrisiko	Hoch	gering

Abb. 119: Abgeleitete Zahlungsverfahren im Vergleich

5.4   Wiederholungsfragen

(1) Zwischen welchen Erlösmodellen lässt sich im E-Business differenzieren?

(2) Inwieweit unterscheiden sich Preis-Absatz-Funktionen auf traditionellen Märkten von solchen auf Netzeffektmärkten?

(3) Inwieweit handelt es sich bei der Penetrationspreisstrategie um eine überlegene Preisstrategie auf Netzeffektmärkten?

(4) Aus welchen Gründen kommt eine kostenorientierte Preisfindung im E-Business nicht in Betracht?

(5) Welches Ziel wird mit der Preisdifferenzierung verfolgt und zwischen welchen Formen der Preisdifferenzierung kann man unterscheiden?

(6) Wie lassen sich bei digitalen Gütern Arbitragemöglichkeiten einschränken?

(7) Erläutern Sie das Grundprinzip der Preisbündelung. Welche rechtlichen Probleme gehen mit dieser Form der Preispolitik im E-Business einher?

(8) Erläutern Sie den Unterschied zwischen statischen und dynamischen Methoden zur Preisfindung. Welche Methoden eignen sich besonders im E-Business?

(9) Skizzieren Sie die vier bekanntesten Auktionstypen. Anhand welcher Merkmale lassen sie sich voneinander abgrenzen?

(10) Grenzen Sie originäre von abgeleiteten Zahlungsverfahren ab und geben Sie einen Überblick, welche Zahlungsverfahren internationale Transaktionen unterstützen.

Literaturverzeichnis

A

Abel, A. (2004): Technische Grundlagen des E-Business, in: Berens, W./Schmitting, W. (Hrsg.): Controlling im E-Business, Frankfurt a. M. u. a. 2004, S. 19-61.

Abts, D./Mülder, W. (2004): Grundkurs Wirtschaftsinformatik, 5. Aufl., Wiesbaden 2004.

Achi, Z./Doman, A./Sibony, O./Sinha, J./Witt, S. (1995): The paradox of fast growth tigers, in: The McKinsey Quarterly (3/1995), S. 5-17.

Adams, W./Yellen, J. (1976): Commodity bundling and the burden of monopoly, in: Quarterly Journal of Economics 90 (3/1976), S. 475-498.

AGOF – Arbeitgemeinschaft für Onlineforschung (2007): Internet Facts, Onlinedokument, http://www.agof.de/die-internet-facts.352.html, abgerufen am 1. Januar 2008.

Ahlert, D./Evanschitzky, H./Hesse, J. (2004): Konsumentenverhalten im Internet als Herausforderung an Forschung und Praxis, in: Wiedmann, K./Buxel, H./Frenzel, T./Walsh, G. (Hrsg.): Konsumentenverhalten im E-Business, Wiesbaden 2004, S. 119-143.

Ahlrichs, F./Knuppertz, T. (2006): Controlling von Geschäftsprozessen, Stuttgart 2006.

Ahn, J./Han, S./Lee, Y. (2006): Customer churn analysis: Chrun determinants and mediation effects of partial defection in the Korean mobile telecommunications service industry, in: Telecommunication Policy 30 (2006), S. 552-568.

Amit, R./Zott, C. (2001): Value creation in e-business, in: Strategic Management Journal 22 (6-7/2001), S. 493-520.

Amit, R./Zott, C. (2001): Value creation in E-Business, in: Strategic Management Journal 22 (2001), S. 493-520.

Anderson, C. (2005): A methodology for estimating Amazon's Long Tail sales, Onlinedokument: http://longtail.typepad.com/the_long_tail/2005/08/a_methodology_f.html, abgerufen am 1. Januar 2008.

Anderson, C. (2007): The long tail, München 2007.

Ansoff, H. I. (1965): Corporate strategy, New York 1965

ARD/ZDF (2007): Online-Studie, Onlinedokument: http://www.daserste.de/service/studie.asp, abgerufen am 1. Januar 2008.

Arndt, H. (2006): Supply-Chain-Management, 3. Auflg., Wiesbaden 2006.

Arnold, U./Schnabel, M. (2007): Electronic Reverse Auctions – Nutzung von IT-Unterstützung bei der Beschaffung direkter Güter, in: Brenner, W./Wenger, R. (Hrsg.): Elektronische Beschaffung, Bering 2007, S. 83-103.

Aurich, W./Schröder, H. (1977): Unternehmensplanung im Konjunkturverlauf, München 1977.

B

Baaken, T./Launen, M. (1993): Software-Marketing, München 1993.

Backhaus, K./Schneider, H. (2007): Strategisches Marketing, Stuttgart 2007.

Baeumle-Courth, P./Nieland, S./Schröder, H. (2004): Wirtschaftsinformatik, München 2004.

Bain, J. S. (1968): Industrial organization, 2. Aufl., New York 1968.

Bange, C./Schinzer, H. (2005): Rentablere Kundenbeziehungen durch automatisierte Analyse und Personalisierung, in: Thome, Rainer/Schinzer, Heiko/Hepp, Martin (Hrsg.), Electronic Commerce und Electronic Business, München 2005, 53-79.

Barney, J. B. (1991): Firm resources and sustained competitive advantage, in: Journal of Management 17 (1/1991), S. 99-120.

Barney, J. B. (2002): Gaining and Sustaining Competitive Advantage, Reading, 2. ed., Mass. u. a. 2002.

Bassen, A./Popovic, T. (2004): Die Bewertung von B2C-E-Commerce-Unternehmen, in: Finanzbetrieb (12/2004), S. 838-850.

Bauer, H./Sauer, N./Becker, S. (2003): Risikowahrnehmung und Kaufverhalten im Internet, in: Marketing – Zeitschrift für Forschung und Praxis 25 (3/2003), S. 183-199.

Bausch, A. (2006): Branchen- und Wettbewerbsanalyse im strategischen Management, in: Hahn, D./Taylor, B. (Hrsg.): Strategische Unternehmensplanung – Strategische Unternehmensführung, 5. Aufl., Berlin 2006, S. 195-214.

Bay, L. (2006): Millionengeschäft mit Weltschmerz und Bikini-Bildern, in: Spiegel-Online, Onlinedokument: http://www.spiegel.de/unispiegel/studium/0,1518,439823,00.html, abgerufen am 1. Januar 2008.

Bea, F./Haas, J. (2005): Strategisches Management, 4. Aufl., Stuttgart 2005.

Beck, A. (2006): Mit Personas Software entwickeln, in: Computer-Fachwissen (3/2006), S. 5-18.

Becker, J. (2001): Marketing-Konzeption, Grundlagen der strategischen und operativen Marketingmanagements, 7. Aufl., München 2001.

Becker, J./Algermissen, L. (2003): Grundsätze ordnungsgemäßer Modellierung, in: Proceedings of the Informatiktage 2003, Bad Schussenried 2003.

Beier, H. (2004): Vom Wort zum Wissen, in: Information, Wissenschaft und Praxis 55 (3/2004), S. 133-138.

Beimborn, D./Weitzel, T. (2003): Web Services und Service-orientierte IT-Architekturen, in: Das Wirtschaftsstudium 32 (11/2003), S. 1360-1364.

Bensberg, F. (2001): Web Log Mining als Instrument der Marktforschung, Wiesbaden 2001.

Berekoven, L./Eckert, W./Ellenrieder, P. (2006): Marktforschung, 11. Aufl., Wiesbaden 2006.

Berger, P./Nasr, N. (1998): Customer Lifetime Value: Marketing Models and applications, in: Journal of Interactive Marketing 12 (1/1998), S. 17-30.

Berners-Lee, T./Hendler, J./Lassila, O. (2001): The Semantic Web, in: Scientific American 284 (5/2001), S. 34-43.

Bernhardt, M./Spann, M./Skiera, B. (2005): Reverse Pricing, in: Die Betriebswirtschaft 65 (1/2005), S. 104-107.

Besanko, D./Dranove, D./Shanley, M. (2003): Economics of strategy, 3. Aufl., New York u. a. 2003.

Betties, R./Hill, M. (1995): The new competitive landscape, in: Strategic Management Journal 16 (Special Issue/1995), S. 7-19.

Biederbeck, O. (2002): Communities of Interest, in: Weiber, Rolf (Hrsg.): Handbuch Electronic Business, 2. Aufl., Wiesbaden 2002.

Bitkom (2005): Leitfaden Outsourcing, Berlin 2005, Onlinedokument: http://www.bitkom.org/files/documents/BITKOM_Leitfaden_Offshoring_31.01.2005. pdf, abgerufen am 1. Januar 2008.

Bitkom (2006): Digitale Konvergenz, Bundesverband Informationswirtschaft, Telekommunikation und neue Medien e. V., Berlin 2006.

Blind, K./Edler, J./Nack, R./Straus, J. (2003): Software-Patente, Heidelberg 2003.

Blomer, R./Bernhard, M. G. (2003): Report Balanced Scorecard in der IT: Praxisbeispiele - Methoden – Umsetzung, 2. Aufl., Düsseldorf 2003.

Blumauer, A./Pellegrini, T. (2006): Semantic Web und semantische Technologien: Zentrale Begriffe und Unterscheidungen, in: Pellegrini, T./Blumauer, A. (Hrsg.): Semantic Web – Wege zur vernetzten Wissensgesellschaft, Berlin 2006, S. 9-25.

BMRB (2004): Internet Monitor, BMRB International, Manchester 2004, Onlinedokument: http://www.bmrb.co.uk, abgerufen am 1. Januar 2008.

BMWi (2006): Elektronischer Einkauf, in: efacts – Informationen zum E-Business (4/2006), Berlin 2006.

Bogaert & Vandemeulebroeke (2003): Study on the harmonisation of the legal framework for cross-border direct debit systems in the 15 member states of the European Union, Sint-Stevens-Woluwe, 2003. Online-Dokument: http://ec.europa.eu/internal_market/payments/docs/directdebit/final-report-part1_en.pdf, abgerufen am 1. Januar 2008.

Böhmann, T. (2004): Modularisierung von IT-Dienstleistungen, Wiesbaden 2004.

Böning-Spohr, P. (2003): Controlling für Medienunternehmen im Online-Markt, Göttingen 2003.

Borowicz, F. (2001): Strategien im Wettbewerb um Kompatibilitätsstandards, Frankfurt a. M. u. a. 2001.

Borowicz, F./Scherm, E. (2001): Standardisierungsstrategien: Eine erweiterte Betrachtung des Wettbewerbs auf Netzeffektmärkten, in: Zeitschrift für betriebswirtschaftliche Forschung 53 (4/2001), S. 391-416.

Boutellier, R./Hurschler, P. (2007): Grenzen des E-Procurement im Direkteinkauf, in: Brenner, W./Wenger, R. (Hrsg.): Elektronische Beschaffung, Bering 2007, S. 106-128.

Bretzke, W. (1980): Der Problembezug von Entscheidungsmodellen, Tübingen 1980.

Brin, S./Page, L. (1998). The anatomy of a large-scale hypertextual web search engine, in: Computer Networks and ISDN Systems 30 (1998), S. 107–117.

Brüggemann, T./Breitner, M. (2006): Mobile Preisvergleichsdienste am Scheideweg, in: Zeitschrift für Wirtschaftsinformatik 48 (6/2006), S. 430-436.

Bruhn, M./Michalski, S. (2003): Analyse von Kundenabwanderungen – Forschungsstand, Erklärungsansätze, Implikationen, in: Zeitschrift für betriebswirtschaftliche Forschung 55 (August 2003), S. 431-454.

BSI – Bundesamt für Sicherheit in der Informationstechnik (2005): Sichere Zahlungsverfahren für E-Government, Bonn 2005, Onlinedokument: http://www.e-government-handbuch.de, abgerufen am 1. Januar 2008.

Bullinger, H. J. (1994): Einführung in das Technologiemanagement, Stuttgart 1994.

Bundesministerium für Wirtschaft und Technologie (2006): Jahrbuch eBusiness 2006, Berlin 2006.

Bundschuh, M./Fabry, A. (2004): Aufwandsschätzung von IT-Projekten, 2. Aufl., Bonn 2004.

Bunte, H. (2003): Kartellrecht, München 2003.

Burr, W. (2003): Fundierung von Leistungstiefenentscheidungen auf der Basis modifizierter Transaktionskostenansätze, in: Zeitschrift für betriebswirtschaftliche Forschung 55 (März/2003), S. 112-135.

Büschken, J. (2003): Nicht-lineare Tarife, in: Diller, Hermann/Herrmann, Andreas (Hrsg.): Handbuch Preispolitik, Wiesbaden 2003, S. 521-533.

Buxel, H. (2007): Ethische und verbraucherpolitische Aspekte sowie Limitationen der Beobachtungen in der internetbasierten Marktforschung, in: Der Markt – Zeitschrift für Absatzwirtschaft und Marketing 46 (1/2 2007), S. 17-35.

BVDW (2006): Branchenindikatoren der Digitalen Wirtschaft inkl. DIWAX, Onlinedokument: http://www.bvdw.org/fileadmin/downloads/marktzahlen/basispraesentationen/bvdw_b asispdf_digitale_wirtschaft_20061120.pdf, abgerufen am 1. Januar 2008.

BVDW (2007): Web 2.0 & E-Commerce, Onlinedokument: http://www.bvdw.org/fileadmin/downloads/fachgruppen/E-Commerce/Web_2_0__E-Commerce.pdf, abgerufen am 1. Januar 2008.

BW-Bank (2007): TAN-Generator der BW-Bank zertifiziert - Erfolg für sicheres Onlinebanking, Onlinedokument: http://www.bw-bank.de/bwbankde/1000005999-s1463-de.html, abgerufen am 1. Januar 2008.

C

Cabral, L./Salant, D./Woroch, G. (1999): Monopoly pricing with network externalities, in: International Journal of Industrial Organization 17 (2/1999), S. 199-214.

Chaffey, D. (2007): E-Business and E-Commerce, 3. Aufl., New Jersey 2007.

Chamoni, P./Stock, S. (1999): Temporale Aspekte im Data Warehouse, in: Das Wirtschafts-studium (5/1999), S. 720-726.

Chircu, A. M./Kauffman, R. J. (1999a): Strategies for Internet middlemen in the intermedia-tion/disintermediation/reintermediation cycle, in: Electronic Markets 9 (2/1999), S. 109-117.

Chircu, A. M./Kauffman, R. J. (1999b): Analyzing firm-level strategy for Internet-focused rein-termediation, in: Proceedings of the 32nd Hawaii International Conference on System Sciences, Hawaii 1999.

Chyi, H. I./ Sylvie, G. (2001): The medium is global, the content is not: The role of geography in online newspaper markets, in: Journal of Media Economics 14 (4/2001), S. 231-248.

Clarke, F./Darrough, M./Heineke, J. (1982): Optimal pricing policy in the presence of experience effects, in: Journal of Business 55 (4/1982), S. 517-530.

Coenenberg, A./Salfeld, R. (2007): Wertorientierte Unternehmensführung, 2. Aufl., Stuttgart 2007.

Conner, K. R. (1991): A historical comparison of resource-based theory and five schools of thought within industrial organization economics: Do we have a new theory of the firm? In: Journal of Management 17 (1/1991), S. 121-154.

Cooper, A. (1999): The Inmates and Running the Asylum. Why High-tech Products drive us crazy and how to restore the sanity, Indianapolis, Onlinedokument: http://elsa.is.uni-sb.de/inhalt.php, abgerufen am 1. Januar 2008.

Cooper, R. G. (1999): Winning at new products: Accelerating the process from idea to launch, 2. Aufl., Reading.

Copeland, T./Koller, T./Murrin, J. (2000): Valuation – Measuring and managing the value of companies, 3. Aufl., New York u. a. 2000.

Corsten, H. (1998): Grundlagen der Wettbewerbsstrategie, Stuttgart u. a. 1998.

Corsten, H.; Gössinger, R. (2002): E-Business in Produktionsnetzwerken, in: Keuper, F. (Hrsg.): Electronic Business und Mobile Business, Wiesbaden 2002, S. 203-248.

D

D'Aveni, R. A. (1994): Hypercompetition – Managing the dynamics of strategic maneuvering, New York 1994.

Database-Marketing (2007): Database-Marketing – Definition und Verbreitung, Onlinedokument: http://www.database-marketing.de/dbmregelkreis.htm, abgerufen am 1. Januar 2008.

Davenport, T. (1993): Process Innovation – Reengineering work through information technology, Boston 1993.

David, P./Greenstein, S. (1990): The economics of compatibility standards: An introduction to recent research, in: Economics of Innovation and New Technology 1 (1990), S. 3-41.

Davis, S. (1987): Future Perfect, Reading 1987.

Deutsche Bank (2002): Deutsche Bank und IBM unterzeichnen Outsourcing-Vertrag, Onlinedokument: http://www.deutsche-bank.de/ir/releases_830.shtml&loadFlash=/ir/1613.html, abgerufen am 1. Januar 2008.

Diller, H. (1991): Preispolitik, 2. Aufl., Stuttgart u. a.1991.

Diller, H. (1995): Beziehungs-Marketing, in: Wirtschaftswissenschaftliches Studium 24 (9/1995), S. 442-447.

Diller, H. (2000): Preispolitik, 3. Aufl., Stuttgart u. a. 2000.

E

Economides, N. (1996a): The economics of networks, in: International Journal of Industrial Organization 14 (Special Issue/1996), S. 673-699.

Economides, N. (1996b): Network externalities, complementarities, and invitations to enter, in: European Journal of Political Economy 12 (1996), S. 211-233.

Economides, N./Himberg, C. (1995): Critical mass and network size with application to the US fax market, Working Paper EC-95-11, Stern School of Business, New York 1995, Onlinedokument; http://www.stern.nyu.edu/networks/95-11.pdf, abgerufen am 1. Januar 2008.

Eggert, A./Fassott, G. (2001): Elektronisches Kundenbeziehungsmanagement, in: Eggert, Andreas/Fassott, Georg (Hrsg.): eCRM – Electronic Customer Relationship Management, Stuttgart 2001.

EIAA (2007): Europe Online 2006, Onlinedokument: http://www.eiaa.net/ftp/casestudiesppt/EIAA%20Europe%20Online%202006%2015.6.07.pdf, abgerufen am 1. Januar 2008.

EIAA (2007): Mediascope Europe Study – Online Shoppers, Onlinedokument: http://www.eiaa.net/, abgerufen am 1. Januar 2008.

Erhardt, M. (2001): Netzwerkeffekte, Standardisierung und Wettbewerbsstrategie, Wiesbaden 2001.

eROI (2007): eROI Email Statistics & Survey Results, Onlinedokument: http://www.eroi.com/resources/Q106-eroi-email-stats.pdf, abgerufen am 1. Januar 2008.

Esch, F./Herrmann, A./Sattler, H. (2006): Marketing, München 2006.

Europäische Kommission (2007): Zahlungsdienste, Onlinedokument: http://ec.europa.eu/internal_market/payments/index_de.htm, abgerufen am 1. Januar 2008.

Exner, K. (2003): Controlling in der New Economy, Wiesbaden 2003.

Explido (2005): Die Jahresentwicklung der Suchmaschinenpreise 2005, Explido WebMarketing GmbH & Co. KG, Augsburg 2005.

F

Farrell, J./Saloner, G. (1985): Standardization, compatibility, and innovation, in: Rand Journal of Economics 16 (1/1985), S. 70-83.

Fassnacht, M. (2003): Preisdifferenzierung, in: Diller, H./Herrmann, A. (Hrsg.): Handbuch Preispolitik, Wiesbaden 2003, S. 484-502.

FAZ (2007): Online-Werbemarkt, Onlinedokument: http://www.faz.net/s/RubE2C6E 0BCC2F04DD787CDC274993E94C1/Doc~E24A69AFFE7914C74B40319AA0F8CDB 73~ATpl~Ecommon~Scontent.html, abgerufen am 1. Januar 2008.

Fehl, U./Oberender, P. (1999): Grundlagen der Mikropolitik, 7. Aufl. München 1999.

Ferber, R. (2003): Information Retrieval, Suchmodelle und Data-Mining-Verfahren für Textsammlungen und das Web, Heidelberg 2003.

Ferstl, O./Sinz, E. (2006): Grundlagen der Wirtschaftsinformatik, 5. Aufl., München 2006.

Fettke, P./Loos, P. (2004): Referenzmodellierungsforschung, in: Zeitschrift für Wirtschaftsinformatik 46 (5/2004), S. 331-340.

Fill, H./Karagiannis, D./Lischka, J. (2006): Web-Services und Geschäftsprozesse im Semantic Web, in: Pellegrini, T./Blumauer, A. (Hrsg.): Semantic Web – Wege zur vernetzten Wissensgesellschaft, Berlin 2006, S. 321-336.

Fischermanns, G./Völpel, M. (2006): Der Reifegrad des Prozessmanagements, in: Zeitschrift Führung + Organisation 75 (5/2006), S. 284-290.

Forbig, P. (2007): Objektorientierte Softwareentwicklung mit UML, München 2007.

Fornefeld, M./Beyer, J. (2006): Marktstudie – E-Mail-Anbieter in Deutschland, Düsseldorf 2006, Onlinedokument: http://www.bundesnetzagentur.de/media/archive/8091.pdf, abgerufen am 1. Januar 2008.

Förster, A./Kreuz, P. (2002): Offensives Marketing im E-Business, Berlin 2002.

Fortmann, H./Taubenreuter, N. (2005): Suchmaschinen-Marketing, in: Wirtschaft Digital (1/2005), S. 24-29.

Frank, T. (2004): „You've got (Sapm-)Mail" – Zur Strafbarkeit von E-Mail-Werbung, in: Computer und Recht (2/2004).

Franke, N./Piller, F. (2004): Toolkits for user innovation and design: User interaction and value creation, in: Journal of Product Innovation 21 (6/2004), S. 401-415.

Franzmann, E. (2007): Weblogs, Podcasts & Co., Deutsche Medienakademie, Köln 2007.

Freiling, J. (2001): Resource-based View und ökonomische Theorie, Wiesbaden 2001.

Friedewald, M./Blind, K./Edler, J. (2002): Die Innovationstätigkeit der deutschen Softwareindustrie, in: Wirtschaftsinformatik 44 (2/2002), S. 151-161.

Fritz, W. (2004): Internet-Marketing und Electronic Commerce, 3. Aufl. 2004.

Fritz, W./Kempe, M./Hauser, A. (2006): Werbewirkung von Layer-Ads, Arbeitsbericht des Instituts für Wirtschaftswissenschaften der TU Braunschweig, AP-Nr. 06/02, Braunschweig 2006.

G

Gabel, H. L. (1993): Produktstandardisierung als Wettbewerbsstrategie, London u. a. 1993.

Gabriel, R./Chamoni, P./Gluchowski, P. (2000): Data Warehouse und OLAP – Analyseorientierte Informationssysteme für das Management, in: Zeitschrift für betriebswirtschaftliche Forschung (Feb./2000), S. 74-93.

Gadatsch, A. (2005): Geschäftsprozess-Management, in: Das Wirtschaftsstudium (11/2005), S. 1373-1377.

Gadatsch, A. (2007): IT-Offshoring – Grundlagen und Entscheidungsprozess, in: Das Wirtschaftsstudium (4/2007), S. 554-562.

Gadatsch, A./Mayer, E. (2006): Masterkurs IT-Controlling, Wiesbaden 2006.

Gaitanides, M. (1998): Business Reengineering/Prozessmanagement – von der Managementtechnik zur Theorie der Unternehmung? In: Die Betriebswirtschaftslehre 58 (3/1998), S. 369-381.

Gannes, L. (2006): Social networking by numbers, Onlinedokument: http://gigaom.com/2006/11/08/social-networking-by-the-numbers/, abgerufen am 1. Januar 2008.

Garrett, J. (2005), Ajax - A new approach to web applications. Adaptive Path LLC, Onlinedokument: http://www.adaptivepath.com/publications/essays/archives/000385.php, abgerufen am 1. Januar 2008.

Gassmann, O./Enkel, E. (2006): Open Innovation, in: Zeitschrift Führung + Organisation 75 (3/2006), S. 132-138.

Geldkarte.de (2007): Technische Hintergründe, Onlinedokument: http://www.geldkarte.de/_www/de/pub/geldkarte/geschaeftspartner/geldkarte_im_einsatz/technische_hintergruende/technische_hintergruende_laden.php, abgerufen am 1. Januar 2008.

Gemünden, H./Schultz, C. (2003): Entwicklung eines Geschäftsmodellkonzepts – Erste Anwendung auf den Bereich telemedizinischer Dienstleistungen, in: Hoffmann, W. (Hrsg.): Die Gestaltung der Organisationsdynamik: Konfiguration und Evolution, Festschrift für Oskar Grün zum 65. Geburtstag, Stuttgart 2003, S. 165-200.

George, M./Rowlands, D./Kastle, B. (2007): Was ist Lean Six Sigma? Berlin 2007.

Goldmann, E. (2005): Rechtliche Rahmenbedingungen für Internet-Auktionen, Berlin 2005.

Gomez-Casseres, B. (1996): The alliance revolution: The new shape of business rivalry, London 1006.

Graf, N./Gründer, T. (2003): eBusiness – Grundlagen für den globalen Wettbewerb, München 2003.

Gräfe, G./Maaß, C./Heß, A. (2007): Alternative search engines: Seven hypotheses regarding the future of social bookmarking, in: Software, Agents and Services for Business, Research and E-Sciences – Conference on Social Semantic Web (SABRE/CSSW 2007), Leipzig 2007.

Grant, R. M. (2002): Contemporary strategy analysis, 4. Aufl., Malden u. a. 2002.

Graumann, M. (1993a): Die Theorie des strategischen limit pricing, in: Das Wirtschaftsstudium 22 (6/1993), S. 501-504.

Graumann, M. (1993b): Die Ökonomie von Netzprodukten, in: Zeitschrift für Betriebswirtschaft 63 (12/1993), S. 1331-1355.

Grindley, P. (1995): Standards, strategy and policy, Oxford 1995.

Gröhn, A. (1999): Netzeffekte und Wettbewerbspolitik – Eine ökonomische Analyse des Softwaremarktes, Tübingen 1999.

Gronover, S./Kolbe, L./Österle, H. (2004): Methodisches Vorgehen zur Einführung von CRM, in: Hippner, H./Wilde, K. (Hrsg.): Management von CRM-Projekten, Wiesbaden 2004, S. 13-32.

Gruber, T. R. (1995): Toward principles for the design of ontologies used for knowledge sharing, in: International Journal of Human-Computer-Studies 43 (5/6 1995), S. 907-928.

Günther, T. (2004): Unternehmenswertorientiertes Controlling, 2. Aufl., München 2004.

GWP (2007): Online-Werbemarkt wächst zweitstellig, Onlinedokument: http://www.wuv.de/news/digbusiness/meldungen/2007/09/73655/index.php, abgerufen am 1. Januar 2008.

H

Hagel III, J. (1996): Spider versus spieder. Are "webs" a new strategy for the information age? In: The McKinsey Quarterly (1/1996), S. 71-80.

Hagel III, J./Singer, M. (2000): Net Value, Wiesbaden 2000.

Hahn, D. (2006): Zweck und Entwicklung der Portfolio-Technik, in: Hahn, Dieter/Taylor, Bernard (Hrsg.): Strategische Unternehmensplanung – Strategische Unternehmensführung, Berlin 2006, S. 215-248.

Hahn, D./Hintze, M. (2006): Konzepte wertorientierter Unternehmensführung, in: Hahn, Dieter/Taylor, Bernhard (Hrsg.): Strategische Unternehmensplanung – Strategische Unternehmensführung, Berlin 2006, S. 83-113.

Hammer, C./Wiedler, G. (2003): Internet-Geschäftsmodelle mit Rendite, Bonn 2003.

Hammer, M./Champy, J. (1993): Business Reengineering, Frankfurt am. M./New York 1997.

Hansen, H. R./Neumann, G. (2005a): Wirtschaftsinformatik 1, 9. Aufl., Stuttgart 2005.

Hansen, H. R./Neumann, G. (2005b): Wirtschaftsinformatik 2 – Informationstechnik, 9. Aufl., Stuttgart 2005.

Harrigan, K. R. (1980): Strategies for Declining Businesses, Lexington/Toronto 1980.

Haug, V. (2005): Grundwissen Internetrecht, Stuttgart 2005.

Heinzl, A.: Outsourcing der Informationsverarbeitung, in: Das Wirtschaftsstudium (5/2003), S. 624-627.

Heise (2007): Web 2.0 macht Investoren wieder risikofreudig, Heise-Online, Onlinedokument: http://www.heise.de/newsticker/meldung/84862, abgerufen am 1. Januar 2008.

Heiskala, M./Tihonen, J./Paloheimo, K./Soininen, T. (2007): Mass customization with configurable products: A review of benefits and challenges, in: Blecker, T./Friedrich, G. (Hrsg.): Mass Customization Information Systems in Business, New York 2007, S. 1-32.

Herden S./Gomez J. M./Rautenstrauch C./Zwanziger A. (2006): Software-Architekturen für das E-Business, Berlin 2006.

Herrmann, A. (1998): Produktpolitik, München 1998.

Hess, T. (2000): Netzeffekte: Verändern neue Informations- und Kommunikationstechnologien das klassische Marktmodell? In: Wirtschaftswissenschaftliches Studium 29 (2/2000), S. 96-98.

Hess, T./Schuller, D. (2005): Business Process Reengineering als nachhaltiger Trend? Eine Analyse der Praxis in deutschen Großunternehmen nach einer Dekade, in: Zeitschrift für betriebswirtschaftliche Forschung 57 (Juni/2005), S. 355-373.

Heuskel, D. (1999): Wettbewerb jenseits von Industriegrenzen – Aufbruch zu neuen Wachstumsstrategien, Frankfurt 1999.

Hippner, H. (2004): Zur Konzeption von Kundenbeziehungsstrategien, in: Hippner, H./Wilde, K. (Hrsg.): Management von CRM-Projekten, Wiesbaden 2004, S. 33-65.

Hippner, H. (2006): Bedeutung, Anwendungen und Einsatzpotenziale von Social Software, in: HMD – Praxis der Wirtschaftsinformatik HMD 252, S. 6-16.

Hippner, H./Merzenich, M./Wilde, K. (2004): Analyse und Optimierung kundenbezogener Geschäftsprozesse, in: Hippner, H./Wilde, K. (Hrsg.): Management von CRM-Projekten, Wiesbaden 2004, S. 67-104.

Hippner, H./Wilde, T. (2005): Social Software, in: Wirtschaftsinformatik (6/2005), S. 441-444.

Hoffmann, O. (2003): Web-Services in serviceorientierten IT-Architekturkonzepten, in: HMD Praxis der Wirtschaftsinformatik 234 (2003), S. 27-33.

Homburg, C./Krohmer, H. (2005): Marketingmanagement, Wiesbaden 2005.

Hoppe, K./Kollmer, H. (2001): Strategie und Geschäftsmodell, unveröffentlichtes Arbeitspapier, Bamberg/Regensburg, zitiert nach zu Knyphausen, D./Meinhardt, Y. (2001): Revisiting Strategy: Ein Ansatz zur Systematisierung von Geschäftsmodellen, in: Bieger, T./Bickhoff, N./Caspers, R./zu Knyphausen-Aufseß, D. (Hrsg.): Zukünftige Geschäftsmodelle, Berlin, S. 63-89.

Horster, B. (1996): Software-Sales-Management. Effizienzverbesserung des Absatzbereiches von IT-Unternehmen, Münster 1996.

Horváth, P. (2006): Controlling, 10. Aufl., München 2006.

Hostettler, S. (2002): Economic Value Added (EVA) – Darstellung und Anwendung auf Schweizer Aktiengesellschaften, 5. Aufl. Wiesbaden 2002.

Hukemann, A. (2004): Controlling im Onlinehandel, Berlin 2004.

Huldi, C. (1997): Database Marketing – Wunsch und Wirklichkeit, in: HMD 193 – Praxis der Wirtschaftsinformatik, S. 25-29.

Hungenberg, (2006): Strategisches Management in Unternehmen, 4. Aufl., Wiesbaden 2006.

I

IDS Scheer (2006): Business Process Report 2006, Saarbrücken 2006.

Ihlenfeld, J. (2006): Google setzt BMW vor die Tür, in: Golem – IT-News für Profis, Onlinedokument: http://www.golem.de/0602/43155.html, abgerufen am 1. Januar 2008.

Inmon, W. H. (2003): Building the Data Warehouse, 3. Aufl., New York 2003.

InStat zitiert nach Presstext (2006): Online-Werber nutzen wachsendes Potenzial von UGC-Portalen, in: Pressetext, Onlinedokument: http://www.pressetext.de/pte.mc?pte= 060928026, abgerufen am 1. Januar 2008.

InternetWorld (2006): Internet-Handel legt zu, Onlinedokument: http://www.internetworld.de/Studie--Internet-Handel-legt-zu.15.0.html?&tx_ttnews[tt_news]=411&tx_ttnews[backPid]=7&cHash=e34695e9ee, abgerufen am 1. Januar 2008.

InternetWorld (2007): 844 Millionen Dollar Venture Capital für Web-2.0-Unternehmen, in: InternetWorld, Onlinedokument: http://www.internetworld.de, abgerufen am 1. Januar 2008.

InternetWorld (2007): B2B-E-Commerce boomt, in: InternetWorld, Onlinedokument: http://www.internetworld.de/home/news-single/browse/86/article/studie-b2b-e-commerce-boomt/7/7.html, abgerufen am 1. Januar 2008.

InternetWorld (2007): Web 2.0 als Markenkiller? In: InternetWorld (4/2007), S. 15.

IVW (2007): Die zugriffsstärksten Angebote in der IVW-Rubrik Community (Chat, Foren, Dating), zusammengestellt aus Informationsgemeinschaft zur Feststellung der Verbreitung von Werbeträgern e.V. (IVW), Onlinedokument, http://www.ivw.eu/, abgerufen am 1. Januar 2008.

J

Jenner, T. (1999): Determinanten des Unternehmenserfolges, Stuttgart 1999.

Jonen, A./Lingnau, V./Müller, J./Müller, P. (2004): Balanced IT-Decision-Card – Ein Instrument für das Investitionscontrolling von IT-Projekten, in: Zeitschrift für Wirtschaftsinformatik 46 (3/2004), S. 196-203.

Jones, T. C. (1996): Software estimating rules of thumb, in: IEEE Computer 28 (3/1996), S. 116-118.

Junglas, I./Watson, R. (2003): U-Commerce: An experimental investigation of ubiquity and uniqueness, in: Proceedings of the International Conference on Information Systems 2003, S. 414-426.

K

Kalkota, R./Robinson, M. (2001): E-business 2.0: Roadmap for success, Addison-Wesley 2001.

Kaplan, R. S./Norton, D .P (1996): Balanced Scorecard - Translating strategy into action, Cambridge 1996.

Karzauninkat, S./Alby, T. (2006): Suchmaschinen-Optimierung, München 2006.

Katz Michael L./Shapiro, C. (1994): Systems competition and network effects, in: Journal of Economic Perspectives 8 (2/1994), S. 93-115.

Katz, Michael L./Shapiro, C. (1985): Network externalities, competition, and compatibility, in: The American Economic Review 75 (3/1985), S. 424-440.

Katz, Michael L./Shapiro, C. (1986b): Technology adoption in the presence of network externalities, in: Journal of Political Economy 94 (4/1986), S. 822-841.

Katzy, B./Sydow, J./Aston, D./Helin, R. (2001): Wert von Netzwerken: Zur Bewertung vernetzter Unternehmen, in: Zeitschrift Führung + Organisation (2/2001).

Kaufmann, L. (1997): Balanced Scorecard, in Zeitschrift für Planung 8 (1997), S. 421-428.

Kesten, R./Müller, A./Schröder, H. (2007): IT-Controlling, München 2007.

Keuper, F./Glahn, C. (2005): Der Shared-Service-Ansatz zur Bereitstellung von IT-Leistungen auf dem konzerninternen Markt, in: Wirtschaftswissenschaftliches Studium (4/2005), S. 190-194.

Keuper, F./Oecking, C. (2006): Corporate Shared Services. Bereitstellung von Dienstleistungen im Konzern, Wiesbaden 2006.

Klodt, H. (2003): Wettbewerbsstrategien für Informationsgüter, in: Schäfer, Wolf (Hrsg.): Konjunktur, Wachstum und Wirtschaftspolitik im Zeichen der New Economy, Berlin 2003, S. 107-123.

Knorr, H. (1993): Ökonomische Probleme von Kompatibilitätsstandards. Eine Effizienzanalyse unter besonderer Berücksichtigung des Telekommunikationsbereichs, Baden-Baden 1993.

Koenen, J. (2006): SAP findet keine Arbeitskräfte, in: Wirtschaftswoche, Onlinedokument: http://www.wiwo.de/pswiwo/fn/ww2/sfn/buildww/id/126/id/229757/fm/0/SH/0/depot/0/, abgerufen am 1. Januar 2008.

Kollmann, T. (2007): E-Business, Wiesbaden 2007.

Komus, A. (2006): Social Software als organisatorisches Phänomen – Einsatzmöglichkeiten im Unternehmen. In: HMD – Praxis der Wirtschaftsinformatik HMD 252, S. 36-14.

Kotler, P./Armstrong, G./Saunders, J./Wong, V. (2003): Grundlagen des Marketing, 3. Aufl., München 2003.

Kowalewsky, R. (2004): Wie am Fließband, in: Capital (6/2004), S. 44-47.

Krcmar, H. (2005): Informationsmanagement, 3. Aufl., Berlin 2005.

Kreikebaum, H. (1997): Strategische Unternehmensplanung, 6. Aufl., Stuttgart u. a. 1997.

Krepold, H. M. (2003): Lastschriftverkehr, in: Hellner, T./Schröter, J./Steuer, S./Weber, A. (Hrsg.): Bankrecht und Bankpraxis, Köln 2003. RZ 6/300-6/500.

Kreuzer, M./Kühn, R. (2006): Mass Customization: Strategische Option mit beschränktem nachfrageseitigem Erfolgspotenzial, in: Die Unternehmung 60 (3/2006), S. 203-221.

Kroeber-Riel, W./Weinberg, P. (2003): Konsumentenverhalten, 8. Aufl., München 2003.

Kropf, M. (2003): Controlling für E-Business Geschäftsmodelle: ein ganzheitliches Steuerungssystem von der Strategie bis zur Umsetzung, Wiesbaden, 2003.

Krüger, W./Bach, N. (2001): Geschäftsmodelle und Wettbewerb im E-Business, in: Buchholz, W./Werner, H. (Hrsg.): Supply Chain Solutions – Best Practices im E-Business, Stuttgart 2001, S. 29-51.

Kuri, J. (2005): Microsoft verspricht im EU-Kartellverfahren Zugeständnisse, in: Magazin für Computertechnik , Onlinedokument: http://www.heise.de/newsticker/meldung/58244, abgerufen am 1. Januar 2008.

L

Lammenett, E. (2006): Praxiswissen Online-Marketing, Wiesbaden 2006.

Landauer, T. (1995): The trouble with computers. Usefulness, usability and productivity, Cambridge 1995.

Lang, C. (2002): Zerschlagene Outsourcing-Träume, in: io new management (4/2002), S. 60-63.

Laudon, K./Laudon, J./Schoder, D. (2006): Wirtschaftsinformatik, München u. a. 2006.

Laudon, K./Traver, C. (2007): E-Commerce, 3. Aufl., New Jersey 2007.

Lehmann, M. (1990): Portierung und Migration von Anwendersoftware – Kartell- und AGBrechtliche Probleme, in: Computer und Recht 6 (11/1990), S. 700-704.

Leimeister, J./Krcmar, H. (2002): Ubiquitous Computing, in: Das Wirtschaftsstudium (10/2002), S. 1284-1294.

Lewandowski, D. (2005): Web Information Retrieval, in: Information, Wissenschaft und Praxis 56 (1/2005), S. 5-11.

Lewandowski, D. (2006): Aktualität als erfolgskritischer Faktor beim Suchmaschinen-Marketing, in: Information, Wissenschaft und Praxis 57 (3/2006).

Lindblom, C. E. (1959): The science of the „muddling through", in: Public Administration Review 24 (1959), S. 79-88.

Linden, G./Smith, B./York, J. (2003): Amazon.com recommendations: Item-to-item collaborative filtering, in: IEEE Internet Computing 7 (1/2003), S. 76–80.

Lipczynski, J./Wilson, J./Goddard, J. (2005): Industrial Organization, 2. Aufl., London 2005.

Litke, H. (2007): Projekt-Management, 5. Aufl., München 2007.

Løwendahl, B./Revang, Ø. (1998): Challenges to existing strategy theory in a postindustrial society, in: Strategic Management Journal 19 (8/1998), S. 755-773.

M

Maaß, C. (2006): Strategische Optionen im Wettbewerb mit Open-Source-Software, Berlin 2006.

Maaß, C. (2007): Semantisches Web, in: Zeitschrift für Planung und Unternehmenssteuerung 18 (1/2007).

Maaß, C./Pietsch, G. (2007a): Spekulationsblase Web 2.0? Die Bewertung eines Internet-Investment, in: EconoMag, Oldenbourg Wissenschaftsmagazin (1/2007), Onlinedokument: http://economag.de/magazin/2007/1/11+Spekulationsblase+Web+ 2.0%3F, abgerufen am 1. Januar 2008.

Maaß, C./Pietsch, G. (2007b): Web 2.0 als Mythos, Symbol und Erwartung, Diskussionsbeitrag der FernUniversität in Hagen Nr. 408, Hagen 2007.

Maaß, C./Scherm, E. (2004): Zwischen Mythos und Realität – Open Source und offene Standards, in: Das Wirtschaftsstudium 33 (11/2004), S. 1406-1410.

Maaß, C./Scherm, E. (2005a) Die deutsche Bierindustrie – Branchenstruktur und strategische Gruppen, Arbeitsbericht Nr. 13 des Lehrstuhls für Betriebswirtschaftslehre, insb. Organisation und Planung, der FernUniversität Hagen 2005.

Maaß, C./Scherm, E. (2005b): Open Source und Standardisierung, in: Lutterbeck, B./Gehring, R./Bärwolff, M. (Hrsg.): Open-Source-Jahrbuch 2005, Berlin 2005, S. 161-176.

Macharzina, K./Wolf, J. (2005): Unternehmensführung, 5. Aufl., Wiesbaden 2005.

March, J. G./Simon, H. A. (1958): Organizations, New York 1958.

Markowitz, H. (1952): Portfolio Selection, in: Journal of Finance 7 (1/1952), S. 77-91.

Martiensen, J. (2004): Netzwerkökonomie, Diskussionsbeitrag des Fachbereichs Wirtschaftswissenschaften der FernUniversität in Hagen, Nr. 358, Hagen 2004.

Matiaske, W./Mellewigt, T. (2002): Motive, Erfolge und Risiken des Outsourcings – Befunde und Defizite der empirischen Outsourcing-Forschung, in: Zeitschrift für Betriebswirtschaft 72 (2002), S.641-659.

McAfee, R. P./McMillan, J. (1987): Auctions, and bidding, in: Journal of Economic Literature 25 (2/1987), S. 699-738.

Meffert, H. (2000): Marketing, 9. Aufl., Wiesbaden 2000.

Meffert, H./Bruhn, M. (2003): Dienstleistungsmarketing, 4. Aufl., Wiesbaden 2003.

Meier, A./Stormer, H. (2007): eBusiness & eCommerce – Management der digitalen Wertschöpfungskette, 3. Aufl., Berlin 2007.

Merz, M. (2002): Electronic Commerce, 2. Aufl., Heidelberg 2002.

Meusers, R. (2006): Peinliche Pannen bringen StudiVZ in Verruf, in: Spiegel Online, Onlinedokument: http://www.spiegel.de/netzwelt/web/0,1518,448340,00.html, abgerufen am 1. Januar 2008.

Michael S./Dieter R. (2006): Social Semantic Software – was soziale Dynamic im Semantic Web auslöst, in: Pellegrini, T./Blumauer, A. (Hrsg.): Semantic Web – Wege zur vernetzten Wissensgesellschaft, Berlin 2006, S. 189-199.

Miles, R. E./Snow, Charles C. (1978): Organizational strategy, structure, and process, New York 1978.

Minderlein, M. (1990): Markteintrittsbarrieren und strategische Verhaltensweisen, in: Zeitschrift für Betriebswirtschaft 60 (2/1990), S. 155-178.

Mintzberg, H. (1978): Patterns in strategy formation, in: Management Science 24 (9/1978), S. 934-948.

Mintzberg, H. (1987): Crafting Strategy, in: Harvard Business Review (4/1987), S. 66-75.

Mintzberg, H. /Waters, J. A. (1985): Of strategies, deliberate and emergent, in: Strategic Management Journal (6/1985), S. 257-272.

Moløkken, K./Jørgensen, M. (2003): A Review of surveys on software effort estimation, in: IEEE International Symposium on Empirical Software Engineering (ISESE'03), S. 223-230.

Monopolkommission (2002): Netzwettbewerb durch Regulierung, Baden Baden 2002, Onlinedokument: http://www.monopolkommission.de/ haupt_14/sum_h14_de.pdf, abgerufen am 1. Januar 2008.

Moritz, H. (2004): Microsoft in Not? In: Computer und Recht 20 (5/2004), S. 321-326.

Mücke & Sturm Consuling (2006): Die YouTube-Übernahme durch Google – Genialer Schachzug oder Milliardengrab? München 2006.

Müller, G./Hirsch, B: Die Wertorientierung in der Unternehmenssteuerung – Status Quo und Perspektiven. In: Zeitschrift für Controlling und Management 49 (1/2005), S. 83-87.

Müller-Stewens, G./Lechner, C. (2005): Strategisches Management, 3. Aufl., Stuttgart 2005.

N

Nalebuff, B./Brandenburger, A. (1996): Coopetition – kooperativ konkurrieren, Frankfurt/New York 1996.

Netzzeitung (2006): US-Medienkonzerne rüsten gegen YouTube, Onlinedokument: http://www.netzeitung.de/wirtschaft/unternehmen/471923.html, abgerufen am 1. Januar 2008.

Nieschlag, R./Dichtl, E./Hörschgen, H. (2002): Marketing, 19. Aufl., Berlin 2002.

Norman, D. (1988): The psychology of everday thins, New York 1988.

Ntoulas, A./Cho, J./Olston, C. (2004): What's new on the web? The evolution of the web from a search engine perspective, proceedings of the thirteenth www conference, New York, Onlinedokument: http://oak.cs.ucla.edu/~ntoulas/pubs/ntoulas_new.pdf, abgerufen am 1. Januar 2008.

O

o. V. (2006): Digitale „Schweizer Messer": IP Konvergenz hat Endgeräte erreicht, Onlinedokument: http://www.openpr.de/news/89049, abgerufen am 1. Januar 2008.

o. V. (2006): E-Commerce dominiert deutschen Versandhandel, Onlinedokument: http://www.pressetext.de/pte.mc?pte=061020033, abgerufen am 1. Januar 2008.

O'Reilly, T. (2005): What is Web 2.0? Design patterns and business models for the next generation of software, Onlinedokument: http://www.oreillynet.com/pup/a/oreilly/tim/news/2005/09/ 20/what-is-web-20.html, abgerufen am 1. Januar 2008.

Olbrich, R. (2001): Marketing – Eine Einführung in die marktorientierte Unternehmensführung, Berlin u. a. 2001.

Osterloh, M./Frost, J. (1996): Prozessmanagement als Kernkompetenz. Wie Sie Business Reengineering strategisch nutzen können, Wiesbaden 1996.

OVK (Online-Vermarkter-Kreis) (2007): Werbeformen, Onlinedokument: http://www.werbeformen.de, abgerufen am 1. Januar 2008.

P

Panten, G. (2005): Internet-Geschäftsmodell Virtuelle Community, Wiesbaden 2005.

Parker, P. (2006): Where's the compelling content? In: ClickzNetwork – Solutions for Marketers, Onlinedokument: http://www.clickz.com/showPage.html?page =3587266, abgerufen am 1. Januar 2008.

Paul, C./Runte, M. (1999): Community Building, in: Albers, S.; Clement, M.; Peters, K.; Skiera, B. (Hrsg.): eCommerce – Einstieg, Strategie und Umsetzung im Unternehmen, Frankfurt am Main 1999, S. 49-64.

PayPal (2007): PayPal – Leitfaden für Online-Händler, PayPal 2007, Onlinedokument: https://www.paypalobjects.com/WEBSCR-475-20070801-1/de_DE/pdf/PayPalIntegrationGuide.pdf, abgerufen am 1. Januar 2008.

Pecha, R. (2004): Externe Geschäftsmodellanalyse bei E-Business Unternehmen, Lohmar 2004.

Peteraf, M. A. (1993): The cornerstones of competitive advantage: A resource based-view, in: Strategic Management Journal 14 (3/1993), S. 179-191.

Pfeiffer, G. (1989): Kompatibilität und Markt: Ansätze zu einer ökonomischen Theorie der Standardisierung, Baden-Baden 1989.

Pfeiffer, W./Dögl, R. (1999): Das Technologie-Portfolio-Konzept zur Beherrschung der Schnittstelle Technik und Unternehmensstrategie, in: Hahn, D./Taylor, B. (Hrsg.): Strategische Unternehmensplanung – Strategische Unternehmensführung, Heidelberg 1999, S. 440-468.

Picot, A. (1991): Ein neuer Ansatz zur Gestaltung der Leistungstiefe, in: Zeitschrift für betriebswirtschaftliche Forschung 43 (1991), S- 336-357.

Picot, A./Dietl, H./Franck, E. (2005): Organisation, 4. Aufl., Stuttgart 2005.

Picot, A./Reichwald, R./Wigand, R. (2003): Die grenzenlose Unternehmung, 3. Aufl., Wiesbaden 2003.

Picot, A./Scheuble, S. (2000): Hybride Wettbewerbsstrategien in der Informations- und Netzökonomie, in: Welge, M./Al-Laham, A./Kajüter, P. (Hrsg.): Praxis des strategischen Managements, Wiesbaden 2000, S. 239-257.

Pohl, G. (2006): Das Ende der Ladenhüter, in: Manager-Magazin, Onlinedokument: http://www.manager-magazin.de/it/artikel/0,2828,447782,00.html, abgerufen am 1. Januar 2008.

Porter, M. (1999): Wettbewerbsstrategie – Methoden zur Analyse von Branchen und Konkurrenten, 10. Aufl., Frankfurt a. M./New York 1999.

Porter, M./Millar, V. E. (1985): How information gives you competitive advantage, in: Harvard Business Review 63 (4/1985), S. 149-160.

Q

Quantz, J./Wichmann, T. (2003): E-Business Standards in Deutschland, Berlin 2003.

Quinn, B./Cooke, R./Kris, A. (1999): Shared services – mining for corporate gold, Prentice Hall 1999.

R

Rappaport, A. (1998): Creating Shareholder Value, New York 1998.

Reibnitz, U. (1987): Szenarien – Optionen für die Zukunft, Hamburg 1987

Reichheld, F./Schefter. P. (2000): E-Loyalty – Your Secret Weapon in the Web, in: Harvard Business Review 78 (4/2000), S. 105-113.

Reichmann, T. (2001): Controlling mit Kennzahlen und Managementberichten, 6. Aufl., München 2001.

Reichwald, R./Piller, F. (2006): Interaktive Wertschöpfung, Wiesbaden 2007.

Reinartz, W./Kumar, V. (2000): On the profitability of long lifetime customers: An empirical investigation and implications for marketing, in: Journal of Marketing 64 (4/2000), S. 17-35.

Restle, U. (2006): Six Sigma bei Banken – Effiziente Prozesse, niedrige Kosten, zufriedene Kunden, in: Information Management & Consulting 21 (4/2006), S. 83-86.

Result (2007): Web 2.0 – Begriffsdefinition und eine Analyse der Auswirkungen auf das allgemeine Mediennutzungsverhalten, Köln 2007.

Rieg, R. (2000): Controlling und E-Business, in: Controlling 12 (8-9/2000), S. 403-407.

Rieg, R. (2004): Strategische Steuerung und Budgetierung – Notwendigkeit oder Widerspruch? In: Controlling (8/9 2004), S. 473-479.

Rinza, P. (1998):Projektmanagement, Berlin 1998.

Ritz, T. (2006): Mobile Unternehmenssoftware, in: Das Wirtschaftsstudium 35 (10/2006).

Rohlfs, J. (1974): A theory of interdependent demand for a communications service, in: Bell Journal of Economics 5 (1974), S. 16-37.

Rohrlich, M. (2006): Die rechtssichere Webseite, in: Internet Professional o. Jg. (3/2006, S. 26-35.

Rost, H. (2006): CRM als Business-Strategie oder der Stein der Weisen, in: Information Management & Consulting 21 (3/2006), S. 70-74.

Runte, M. (2000): Personalisierung im Internet – Individualisierte Angebote mit Collaborative Filtering, Wiesbaden 2000.

S

Sackmann, S./Strüker, J. (2005): Electronic Commerce Enquête 2005: 10 Jahre Electronic Commerce – Eine stille Revolution in deutschen Unternehmen, Leinfelden 2005.

Scheer, A. (2002): ARIS. Vom Geschäftsprozess zum Anwendungssystem, 4. Aufl., Berlin 2002.

Schewe, G./Kett, I. (2007): Business Process Outsourcing, Berlin 2007.

Schmalen, H. (1995): Preispolitik, 2. Aufl., Stuttgart/Jena 1995.

Schmelzer, H. (2005): Wer sind die Akteure im Geschäftsprozessmanagement? In: Zeitschrift Führung + Organisation 74 (5/2005), S. 273-277.

Schmelzer, H./Sesselmann, W. (2007): Geschäftsprozessmanagement in der Praxis, 6. Aufl., München 2007.

Schmidt, S./Werle, R. (1994): Die Entwicklung von Kompatibilitätsstandards in der Telekommunikation, in: Tietzel, M. (Hrsg.): Ökonomik der Standardisierung, München 1994, S. 419-448.

Schneckenburger, T./Reineke, T./Boysen, A. (2005): Community Marketing in praxi: Alter Wein in neuen Schläuchen? In: Thexis 22 (3/2005), S. 33-38.

Schönefeld, F. (2006): Zweiter Frühling im E-Commerce, in: Information Management & Consulting 21 (4/2006), S. 40-43.

Schoormans, J./Ortt, R./de Bont, C. (1995): Enhancing Concept test validity by using expert consumers, in: Journal of Product Innovation Management 12 (2/1995), S. 153-162.

Schreyögg, G. (1984): Unternehmensstrategie, Berlin 1984.

Schreyögg, G. (1999): Strategisches Management – Entwicklungstendenzen und Zukunftsperspektiven, in: Die Unternehmung 6 (1999), S. 387-407.

Schroll, W./Neef, A. (2006): Web 2.0 – Was ist dran? Onlinedokument: http://download.zpunkt.de/web2-0_teil1.pdf, abgerufen am 1. Januar 2008.

Schulze, J. (2000): Prozessorientierte Einführungsmethode für das Customer Relationship Management, Bamberg 2000.

Schuster, M./Rappold, D. (2006): Social Semantic Software, in: Pellegrini, T./Blumauer, A. (Hrsg.): Semantic Web – Wege zur vernetzten Wissensgesellschaft, Berlin, S. 189-199.

Schwarzer, B./Krcmar, H. (2004): Wirtschaftsinformatik, 3. Aufl., Stuttgart 2004.

Schwickert, A. (2004): Geschäftsmodelle im Electronic Business – Bestandsaufnahme und Relativierung, Arbeitspapiere Wirtschaftsinformatik der Universität Göttingen, Göttingen 2004.

SevenOne Media (2007): @facts extra: Online-Nutzertypen 2007, Onlinedokument, http://www.sevenoneinteractive.net/downloads/pods/pID41b5a52ac47d89.66302066/0 70723__Final_at-facts-extra_NEU-ges.pdf, abgerufen am 1. Januar 2008.

Shapiro, C./Varian, H. (1999): Information rules. A strategic guide to the network economy, Boston 1999.

Shy, O. (2001): The economics of network industries, Cambridge 2001.

Simon, H. (1992): Preismanagement, 2. Aufl., Wiesbaden 1992.

Simon, H. (1998): Preismanagement kompakt, Wiesbaden 1998.

Skiera, B. (2001): Wie teuer sollen die Produkte sein? In: Albers, S./Clement, M./Peters, K./Skiera, B. (Hrsg.): eCommerce, 3. Aufl., Frankfurt a. M. 2001, S. 7-110.

Skiera, B. (2006): PREMIUM: Preis- und Erlösmodelle im Internet – Umsetzung und Marktchancen, in: Information Technology 48 (4/2006), S. 200-209.

Skiera, B./Spann, M. (2000): Werbeerfolgskontrolle im Internet, in: Controlling (8-9/2000), S. 417-423.

Skiera, B./Spann, M./Walz, U. (2005): Erlösquellen und Preismodelle für den Business-to-Consumer-Bereich im Internet, in: Zeitschrift für Wirtschaftsinformatik, 47 (4/2005), S. 285-293.

Spann, M./Skiera, B./Schäfers, B. (2005): Reverse-Pricing Verfahren und deren Möglichkeiten zur Messung von individuellen Suchkosten und Zahlungsbereitschaften, in: Zeitschrift für betriebswirtschaftliche Forschung 57 (2/2005), S. 107-128.

Staehle, W. (1999): Management, 8. Aufl., München 1999.

Stahl, E./Krabichler, T./Breitschaft, M./Wittmann, G. (2006): Zahlungsabwicklung im Internet – Bedeutung, Status quo und zukünftige Herausforderungen, IBI Research, Universität Regensburg 2006.

Stähler, D. (2006): Standardisierung als Erfolgsvoraussetzung im Geschäftsprozessmanagement, in: Zeitschrift Führung + Organisation 75 (5/2006), S. 291- 297.

Stähler, P. (2001): Geschäftsmodelle in der digitalen Ökonomie, Lohmar/Köln 2001.

Stauss, B. (2004): Beschwerdemanagement als Instrument der Kundenbindung, in: Hinterhuber, H./Matzler, K. (Hrsg.): Kundenorientierte Unternehmensführung, 4. Aufl., Wiesbaden 341-360.

Steffenhagen, H. (2004): Marketing, Stuttgart 2004.

Steinbrecher, S. (2001): Internetauktionen, in: Datenschutz und Sicherheit 25 (2001).

Steiner, M./Schneider, S. (2001): Bewertung von E-Business Strategie, in: Berndt, R. (Hrsg.): E-Business-Management, Berlin 2001, S. 225-250.

Steinmann, H./Schreyögg, G. (2005): Management, 6. Aufl., Wiesbaden 2005.

Stelter, D./Strack, R./Roos, A. (2000): Bewertung und wertorientierte Steuerung von E-Business-Unternehmen, in: Controlling (8/9 2000), S. 409-415.

Stern Stewart & Co (1994): EVATM – Roundtable, in: Journal of Applied Corporate Finance 7 (1994), S. 46-70.

Stieglitz, N. (2004): Strategie und Wettbewerb in konvergierenden Märkten, Wiesbaden 2004.

Stöcker, C. (2007): Holtzbrinck im Web-2.0-Rausch, in: Manager-Magazin-Online, Onlinedokument, http://www.manager-magazin.de/it/artikel/0,2828,457610,00.html, abgerufen am 1. Januar 2008.

Stuber, L. (2004): Suchmaschinen-Marketing, Zürich 2004.

Subramaniam, C./Shaw, M. J. (2004): The effects of process characteristics on the value of B2B Procurement, in: Information Technology and Management 5 (2004), S. 161-180.

Sucker, M. (1989): Lizenzierung von Computersoftware – Kartellrechtliche Grenzen nach dem EWG-Vertrag, in: Computer und Recht 5 (6/1989), S. 468-478.

Sure, M. (2005): Vorbereitung, Planung und Realisierung von Business Process Outsourcing bei kaufmännischen und administrativen Backoffice-Prozessen, in: Wullenkord, A. (Hrsg.): Praxishandbuch Outsourcing, München 2005, S. 261-282.

T

TechConsult (2007): IT und E-Business im Mittelstand 2007, Onlinedokument: http://www.impulse.de/downloads/e_business_studie_2007.pdf, abgerufen am 1. Januar 2008.

Teichert, T./Talaulicar, T. (2002): Managementkonzepte im betriebswirtschaftlichen Diskurs: Eine bibliometrische Klassifizierung, in: Die Betriebswirtschaft 62 (4/2002), S. 409-426.

Teubner, A. (2006): Business Reengineering, in: Das Wirtschaftsstudium 35 (10/2006), S. 1285-1291.

Tiemeyer, E. (2006): IT-Projektmanagement, in: Tiemeyer, E. (Hrsg.): Handbuch IT-Management, München 2006, S. 233-320.

Tiemeyer, E. (2006): Organisation und Führung im IT-Bereich, in: Tiemeyer, E. (Hrsg.): Handbuch IT-Management, München 2006, S. 321-358.

Timmers, P. (1998): Business Models for Electronic Markets, in: EM - Electronic Markets 2 (8/1998), S. 3-8.

Timmers, P. (1999): Electronic Commerce: Strategies and Models fro business-to-business trading, Chichester 1999.

Toffler, A. (1970): Future Shock, New York 1970.

Tönnies, F. (1963): Gemeinschaft und Gesellschaft. Grundbegriffe der reinen Soziologie. Darmstadt 1963.

Töpfer, A. (2007): Six Sigma, 4. Aufl., Berlin 2007.

Trommsdorff, V. (2004): Konsumentenverhalten, 6. Aufl., Stuttgart 2004.

T-Systems (2006): Beschaffung und Vergabe, Onlinedokument: http://www.t-systems.de/de/Startseite/OeffentlicherSektor/RegierungVerwaltung/templateId=render Normal/id=183336.html, abgerufen am 1. Januar 2008.

U-V

van Baal, S./Hinrichs, J. (2006): Internet-Zahlungssysteme aus Händlersicht: Bedeutung, Bewertung, Eigenschaften, in: Lammer, T. (Hrsg.): Handbuch E-Money, E-Payment & M-Payment, Berlin 2006, S. 293-305.

von Lanzenauer, C./Huesmann, M. (2004): Gestern, heute und kein morgen: Der schnelle Aufstieg und rasante Niedergang von TQM, in: Zeitschrift Führung + Organisation 73 (5/2004), S. 253-259.

Vonmetz, S./Artmann, K. (2006): E-Mail-Marketing, in: Eisinger, T./Rabe, L./Thomas, W. (Hrsg.): Performance Marketing, Göttingen 2006, S. 59-74.

W

Wade, M./Hulland, J. (2004): The Resource based View and information systems research: Review, extension, and suggestions for future research, in: MIS Quarterly 28 (1/2004), S. 107-142.

Weber, J./Bramsemann, U./Heineke, C./Hirsch, B. (2004): Wertorientierte Unternehmenssteuerung, Wiesbaden 2004.

Weber, J./Lissautzki, M. (2006): Erfolgsorientierte Unternehmenssteuerung mit Kundenwerten, in: Controlling – Zeitschrift für erfolgsorientierte Unternehmensführung 18 (6/2006), S. 277-282.

Wecker, R./Wirtz, B. (2007): Erfolgswirkung des internetbasierten Supply Chain Management, in: Zeitschrift für Betriebswirtschaft 77 (9/2007).

Weiber, R. (1992): Diffusion von Telekommunikation, Wiesbaden 1992.

Weiber, R./Meyer, J. (2002): Virtual Communities, in: Weiber, Rolf (Hrsg.): Handbuch Electronic Business, 2. Aufl., Wiesbaden 2002.

Weiber, R./Weber, M. (2002): Customer Lifetime Value als Entscheidungsgröße im Customer Relationship Marketing, in: Weiber, R. (Hrsg.): Handbuch Electronic Business, 2. Aufl., Wiesbaden 2002.

Welge, M./Al-Laham, A. (2005): Strategisches Management, 4. Aufl., Wiesbaden 2005.

Wells, W. D./Tigert, D. J. (1971): Activities, Interests and Opinions, in: Journal of Advertising Research, 11. (Aug. 1971), S. 27-35.

Welt Online (2007): Peking muss den Ticket-Verkauf stoppen, Onlinedokument: http://www.welt.de/sport/article1317569/Peking_muss_den_Ticket-Verkauf_stoppen.html, abgerufen am 1. Januar 2008.

Wiese, H. (1990): Netzeffekte und Kompatibilität, Stuttgart 1990.

Wiese, H. (1991): Marktschaffung: Das Startproblem bei Netzeffekt-Gütern, in: Marketing Zeitschrift für Forschung und Praxis 13 (1/1991), S. 43-51.

Wikipedia (2007): Wikipedia, Onlinedokument: http://de.wikipedia.org/wiki/Wikipedia, abgerufen am 1. Januar 2008.

Williamson, O. E. (1975): Markets and hierarchies, analysis and antitrust implications, New York 1975.

Williamson, O. E. (1985): The Economic institutions of capitalism, New York 1985.

Williamson, O. E. (1991): Comparative economic organization: The analysis of discrete structural alternatives, in: Administrative Science Quarterly 36 (1991), S. 269-296.

Williamson, O. E. (1997): Hierarchies, markets and power in the economy. An economic perspective, in: Menard, C. (Hrsg.): Transaction cost economics. Recent developments, Cheltenham u. a. 1997, S. 1-29.

Wirtz, B. (2001): Electronic Business, 2. Aufl., Wiesbaden 2001.

Wirtz, B. (2005): Medien- und Internetmanagement, 4. Auflage, Wiesbaden 2005.

Wöhe, G. (2005): Einführung in die Allgemeine Betriebswirtschaftslehre, 22. Aufl., München 2005.

Wu, X./Zhang, L./Yu, Y. (2006), Exploring social annotations for the semantic web, in: Proceedings of the 15th International Conference on World Wide Web, New York, S. 417-426.

X, Y, Z

Xie, J./Sirbu, M. (1995): Price competition and compatibility in the presence of positive demand externalities, in: Management Science 41 (5/1995), S. 909-926.

Young, L. W./Johnston, R. B. (2003): The role of Internet in business-to-business network transformation: a novel case study and theoretical analysis, in: Information Systems and e-Business Management 1 (1/2003), S. 73-91.

Yu, L. (2001): Successful customer relationship management, in: Sloan Management Review 42 (4/2001).

Zerfaß, A./Bogosyan, J. (2007): Blogstudie 2007: Informationssuche im Internet – Blogs als neues Recherchetool, Leipzig 2007.

zu Knyphausen-Aufseß, D./Meinhardt, Y. (2002): Revisiting Strategy: Ein Ansatz zur Systematisierung von Geschäftsmodellen, in: Bieger, T./Bickhoff, N./Caspers, R./zu Knyphausen-Aufseß, D./Reding, K. (Hrsg.): Zukünftige Geschäftsmodelle, Berlin 2002, S. 63-89.

Stichwortverzeichnis

H. R. Hansen / G. Neumann
Wirtschaftsinformatik

Band 1 Grundlagen und Anwendungen

2005. XX/855 S., m. 393 Abb. kt. € 19,90. UTB 2669. ISBN 978-3-8252-2669-5

Inhaltsübersicht:

Kapitel 1: Grundlegender Überblick

Kapitel 2: Planung, Entwicklung und Betrieb von Informationssystemen

Kapitel 3: Büroinformationssysteme

Kapitel 4: Unterstützung betrieblicher

Leistungsprozesse durch ERP-Systeme

Kapitel 5: Außenwirksame Informationssysteme und Electronic Commerce

Kapitel 6: Managementunterstützungssysteme

Band 2 Informationstechnik

2005. XIX/924 S., kt. € 21,90. UTB 2670. ISBN 978-3-8252-2670-1

Inhaltsübersicht:

1. Zentraleinheiten
2. Datenträger und externe Speicher
3. Ein- und Ausgabegeräte
4. System- und Entwicklungssoftware
5. Datenstrukturen und Datenspeicherung
6. Datenübertragung und Netzwerke
7. Verteilte Systeme

Arbeitsbuch Wirtschaftsinformatik
IT-Lexikon · Aufgaben · Lösungen
7. völlig neu bearbeitete und stark erweiterte Auflage

2007. VIII/960 S., kt. € 23,90. UTB 1281. ISBN 978-3-8252-1281-0

Dieses Arbeitsbuch dient als Nachschlagewerk, zur Einübung und zur Überprüfung von grundlegendem Wissen der Wirtschaftsinformatik. Es richtet sich an Studierende zur Prüfungsvorbereitung, an IT-Praktiker, die ihr Wissen auffrischen wollen, und auch an Lehrende als umfassender Fragen- und Lösungskatalog. Das Arbeitsbuch besteht aus einem begrifflichen Nachschlagewerk (IT-Lexikon und englisch-deutsches Fachwörterbuch), einem Teil mit offen gestellten Verständnisfragen mit Musterlösungen und Musterklausuren. Im IT-Lexikon werden mehr als 4.400 der gebräuchlichsten Begriffe der Wirtschaftsinformatik (samt englischsprachiger Übersetzung) erläutert. Der zweite Teil enthält 454 Übungsaufgaben samt Musterlösungen. Diese Aufgaben dienen zur Selbstkontrolle der *Lernfortschritte*. Der dritte Teil enthält sieben einstündige Klausurarbeiten mit etwa 220 Multiple-Choice-Klausuraufgaben. Mit Hilfe der angegebenen Bewertungsmaßstäbe und Lösungen können Sie somit Ihr IT-Wissen überprüfen.

 *Stuttgart*

LUCIUS et LUCIUS

Grundwissen der Ökonomik BWL

Herausgegeben von Franz X. Bea und Marcell Schweitzer

Bea/Schweitzer
Allgemeine BWL
Band 1: Grundfragen
9. A. 2004. € 19,90
(UTB 1081)

Bea/Schweitzer
Allgemeine BWL
Band 2: Führung
9. A. 2005. € 23,90
(UTB 1082)

Bea/Schweitzer
Allgemeine BWL
Band 3: Leistungsprozeß
9. A. 2006. € 22,90
(UTB 1083)

Bea/Göbel
Organisation
3. A. 2006. € 28,90
(UTB 2077)

Bea/Haas
Strategisches Management
4. A. 2005. € 25,90
(UTB 1458)

Bea/Scheurer
Projektmanagement
2008. ca. € 19,90
(UTB 2388)

Böcker/Helm
Marketing
7. A. 2003. € 25,90
(UTB 919)

Brockhoff
Produktpolitik
4. A. 1999. € 7,90
(UTB 1079)

Büschgen/Börner
Bankbetriebslehre
4. A. 2003. € 24,90
(UTB 917)

Coello Arias
Espanol para economistas
2002. m. 2 Audio-CD. € 9,90
(UTB 2352)

Drukarczyk
Finanzierung
10. A. 2008. € 29,90
(UTB 1229)

Friedl
Controlling
2002. € 28,90
(UTB 2117)

Friedl
Kostenmanagement
2008. ca. € 24,90
(UTB 2706)

Göbel
Neue Institutionenökonomik
2002. € 21,90
(UTB 2235)

Hansen/Neumann
Arbeitsbuch Wirtschaftsinformatik
7. A. 2007. € 23,90
(UTB 1281)

Hansen/Neumann
Wirtschaftsinformatik 1
Grundlagen und Anwendungen
9. A. 2005. € 19,90
(UTB 2669)

 *Stuttgart*

Grundwissen der Ökonomik BWL

Herausgegeben von Franz X. Bea und Marcell Schweitzer

Hansen/Neumann
Wirtschaftsinformatik 2
Informationstechnik
9. A. 2005. € 21,90
(UTB 2670)

Heinhold
Kosten- und Erfolgsrechnung
4. Aufl. 2007. € 22,90
(UTB 1974)

Helm/Gierl
Marketing Arbeitsbuch
4. A. 2005. € 15,90
(UTB 1801)

Heyd
Internationale Rechnungslegung
2003. € 39,90
(UTB 2451)

Klimecki/Gmür
Personalmanagement
3. A. 2005. € 24,90
(UTB 2025)

Kuhnle
Bilanzen
2004. € 22,90
(UTB 2119)

Kuß/Tomczak
Käuferverhalten
4. A. 2007. € 19,90
(UTB 1604)

Pechtl
Preispolitik
2005. € 24,90
(UTB 2643)

Perlitz
Internationales Management
5. A. 2004. € 29,90
(UTB 1560)

Schünemann
Wirtschaftsprivatrecht
5. A. 2006. € 29,90
(UTB 1584)

Schwarz/Gebicke
Wörterbuch Wirtschaft
für Studium und Praxis
Deutsch-Russisch/Russisch-Deutsch
2004. € 24,90
(UTB 2624)

Schweiger/Schrattenecker
Werbung
6. A. 2005. € 19,90
(UTB 1370)

Spremann/Gantenbein
Kapitalmärkte
2005. € 18,90
(UTB 2517)

Troßmann
Investition
1998. € 25,90
(UTB 2013)

Troßmann/Werkmeister
Arbeitsbuch Investition
2001. € 16,90
(UTB 2205)

Zahn/Schmid
Produktionswirtschaft I
Grundlagen und operatives
Produktionsmanagement
1996. € 31,90
(UTB 8126)

 *Stuttgart*

Matthias Sander

Marketing-Management

Märkte, Marktinformationen und Marktbearbeitung

2004. XXII/929 S., 519 Abb. und Übers., kt. € 49,90
UTB 8251 (ISBN 978-3-8252-8251-6)

Dieses Buch stellt umfassend die grundlegenden Sachverhalte des Marketing dar: die Informationsgrundlagen wie auch die Marktbearbeitung. Neben den Grundgedanken des Marketing sowie des Marketing-Managements werden das Verhalten von Marktteilnehmern, sämtliche Schritte der Marktforschung (einschließlich Datenanalyseverfahren), die Marktsegmentierung sowie die Erstellung von Marktprognosen behandelt. Darüber hinaus werden die Teilfunktionen des Marketing-Management (Strategische Marketing-Planung, Planung der Marketing-Instrumente, Marketing-Implementierung, Marketing-Controlling, Marketing-Organisation sowie Human Resource Management im Marketing) eingehend erörtert. Jüngste Entwicklungen z. B. in der Konsumentenverhaltensforschung oder die Nutzung des Internet als innovatives Medium für Marketing werden angemessen berücksichtigt. Grundsätzlich zeichnet sich dieses Buch durch eine entscheidungsorientierte Darstellungsweise aus, wodurch sowohl Studenten als auch Praktikern Handlungsempfehlungen aufgezeigt werden.

Claudia Fantapié Altobelli

Marktforschung

Methoden – Anwendungen – Praxisbeispiele

2007. XVIII/507 S., € 32,90. UTB 8342 (ISBN 978-3-8252-8342-1)

Das vorliegende Buch hat das Ziel, Studierende wie Praktiker mit den wesentlichen Methoden und Anwendungsgebieten der Marktforschung vertraut zu machen. Behandelt werden die Planung einer Erhebung (Wahl des Forschungsansatzes, Festlegung des Auswahlplans und Wahl des Datenerhebungsverfahrens), die Durchführung der Erhebung (Datensammlung, Datenauswertung und Interpretation der Ergebnisse) sowie die gebräuchlichsten Prognoseverfahren. Darüber hinaus werden ausgewählte Anwendungsgebiete der Marktforschung präsentiert: Produkt-, Werbe- und Preisforschung. Anders als in den meisten Lehrbüchern wird die qualitative Marktforschung explizit und umfassend behandelt.

Verständlichkeit und Nachvollziehbarkeit stehen bei der Darstellung im Vordergrund. Daher werden sämtliche Verfahren durch geeignete Beispiele erläutert sowie die wichtigsten Methoden und Anwendungsgebiete durch konkrete Beispiele aus der Marktforschungspraxis illustriert. Dadurch erhält der Leser nicht nur fundiertes Methodenwissen, sondern auch spannende Einblicke in die praktische Arbeit von Marktforschungsinstituten.

 *&* LUCIUS LUCIUS *Stuttgart*